城市轨道交通新线车辆调试技术与管理

广州地铁集团有限公司运营事业总部 编

中国劳动社会保障出版社

图书在版编目(CIP)数据

城市轨道交通新线车辆调试技术与管理/广州地铁集团有限公司运营事业总部编. --北京：中国劳动社会保障出版社，2023

ISBN 978-7-5167-5994-3

Ⅰ.①城… Ⅱ.①广… Ⅲ.①城市铁路-铁路车辆-运营管理 Ⅳ.①U239.5

中国国家版本馆 CIP 数据核字(2023)第 168496 号

中国劳动社会保障出版社出版发行

（北京市惠新东街 1 号　邮政编码：100029）

*

保定市中画美凯印刷有限公司印刷装订　　新华书店经销

787 毫米×1092 毫米　16 开本　25.75 印张　346 千字

2023 年 12 月第 1 版　　2023 年 12 月第 1 次印刷

定价：70.00 元

营销中心电话：400-606-6496

出版社网址：http://www.class.com.cn

《城市轨道交通新线车辆调试技术与管理》编写人员

主　编： 刘菊美

副主编： 陈希隽　陈　健　李兆新

编　者： 聂　畅　凌发荣　郑少彬　梁春风　黄浩东　王　梁　罗学峰　王文林　曾隆隆　梁桂琦　郑　磊　全　明　吴　群　王志文　韩晓辉　李昌强　黎　澍　邓　军　陶　波　高　伟　侯品杨　郭天星　马永锋　袁浩智　李肖肖　贾朋磊　陈　翔　黄辉铭　冉春燕　陆其波　李剑华　谭文聪　陈林泉　方向明

内容简介

降低运营初期列车的故障率、提高列车运行可靠性对城市轨道交通安全运营至关重要。本书全面介绍广州地铁集团有限公司经过多年实践及经验沉淀的新线车辆调试技术，呈现城市轨道交通车辆调试前期筹备—设计—监造—接车—调试验收的全过程管控及经验分享，包括调试工作中的人—机—料—法—环质量管控重点、调试过程问题及解决方案等，可帮助轨道交通运营企业有效地提升新线列车运营安全和可靠性，提升市民的乘车体验。

前言

随着科学技术的发展，城市轨道交通在国民经济中起着越来越重要的作用。城市轨道交通掀起了交通高速化、轻量化的新高潮，迎来了高速铁路的新时代；全国各大城市都在大规模地建立或扩展城市轨道交通网，地铁、磁悬浮、自动导轨等各种形式的轨道交通运输系统得到了研究、应用和发展，我国城市轨道交通展现出一派生机勃勃的景象。

城市轨道交通作为一种出行方式，以安全、快捷、舒适、准点为主要特点，满足了市民上班通勤、逛街访友、旅游出行等多方面需求；在环保要求越来越高的今天，也起到了提供高出行品质、替代私家车的作用。乘坐地铁出行在城市各种日常出行方式中的比重越来越高，城市在不断发展，对地铁新线路的规划也在不断完善。“地铁一通，房价即涨；车轮一滚，黄金万两”，地铁新线路的规划受到市民的广泛关注。新线开通初期的运营质量，直接影响市民对这条线路的乘坐体验。作为地铁运营重要的一环，保证列车的高质量运行，是地铁人艰巨而崇高的职责。

在新线运营初期，列车往往故障率较高，符合浴盆曲线的规律。导致高故障率的主要原因有几个方面：其一，列车各系统之间的接口尚未经过实践的检验，可能存在软件通信bug、参数设置与现场需求不符及电路设计等接口问题；其二，检修人员对设备的认识不充分，检修力度不够；其三，驾驶人员对设备特性了解不全面，故障发生时无法快速应急响应。

因此，降低运营初期列车的故障率，提高运行可靠性，对地铁公司十分重要。广州地铁集团有限公司（以下简称“广州地铁”）经过多年的实践及经验沉淀，发现在列车投入运营前进行全面细致的调试和试验，深度发掘列车存在的问题并加以整改，可以有效地提升列车正式运行的质量和可靠性。本书全面介绍新线车辆调试技术，分享广州地铁丰富的实践经验，包括调试工作中的人、机、料、法、环各环节的具体内容、提升效率的有效措施、解决调试困难的具体方案等，填补了国内空白。希望本书的出版，可以帮助国内同行提高新线车辆调试技术水平，共同为加快我国轨道交通事业发展、建设交通强国、丰富人民美好生活作出贡献。

本书在编写时参考了国内外许多文章、资料、书籍，无法一一致谢，在此对作者表示诚挚的谢意。

由于编者水平有限，遗漏、错误恐所难免，望各位读者不吝赐教，共同提高。

编　者

目录

城市轨道交通新线车辆调试技术与管理

专业术语缩写汇总

ATC（automatic train control） 列车自动控制系统

ATO（automatic train operation） 列车自动驾驶

ATP（automatic train protection） 列车自动防护

AW0 空载时的情况

AW1 满座时的情况

AW2 满载时的情况（每平方米有 6 个人），即定员载荷

AW3 超载时的情况（每平方米有 9 个人）

BCU（brake control unit） 制动控制单元

BECU（brake electronically controlled unit） 制动电子控制单元

CAN（controller area network） 控制器局域网络

CCTV（closed-circuit television） 车载视频监控系统

DCC（depot control center） 车辆段控制中心

DCU（drive control unit） 牵引控制单元

EDCU（electric door control unit） 电子车门控制单元

EMC（electromagnetic compatibility） 电磁兼容性

EN（european norm） 欧盟标准

FAC（final acceptance） 最终验收

GB 国家标准

HMI（human machine interface） 人机互动界面

IEC（international electrotechnical commission） 国际电工委员会

IEEE（the institute of electrical and electronics engineers） 电气与电子

工程师协会

IGBT（insulated gate bipolar transistor） 绝缘栅双极型晶体管

ISO（international organization for standardization） 国际标准化组织标准

LCD（liquid crystal display） 液晶显示器

LED（light emitting diode） 发光二极管

LCU（logical control unit） 逻辑控制单元

MVB（multifunction vehicle bus） 多功能车辆总线

OCI（open-case inspection） 开箱检查

PAC（pre-acceptance） 预验收

PIDS（passenger information display system） 乘客信息显示系统

PSI（pre-shipment inspection） 发运前检查

RAMS（reliability，availability，maintainability，safety） 可靠性、可用性、可维修性、安全性

SIV（static inverter） 辅助逆变器

TCMS（train control and management system） 列车控制和管理系统

VCM（vehicle control module） 车辆控制单元

VOBC（vehicle on-board controller） 车载控制器

VVVF（variable voltage variable frequency） 调频调压

绪

一、轨道交通工具

（一）城际列车

城际列车，又称城际专列（inter-city rail service），是指往返于相邻重要城市或城市群之间的客运列车，如图 0-1 所示。

图 0-1　城际列车

一般情况下城际列车的运行里程较短，基本不超过 200 km，行程通常在 2 h 以内，经过城市很少，大多只穿梭于两三座地级市之间，不配置卧铺车厢。城际列车的发车密度、班次总量、停站数目、列车编组和行车速度均要视车站总数、客流需求、出行目的以及铁路运能等一系列实际情况而定。因此，城际列车班次不一定呈现公交化，在站点停靠上分站站停列车和大站停快车。城际列车既可以在干线铁路上运行，也可以在支线铁路上运行；既可以在新建城际专线上运行，也能在既有线路上运行。

（二）地铁列车

地铁（metro，underground railway，subway）是在城市中修建的快速、大运量、用电力牵引的轨道交通，地铁列车如图 0-2 所示。列车在全封闭的线路上运行，位于中心城区的线路基本设在地下隧道内，中心城区以外的线路一般设在高架桥或地面上。地铁是涵盖了城市地区地下与地上的各种具有专有路权的、高密度、高运量的城市轨道交通系统，我国台湾将地铁称为“捷运”（rapid transit）。

图 0-2　地铁列车

除了地下铁道以外，地铁也包括高架铁路（elevated railway）或路面上铺设的铁路。因此，地铁是路权专有的、无平交的轨道交通系统，这也是地铁区别于轻轨交通系统的根本性标志。世界上最早的地铁是英国伦敦的大都会地铁，始建于1863年。1965年7月1日，北京地铁一期工程正式开工，这是新中国第一条地铁线路，1969年10月1日开通运营。

（三）轻轨列车

轻轨是城市轨道交通建设的一种重要形式，也是当今世界上发展最为迅猛的轨道交通形式。轻轨的机车质量和载客量要比一般列车小，所使用的铁轨质量轻，每米只有50 kg，如图0-3所示。其具有运量大、速度快、污染小、能耗少、准点运行、安全性高等优点，可以有效缓解人口与交通资源、汽车与交通设施之间的紧张关系。轻轨与地铁、城市铁路及其他轨道交通形式构成了城市快速轨道交通体系，成为现代化大都市的重要选择方便了乘客出行，使居民享受更高品质的生活。轻轨也更符合绿色交通的标准，轨道延伸之处的大规模市政配套设施建设，更有利于环境综合治理。

图0-3　轻轨列车

轻轨和地铁的区别：首先，运送能力不同，用高峰小时单向最大客运量来表示，地铁为3万~7万人次，轻轨为1万~3万人次。其次，车辆的轴重和尺寸不同，地铁列车的轴重普遍大于13 t，而轻轨列车普遍小于13 t。地铁列车宽度一般为2. 8~3 m，轻轨列车宽度一般为2. 3~2. 6 m。再次，地铁和轻轨列车对路线转弯半径的要求也有所不同，地铁正线的最小转弯半径一般要求不小于300 m，困难地段不小于250 m，而轻轨一般要求正线最小转弯半径不小于100 m，困难地段不小于50 m。最后，地铁与轻轨在列车编组数量、车辆定员、最高运行速度等方面也存在区别。

（四）有轨电车

有轨电车（tram，streetcar，tramcar）是采用电力驱动并在轨道上行驶的轻型轨道交通车辆，如图0-4所示。有轨电车是一种公共交通工具，也称路面电车，简称电车，列车一般不超过五节，但由于在街道上行驶，故占用道路空间。此外，某些在市区轨道上运行的缆车亦可算作路面电车的一种。电车以电力驱动，不会排放废气，因而是一种无污染的环保交通工具。

图0-4　有轨电车

二、车辆调试概述

城际列车、地铁、轻轨、有轨电车等均为轨道交通工具，其调试过程大体相同。本书以地铁为例，介绍地铁车辆的调试过程，其他轨道交通工具可参考进行调试。

列车作为地铁系统中运送乘客的载体，内部集成了多个系统，主要为牵引、制动系统，空调、照明系统，辅助、供电系统，走行部、车钩及列车控制系统。各个系统只有在自身运行良好的基础上协同工作，才能确保列车的正常运行。例如，列车启动牵引，速度达到一定值的时候保压制动需要缓解；列车减速的时候需要电制动与气制动的配合，并满足制动距离及冲击极限的要求；辅助逆变器输出的电能需满足空调和照明使用的要求；车门未关好时列车不能动车等。以上这些功能，涉及多个厂家，在设计时仅进行了理论上的对接，在列车投用前有必要进行系统的调试。

地铁车辆调试是指从车辆部件验收、整车组装、功能调试至车辆供求双方签署 FAC（最终验收）报告的过程。本书详细介绍地铁车辆运营调试前准备、调试流程、调试内容、调试管理等具体内容，并对车辆的调试工作提出优化措施。

（一）调试前期准备

1. 人员组织

地铁车辆是集机械、电气等于一体的综合性设备，车辆调试需要调试人员、技术人员掌握车辆设备以及各系统的功能作用。调试工作涉及全车的各项子系统，需将整体工作拆分成各大类可执行项，然后根据各大类不同特性，组织不同的现场调试人员分工开展调试，保证调试的进度与质量。车辆调试人员的技能水平直接关系列车调试的进度和质量，其中技术人员负责调试过程中技术问题的督促、跟进，同时负责把控本项点的调试进度，多个项点调试情况汇总为整体的调试项目进度，在保证效率的同时兼顾调试的质量。

2. 制定调试制度、流程

地铁车辆在交付到运营现场之前，必须严格参考调试大纲的要求，严格遵守调试制度，遵循调试流程，明确调试目的，并做好相关的工作记录。因此，调试及验收的标准必须制定得详细且明确，使调试工作开展起来有章可循、有规可依、有据可查。调试项目包括车体尺寸检查、静态车辆零部件检查验收、静态车辆功能检查验收、动态车辆功能检查验收及列车

200 km 试运行。具体划分为四个阶段：监造、发运前检查（PSI）、开箱检查（OCI）、预验收（PAC）检查。

3. 准备设备设施

在开始车辆调试前，需确保调试场地满足车辆调试条件，包括检修平台、车间电源以及调试所需要的工器具和物料等，同时线路轨道、接触网等专业需满足车辆调试条件，所有设备状态良好，以保证后期的调试进度及调试质量。若调试场地不满足车辆调试条件，可根据调试工期的实际情况向兄弟单位协调借用场地进行调试。详见第二章的场地筹备及物资筹备章节。

（二）调试过程

列车在生产制造过程中，采购方派遣人员到车辆制造厂监造。列车出厂前，车辆制造厂配合地铁采购方进行发运前检查（PSI）。列车到达运营现场后，车辆供求双方根据调试流程，组织开展开箱检查（OCI）、预验收（PAC）检查。调试人员在车辆调试各阶段注意收集现场调试存在的各种问题并及时进行整改，同时建立列车调试文档资料、编写车辆调试报告，在确定车辆符合各项技术参数规定的前提下，双方签订车辆预验收报告。

1. 监造

列车采购方负责在生产现场对车辆制造厂整个生产过程进行监督，若发现异常或不符合要求及标准，及时反馈给车辆制造厂整改，情况严重者可要求停工整顿。详见第三章的车辆监造章节。

2. 发运前检查（PSI）

列车采购方在列车出厂打包发运前按合同和规范书要求，对列车制造质量和应交付文件进行全面的最后检查、试验和清点。对列车质量检查发现的问题进行评判，视影响程度可选择立即整改，或者作为开口项（车辆在调试过程中发生暂不能处理而作为预验收遗留项目）留至到达采购方整改等，形成 PSI 检查报告。详见第三章的车辆发运前检验章节。

3. 开箱检查（OCI）

列车到达运营现场后，地铁运营单位对列车进行开箱检查，主要对设备完整性，包括外观、包装、部件完整情况进行检查，此阶段不需对列车进行检测和验收。发现的问题经车辆总承包商确认后组织整改，形成 OCI 检查报告。详见第四章接车及开箱检查章节。

4. 预验收（PAC）检查

在完成 OCI 后进行车辆预验收检查。在预验收过程中，需对车辆进行车体尺寸检查、静态功能检查、扭力校核、查线核图、动态功能检查，并开展例行试验，如水密性试验、列车联挂试验、列车试运行等。在车辆符合各项技术参数的前提下，双方根据调试报告、相关试验数据及开口项整改情况，确认车辆状态满足上线运营条件的，签订车辆预验收报告。详见第五章车辆调试及预验收章节。

（三）调试管理

为了确保调试工作的安全开展、高质量完成，需进行调试过程中的安全管理和质量管理。

1. 安全管理

（1）建立安全责任制。调试管理人员与调试人员签订安全责任书，明确参与调试人员的安全职责，实行安全事故一票否决制。

（2）制定安全规章制度、安全管理措施及安全操作流程。采取的措施有：所有员工及外单位作业人员必须接受三级安全教育，通过作业前的安全交底让调试人员熟悉作业的安全关键点，特殊工种需持证上岗等。

（3）科学组织，合理安排调试作业，杜绝因交叉作业而造成安全风险。

2. 质量管理

（1）制定质量管理规定，建立包括管理层及执行落实层在内的多层次质量管理体系，有效落实调试的质量管控措施。

（2）制定作业工艺指导书及流程规范，培训调试人员熟悉调试作业内容及调试方法。

（3）使用 6S 工具，规范作业现场，包括工器具的摆放、携带，作业环境的卫生，物料的管理等，保障作业质量。

第一篇
调试筹备

第一章

调试技术要求

地铁车辆调试是为了验证车辆功能是否达到设计要求和相关规范要求，验证车辆各系统在各类不同工况以及不可抗力因素下的应对措施与执行机构的有效性。由于地铁车辆是由各子系统、部件组成的庞大系统，在调试工作开展前需明确调试的目标以及需要达成的效果，基于此目标将调试任务拆分成不同的可执行项，分类进行技术管理、接口管理，为地铁开通运营做好基础保障。

第一节　调试的目的及组织

一、调试目的

地铁车辆调试的目的是确认车辆设备已经将设计阶段的各项要求落实为可执行的措施或可操作的设备，同时确认措施及操作设备的可靠性。若不满足设计或合同要求，可要求车辆总承包商进行设计修改或重新设计；

若设备不可用或可靠性不满足要求，可要求车辆总承包商进行整改。

调试开始前应编制调试方案及调试工艺，通过调试熟悉地铁车辆各子系统的功能特性、设备的操作特征，实现以下目的：

1. 全面、系统地检验地铁车辆各系统的实际功能是否满足运营条件要求及相关的国家标准，检验各系统是否能按照预定的设计要求协同运作。

2. 根据调试结果对各系统的技术参数进行调整优化，及时解决调试过程中出现的问题，使完成调试的列车能够满足载客运营的要求。

3. 使运营维保人员及地铁车辆驾驶员熟悉车辆系统特性。

4. 提高运营人员在地铁车辆正常运营及紧急情况下的应急协调能力及处理效率。

5. 对开通运营组织方案及应急预案的编制提供车辆技术支持，使应急组织方案实用高效。

二、调试组织

调试工作涉及地铁车辆各子系统，需将整体工作拆分成各大类可执行项，根据各执行项的特性，组织现场调试人员、技术人员开展调试，保证调试的进度与质量。技术人员负责跟进处理调试过程中的技术问题，在保证调试效率的同时把控调试质量。地铁车辆调试安排示例见表 1–1，地铁车辆调试推进表示例见表 1–2。

表 1–1　　　　地铁车辆调试安排示例

天数	T01 车			
	查线核图	扭力校正	车门 PAC	其他
第 1 天	车底电气箱	转向架、车体悬挂件	车门外观检查	1. OCI
				2. 高压分线箱、低压分线箱
				3. 空调、受电弓
				4. 高压电器箱、低压电器箱扩展供电箱

续表

<table>
<tr><th rowspan="2">天数</th><th colspan="4">T01 车</th></tr>
<tr><th>查线核图</th><th>扭力校正</th><th>车门 PAC</th><th>其他</th></tr>
<tr><td rowspan="4">第 2 天</td><td rowspan="4">客室电气柜</td><td rowspan="4">转向架、车体悬挂件</td><td rowspan="4">车门扭力校正</td><td>1. 空调</td></tr>
<tr><td>2. 牵引逆变器</td></tr>
<tr><td>3. 制动电阻</td></tr>
<tr><td>4. 集电靴、熔断器箱（含数据测量）</td></tr>
<tr><td rowspan="4">第 3 天</td><td rowspan="4">客室电气柜</td><td rowspan="4">高压线缆、箱体盖板方孔锁</td><td rowspan="4">车门参数调整</td><td>1. 空调</td></tr>
<tr><td>2. 转向架、供风制动、车钩</td></tr>
<tr><td>3. 辅助逆变器箱、避雷器箱、蓄电池</td></tr>
<tr><td>4. 贯通道、紧急逆变器</td></tr>
<tr><td rowspan="5">第 4 天</td><td rowspan="5">司机室电气柜</td><td rowspan="5">高压线缆、箱体盖板方孔锁</td><td rowspan="5"></td><td>1. 受电弓数据、车钩高度、地板面高度</td></tr>
<tr><td>2. 一系止挡间隙、轮对数据、闸片间隙测量</td></tr>
<tr><td>3. 撒砂装置检查</td></tr>
<tr><td>4. 车底画线</td></tr>
<tr><td>5. 盖板恢复</td></tr>
<tr><td rowspan="2">第 5 天</td><td rowspan="2"></td><td rowspan="2"></td><td rowspan="2"></td><td>1. 管路验漏、停放制动手动缓解（上午）</td></tr>
<tr><td>2. 上线运营前检查、主电路绝缘测试、有电检查（下午）</td></tr>
<tr><td>第 6 天</td><td></td><td></td><td></td><td>有电功能、内装</td></tr>
<tr><td>第 7 天</td><td></td><td></td><td></td><td>有电功能</td></tr>
<tr><td>第 8 天</td><td></td><td></td><td></td><td>限界、车顶高度、受电弓高度</td></tr>
<tr><td rowspan="2">第 9 天</td><td rowspan="2"></td><td rowspan="2"></td><td rowspan="2"></td><td>1. 淋雨</td></tr>
<tr><td>2. 试车线</td></tr>
</table>

表 1-2　　地铁车辆调试推进表示例

T01	第 1 天	第 2 天	第 3 天	第 4 天	第 5 天	第 6 天	第 7 天	第 8 天	第 9 天
查线核图									
扭力校正									
车门 PAC									
其他									

续表

T02	第 1 天	第 2 天	第 3 天	第 4 天	第 5 天	第 6 天	第 7 天	第 8 天	第 9 天
查线核图									
扭力校正									
车门 PAC									
其他									

（一）人员组织

根据调试内容将调试人员分为电气专业人员、机械专业人员。调试人员主要包括电气工程师、机械工程师、调试工及车辆制造厂人员（车辆制造厂调试工程师及调试工）。

1. 电气工程师

电气工程师主要负责新车到段后的电气系统调试工作，制订合理的计划，与机械调试小组协商推进调试进度。电气系统调试主要包括列车电气设备的静态外观检查、列车各电气系统的功能调试验收，须及时跟进调试开口项的处理情况，及时与车辆制造厂沟通调试发现的问题。

2. 机械工程师

机械工程师主要负责新车到段后的机械系统调试工作，制订合理的计划，与电气调试小组协商推进调试进度。机械系统调试主要包括各机械部件的外观检查、机械参数测量及部件功能的调试验收，须及时跟进调试开口项的处理情况，及时与车辆制造厂沟通调试发现的问题。

3. 调试工

调试工根据电气工程师、机械工程师下发的工作计划、工作分工完成既定的调试任务，严格执行调试标准及工艺文件，将调试发现的问题及时反馈给电气/机械工程师，提出调试标准及工艺文件优化意见，征询开口项处理意见，并落实现场整改验收工作。

4. 车辆制造厂人员

地铁车辆到段后，车辆制造厂需要配备专业调试工程师和调试工，配合运营单位调试人员完成调试任务，并提供相关的物料。车辆制造厂人员需按要求参与地铁车辆的发运接车、调试开口项整改、重大调试作业配合等。

（二）制定管理制度、规程工艺

1. 制定管理制度

完善的调试管理制度是调试顺利开展的重要保障。地铁车辆在交付到运营现场之后，须严格按照调试大纲要求，遵守调试制度，遵循调试流程进行调试，并做好相关工作记录。调试及预验收的标准必须明确、详细，调试工作应有章可循、有规可依、有据可查。根据地铁车辆调试的流程，制定相应的管理措施，确保调试工作有序开展、高效完成。调试筹备阶段需要编制以下管理制度。

（1）调试管理规定。调试管理规定中明确调试工作的总负责人、各模块负责人，建立由总负责人牵头协调管理、各模块负责人落实执行的人员架构体系，将调试计划、工作安排、人员调配及质量管控等相关模块统筹分工，共同推进调试高效进行。调试过程中各负责人做好各模块重要节点的跟进以及调试计划的调整，协调好调试过程中的物料、施工计划。

（2）安全管理规定。安全管理规定中明确调试安全的第一负责人、直接负责人，推进调试作业“全员、全过程、全方位”安全管理。建立包括管理层及执行层的多层级管理模式，将调试安全逐级落实到调试工作的每一个环节、每一个层级、每一个调试人员。调试中的各项作业应进行相应的安全交底，作业过程中的劳保防护措施应落实、执行到各个环节中。

调试过程要确保设备安全和人员安全，需明确作业前、作业中、作业后各阶段针对性安全管控措施，保证调试作业安全有序地完成。从作业工序上区分为作业前、作业中、作业后的安全风险；从类别上分为人员技术技能风险、人员精神状态风险、工器具使用风险、作业场所其他风险等类别。

作业前综合考虑各项风险及安全隐患，编制作业安全风险与防控措施确认书，对全体作业人员进行宣贯。针对作业存在的风险点及安全隐患进行全员培训，让作业人员获得避免风险的技能技巧，警示作业人员勿进行违规操作，避免出现可能导致安全事件的行为。

（3）质量管理规定。质量管理规定明确调试工作的质量第一负责人、直接负责人，建立包括管理层及执行层的多层次质量管理体系，严格落实调试过程“三级检”制度、“零公里”检查制度，明确调试质量评价及考核机制。质量小组应参与到调试过程的重点环节，抽查、把控作业质量，对存在的质量问题及时总结、通报，提升质量管理工作水平。

2. 编制调试规程

运营方参与调试的电气、机械工程师参考车辆调试验收大纲共同编制调试规程，各项调试的验收标准需详细、具有可操作性，且满足相关国家标准或行业标准。地铁车辆调试检查项点示例见表 1–3。

表 1–3　　地铁车辆调试检查项点示例

序号	检查项目	描述	状态					
			A1	B1	C1	C2	B2	A2
1	受电弓	检查电缆、接地线及机械结构，要求器件齐全、无缺陷；活动件活动灵活，固定件无松动；车顶绝缘漆平整、表面无起泡及破损现象						
2	空调单元及废排	检查电缆、接地线及空调安装，要求器件齐全、无缺陷，固定件无松动						
3	转向架							
3.1	转向架和车体连接（包括机械、电气和气路连接）	部件无缺陷，安装正确，固定螺栓连接牢固，固定件无松动						
3.2	轴箱	轴箱端盖无裂纹、损伤、脱漆、锈蚀，安装件无松动，紧固螺母无松动						
……								

3. 调试工艺

根据调试规程及现场实际调试流程，编制各项调试工艺文件或指导书，以指导调试人员现场调试。调试工艺文件需包含以下要点：

（1）调试作业任务。

（2）调试作业人员资质要求。

（3）调试作业人员配置需求。

（4）调试作业预估需要的时间。

（5）调试作业流程与步骤。

（6）调试作业技术要点和关键参数。

（7）作业安全风险与预防措施。

（8）调试作业的记录表格。

（三）制定调试流程

地铁车辆调试内容包括列车在车辆制造厂的调试和列车到达地铁运营方场地开展的调试。前者分为监造和发运前检查，后者分为开箱检查和预验收检查，其中，预验收检查还包括查线核图和扭力校正两个关键环节。

（四）工具、设备准备

地铁车辆调试需使用各类相关工器具，各类特种工器具需在筹备调试的前期到位，工艺设备需在筹备调试的前期完成调试且正式投用。所有现场工具、设备、场地条件均需要满足地铁车辆调试工作需要，如工器具配置、物料准备、车间电源调试、架车机安装调试、限界门安装等。调试基地需满足以下条件：运用库检修平台可投入使用；办公用房空调、办公网络可投入使用；车辆段动力用电、办公用电、照明用电、牵引用电（接触网、车间电源）等功能正常；车辆段“五防”系统可投入使用；静调库零轨、限界门可投入使用；卸车线、试车线功能完备；等等。

（五）成本管理

调试的成本管理主要集中在人力的应用与调试物料的管理上。调试物料主要由车辆制造厂提供，但主要工器具及特种设备等由运营方提供，故需要优化调试流程，统筹工器具配置，在保证调试效率的同时优化人力配置、减少采购成本。

调试模式主要有两类，一类是全线新线调试，配备人力资源可全部投入调试工作，使调试的进度与效率最大化；另一类是部分新线调试，新车调试与旧车维护同步开展、协调配合，需要从维护人员中抽调有限的人员作为调试人员，为了保证调试进度，需从调试工艺流程、调试过程管理等方面优化，在保障既有线运营维护工作的同时高质量、高效率地推进调试工作。

车辆调试项目过程中，需要不断地优化流程工艺，保证资源的有效利用，可以通过以下措施优化资源配置：

1. 优化人力提升效率

通过技术优化、工艺优化、使用工装工具大幅提升工作效率，缩短单项作业的工时、人力。

2. 优化工艺节省物料

对技术工艺论证修改，将冗余的工作加以整合，既节省人力又节省材料。

3. 优化流程缩短工期

通过优化流程工艺缩短作业工时，通过调整作业安排优化作业流程，达到缩短工期的目的。

第二节 技术管理

在考虑安全、全生命周期成本等因素的前提下，设计阶段的技术管理必须坚持以乘客为导向的设计理念，同时适应日新月异的车辆技术发展要求。调试阶段技术管理的主要目的是验证车辆各项技术指标是否满足技术要求。

一、设计技术管理

《广州市城市轨道交通车辆设计指南》总结了广州地铁线网建设、运营经验，系统地介绍了对地铁车辆的主要需求，沉淀了多年的技术与经验，对车辆设计具有一定的指导和规范作用。本节据此说明在车辆技术设计联络阶段对以往经验和新增需求的落实。

（一）设计联络与审查

设计联络与审查是从车辆采购合同向车辆设计方案转化过程中的关键环节，其目的是保证设计工作的系统性、完整性、高效性。在设计阶段，一般安排三次设计联络会议和一次设计审查会议。

1. 设计联络

第一次设计联络的目的是车辆制造商向地铁公司提供相应的车辆设计信息，商谈并澄清车辆设计及主要部件等关键信息，讨论车辆与供电、信号、通信等专业的接口；第二次设计联络的目的是审核车辆初步设计方案，介绍主要部件及系统详细设计进度和方案，以及讨论前期尚未解决的问题；第三次设计联络的主要目的是讨论并决定车辆试验、调试及验收程序，讨论质量保证、车辆维修性及可靠性，讨论车辆外观、内饰，以及前期尚未解决的问题。

2. 设计审查

设计审查是车辆技术定型的重要环节，审查的主要内容包括：

（1）车辆设计是否符合相关标准，如节能设计是否符合国家和地方的设计标准。

（2）车辆设计的稳定性和安全性。

（3）车辆外观、内饰设计与线路设计的协调性。

（4）与乘客相关的界面是否舒适、便利。

（5）车辆设计是否满足合同要求。

(6) 其他法律、法规、规章规定必须审查的内容。

在车辆设计阶段，车辆总承包商应随着车辆设计的不断深入及时向地铁公司提供最新的设计方案、设计图纸、试验数据等设计文件。

(二) 典型的车辆设计文件大纲

以下是典型的车辆设计文件大纲，见表 1-4。

表 1-4　　典型的车辆设计文件大纲

分类	专业	技术文件
总体	1. 机械总体	(1) 总体方案说明 (2) 底架设备布置技术及质量管理说明 (3) 底架设备悬挂方式说明 (4) 质量分析
	2. 工业设计	(1) 车辆造型及色彩方案 (2) 列车标识方案 (3) 列车油漆方案 (4) 电缆防火试验报告及证明材料
	3. 限界	车辆限界计算
	4. 防火	(1) 列车防火方案说明 (2) 材料和部件防火要求清单
	5. 噪声振动	列车振动与噪声方案说明
	6. RAMS（可靠性、可用性、可维修性、安全性）	车辆可靠性建模与预计分配分析报告
机械	1. 车体	(1) 车体设计方案说明 (2) 车体静强度计算书 (3) 车体疲劳强度计算书
	2. 内装	(1) 车辆内饰方案说明 (2) 车辆主要部件应用材料清单
	3. 车钩	(1) 车钩方案说明 (2) 车钩能量吸收计算报告
	4. 贯通道	(1) 贯通道方案说明 (2) 贯通道水平曲线运动分析

续表

分类	专业	技术文件
机械	5. 车门	（1）车门系统方案说明 （2）客室车门技术说明书 （3）客室车门功能逻辑框图 （4）客室车门开关门时序图
	6. 空调	（1）空调通风系统方案说明 （2）制冷负荷计算报告 （3）空调压缩机方案 （4）风道整车送风说明 （5）空调系统功能说明
	7. 制动	（1）制动系统方案说明 （2）制动管路布置说明 （3）制动力分配方案 （4）粘着控制方案
	8. 转向架	（1）转向架总体技术方案 （2）车轮材质选型分析 （3）构架关键焊缝分布图 （4）车轮外形尺寸 （5）动力学性能计算报告 （6）转向架主要部件全寿命说明
电气	1. 网络控制	（1）网络控制与监视系统方案设计说明 （2）MVB 网络故障判断方案说明 （3）网络系统模块说明 （4）网络系统用户手册 （5）列车控制功能描述文件 （6）整车 I/O 清单 （7）整车故障清单
	2. 辅助系统	（1）辅助系统方案说明 （2）辅助负载计算说明 （3）辅助电源箱容量说明 （4）辅助系统功能描述文件
	3. 牵引系统	（1）牵引电制动方案说明 （2）牵引电机方案说明 （3）牵引特性曲线计算 （4）牵引系统关键部件清单 （5）牵引系统功能描述文件

续表

分类	专业	技术文件
电气	4. 受电弓和集电靴	（1）受电弓方案说明 （2）集电靴方案说明 （3）熔断器选型计算
	5. 照明系统	（1）照明系统方案说明 （2）照明自动调光方案
	6. 广播系统	（1）广播系统方案说明 （2）广播系统功能描述
	7. 火警系统	火灾报警系统方案说明
	8. 司机操作台	（1）司机操作台设备布置方案设计说明 （2）司机控制器检修板安装方案说明
	9. 屏柜	（1）屏柜系统方案说明 （2）继电器选型清单
	10. 接线	（1）电磁兼容性及接地方案说明 （2）电磁兼容测试方案 （3）电磁兼容措施及方案
	11. 布线	（1）布线方案说明 （2）控制与动力电缆寿命证明文件 （3）电缆电线规格型号清单

二、调试技术管理

调试技术管理分为对技术资料相关记录的管理和对调试人员技术提高的管理，包括随车交接的车辆履历簿和检验计划、调试过程中的到货检查记录、调试中发现的问题及跟踪记录、调试数据记录、开口项清单和相关文件等，均要有专人整理、保管，完备的技术管理体系是调试质量管控的基础。

（一）三级质量检查

根据作业项点的重要程度，将质量检查分为单人确认（自检）、双人确认（互检）、多人确认（他检）三级检查。差异化的质量检查要求，可以提高作业效率。

（二）开口项管理

列车调试过程发现的质量问题、工艺问题、安装缺陷以及设计缺陷，若现场未能及时处理，则需列为开口项，待后续进行整改。在统计开口项时，可按以下内容进行分类：

1．质量问题

质量问题具有一定的规律性，可通过每日调试小结、周例会、调试例会、技术例会等向车辆制造商反馈质量问题，要求车辆制造商积极落实整改。

2．工艺问题

工艺问题可以反映车辆制造商的工艺设计水平及工艺质量控制水平，此类问题需要在车辆制造、监造环节进行把控，发现问题举一反三，并进行全面的整改、验收。

3．技术及设计缺陷

现场的实际需求未在设计阶段严格落实或设计功能未能满足技术规格书要求，造成技术设计缺陷，此类问题需要定期召开技术例会对阶段性问题进行讨论并作出设计变更。

（三）台账管理

调试过程中发现的问题、调试工艺、调试过程的记录文件、车辆制造商对于问题的说明材料以及调试完成后的相关证明材料，需要系统地进行分类管理。

1．开口项台账

按照单台车将各阶段调试发现的开口项做好登记，按照地铁车辆子系统分类纳入闭环跟踪。

2．工艺文件

将调试工作细分为不同系统、不同环节，每个环节均有相应的调试工艺指导文件，对指导文件分门别类进行管理，便于作业开展、流程调整及质量把控。

3. 记录表格

在调试过程中，有大量的工作项点需要记录，过程数据也需要记录，对每台车的记录文件收集整理，便于单台车的质量管理及问题跟踪。

4. 说明文件

对于现场无法立即整改的开口项，或与要求不符但不影响使用及维护的开口项，车辆制造商会给出相关的文件证明，经调试工程师确认可行后，将开口项暂时关闭，此类说明文件需留底存档。

5. 证明报告

在列车完成调试工作后，会根据不同调试环节的结果出具不同的证明材料，单台车的证明材料需要统一管理、集中保存。

第三节　接口管理

地铁车辆直接为乘客服务，地铁车辆运行是否安全、可靠、准时直接决定地铁运营服务水平。地铁车辆在城市轨道交通系统中并不是独立存在的，其与信号、通信、供电、轨道等专业存在接口。协调好地铁车辆与其他专业的接口关系，对城市轨道交通系统运行的安全性、可靠性至关重要。本节就车辆与各系统之间的技术接口及主要接口管理工作进行探讨。

一、接口管理范围

车辆与其他各专业之间存在众多接口，在设计阶段明确相关接口关系及内容，并在实施阶段通过管理手段予以实现十分关键。如何科学、合理地协调管理地铁车辆与其他专业的接口关系，将直接影响地铁车辆最终的运营效果。

与车辆存在接口关系的系统包括：信号系统、通信系统、PIDS 系统、轨道系统、供电系统、屏蔽门系统、车辆段工艺设备（如不落轮镟床、列车自动清洗机、车间电源系统和固定式架车机）等。车辆与以上系统之间存在的技术接口类型分为机械、电气、功能、电磁兼容等类型。

二、接口管理措施

车辆与其他系统的接口管理，除了确定接口管理内容外，还需关注供货、运输、安装、调试及试验等接口管理工作。明确接口的关系及内容，为接口功能的实现奠定坚实的基础，而接口管理工作则为系统最终功能的实现提供强有力的保障，有效的管理措施需明确如下几点。

（一）车辆及其他系统招标阶段

地铁车辆项目采购单位应在各系统用户需求书中明确表述相关接口部分的功能需求。

（二）设计联络阶段

相关各单位应通过接口会议，最终明确接口具体要求，签署接口文件。接口文件内容主要包括：供货范围与划分、安装责任分工、接口技术要求、接口项目管理、接口管理单位和人员要求、联络与协调方式等。

（三）接口调试阶段

应制定有效的接口调试组织管理办法，并根据接口文件确定的责任划分，由相关牵头方及配合方做好协调和配合工作。

存在机械接口的相关系统，需保持联络畅通，在接口文件规定的供货计划指导下，根据工程进展的实际情况，安排好设备的供货、运输、安装工作，相关人员在安装过程中做好安装督导等配合工作。

三、与信号系统的接口管理

（一）技术接口类型

车辆与信号系统的接口是影响系统联调进度的关键因素，更是影响列车自动控制功能实现，保证列车安全、可靠、准点、舒适运营的决定性因素。

1. 功能接口

在列车自动驾驶模式或者列车自动防护人工驾驶模式下，信号系统控制列车运行或者实现折返作业、车门安全开闭、紧急制动等功能。

2. 机械接口

信号系统供应商提出车载信号设备的安装位置、安装条件等需求，上述需求经双方确认，车辆总承包商确保信号设备安装牢固、不易脱落。

3. 电气接口

确认电源及信号设备功耗、控制逻辑输出、电气连接、设备接地、车地信息载频、牵引/制动特性、列车参数、系统响应时间、列车管理系统通信协议等。

4. 电磁兼容

车辆牵引制动系统设备、车辆空调装置、信号系统车载设备应满足IEEE、EN和IEC等相关国际标准及国内有关电磁干扰标准。

（二）车辆与信号系统接口静态调试

1. 车辆与信号接口出厂前调试

该阶段车辆与信号系统的静态调试地点为车辆总承包商制造厂。

该阶段静态调试的主要目的是检查配线、安装质量和相互间信号是否正确传递。车辆总承包商和信号系统供应商共同制定调试文件，详细描述调试的步骤、方法及每一列车的调试时间等内容，并交地铁运营单位确认。

2. 车辆与信号接口的现场调试

该阶段车辆与信号系统的静态调试地点为地铁运营车辆段。

该阶段静态调试的主要目的是上电检查各接口设备工作状态、相互间信号的状态是否正常。车辆总承包商和信号系统供应商共同制定调试文件，详细描述调试的步骤、方法及每一列车的调试时间等内容，并交地铁运营单位确认。

(三) 车辆与信号接口的动态调试

动态调试的主要目的是检查每一列车的信号系统与车辆之间接口功能、信号的传递及控制的正确性以及车载 ATC 系统功能的实现情况。车辆总承包商和信号系统供应商共同制定调试文件，详细描述调试的步骤、方法及每一列车的调试时间等内容，并交地铁运营单位确认。

原则上列车的动态调试地点在正线或车辆段试车线现场，若线路工期紧张，地铁运营单位有权要求低速的动态调试在车辆制造厂内进行。此时，车辆总承包商应提供必要的硬件设施，硬件设施包括但不限于一条试车线、80 m^2 的信号设备房、380 V 交流电源等，原则上每一列车的调试时间不少于 5 天。车辆总承包商有配合动态调试的义务，并提供列车司机、试验人员等条件。

1. 调试准备

通常情况下，牵头方应在第一列车开始动态调试前 45 天将车辆总承包商与信号系统供应商商定的调试规范交地铁运营单位确认，并负责通知信号系统供应商。

2. 调试实施

调试应由地铁运营方主持，车辆总承包商或信号系统供应商必须积极配合，派人参加地铁运营方主持的调试会议。车辆总承包商和信号系统供应商负责各自的记录，牵头方整理检验过程编制调试报告并附检验结果，经双方签字确认后提交地铁运营单位。

四、与通信系统的接口管理

(一) 技术接口类型

地铁车辆与通信系统之间的接口主要为车辆与 PIDS、车载视频监视系统、车载专用无线通信设备之间的接口。

1. 功能接口

与通信系统功能接口包含以下三类:

(1) PIDS，布置在车辆内，实现车载多媒体播放。

(2) 车载视频监视系统 (CCTV)，用于实现对车厢实时情况的监视。

(3) 车载专用无线通信设备，实现列车司机与地面调度之间的无线通信功能。

2. 机械接口

设备安装位置、安装条件的确认，由地铁运营方通信专业人员完成。

3. 电气接口

电源及信号设备功耗、控制逻辑输出、电气连接、设备接地、系统响应时间、列车管理系统通信协议的确认，由地铁运营方通信专业人员完成。

4. 电磁兼容

车辆设备与通信系统设备之间在运行时应该互不干扰，电磁干扰措施必须符合 EN50121 或相关国际标准。

若存在相互干扰或者影响，应由地铁运营方负责协调解决，具体实施方案经车辆总承包商和通信系统供应商双方协调确定。

(二) 车辆与通信系统接口的调试

1. 接口设备安装调试

通信系统设备的安装及调试由车辆总承包商统筹负责，安装完成后交由地铁运营单位验收。

2. 接口试验与调试

车辆与通信系统之间所有接口的测试均由车辆总承包商和通信系统供应商共同完成，并经双方签字确认后提交地铁运营单位进行功能验收。

五、与供电系统的接口管理

（一）技术接口类型

地铁车辆与供电系统的接口内容主要包括供电电压要求、受流器（受电弓或集电靴）与接触网（轨）的匹配、牵引传动特性匹配、继电保护以及电磁兼容等方面。

1. 电压接口

供电系统的输入电压要求与车辆牵引供电系统的供电电压匹配一致。对于 DC 1 500 V 制式的车辆，电压供电范围应该控制在 1 000～1 800 V。车辆牵引供电的系统配置需要保证在最大负载运行方式下不低于 1 000 V，满足车辆正常牵引的需要。车辆设置再生制动能量吸收装置，或牵引供电系统设置再生能量吸收装置应与车辆运行配合，保证牵引供电系统的最高运行电压不高于 1 800 V，车辆的瞬时过压保护一般为短时 1 950 V。

2. 受流器与接触网（轨）的接口匹配

车辆受流器（受电弓或集电靴）与接触网（轨）的接口内容主要包括几何尺寸、载流量、材料耐磨特性和机械动态特性四个部分。

受流器与接触网（轨）的几何尺寸应匹配，是指受流器的安装尺寸除了要满足接触受流的需要，还应满足电气安全距离的要求。受流器与接触网（轨）的载流量应匹配，需要满足动态取流和静态取流的需要，避免出现烧蚀。受流器与接触网（轨）的材料耐磨特性应匹配，避免机械磨耗过大。受流器与接触网（轨）的机械动态特性应匹配，避免出现共振，应将弓网（靴轨）燃弧和火花控制在规定的范围内，避免彼此的电气磨耗过大。

3. 牵引传动特性匹配

车辆专业应向供电专业提供车辆牵引制动的特性曲线，包括不同电压和负载（AW0、AW2、AW3）下的牵引电流—速度曲线、牵引力—速度曲线、制动电流—速度曲线和制动力—速度曲线。供电专业应根据车辆专业提供的牵引制动特性曲线，选取匹配的牵引供电电源，满足车辆在线路上运行的要求。

4. 继电保护

车辆专业和供电专业在设计阶段应相互提供各自的保护整定值，以保证车辆主断路器的保护整定值与牵引变电所的直流馈线保护整定值相匹配。应尽量避免车辆内部故障越级导致牵引变电所馈线开关跳闸，避免车辆在正常最大负荷取流运行时牵引变电所馈线开关的误动作。

5. 电磁兼容

车辆主逆变器和辅助逆变器的电能质量应符合电磁兼容性要求，避免车辆和牵引供电系统的电磁谐振和过大的直流谐波，造成直流保护的误动作和地面能量吸收装置的不正常运行。

（二）车辆与供电系统接口的调试

车辆与供电系统的调试，主要为受流器与接触网（轨）的调试。受流器与接触网（轨）接口的调试一般只进行动态调试，主要是验证高速状态下受流器对接触网（轨）相关的机械冲击性能，测试受流器的动态性能，如接触压力、横向位移、工作高度、拉弧情况等，同时验证单个受流器过无电区时的受流能力（接触轨断口无电区）。受流器动态试验设备如图 1–1 所示。

六、与车辆段的接口管理

（一）技术接口类型

车辆与车辆段的接口属于软接口，包括技术参数接口、调试条件接口

a） b）

图 1-1 受流器动态试验设备

a）电流传感器 b）电压传感器

和工程进度计划接口，车辆专业应为车辆段的设计提供技术参数，包括车辆外形尺寸、限界等。

（二）车辆与车辆段接口的测试

车辆与车辆段及其附属设备的接口内容繁多，主要为车辆与列车自动清洗机、不落轮镟床、固定式架车机、内燃机车、公铁两用车、限界检查框、车间电源柜之间的接口。

1. 与列车自动清洗机的接口

车辆专业向自动清洗机供应商提供列车编组方式和动车、拖车各自的长度以及列车受流器的布置相关数据、车体最大宽度、车体最大高度（距轨面）、车钩中心线距轨面的高度、动车与拖车自重、车辆外形轮廓和尺寸（包括端部轮廓与弧度、侧面轮廓与弧度、车辆断面及尺寸等）、车辆地板面至轨面高度、车体表面对洗涤剂的要求、列车受流器之间的距离等技术参数。

另外，车辆专业应向自动清洗机供应商提供车辆外表油漆对洗涤剂的要求、洗涤剂的 pH 值和组成成分等数据。

2. 与不落轮镟床的接口

车辆专业向不落轮镟床供应商提供列车编组方式和动车、拖车的长度

（均指车钩连接面间长度）、车体最大宽度、车体最大高度（距轨面）、车钩中心线距轨面的高度、车轮的外形轮廓和尺寸、转向架轴距、两转向架中心距、两联挂车辆的转向架中心距、一系悬挂的外形尺寸及位置、轮对内侧距及公差、最大轴重、动车及拖车转向架质量、动车及拖车自重、轴箱的局部详图和尺寸等技术参数。

3. 与固定式架车机的接口

车辆专业向架车机供应商提供列车编组方式、动车及拖车的长度、车体最大宽度、车体最大高度（距轨面）、车钩中心线距轨面的高度、车轮的外形轮廓和尺寸、转向架轴距、转向架最大宽度、两转向架中心距、两联挂车辆的转向架中心距、轮对内侧距及公差、最大轴重、动车及拖车转向架质量、动车及拖车自重、车体举升点的局部详图和尺寸、车体举升点距轨面的高度、车体举升点的纵向距离（垂直于轨道方向）、车体举升点到转向架中心的距离、车辆半自动车钩和半永久牵引杆所允许的纵向位移量等技术参数。

4. 与公铁两用车的接口

车辆专业应向公铁两用车供应商提供车辆外形尺寸、限界、轴重、列车总重、车钩型号、车钩中心线高度等技术参数。

5. 与内燃或蓄电池机车的接口

车辆专业应向内燃或蓄电池机车供应商提供车钩型号，内燃或蓄电池机车生产厂家应负责提供过渡车钩。

6. 与限界检查框的接口

车辆专业应向限界检查框供应商提供车辆静态检查的尺寸和精度要求。

7. 与车间电源供电的接口

在车辆段检修库内的静态调试线专门设置 DC 1 500 V 电源，并完成车辆各项静态调试。车辆总承包商提供该车间电源的插头，该插头与车辆高压箱的车间电源插座相配套。车辆专业应向静态调试电源柜供应商提供安装在列车上的车间电源的控制电路图、车辆车间电源插头在车上的位置、需要的车间电源容量等文件。在车辆上实现 DC 1 500 V 接触网供电工况与车间电源

DC 1 500 V 供电工况间的安全联锁，车辆供应商应向车间电源供应商提供车辆辅助供电系统的容量。

七、与其他专业的接口管理

车辆与其他系统技术接口的实现，关键在于相关重要参数在设计阶段的相互确认。

（一）与轨道专业的接口管理

轨道专业向车辆专业提供线路条件、钢轨质量及选型、道岔类型及号码、最小平面曲线半径、最小竖曲线半径、缓和曲线长度及顺坡率、最大坡度、轨道润滑方式、车挡方案、曲线的限速情况、曲线轨道加宽量、轨底坡、轨道扭曲度等数据。车辆专业向轨道专业提供车辆编组形式、车辆的自重和载客质量、车辆轴重、两转向架中心距、车辆长度、转向架固定轴距、车轮形式及材质和硬度、车轮轮径、车轮内侧距、轮缘润滑方式、车辆最高运行速度等数据。图 1-2 所示为轨道系统。

图 1-2　轨道系统

在车辆进行试验时，应检查是否符合现场条件及通过轨道线路的能力，包括坡道、弯道、道岔、轮轨磨耗、运行平稳性及安全性等。

（二）与屏蔽门专业的接口管理

车辆专业向屏蔽门专业提供列车客室车门和司机室车门布置相关数据、列车长度、列车宽度、开关门的行程时间、车门间距、车门的净开度（宽度和高度）、司机室侧门开门形式、客室车门切除开关的位置。

参考文献

[1] 刘成文. 城市轨道交通车辆基地工程接口管理探讨［J］. 铁道工程学报，2012（2）：78-85.

[2] 范玲，王玲. 城市轨道交通车辆调试技术的研究和探讨［J］. 中国新技术新产品，2020（8）：66-67.

[3] 廖斌. 地铁电客车调试工作探讨［J］. 机电工程技术，2017（6）：151-153.

[4] 张和平，董兆兵，杨孝洪，葛刚. 地铁列车调试的组织与实施［J］. 现代城市轨道交通，2006（4）：11-13.

第二章 调试前期筹备

车辆调试是一项系统的工程，调试前的筹备需科学合理、充分得当，调试过程需要严格控制作业质量和作业进度。车辆调试筹备主要包括人员筹备、技术筹备、物资筹备、场地筹备四个方面。

第一节 人员筹备

一、人员组织

根据车辆调试的人员需求特点，保障所需人员能有计划、有步骤地招聘或调配，建议按照“优先考虑管理骨干、技术骨干、生产骨干的调配培养”原则编制调试人员筹备实施计划。调试人员筹备方式包括内部调配、学校招聘、社会招聘。

筹备人员分为管理类人员和生产类人员，管理类人员包括主任、技术主办、技术助理，生产类人员包括高级检修师、检修师、检修员。以轨道交通试运行开始时间为截止点，管理类人员应提前 1.5 年招聘到位，生产类人员应提前 1 年招聘到位。

二、人员编制的原则

调试筹备期可划分为系统功能设计与招投标、设备监造安装与调试及系统联调与试运行三大阶段，从车辆调试的角度来看，这三个阶段的主要任务、工作侧重点以及对人员的配置数量和要求存在显著差异。

（一）系统功能设计与招投标阶段

这一阶段的主要任务是：产品设计开始之前向车辆总承包商提供合同设备的设计方案，地铁运营方对车辆总承包商所提供的方案以及有关资料进行审查。经审查和确认的设计方案、资料等是开展产品设计的依据。因此，该阶段需要配备熟悉车辆整体布局和车辆调试特点的专业人员，熟悉车辆各专业系统调试需要的工具、物料等模块的专业人员，各1~2 名。

（二）设备监造安装与调试阶段

这一阶段地铁运营方的主要任务是熟悉各种车辆设备和系统设备的功能和操作特点，以编写操作流程和各种技术维修规程，组织调试期间人、地、物的筹备，编写车辆各系统调试方案和检修人员的培训教材，根据设备监造安装与调试相关原则、方法和策略，编制筹备人员培养计划。

根据城市轨道交通既有运营线路调试筹备经验，按初期每月调试完成 2~3 列车，设置 2 个班组，每个班组 18 人配置，开通前和调试前需配置人员参考表 2–1。

表 2–1　　调试筹备人员配置参考

序号	配置岗位	配置人数
1	主任	1

续表

序号	配置岗位	配置人数
2	技术主办	1
3	技术助理	3
4	检修调度	4
5	文员	1
6	材料员	1
7	车辆检修工	36

根据车辆调试方案，作业内容、作业时间、人数配置可参考表 2-2。

表 2-2　　调试项目分工参考

作业内容	OCI	限界	扭力校正	查线核图及复查	静调	动调（试车线）
作业时间	1	0.5	2	8	10	1
人数	7	4	4	6	12	2

调试班按 18 人安排，静调与动调为一个工作包，称为工作包 1，作业人数 12 人。查线核图、扭力校正为另一个工作包，称为工作包 2，作业人数为 6 人。每个工作包作业时间 10~12 天，一个月工作日 22 天，两个工作包可交叉进行。调试初期组成两个调试班共 36 人，调试能力平均为每月调试 3 列车。若需月调试 6 列车，则需组成 3~4 个调试班。月度调试能力可参考表 2-3。

表 2-3　　月度调试能力参考

	第 1 个月		第 2 个月	
T01	一班工作包 1	一班工作包 2		
T02	二班工作包 1	二班工作包 2		
T03		一班工作包 1	一班工作包 2	
T04		二班工作包 1	二班工作包 2	
T05			一班工作包 1	一班工作包 2
T06			二班工作包 1	二班工作包 2

车辆调试所需人员的配置标准与检修人员的能力密切相关，是动态变化的。为保证调试质量，调试初期配置的人员普遍应具有中级水平，随着

人员逐渐增多，可按照中级工约占总人数的60%、高级工和初级工合计约占总人数的40%进行人员调配。

（三）系统联调与试运营阶段

这一阶段运营的主要任务是在确保系统正常稳定的情况下，结合联调和试运营过程中发现的问题，完善各类规程和流程等技术、管理文件。

根据城市轨道交通组织模式不同，车辆检修人员配置标准也不同。以生产岗人员满员数量按照人员/车数为 0.6 的比例配置为例，若一条新线配属33 列车，每列车为 6 节车编组，该线路生产岗满员需配置 119 人，同时配置管理岗和辅助生产岗。满员配置可参考表 2-4。

表 2-4　　满员配置参考

序号	配置岗位	配置人数
1	主任	2
2	技术主管	1
3	技术主办	3
4	技术助理	3
5	检修调度	5
6	文员	1
7	材料员	1
8	车辆检修工	119

对于新建线路，考虑人员梯队培养的需要，建议检修员配置占总人数50%左右，检修师配置占总人数 40%左右，高级检修师配置占总人数 10%左右。

在调试阶段不必按照满员配置，可以根据调试进度要求和班组设置进行配置，调试阶段初期先调配到位的人员可优先考虑检修师。检修师容易快速掌握新车调试技能，培养出一批合格的检修师后也便于以师徒带教的方式对后续调配到位的检修员进行技能培训。

三、人员的培训

根据车辆调试人员岗位配置分类，需要分别进行管理人员、技术人员和生产作业人员三大类岗位培训，根据培训实施方式可分为供货商培训、定向培训和自主培训三种。

（一）供货商培训

开通运营前期由车辆总承包商组织对所制造车辆各系统专业知识的培训，调试管理人员、技术人员及生产作业人员骨干需要参加前期培训，掌握所要调试车辆的各系统知识，以便后续编制调试方案。

（二）定向培训

主要针对订单院校城轨车辆方向的学生进行订单培养，提前编写通用的车辆调试流程及组织、调试方案等针对车辆调试的教材，按照车辆调试对人员素质和知识技能的要求，提前在学校培养预备员工。

（三）自主培训

自主培训一般由地铁运营单位内部有调试经验的内训师进行授课，或有调试经验的生产作业人员进行师徒带教，主要针对生产一线的在职员工，培训内容通常包括调试技术规程、工艺操作以及安全、质量等。

第二节　技术筹备

一、技术规章筹备

技术规章制度是调试管理的重要组成部分，技术规章筹备包括技术资料收集，技术文件的编写、讨论、报批、发布等过程。

（一）技术规章编制的原则

技术规章的编制要以各系统的设计标准和设备技术参数以及国家标准、行业标准为依据，坚持边安装调试、边培训、边完善教材文本和手册的原则。在规章编制过程中应进行充分的讨论和审核，确保各规章之间不冲突。

（二）技术规章编制的程序

为了充分总结吸收已有成果和成熟经验，保证技术规章的科学性、经济性和合理性，必须按照程序制定规章，也可依据具体规章的复杂程度，对规章编制程序做适当调整。

1. 调查研究，收集资料

起草规章应充分做好调查研究和技术资料收集工作，一般应收集以下资料：

（1）国际标准、国外先进标准、技术法规，国内相关标准、适用的法律法规等资料。收集此类资料，以便获得大量的信息和数据，进行分析、对比、参考和借鉴。

随着轨道交通行业的迅猛发展，相关法律法规、标准都在不断完善和优化中，地铁运营单位需及时跟进、准确地应对外部监管要求的变化，必要时需对规章内容进行动态修订。

（2）设备技术资料。地铁运营单位应提早介入工程建设中，及时掌握各系统设备的性能、结构、特性，同时充分收集由其他单位向运营单位移交的设计资料、技术资料、设备资料、培训资料等。这些资料是规章特别是技术类规章编制的基础。

（3）生产和实际工作中积累的技术数据、统计资料、专题研究分析的结果等资料。此类资料，对于确定规章中的技术指标具有十分重要的意义。

（4）国内外轨道交通运营单位的相关资料、轨道交通运营现状及发展方向等资料。收集这些资料能保证在制定规章时心中有数，确保规章的先进性。

（5）风险识别、控制措施。收集这些资料，能使规章制度的编制更加符合企业的管理实际，更有针对性。

2. 起草规章初稿

起草单位对收集到的资料进行整理、分析、对比、优选，必要时进行试验验证，最后起草规章初稿和编制说明。

规章中参数、指标的确定是一个十分复杂的过程，有时要通过试验验证来找出各因素之间的内在联系，从而判定选择的正确性。规章的编制过程中需要对采用国际标准和国外先进标准的情况进行对比分析，还应注意与现行法律法规、规章和强制性标准的关系。

3. 征求意见，形成送审稿

规章初稿编制完成后，应向内部相关部门征求意见，必要时可送建设单位、设计单位核对，并对收到的意见分析研究，决定取舍后形成送审稿。在此期间，不同规章的编制小组也应加强沟通，协调规章草案之间的冲突，必要时可组织专题讨论。

4. 审核规章，形成报批稿

根据规章的复杂程度、涉及面大小，可采取会议审查或函审方式，报批稿在报批前应由有经验的工程技术人员、管理人员（也可组成专门的审核机构）进行审查。

5. 规章的批准、发布

规章由主管部门批准，并编号发布。

（三）规章编制的其他注意事项

适用的国家和地方有关方针政策、法律法规、规章和强制性标准、外单位移交的基础资料，可以作为外来文件直接使用，但有时为了方便员工直接使用某些内容，也可以根据实际需要将其转化为内部规章或进行简化，但只能在内部使用。

二、技术标准筹备

建立科学合理的调试规章体系，是实现企业科学管理的重要手段和必要条件，是提高调试质量、实现总体安全的技术保证，是降低消耗、增加效益的重要手段，是推广新工艺、新技术、新科研成果等的桥梁，对促进技术进步、合理配置资源、组织高效率生产起着十分重要的作用。

（一）技术标准与作业标准

技术标准与作业标准是针对需协调统一的技术事项所制定的规章，并没有统一的模式可循，在具体操作上应从实际车型出发，使其更具可操作性和实用性。技术标准与作业标准内容应系统（基本涵盖新车主要技术、管理或工作事项）、全面（满足现场生产、技术方法的需要）。

凡是企业内部需要协调统一的技术要求，都应该制定相应规范，其表现形式有标准、规范、守则、作业指导书等。调试期间常见的技术标准及作业标准见表 2-5。

表 2-5　调试期间常见的技术标准及作业标准

序号	名称	参照标准
1	车辆预验收（PAC）作业指导书	维修手册
2	车辆预验收（PAC）作业指导工艺	维修手册
3	车辆螺栓扭力校正方案	维修手册
4	车辆查线核图方案	电气原理图
5	车辆通用螺栓、螺母及盖板锁作业标准	企业标准

（二）作业规范与考核准则

作业标准已成为企业管理科学化、现代化的重要内容，对强化企业管理、提高企业素质等起着积极的作用。岗位作业规范及考核准则内容通常包括岗位基本资格要求、职责权限、岗位工作要求和检查考核，是针对需要统一协调的工作事项而制定的。如果说管理制度是针对事（事项）的规章，技术标准和作业标准是针对物（设备设施）的规章，那么作业规范和考核准则就是针对人（岗位）的规章。

三、技术文件筹备

（一）车辆设计文件

调试指导文件参照车辆设计文件（如产品规格书或说明书、车辆维修手册等）编制，因此需在调试前期收集车辆设计文件。

（二）车辆维修手册等资料

在新线车辆采购合同内明确要求整车供应商提供车辆维修手册等资料，必须包括维修计划、必换件与选换件清单、相关技术标准、维修工艺方法、部件结构剖图等内容。

（三）通用产品规格书或说明书

由于供货商提供通用产品规格书或说明书，如紧固件、电气元件、接触器等。

（四）出厂前调试数据

出厂前调试数据主要是各系统软件版本号、元器件动作频次、运行时间、故障及更换频次、测量调整间隔等，建议维修部门从调试起即建立维修数据记录系统，定期收集并整理数据。

（五）改造作业联系单

建议出厂前收集所有设计变更后的改造作业联系单，包括改造背景、具体实施方案及改造后评估效果报告。

通过收集以上数据资料，在筛选整理、滤除干扰信息后，可针对每个系统和关键部件制订评估计划。

第三节　物资筹备

物资筹备通过计划、采购、库存三方面的科学管理，实现服务、成本、供应三个目标，确保运营筹备物资的供应到位。

一、物资筹备的内容

（一）物资的分类

根据轨道交通运营的特殊性，首先应对地铁运营时所需物资进行分类，形成一个初步的标准，以进行专业化管理与统筹。轨道交通车辆调试筹备的物资类别主要有：车辆牵引、制动、车门等系统所需备件、材料、低值易耗品，办公用品、电脑配件、劳保用品及制服、工器具等。其次，在物资分类的基础上开展市场调研，根据物资的重要性，结合采购的周期分时段下达计划。最后，做好物资的追踪与反馈，以及各个时期的预算与资金的统筹分配。

新线开通的调试物资主要包括车辆段或停车场进驻配置物资，新车调试所需的工器具、辅助调试材料、厂家备件等，调试工作人员的劳保用品以及办公设施、通信器材等，可根据采购周期提早下达计划，做出安排。常用的物资具体包括如下几类：

1. 通用类物资

如指引标志贴、更衣柜锁、多用电源插座、对讲门铃、铝合金人字梯、意见箱、标志牌、手电筒、碎纸机、告示牌、不锈钢导向牌、电子秒表、垃圾桶、手喷漆、白板、计算器、不锈钢护栏、硬币袋、不锈钢取币盒、鞋架、水泥钉等。

2. 安全类物资

如红闪灯、信号旗、事故隔离带、应急灯、拾物钳、绝缘扶梯、紧急停车按钮小锤子、沙包、折叠式铝合金担架床、急救药箱、荧光背心、安全帽、电工安全带、氧气呼吸器等。

3. 固定资产等专用品

如办公卡座、办公电脑、对讲机、复印机、保险柜、冲击钻、照相机、传真机、打印机、电冰箱、监控设备、空调、微波炉、家具和制服等。

4. 车辆调试物资

主要包括合同中规定的易损易耗件、工器具、“三包”备件等，其中易损易耗件应在项目筹备初期准备充足，在调试期结束后满足合同中规定时间和里程内的车辆维修需要。

（二）物资采购

为保障调试进度，调试所需的物资需在新车到达车辆段前 3 个月到货，应结合采购周期，提前编制下达采购计划。应注意标注重要性和到货时间要求，以便操作时有的放矢、重点安排和跟踪到货。

1. 需要固定配置的物品采用定额管理。例如，可提前安排编制工器具定额，针对不同车间、班组，提前编制明确对应工器具的规格清单，对新线配置工器具一次性下达采购计划；新员工制服、调试必备物资等，均可通过编制新员工制服配置定额、车辆调试配置定额后批量采购，明确规格清单，既避免遗漏，又能保证时间，同时，批量采购还可节约采购成本，避免重复采购。

2. 需重点关注车辆调试必备的重点物资，保证调试工作顺利进行。

3. 对常用的经常性采购的物资，分类整理清单，确定 1~2 年的用量进行采购，提前下达打包招标计划以确定固定采购供应商，缩短计划采购周期。

二、物资验收及存放管理

调试物资库存管理需做好四方面工作：一是做好物资存放仓库的规划设计以及仓库货位架完善工作，保证功能齐备；二是做好新线建设合同（随车）备件的验收接管工作；三是做好物资的入库验收和出库工作，有清晰的验收和出入库流程，做好物资的保存与管理工作；四是有完整的仓库物资管理、操作制度作为工作指引。

（一）备件的验收接管

1. 核对清单

地铁运营筹备期间的备件来源主要是建设合同（随车）的备件，若随车备件清单发现有问题，例如清单名称、规格不清，如不及时解决会影响实物的验收交接及日后的账目盘点管理。项目单价缺漏或以外币结算标注，需要与建设单位、财务部门沟通解决。清单以整件或整体名称标注，附件未标明名称或无附件单价，需要及时沟通解决。清单中有固定资产的项目，须与财务或相关部门沟通解决。

2. 验收接管

对新线建设合同（随车）备件的验收接管要留意物资有无使用价值，如无价值应沟通处理；如属仪器仪表应先进行检验；要做好备件接收管理和单据的保管工作。

（二）物资存放管理

普通材料可以存放在仓库货架上，如图 2-1 所示。货架一般选用轻型货架、中型货架、重型货架和蜂窝式货架。为节省用地，提高工作效率推荐使用立体化仓库。

随车的大件物资存放在大件物品存放库、材料棚、露天仓库。油料放在油品仓库，甲乙类物资存放在防爆柜内。仓库应设置一定规模的材料堆

图 2-1　仓库货架

场，由于各线路都会设置材料堆场，且材料堆场的设置与用地条件关系密切，其规模弹性较大，故不便作具体规定，应因地制宜布置，但也不宜小于 1 000 m^2。

第四节　场地筹备

车辆段是地铁车辆调试、运营的基地，承担了车辆调试、车辆检修、车辆运用和全线设备设施综合维修保养任务。车辆段一般集中设置一处车辆段控制中心（DCC，depot control center），对段内生产运营进行集中调度指挥。

车辆在进行调试前，场地筹备除了需要设置车辆检修专用场地，还需要配备车辆调试设备。车辆到达车辆段后对车辆进行卸车、联挂，转轨到车辆段内专用的检修轨道，再进行下一步调试工作。

一、调试场地分类

根据《地铁设计规范》的规定，地铁车辆段根据功能可分为检修车辆段（简称车辆段）和运用停车场（简称停车场），车辆段根据检修作业范围可分为架修段和定修段。车辆段与停车场主要用于车辆的运营、整备、检修等工作，同时也是工作人员的办公场所。图 2-2 所示为具有天车的车辆段检修库。

图 2-2　具有天车的车辆段检修库

根据城市轨道交通线路的情况，可以另外设置仅用于停车和日常检查维修作业的停车场或检车区，管理上一般附属于主要车辆段，规模较小，独立设置的停车场应隶属于相关车辆段。

（一）检修车辆段

车辆段主要用于列车停放、列车调试，调车编组，日常检查，一般故障处理和清扫洗刷，定期消毒，车辆的修理——月修、定修、架修与临修，车辆的技术改造或厂修，车辆段内通用设施及车辆维修设备的维护管理。

（二）运用停车场

运用停车场主要用于列车停放、列车调试，调车编组，日常检查，一般故障处理和清扫，车辆的修理——月修与临修。图 2-3 所示为运用停车场。

图 2-3 运用停车场

二、调试场地要求

根据城市轨道交通调试经验，检修车辆段或运用停车场应该包括检修库、运用库、工程车库、洗车机房、DCC 控制室、办公用房、功能用房等场所。

（一）检修库

检修库主要用于列车正式运营后的定修工作，如月检、半年检、年检、系统修等。如图 2-4 所示，检修库建有检修平台，平台分成 3 层，一层平台主要用于对地铁车辆的车底进行维护保养，二层平台主要用于对地铁车辆的车厢进行维护保养，三层平台主要用于对地铁车辆的空调机组及受电弓等部件进行维护保养。

图 2-4　车辆段检修库

为了方便新车调试，检修库场地要求如下：

1. 安装洗眼器（图 2-5），列车空调冷凝水可排至地沟，股道坡度处有防滑措施（图 2-6）。

图 2-5　检修库洗眼器

图 2-6　带防滑功能的斜坡

2. 检修坑道应平直，表面不能积水及出现凸起情况，其集水井盖安装有防护网，防止小部件掉落集水井，如图 2-7 所示。

3. 检修平台一、二、三层安装照明设施，照度要满足国家标准的照度要求；安装空调或风扇通风；安装洗手池，需对墙体进行贴砖防护；安装动力插座；安装车间电源。

4. 检修平台两端安装有车钩过渡板。

图 2-7　检修坑道

5. 检修平台安装稳固可靠的护栏，护栏把手不能有锋利凸起以防割手；检修梯净宽不低于 1 m，且为直跑梯。

（二）运用库

地铁车辆段/停车场运用库停车股道一般分为带地沟停车股道和不带地沟停车股道，是进行地铁车辆停放、技术检查、一般性故障处理、整备、清洁等日常维护保养工作的场所。图 2-8 所示为车辆段运用库。

图 2-8　车辆段运用库

（三）车辆段控制中心

地铁车辆段控制中心主要负责车辆和车辆检修设备的日常检修、临修、定修计划的管理和监督，正线列车行车计划、车辆段施工计划、工程车作业计划的日常安排和监督，正线列车应急处理及救援的组织等。

1. DCC 办公场地

DCC 办公场地要求安装一定数量的电源插座、电话端口、网络端口（建议电话端口不少于 5 个，网络端口不少于 8 个）；安装 LED 显示屏，需提供技术说明书、操作说明书、功能检查表、使用证明；DCC 工作台表层完整，无锈蚀及损伤等缺陷；安装 DCC 工具柜；安装单站时钟系统设备；座椅、钥匙柜数量满足使用要求，钥匙柜数量不少于 5 个。

2. DCC 会议室场地

DCC 会议室场地需配备会议桌及座椅，安装一定数量的电源插座、网络端口（建议电源插座不少于 2 个，网络端口不少于 2 个）。

（四）“五防”系统

“五防”系统通常是指为确保人身安全，对高压电气设备应具备的五种防误功能的简称，是电力安全的重要措施之一。“五防”即防止误分、合断路器，防止带负荷分、合隔离开关，防止带电挂（合）接地线（接地开关），防止带地线送电，防止误入带电间隔。

断送电操作的正确性直接决定人员安全和生产安全，若在断电作业中出现误操作，可能会造成严重的电网故障、设备损坏，乃至引发重大人身伤害事故，因此需使用“五防”系统。

“五防”系统验收要求如下：具备应用操作防控功能，且符合合同条款要求；提交“五防”系统用户手册、产品说明书、功能和各用户权限说明书、维护手册等系统技术资料；现场培训“五防”系统的使用规范；提供“五防”系统的产品可靠性测试报告；提供“五防”系统的调试大纲，结合现场实际情况按时完成调试；完成现场“五防”系统的功能测试（包括误操作测试)，提供测试报告。

(五) 试车线

1. 试车线概述

车辆段试车线是地铁列车进行动态调试和试验的线路，新车和检修后的列车需在试车线上进行系统的调试及性能试验，测试合格后才能上线运营。《地铁设计规范》对车辆段试车线设计规定如下：

(1) 试车线应为平直线路，困难条件下允许在线路端部设部分曲线，其线路应满足列车试验速度的要求。

(2) 试车线的其他技术标准宜与正线标准一致。

(3) 试车线有效长度应根据车辆性能和技术参数以及试车综合作业要求计算确定。

(4) 试车线两端宜设缓冲滑动式车挡。

(5) 试车线应在适当位置设置检查坑和试车设备房屋，试车线检查坑长度不应小于 1/2 列车长度加 5 m，检查坑深度应为 1.2~1.5 m，坑内应有照明和良好的排水设施。

根据上述标准，试车线一般应选取地面平直线路（图 2-9)，但考虑到客观环境条件的限制，工程实践中允许试车线有部分曲线、坡道、道岔存在。在有曲线、坡道、道岔存在的条件下，要求列车通过曲线及道岔处均不能限速（最高运营速度）通过，曲线半径大于 2 000 m，坡度小于 2‰，且坡度尽可能小，尽量选取平直段，以减少曲线半径、上下坡道对试验结果的影响。

2. 试车线设计长度的计算

(1) 决定试车线设计长度的基本因素。试车过程包括起动阶段、转换阶段和制动阶段。其中，列车起动距离和制动距离可以根据牵引特性曲线和最高试车速度计算，转换阶段走行距离根据最高速度和转换时间计算。最高速度是影响试车线长度的主要因素。

(2) 起动阶段长度 L_1 的计算。由于不同列车具有不同的特性曲线，以下仅选取最高运行速度为 80 km/h 和 100 km/h 的 1∶1 动拖比列车进行计

图 2-9　车辆在试车线上调试

算。根据列车牵引曲线计算不同荷载工况下的起动加速距离见表 2-6。

表 2-6　　起动加速距离 L_1

起动加速距离	最高速度 80 km/h 列车		最高速度 100 km/h 列车	
荷载工况	AW0	AW2	AW0	AW2
0~v_L 加速距离/m	128.5	78.1	153.5	76.6
0~v_m 加速距离/m	269.1	192.4	324.0	151.8
0~v_h 加速距离/m	426.6	568.9	702.1	956.2

(3) 制动阶段的长度计算 L_2。考虑一定的安全裕度，常用制动减速度按 0.8 m/s^2 进行计算。列车制动减速距离见表 2-7。

表 2-7　　制动减速距离 L_2

制动减速距离	最高速度 80 km/h 列车		最高速度 100 km/h 列车	
荷载工况	AW0	AW2	AW0	AW2
v_L~0 减速距离/m	132.9	87.1	173.6	87.1
v_m~0 减速距离/m	236.3	188.4	308.6	152.7
v_h~0 减速距离/m	308.6	308.6	482.3	482.3

（4）起动转换为制动模式时的列车运行距离 L_3。司机操作时间和设备响应时间总共为 5 s，此时列车仍在加速，加速度按照 0.5 m/s^2 进行计算。列车模式转换运行距离见表 2-8。

表 2-8　　模式转换运行距离 L_3

模式转换运行距离	最高速度 80 km/h 列车		最高速度 100 km/h 列车	
荷载工况	AW0	AW2	AW0	AW2
v_L 模式转换运行距离/m	78.5	65.3	173.6	65.3
v_m 模式转换运行距离/m	103.5	89.6	117.4	84.0
v_h 模式转换运行距离/m	117.4	117.4	145.1	145.1

（5）试车线滑动式车挡安装距离 L_4。以车挡长度（含摩擦块）6 m、滑移距离（按 25 km/h 撞击速度计算）17.28 m 计，L_4 =(6 m+17.28 m)×2 =23.28 m×2。

（6）安全距离 L_5，即列车试车时距离车挡的安全距离，L_5 =10 m×2。

（7）列车长度 L_6。一般情况下最短为 4 辆编组 B 型车 80 m，6 辆编组 B 型车 120 m，最长为 6 辆编组 A 型车 140 m。

（8）试车线长度 L。$L=L_1+L_2+L_3+L_4+L_5+L_6$。

列车长度采用 L_6 =120 m 时，试车线的长度见表 2-9。

表 2-9　　试车线长度

试车线长度	最高速度 80 km/h 列车		最高速度 100 km/h 列车	
	AW0	AW2	AW0	AW2
v_L 模式/m	527	418	688	416
v_m 模式/m	796	657	937	576
v_h 模式/m	1 040	1 182	1 517	1 771

3. 试车线设计长度的计算分析

试车线的长度应根据功能定位通过牵引计算确定，无牵引曲线时，可按本文的示例计算取值。采用最高运行速度 80 km/h 的列车时，试车线的长度建议在 1 200 m、1 050 m、800 m 和 550 m 四个等级中选择；采用最高运行速度 100 km/h 的列车时，试车线的长度建议在 1 800 m、1 550 m、950 m 和 700 m 四个等级中选择。有条件时，试车线应尽可能加长。

三、车辆段设备及专业工具筹备

车辆调试开展前，需要核实车辆段设备是否满足调试要求，如调试过程中可能需要驾车作业，静态调试完成后需要过限界及淋水试验，都需要使用车辆段设备辅助完成。

（一）车辆段设备筹备

车辆段及其附属设备主要有列车自动清洗机、不落轮镟床、固定式架车机、内燃机车、公铁两用车、限界检查框、车间电源柜。

1. 列车自动清洗机

列车自动清洗机是用于清洗列车外表面的灰尘、油污及其他污渍的专用设备（图 2-10），可使用中性或酸性清洗剂，进行列车前后两端面、两侧面和侧顶弧面的刷洗工作，也用于调试中的淋水试验。

图 2-10　列车自动清洗机

2. 不落轮镟床

不落轮镟床是一种在整列编组不解体、转向架轮对不落轮的条件下，对磨损或擦伤的车轮踏面、轮缘进行镟修加工，或者对已落架的转向架上轮对或已落轮（带轴箱）的单个轮对进行镟修加工，使轮对在短时间恢复到正常状态的车辆专用设备。

3. 固定式架车机

架车机用于列车转向架、轮对的拆卸、装配及维修，能满足对编组列车（6 节车）在解编状态下的同步架车作业、列车及工程车的架车整改作业。图 2-11 所示为固定式架车机。

图 2-11　固定式架车机

4. 公铁两用车

公铁两用车（图 2-12）配合列车完成镟修工作。

5. 内燃或蓄电池机车

车辆动态调试前，车辆本身不满足动车要求，过限界或者淋水试验需要使用内燃或蓄电池机车进行牵引，因此调试筹备阶段需要内燃或蓄电池机车（图 2-13）。

图 2-12　公铁两用车

图 2-13　蓄电池机车

6. 限界检查框

车辆静态检查完成后，需要对列车限界尺寸进行检查，因此在车辆调试场地需要配置限界检查框（图 2-14）。

7. 车间电源

在车辆段检修库内的静调线专门设置 DC 1 500 V 电源，用于车辆各项静态调试。

图 2-14 限界检查框

（二）调试设备、工具筹备

车辆调试设备、工具的配置应按基本需求、工艺需求和特殊要求进行，且必须安全、可靠、高效，主要配置如下。

机械部件调试设备及工具：不同型号的扭力扳手、开口扳手等。

电气部件调试设备及工具：万用表、电压表、继电器测试仪。

客室设备系统调试设备及工具：车门开关门测试设备、客室车门测力装置、客室车窗装配辅助设备及车窗吊起设备（含保护垫）等。

制动系统调试设备及工具：压力表、数显气压表、露点仪、制动单元维修成套工具、模拟速度发生器、空气干燥器装配工具等。

空调系统调试设备及工具：万用表、便携式计算机（已安装空调维护软件）、钳型电流表、旋具、空调机组真空测试单元（包括直流供电电源及电缆装置）、检漏仪、温湿度测试仪（手持式，可记录数据）等。

车钩系统调试设备及工具：自动车钩钩锁间隙量规、电气钩头校准量规、吊装钳、轴承衬套安装工具、对中装置安装工具。

其他部件调试设备及工具：过渡车钩。

静态调试、动态调试设备及工具：静调电源柜、故障诊断电脑。

第五节　经验小结

前期筹备工作的目的是使新造车辆能够保质保量地完成调试，为车辆能够安全可靠地投入商业运营做好充分准备。

由前面调试前期筹备介绍可知，要保证新线车辆顺利完成调试工作，原则上必须具备两个基本条件：第一，要有性能良好、设计合理、制造完整的车辆，为调试奠定坚实的物质基础；第二，要有一个人员、技术、物料、场地等资源齐备的调试管理集体，为持续安全、优质调试提供组织技术保障。

一、合理有效地组织人员筹备

调试人员的技能决定了车辆调试的质量，地铁运营方应根据新线开通时间倒排计划，根据计划调配管理、生产岗位人员，满足后续工作对人员数量、技能以及时间的要求。调试承受的安全风险大都来自车辆制造问题及前期设计缺陷，欲实现本质安全，须充分认识调试人员的重要性。因此调试筹备人员要积极介入车辆的前期设计、监造等环节，以技术管理骨干为先导，大力组织后续到位人员，深度参与设计联络、介入现场、掌握车辆设备情况。

扎实抓好调试筹备人员培训是保障调试作业质量的基础，地铁运营方宜充分利用时间，开展送出去、请进来、理论结合实操、演练结合比武等多种方式组织培训工作，大力开发教材、题库，迅速组建兼职培训师队伍，建立健全培训考核、带教机制，促使员工快速、扎实掌握业务技能，满足100%持证上岗的基本要求。

二、编制完善的调试筹备技术文件

根据调试工期计划，地铁运营方需倒排筹备工作各阶段工作，设定阶段目标，配套建立督办、例会等机制。

调试以及运营初期的规章、制度、预案等文件种类较多，在编制时应尽早对文件架构体系做好顶层设计，集中技术管理骨干，开展文件编制。在启动生产作业人员内部培训前，应完成主要规章、细则的编写、评审和发布。

调试筹备是围绕调试工作而进行的，调试工作的水平、必备的条件、如何组织实施等，均应适时统筹策划。

三、建立物资供应体系

在调试筹备初期应着手建立物资计划及采购、仓储管理制度，制定工器具、劳保用品等配置标准，确保在调试工作开始前完成生产、办公家具的配置，主要工器具、备品备件等生产物资应配置到位。

四、搭建合理的调试场地

在车辆交付运营方场地前，地铁运营方应做好调试场地的准备工作，主要包括车辆段/停车场检修场地、接触网、车间电源、调试工器具等，协调好各部门之间的衔接，确保车辆调试准备工作的有序进行。如果在协调过程中发现了不符合车辆调试要求的设备、工具，应及时进行调整，避免因设备问题而影响车辆整体的调试。

参考文献

[1] 王健. 浅析变电站“五防”系统的实现方式 [J]. 现代经济信

息，2018（3）：371.

［2］胡巨，梁晓兵，高新华，曹丽娟．基于 GOOSE 的变电站在线式五防系统的实现［J］．南方电网技术，2010，4（S1）：122-125.

［3］桂实，邓玲．新形势下的变电站“五防”实现方式的解析［J］．科技与企业，2012（13）：115-117.

［4］刘俊峰，谢学刚．变电站五防系统的实现方式探讨［J］．中国设备工程，2021（11）：84-85.

［5］傅静，杨卫军．在智能化变电站中构建五防系统［J］．科技视界，2012（33）：108-115.

［6］张雄，李剑虹．论地铁车辆段试车线的功能及设计要求［J］．铁道工程学报，2008（6）：101-105+111.

［7］刘文明．变频调速车辆特性的制约因素及改善特性的途径［J］．城市管理与科技，1999（4）：23-27.

［8］何霖．城市轨道交通车辆采购项目管理［M］．北京：中国劳动社会保障出版社，2014.

［9］何霖．城市轨道交通运营筹备与组织［M］．2 版．北京：中国劳动社会保障出版社，2013.

第二篇
车辆调试实施

车辆调试从狭义上讲主要是车辆到现场后，对各系统开展的预验收前的功能验证；从广义上讲，是从监造到试运行全过程的调试，包括车辆监造、发运前检验、接车管理、开箱检查、各系统调试、预验收、试验、试运行等工作。

第三章 监造及车辆发运前检查

第一节 工作概述

一、基本概念

监造是指地铁运营方为监督车辆制造进度，派遣技术人员到车辆总承包商生产现场进行监督管理。监造人员负责在生产现场对车辆总承包商生产的全过程监督，发现不符合要求或标准的情况反馈给车辆总承包商整改，情况严重者可要求停工整顿。

车辆发运前检查是车辆生产后，车辆总承包商书面正式通知车辆应用方参加的发运前检查。车辆应用方在车辆出厂打包发运前按合同和规范书要求对设备制造质量和应交付文件进行全面检查、试验和清点，检查出的一般问题进行现场整改，严重问题可待整改完成后再发运，检查后由双方授权代表在发运前检查报告上签字。

地铁车辆在运往现场前，监造人员应按照规定审查设备相应的防护、包装措施是否符合安全要求，检查地铁车辆是否满足装卸、运输的条件，对车辆制造厂在运输前所做的包装工作及运输方案进行审查。

二、工作思路及目标

1. 工作思路

监造人员不仅需要对整车及重要部件的质量进行重点检验，还应当对生产过程中相关工艺规程、质量保证体系的执行情况、列车发运前的打包情况进行严格的审查。

监造人员在车辆生产过程中，依据相关合同规定的技术条件、车辆生产图纸、工艺及质量管理文件，从各系统的首件鉴定，原材料、外购配件的入厂检查，到车辆设备的加工、制造、组装，再到整车编组后的调试、试验进行全过程质量监控，实时掌握生产进度，督促和监督车辆总承包商做好生产组织工作，保证生产进度和质量。在监造过程中，要以生产质量为中心，建立科学实用的监造程序和实施方法，加强过程控制，严格把控制造过程中的关键环节，以确保车辆制造进度、质量达到合同要求与现场应用需求。

2. 工作目标

监造工作的总体目标是保证监造工作系统化、规范化、程序化，督促车辆总承包商按照合同履约，保质、如期完成车辆制造项目。

（1）车辆及关键部件的制造质量、进度满足车辆采购合同、车辆设计联络与审查会中地铁运营方与车辆总承包商双方确认的要求。

（2）车辆设计、工艺等方面的变更在车辆上得到整改落实。

（3）把控列车制造的质量、进度。

（4）现场监造人员能学到丰富的监造知识和现场管理经验，为今后新线建设积累经验。

（5）加强车辆接口方面工作的沟通，降低地铁公司在车辆接口方面的成本。

（6）质量控制目标：贯彻以质量为中心的方针，建立科学实用的监造程序和实施方法，抓好实施过程中的主要环节，严格遵守相关检验标准及车辆供货合同的规定，确保接口设计实现车辆运行模式的性能要求，确保上车组装配件符合图纸技术要求，整车出厂合格率达100%。

（7）进度控制目标：根据合同工期进度表，按阶段进行进度、计划差分析，及时与车辆总承包商及各系统供应商研究制定保证进度实施的措施，保证接口监造工作进度，确保如期完成。

（8）积极协调地铁公司、车辆总承包商、各系统供应商之间的关系，在执行合同的基础上创造一个良好的工作氛围和合作关系。

三、主要工作阶段

广义上，车辆监造在招标阶段就应开展前期的准备工作，首批监造人员在车辆招投标、合同谈判、设计联络、设计审查、调试验收等阶段参与其中，包括：参与编制车辆用户需求书、参加设计联络和设计审查，在样车制造、试验及验收、批量车制造及验收阶段，对车辆的可靠性、适用性、可维修性和安全性进行全程控制，保证车辆监造工作的顺利完成。

车辆监造工作可以分为四个阶段：设计审核和质量评估阶段、样车制造阶段、样车试验及验收阶段、批量生产阶段。

四、监造人员的职责与要求

（一）对监造人员的基本要求

监造人员需具备三年以上相关工作经历，具备丰富的城轨车辆或相关专业的设计、制造、检验、运营和管理经验。监造人员在监造的过程中应及时发现问题，并要求厂家及时处理、解决问题。监造人员在车辆监造期间除对项目部负责外，更要为以后新车调试、维修及维修人员的培训做好充分的准备。

（二）监造人员的职责

1. 监造人员必须熟悉车辆技术规格书，掌握合同工期要求，充分了解车辆的技术特点、要点和生产节点。

2. 监造人员作为地铁公司的派驻代表，其所有工作直接向地铁公司负责。

3. 监造人员必须根据车辆项目的节点，定期找生产调度了解车辆主要部件供应商的供货计划及实际到货情况，根据总装计划对车辆的生产进度进行监督。

4. 监造人员须与地铁公司项目管理人员保持密切联系，并形成固定的监造例会制度，对监造过程中发现的问题进行反馈。

5. 监造人员须将监造过程中发现的问题进行汇总，并通过监造日报和周报向地铁公司进行及时反馈，同时将每天发现的工艺质量问题及时向车辆制造厂质量管理部门提交，要求其给出书面整改意见并及时整改，跟踪尚未整改的问题直至解决为止。

6. 监造人员应在出厂验收人员到达之后，向他们详细汇报列车的生产情况和质量问题，并协助做好列车出厂验收工作。

7. 监造人员应在熟悉车辆生产的每个环节之后，对每个台位的工作流程进行整理，编写初步的车辆生产组装工艺，为以后车辆的架、大修工艺编写提供基础。

8. 监造人员应充分利用现场监造的有利条件，编写需要特殊安装工具或特殊安装材料及在以后运营维修中有可能更换的列车子部件的安装工艺。

9. 监造人员应充分利用现场监造的有利条件，在车辆总承包商生产人员允许的情况下，尽可能为以后的调试、维修收集必要的技术资料及备品备件基础资料。

（三）监造人员的权利

1. 监造人员有权检查、测试及检验有关材料和加工工艺，监督车辆系统和所有车辆设备的制造过程。

2. 监造人员有权在任何时候联系车辆总承包商的代表，如发现技术规格书不允许的材料质量和加工工艺问题，有权责令车辆总承包商进行整改。如果发现车辆总承包商中有意隐瞒或忽视设备、材料缺陷，应及时向地铁公司汇报，并寻求取得证据。

3. 在车辆生产过程中，如发现以下问题，监造人员有权行使停工令，责令车辆总承包商停止生产并进行整改，待整改完成并通过监造人员验收后方可继续进行生产。

（1）未经车辆供货方专职人员检验即转到下一道工序作业。

（2）已发现质量问题令其整改但措施不力、效果不好仍继续作业。

（3）擅自采用未经审批的材料、配件。

（4）擅自改变工艺方案而不能保证产品质量。

（5）对有持证要求的特种工序选派无证上岗者。

（6）出现质量问题不作补救，又未得到设计人员批准而自行转入下道工序。

（7）合格品在运输保管过程中出现碰伤、锈蚀、变质、变形。

（8）监造人员认为危及行车安全的其他相关问题。

第二节　车辆监造

一、设计审查和质量评估阶段的监造

（一）监造流程

本阶段包括参加设计审核和质量标准评估两项工作内容，工作流程图如图 3-1、图 3-2 所示。

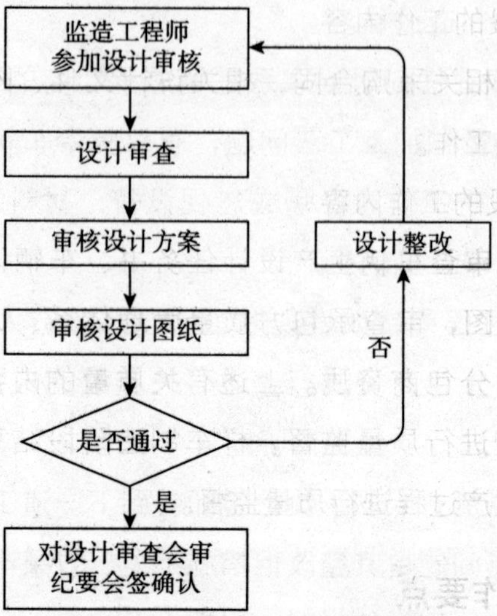

图 3-1　设计审查程序流程图

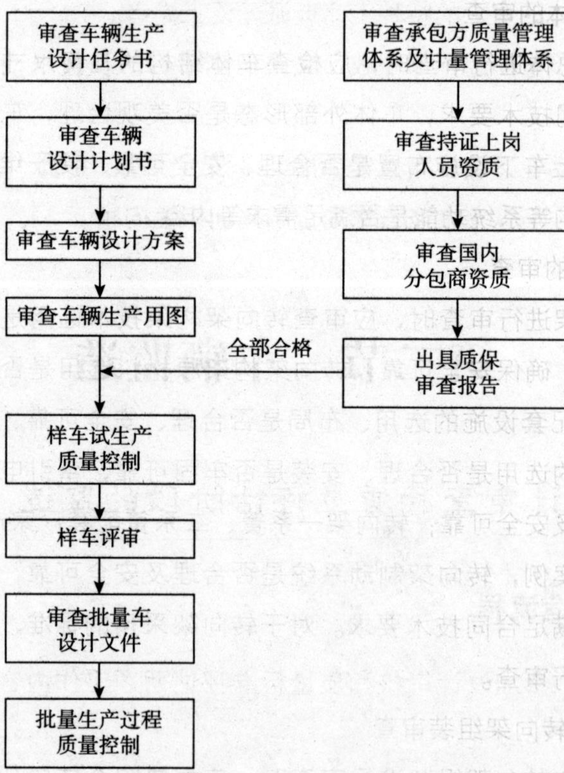

图 3-2　质量评估阶段工作程序流程图

1. 设计审核阶段的工作内容

监造人员在收到相关采购合同、相关设计文件、图纸以及相关工艺文件、图纸后参与审核工作。

2. 质量评估阶段的工作内容

监造人员应参与审查车辆生产设计任务书、车辆设计计划书、车辆设计方案、车辆生产用图，审查承包方质量管理体系、计量管理体系、持证上岗人员资质、国内分包商资质。上述有关质量的内容全部合格后，监造人员将对样车试生产进行质量监督。样车制造阶段结束后，审查批量车设计文件，并对批量生产过程进行质量监督。

（二）监造工作要点

监造人员需参与和重点关注的车辆设计内容如下。

1. 车辆总体的审查

在对车辆总体进行审查时，应检查车体结构的几何尺寸、车体强度计算是否满足合同技术要求，车体外部形态是否美观合理，车体内装及车门设施布局、车上车下设施布置是否合理、安全可靠、便于维修，制动、牵引、车门、车钩等系统功能是否满足需求等内容。

2. 转向架的审查

在对转向架进行审查时，应审查转向架构架技术选用是否具有多年运用的成熟案例，确保安全可靠，转向架构架原材料选用是否有成熟的运用案例；转向架配套设施的选用、布局是否合理、安全可靠、便于维修，转向架轮轴系统的选用是否合理、安装是否牢固可靠，牵引电机与转向架的连接是否合理及安全可靠；转向架一系簧、二系簧配套厂家产品是否可靠、有成熟的运用案例，转向架制动系统是否合理及安全可靠，转向架各组件几何尺寸是否满足合同技术要求。对于转向架采用的标准、设计技术要求与文件也应进行审查。

3. 车体与转向架组装审查

在对车体与转向架组装进行审查时，应主要审查转向架型式，空气弹簧结构、高度调整装置的安装方式及阻尼特性，抗侧滚扭杆结构及安装方式，中心销安装及中心距（车辆定距）牵引装置结构，复合弹簧结构及安装方式，横向油压减振器结构、安装及阻尼特性，横向橡胶止挡安装及缓冲特性等是否满足合同技术要求。转向架与牵引电机、驱动装置（含齿轮箱、联轴节）间组装设计是否合理也是审查的重点项目。

4. 车辆配套系统设备安装审查

在对车辆配套系统设备安装进行设计审查时，应审查车体部分与车辆其他系统的组装设计是否满足合同技术要求，包括车辆与电气牵引系统（含列车控制及监控系统）、空气制动及风源系统、空调系统、受电弓、辅助电源系统、列车广播设备及乘客信息显示系统、车门系统等配套设备的组装设计（设备的外形尺寸、安装尺寸、车辆下部限界关系），还应审查司机室设备（司机操作台、控制屏柜、运行信号显示屏）的安装是否合理可靠，客室设备（客室照明、广播喇叭、液晶显示器、紧急报警装置、摄像头镜头及扶手、立柱、座椅等）安装是否合理可靠、是否满足乘客需要，列车控制及监控系统 VVVF 逆变器系统、辅助电源系统、空气制动系统、空调系统客室电动门、列车广播设备及乘客信息显示系统接口连接是否合理可靠。

5. 车辆质量保证体系及计量管理体系的审查

（1）监造人员应考察供货方各主管部门是否建立相关的质量保证网络，是否有相应的质量责任制度，还应考察生产车间质量的保证措施和质量责任制度，了解各种专业人员培训、持证上岗情况，特殊工种许可证情况，考察供货方的三检制落实情况，并对以上考察情况写出书面报告。

（2）对分包单位资质的审定。车辆总承包商选定分包单位以后，应填写分包单位资格审查申请表，监造人员应审核分包单位的营业执照、企业资质证书、特殊行业施工许可证、业绩以及拟分包的内容和范围、专业管理人员和特种作业人员的资格证、上岗证。监造人员要按照科学性、公正性的原则，与地铁公司管理层、车辆总承包商密切配合，选择符合要求的、能力过硬的分包单位。

二、样车制造阶段的监造

（一）监造工作流程

在设计审核阶段结束，车辆设计文件、工艺设计文件等相关文件冻结之后，将开始准备样车制造。如图 3-3 所示，监造人员首先审核原材料理化性能、分包单位资质，审查承包方的质量保证体系和计量管理体系、工艺装备、工艺设计。在上述审查工作通过后、车辆开始制造前，完成监造交底工作。在车辆制造过程中，重点关注关键系统部件生产过程，如转向架加工、车体制造、车体油漆、车辆总装等，对生产过程进行质量监督。该阶段的成果为样车落成。

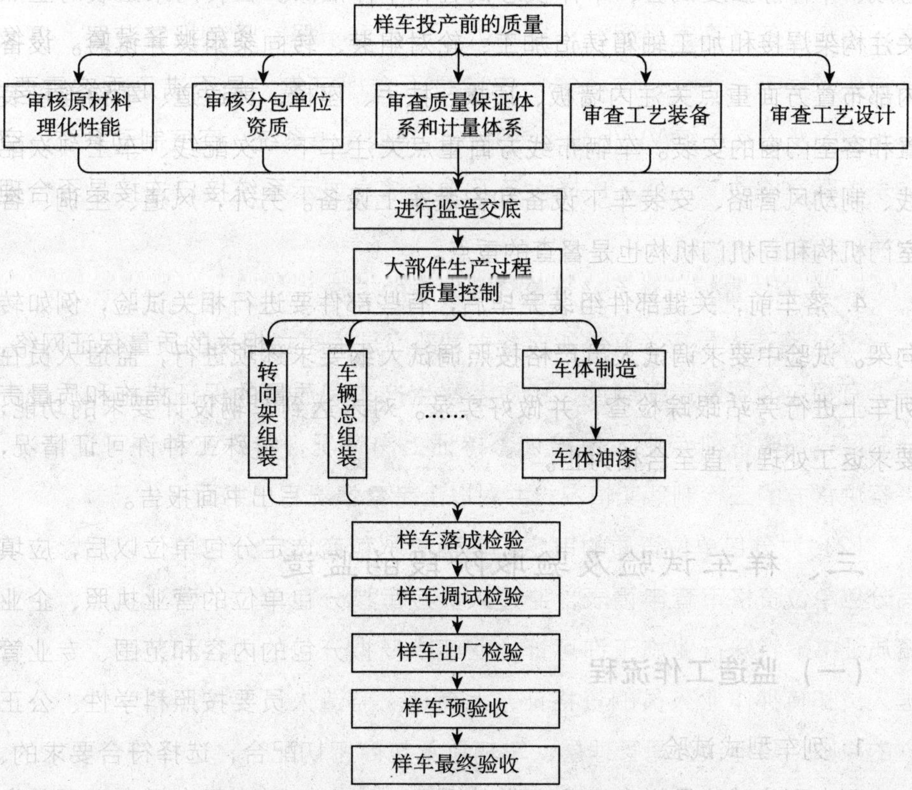

图 3-3　样车制造及关键部件的监造工作流程图

（二）监造工作要点

1. 按车辆各系统的设计图纸、组装工艺要求，对照合同技术条件，对列车各部位进行检查、复查，特别是紧固件是否牢固，电气线路有无磨碰，绝缘措施是否有保证，各种管路是否走向合理，有无漏泄现象，各种动作功能是否正常等。逐项查、反复查，确保车辆的功能有效发挥，确保车辆安全运营。

2. 按车辆监造细则，逐项审查，对有数值控制的项目要检测实际数值，对定性项目要逐项核实是否达到定性标准，并如实填写检测实录单。

3. 保证原材料、外协件、进口件、自供件质量合格，在制造过程中按专业分系统对样车制造进行督查。在车体组装时重点关注车体焊接、车体总成、车体静强度试验、车体模态试验和车体油漆。在转向架组装时重点关注构架焊接和加工轴箱铸造加工、轮对组装、转向架组装并试验。设备内部布置方面重点关注内墙板、顶板、扶手、座椅、贯通道、车钩连接装置和客室门窗的安装。车辆布线方面重点关注车下一次配线、车上一次配线、制动风管路、安装车下设备和安装车上设备。另外，风道、空调、客室门机构和司机门机构也是督查的重点。

4. 落车前，关键部件组装完毕后，有些部件要进行相关试验，例如转向架。试验中要求调试人员严格按照调试大纲要求逐项进行，监造人员在列车上进行旁站跟踪检查，并做好实录。对未达到车辆设计要求的功能，要求返工处理，直至合格为止。

三、样车试验及验收阶段的监造

（一）监造工作流程

1. 列车型式试验

列车型式试验是样车生产必做的项目，由车辆制造厂在样车出厂前完成相关型式试验项目。若车辆制造厂不具备条件，则在车辆运到地铁运营现场后，由地铁运营方和车辆总承包商共同完成。首先要审查车辆总承包商提供的型式试验大纲，然后按照试验大纲所拟定的试验项目、方法、步骤逐项进行试验。型式试验大纲应符合相关国家或国际标准。

2. 样车出厂验收

在完成车辆的样车制造和试验后，监造人员需负责组织样车出厂验收。出厂验收应在车辆制造厂试验轨道上进行，验收内容包括静态检查和动态检查。出厂验收程序应由合同双方在对样（首列）车做出厂验收前，根据技术规格书的要求达成一致意见，形成出厂验收检查大纲。

出厂验收的目的在于证实列车及各系统的功能基本正常，发现制造过程中可能存在的质量缺陷、疏漏以及外观破损。被发现的故障及功能失效应在出厂前纠正。小的故障对列车功能或外观没有影响或仅有微小影响，不构成不许出厂的理由，这些故障应记录下来并由制造厂在车辆运抵地铁运营现场后纠正。验收中发现的问题都应记录在出厂验收报告中。车辆供货方对所有质量问题进行整改后，由监造人员逐一确认签字。

出厂验收通过后，由双方授权代表签字出具出厂验收报告。但该证明并不表明列车已经可以发运，列车的发运必须在地铁公司授权代表签发确认发运文件后进行。

（二）监造工作要点

1. 整车试验、出厂验收

（1）监造人员应按车辆各系统的设计图纸、组装工艺要求，对照合同规定的技术条件，对列车各部位进行检查、复查，特别是紧固件是否牢固，电气线路有无磨碰，绝缘措施是否可靠，各种管路是否走向合理，有无漏泄现象，各种动作功能是否正常等。

（2）对由参数控制的项目，监造人员要检测实际参数值，对定性项目要逐项核实是否达到定性标准，并如实填写检测实录单。

（3）列车进入动态调试阶段后，监造人员应要求调试人员严格按照调试大纲要求逐项进行，同时监造人员在列车上进行旁站跟踪检查，并做好实录。对未达到车辆设计要求功能的项目，要求返工处理，直至合格为止。

(4) 车辆经静态、动态试验全部达到基本合格后，车辆总承包商还应正式履行车辆交验手续并填写交验申请单，监造人员进行集体复检。对查出的问题再次返工后再反复检查，直至全部达到标准。

(5) 首列车落成出厂发往接收地后，合同双方应签认车辆交接单并办理入库手续。监造人员应检查列车出厂的各项准备工作，并要求车辆总承包商请铁路部门驻厂验收员检查列车在铁路运输过程中的各项安全技术指标。

(6) 样车要在正式线路上按照各种运营条件、依据型式试验大纲进行各种型式试验。监造人员参与试验，对试验过程中发现的问题应要求车辆总承包商修改设计后再进行批量生产。对批量生产车辆，只作例行试验。监造人员按例行试验大纲逐车进行监造检验。

2. 车辆的静态、动态调试及性能测试

(1) 静态调试。车辆总装完成后转入调试车间，监造人员对车辆实行全过程的跟踪巡检，按照调试大纲的要求了解调试过程的每一步。参与电线电缆、电气设施的耐压试验，监督各项耐压试验记录完整；参与分步、分项通电试验，查看通电动作状况。在分步通电试验的基础上，进行整车通电试验，查看各部位联动效果；在单节车分别完成静态调试的基础上，实行列车编组试验，按照调试大纲逐项通电试验，并检查各仪器仪表显示情况。车辆的静态调试包括：对主电路的调试，对辅助电路的调试，对空调及电气系统的调试，对制动系统的调试，对门控系统的调试，对客室照明及前照灯的调试，对列车广播系统的调试，对乘客信息显示系统的调试，对信号系统的调试，对车载无线通信系统的调试以及其他调试。

(2) 动态调试。列车在静态调试各项性能状态达到要求后，即可上试车专用线进行动态调试，按照动态调试大纲逐项进行。在重复静态调试各系统，对所出现问题进行整备改进后进行列车的各项性能试验。相应的动态调试包括：列车的加减速度试验，列车各项显示情况、列车门控系统、空调与通风系统、列车制动系统试验，列车信号系统、列车广播系统试验，乘客信息显示系统试验，列车照明及前照灯试验，列车通信系统试验，视频监视系统及烟雾报警系统试验。

(3) 性能测试。地铁公司还可以根据自身的需要对列车进行其他各种试验，例如，列车的淋雨试验、通过限界试验以及称重等。

四、批量车制造阶段的监造

(一) 监造工作流程

当样车（首列车）试制完成并通过各项例行试验和型式试验之后，及时制作批量生产用图，同时工艺部门应及时改进工艺设计方案，使之适应变更设计后对工艺技术的需求，物资部门应及时调整设计变更后的外购外协项目，使之符合新的设计需要。在批量生产投产之前，车辆总承包商应把试生产过程中的生产用图、工艺文件、原材料和配件计划等相关技术资料全部回收封存，避免试生产技术资料流入批量生产各个环节，重新发放批量生产用图、工艺文件和原材料、配件配备明细及生产作业计划等相关文件，使之适用于批量生产所需。

(二) 监造工作要点

1. 根据新的设计图纸和工艺文件编制监造工作细则。

2. 批量生产阶段的试验与验收。在批量生产阶段只做例行试验，不再做型式试验。

3. 批量生产过程不同于样车生产过程，批量生产将大批量地投入人力、物力，而且将是分批次、数量不等的多批投入，监造工作复杂而烦琐。监造人员既要逐项掌握投入的批次，又要对每个批次投放数量做到心中有数，既不能遗漏质量控制项目，又要追上各环节生产节拍，这就要求各监造人员每天必须全天候在生产现场，对所监管范围内的各生产环节均要做到动态管理，巡检、抽检、旁站相结合，严格进行质量监督和进度控制。

4. 批量生产开始时，重点对首批生产全部、全过程控制，特别是首批第一列车，要像控制样车生产那样，以考查批量生产设计图纸、工艺文件的可行性。

5. 对每列车的重点标识编号、钢印要分车记录，连同检测记录编印成册，作为监造档案资料备查。

6. 批量生产中，监造人员应集中精力搞好现场监控。随着列车运抵地铁运营现场、调试、试运行，必须坚持两条线作战，既有监造人员坚持在生产现场进行各项监控，也要安排监造人员在车辆段现场，在调试、试运行过程中进行现场监控，做到两地互通情报，及时发现质量问题以便于后续改进。

7. 批量生产车辆例行试验在车辆制造厂全部完成（信号、通信部分到运营现场进行），车辆运到接收地后地铁公司、车辆总承包商应签认交接单，方可进行调试。在调试达到合同规定要求之后，合同双方对车辆进行检查评估，对发现的问题车辆总承包商应及时处理，之后由合同双方共同签认“车辆预验收评估报告书”。

五、监造过程中的常规文档记录

（一）监造日志、周报

监造人员每日汇总整体车辆生产进度、检查发现的重点问题、整改反馈落实情况及每日生产情况现场图片，以每日监造日报的形式反馈给地铁车辆项目采购单位、地铁运营单位、架大修基地相关人员。监造日志样例见表 3-1。

在每日汇报的基础上，将每周的监造情况进行汇总，加入监造例会的会议议题及落实情况形成监造周报，每周反馈给地铁车辆项目采购单位、地铁运营单位、架大修基地相关人员。

表 3-1 ××（城市）地铁×号线车辆项目列车生产监造日志样例

<table>
<tr><td colspan="3">编制：××中心××部</td><td colspan="2">版本：×××</td></tr>
<tr><td>日期</td><td colspan="2">××××年××月××日星期×</td><td>天气</td><td>中雨</td></tr>
<tr><td colspan="3">监造人员</td><td colspan="2">黄××、李××</td></tr>
<tr><td colspan="5">（一）车辆生产及调试动态一览表</td></tr>
<tr><td colspan="5">调试动态</td></tr>
<tr><td colspan="5">1. ××车 PSI 开口项返工确认及起吊前状态检查。
2. ××车耐压测试。</td></tr>
<tr><td colspan="5">生产动态</td></tr>
<tr><td colspan="2">车号</td><td colspan="3">今日工作进度</td></tr>
<tr><td>T16</td><td>××031032</td><td colspan="3">1. A1/A2 空调柜接线、微机柜接线、司机室接线。
2. ……
3. ……</td></tr>
<tr><td>T17</td><td>××033034</td><td colspan="3">1. A1/A2 司机室布线。
2. ……
3. ……</td></tr>
<tr><td>……</td><td>……</td><td colspan="3">……</td></tr>
<tr><td>……</td><td>……</td><td colspan="3">……</td></tr>
<tr><td colspan="5">（二）当日监造人员主要工作事项</td></tr>
<tr><td colspan="5">1. 跟踪反馈问题落实情况。
2. 跟进现场作业情况。
3. ××车 PSI 开口项确认及起吊前状态检查。</td></tr>
<tr><td colspan="5">（三）车辆生产进度跟踪</td></tr>
<tr><td colspan="5">T14 各单元工序完成总体进度：A1 车完成 100%，A2 车完成 100%，B1 车完成 100%，B2 车完成 100%，C1 车完成 100%，C2 车完成 100%。</td></tr>
<tr><td colspan="5">（四）生产及调试问题的描述与措施</td></tr>
<tr><td>问题</td><td colspan="4"></td></tr>
<tr><td>图片</td><td colspan="4"></td></tr>
<tr><td>整改建议</td><td colspan="4"></td></tr>
<tr><td>反馈情况</td><td colspan="4"></td></tr>
<tr><td colspan="5">（五）遗留问题跟踪情况</td></tr>
<tr><td colspan="5">××项目列车监造开口项共×××项，截至目前已关闭××条，开口×条。</td></tr>
<tr><td colspan="5">（六）现场作业图片</td></tr>
<tr><td>××作业</td><td colspan="4"></td></tr>
</table>

（二）质量问题反馈单

监造人员通过每日例行的质量监督检查，会不同程度地发现生产过程中的质量问题，将此类问题统一列为开口项并整理成台账，定期查验历史遗留开口项的整改情况，在车辆出厂打包转运前须将该车对应的监造开口项全部整改清零方可允许进行发运前检查（PSI）。如遇特殊情况由供需双方协商解决措施，以此形成监造开口项的闭环管理模式。表 3–2 为质量问题反馈单样例。

表 3–2　质量问题反馈单样例

项目名称：________　　　　编号：

致××公司 事由：
内容：   监造单位： 专业监造工程师： 日期：

（三）来料检查记录

监造人员要坚持对首批首件必检，对批量生产阶段的物资要定期抽检并记录，原则上为每周一次。严格把关来料质量，以控制不必要的废品损失或避免厂家放宽标准。

六、监造例会管理

监造会议形式主要有监造例会、专题会两种。监造人员应定期组织监造例会（原则上每周召开一次），与车辆总承包商进行沟通，了解具体工作进度以及下阶段工作计划，将本阶段监造过程中发现的各类问题予以通报，并现场进行问题整改，或落实解决方案及解决期限，将开口问题闭环管理。对于部分紧急的重、难点问题，需要通过以专题会的形式，临时组织相关人员进行沟通、协调、解决，并形成报告请上级领导批示处理；定期安排双方中层及高层管理人员与会，将重点问题集中汇报，请上级领导就重点问题的处理作出批示，从而进一步推进监造问题的闭环管理。

第三节　车辆发运前检查

一、工作组织

列车在生产、调试完后，车辆总承包商正式书面通知地铁运营方安排人员参加发运前检查（PSI），检查列车是否按照技术规格书、设计审查决议及相关标准的规定执行，相关问题的解决措施是否落实到位，重点检查列车是否存在零部件遗失或者某些功能失效等问题，尽可能在发运前排除发现的全部问题。

（一）发运前检查的前提条件

列车进行出厂发运前检查的前置条件为：列车在监造人员的监督下已

完成生产环节的全部工艺流程，且生产过程中列出的开口项按要求全部整改完毕，无质量问题。如开口项受不可抗力及其他因素影响，由双方共同协商解决机制，协调安排进行 PSI 的相关工作事项。

（二）检查程序

由车辆总承包商委派检查人员根据检查程序，分别完成外观检查、静态通电检查、文件检查、记录检查四个方面的检查工作。

与技术规格不符的功能和车辆设备均需在该列车交付之前完成整改，并重新试验和重新检查。对车辆功能和外观影响细微的不合格项目，经车辆总承包商同意后，可以在地铁运营方运营现场再做整改。

所有的不合格项和故障情况均须记录在验收报告中。验收报告须包括目前暂缺的零件，这些零件将来可以在运营方现场安装。

在 PSI 期间，车辆总承包商应准备列车履历簿供地铁运营方查阅。

二、发运前检查内容

由于目前地铁车辆车型（如 A 型车、B 型车、L 型车等）、编组方式（如 4 节车、6 节车、8 节车等）、受流方式（如受电弓受流、集电靴受流等）、动力模式（旋转电机、直线电机等）等形式繁多，下面以 4 动 2 拖的 6 节车编组带受电弓、集电靴的车型为基础进行说明，其他编组型式的列车可以参考，并根据具体项目的合同条款、设计联络、设计审查等内容做具体修改。

（一）范围

检查项目包括外观检查、静态通电检查、动态检查、记录检查。

（二）外观检查

外观检查是列车在未通电状态下的目测检查，主要检查车体和各设备的外观、接线和安装等情况。

1. 外观检查时列车必须处于无电状态，而且有接地保护装置。

2. 检查设施、设备及工具：地沟、地沟灯、手电筒、安全帽、工作人员用升降平台或梯子等。

（三）静态通电检查

静态通电检查是列车在静态通电状态下的一些功能试验。

1. 列车应由车间电源供电，接触网或接触轨处于无电状态。

2. 检查设施、设备及工具：手电筒、秒表、压力计、车门防夹木块、工作人员用升降平台或梯子等。

（四）动态检查

动态检查是相关动态功能试验。

1. 动态检查在车辆制造厂的动态调试线上进行。

2. 检查设施、设备及工具：手电筒、相关图纸文件等。

（五）文件、记录检查

文件、记录检查是对车辆制造过程质量控制记录进行检查。

（1）文件、记录检查结合上述检查过程进行。

（2）列车制造履历簿检查。

三、发运前检查开口项管理

PSI过程中发现的全部问题需列入开口项清单，并注明开口项的整改情况。开口项须在出厂发运前完成整改，否则不能发运。现场无法整改的内容，将开口项清单并入车辆制造开口项清单，统一由监造人员进行整改落实情况核实。

四、发运前检查报告签署与管理

在完成 PSI 既定检查流程与检查项点清单，落实各开口项的整改计划情况后，由检查人员签署 PSI 报告，确认列车满足发运条件。地铁运营方将 PSI 报告正式发给车辆总承包商相关人员确认，并在发运前提供相关限界证明以保证列车可以正常接收。

第四节　关键控制点管理

一、车辆制造关键控制点检验程序

1. 监造人员应根据地铁车辆设备监造的工作程序、关键控制点等对地铁车辆设备的生产全过程进行监督与控制。

2. 在地铁车辆设备的监造过程中，监造人员须对如下内容进行监督：

（1）来料的检查与质量把控。

（2）车体及内部装饰的设备组装。

（3）转向架的制造、组装及试验。

（4）牵引、辅助、控制系统的组装及试验。

（5）制动系统的组装及试验。

（6）车门系统的组装及试验。

（7）广播系统的组装及试验。

（8）空调系统的组装及试验。

（9）司机室设备的组装及试验。

（10）贯通道、照明、车钩、牵引装置等辅助设备组装及试验。

（11）列车制造工艺。

（12）列车调试及试验。

3. 在地铁车辆设备总装过程中，监造人员须对车辆设备各部位进行综合性检查，查看是否有漏装、错装部位，各固定装置是否安全可靠，外形是否整洁，各种标识是否齐备，各加工面的防腐蚀措施是否齐备，两个单元车之间的联挂是否可靠，各种开关、钥匙、手把、座椅、箱柜、消防器材等辅助设施是否齐备等。

4. 在地铁车辆设备的调试及试验过程中，监造人员应要求车辆总承包商调试人员严格按照调试及试验大纲执行，监造人员应在地铁车辆设备上跟踪检查并做好实录。

5. 在监造过程中监造人员发现原材料质量、加工工艺等问题应记录并通知车辆供货商。当车辆总承包商违反以下（包括但不限于）原则时，监造人员应正式通知车辆供货商：

（1）未经车辆总承包商专职人员检验即转到下一道工序作业。

（2）已发现质量问题令其改进但措施不力、效果不好仍继续作业。

（3）擅自采用未经审批的材料、配件。

（4）擅自改变工艺方案。

（5）对有持证要求的特种工序选派无证上岗。

（6）出现质量问题不作补救，未得到设计人员批准就自行转入下道工序。

（7）合格品在运输保管过程中出现碰伤、锈蚀、变质、变形。

（8）监造人员认为危及行车安全的其他相关问题。

6. 对检查中发现的问题，监造人员应督促车辆总承包商限期完成整改并进行复查。

二、重大缺陷项目监造处理流程

在监造过程中发现质量问题，监造人员应督促车辆总承包落实整改，并负责及时向项目归口部门反馈地铁车辆质量问题，编制地铁车辆监造工作问题汇总表，车辆监造质量问题反馈单和车辆监造工作问题汇总表分别见表 3-3、表 3-4。

表 3-3　　车辆监造质量问题反馈单

问题 1	
描述	
附图 1	
反馈情况 （注：分析报告、整改方案等文件须一并提交）	问题原因： 签名：　　日期： 审核：　　日期：
	整改措施： 签名：　　日期： 审核：　　日期：

表 3-4　　车辆监造工作问题汇总表

序号	车号	分属系统	问题描述	信息来源	问题类型	供应商回复	发生日期	状态	进展情况

三、车辆制造进度控制程序

车辆总承包商应提供列车排产计划给监造人员，并每周提供车辆生产进度报告，报告格式见表3-5。

表3-5 每周车辆生产进度报告

序号	部件名称		单位	首列车需要数	累计完成数	下周计划
1	车顶组成		件			
	其中	车顶平台	件			
		车顶	件			
2	底架		件			
	其中	地板	件			
		牵、枕、缓	件			
3	车头		件			
4	侧墙		件			
5	端墙		件			
6	车体结构交出		台			
7	转向架构架		台			
8	转向架组装		项			
9	车辆组装		辆			
10	车辆调试		列			
11	车辆交验出厂		列			

四、原材料及外购件报验程序

监造人员有权对装在列车上的子系统部件进行复检，车辆总承包商应在列车子系统部件安装前提供报验资料，并应地铁运营方要求提供所有的复检资料。

五、车辆制造质量问题处理程序

监造人员在设备监造过程中发现原材料质量、加工工艺等问题，应记录并以监造通知形式告知车辆总承包商，见表3-6。若这些问题不符合技术规格，车辆总承包商应接受监造人员的书面指导，否则监造人员有权暂停工程，并由车辆总承包商承担所有责任和费用。

表3-6 监造通知样例

项目名称：______________	编号：
致：______________	
事由：	
内容：	
	监造单位：
	专业监造工程师：
	日期：

如果监造人员发现车辆总承包商在制造过程中有意隐瞒或忽视设备、材料的缺陷，监造人员有权暂停工程，并由车辆总承包商承担由此引起的所有责任和费用。

六、监造注意事项

（一）例会

1. 会议内容

（1）会议内容为车辆生产质量、进度等问题。

（2）检查上次会议决议落实情况，确认未完成事宜并讨论分析原因。

（3）针对车辆监造过程中发现的各类问题，由监造人员督促车辆总承包商提出解决措施并限期整改。

（4）项目归口部门定期组织召开监造专题会议。

2. 监造人员在会前应作好的准备工作

（1）了解上次会议的决定落实情况和存在的问题。

（2）准备会议资料，确定有关事项的处理原则。

（3）向有关方面通报情况，交换意见，督促做好准备。

3. 会议纪要

会后整理形成会议纪要，纪要内容要真实，简明扼要，议定事项要求车辆供货商在一定限期内予以落实。

（二）廉洁要求

驻厂监造人员在监造工作中，要切实遵守廉政纪律，不得以权谋私，损害公司利益。监造人员须严格遵守以下廉洁要求：

1. 监造人员在监造工作期间须廉洁自律，毫无保留、全面反映真实的监造工作情况，面对任何情况都要稳得住心神、管得住手脚、抗得住诱惑，自觉做到“慎初、慎微、慎独、慎友”。

2. 监造人员接受项目归口部门的管理并签订《监造廉洁承诺书》。

3. 监造人员在监造工作期间严禁索要或接受可能影响公正执行工作任务的礼品、宴请以及旅游、健身、娱乐等活动安排，不接受与工作有关的礼金和各种有价证券、支付凭证。

4. 严禁由车辆总承包报销任何应由监造人员支付的费用等。

5. 在与工作相关的活动中严禁接受超过规定标准的接待。

6. 严禁利用公司的商业秘密、知识产权等为本人或他人牟利。

除上述具体的廉洁要求外，监造人员在监造期间还须遵守《国有企业领导人员廉洁从业若干规定》等相关规定，严格执行公司相关的廉洁从业规定，切实维护公司利益。

（三）监造检查

1. 无特殊事由，监造人员应常驻车辆制造厂，项目归口部门应对监造人员进行考勤抽查。监造人员因工作外原因离开车辆制造厂须办理请假手续，否则按旷工处理。

2. 监造人员不能同时请假，应至少有一人在车辆制造厂负责日常监造事务。

3. 监造人员无特殊原因不允许变更，如确需变更，须报项目归口部门审批。

4. 监造人员代表公司对车辆设备生产质量实施监督，应保质保量完成监造任务。若发现不认真履行职责的情况，项目归口部门应通报项目接口部门处理，严重者应予以撤换。

5. 由于监造工作失职未能发现质量隐患致使地铁车辆设备出现质量问题，项目归口部门有权按公司相关规定进行处理。

6. 对照车辆设备生产月计划，若发生工期滞后但监造人员未报告的情况，项目归口部门应通报项目接口部门对监造人员进行通报批评。

7. 由于监造人员失职造成车辆设备出厂验收未能如期进行的，项目归口部门应通报项目接口部门对监造人员进行通报批评。

（四）监造工作制度

1. 严格按照合同、规范、设计图纸、工艺文件、设计联络/审查资料、会议纪要、监造程序等进行监造，监造人员要互通信息。

2. 严格遵守公司及车辆制造厂的安全规章制度，在现场工作期间要注意周围安全工作环境，按照要求穿戴劳保用品，注意保护好自身和他人的人身安全。

3. 严格按照安全操作规程执行工作任务，不强迫操作人员违规操作。

4. 处理与车辆供货商关系时应保持公正的立场，并切实保护好公司的正当权益。

第五节 经验小结

一、生产质量问题整改推进

监造人员在监造过程中应及时发现问题，并要求车辆总承包商及时处理、解决问题。在车辆制造过程中，监造人员发现的质量问题一般可概括为设备缺陷、设备惯性问题、供应商设备质量问题三类。

（一）设备缺陷

在某地铁车辆项目列车监造期间发现列车集电靴熔断器线缆旋紧件开裂，监造人员向车辆总承包商质检人员反馈该问题，要求集电靴供应商到现场开展调查。集电靴供应商臆测为产品批次问题，随后到现场试验不同批次的旋紧件且按照其工艺指引打扭力，结果均在 10 min 内出现可见裂纹，表明该产品存在批量质量问题，不符合现场使用要求。监造人员立即组织现场专题会，要求换型为金属材料旋紧件。

（二）设备惯性问题

在某地铁车辆项目监造期间发现列车电气屏柜存在质量问题，具体表现为安装歪斜、线号模糊、接线露芯等情况。监造人员在前期已多次反馈上述问题，但车辆总承包商仅答复不影响使用功能，未在思想层面给予重视，整改措施落实不到位。针对该问题，监造人员及时向项目管理人员反馈，并在监造例会中如实反映情况，要求对该设备惯性问题进行重点整改。

（三）供应商设备问题

在某地铁车辆项目监造期间发现某供应商供货的多个部件均存在批量

质量问题，具体为头罩色带喷漆不合格、通道门安装不合格、电气柜柜门问题等。监造人员对该系列问题进行逐一梳理，并以质量问题反馈单的方式要求现场进行整改。针对该供应商现场人员不足的问题，监造人员要求增派人手，以加快现场问题整改进度。

二、现场管理问题

监造过程，不仅仅要对列车生产过程监督，也要对各生产环节、生产流程进行了解和监督。

某地铁车辆项目监造过程中发现现场使用的抗咬合剂、西卡胶、电缆电线穿管润滑剂、莫尼卡、硅脂等物资存在过期仍在使用的情况，现场生产管理人员却未予重视。鉴于问题的严重性，监造人员按照监造职责行使停工令，责令车辆总承包商停止生产并进行整改，整改完成并通过监造人员验收后再继续进行生产。

三、生产现场防护问题

在某地铁车辆项目监造期间发现现场作业防护不到位的情况，引发生产过程中出现本可避免的质量问题。例如，现场打磨防护不到位造成车门丝杆、客室窗表面布满铝屑、继电器柜旋钮开关上方存在铝屑、空调柜柜体上方开裂、侧墙表面存在较大裂纹、信号柜客室侧柜门存在凹坑等问题。

以上生产过程的人为问题均通过质量问题反馈单反馈至质检人员，要求整改并加强作业现场的防护，并多次在监造例会上强调和要求。

四、赶工的质量把控

车辆总承包商在项目工期较紧张时为了完成项目时间节点的阶段性工作存在赶工现象，在列车不符合 PSI 条件的情况下试图说服监造人员、项目管理人员提前验收。另外，在列车完成 PSI 后，针对地铁车辆项目采购单位、运营单位提出的问题，车辆总承包商质检人员解决力度不足，认为可待列车运送到运营单位车辆段后再由售后人员解决。

监造人员应将生产质量放在第一位，严格要求车辆总承包商按时按质完成列车的生产，并及时向车辆项目采购单位的项目管理人员反馈。

参考文献

[1] 何霖. 城市轨道交通车辆采购项目管理 [M]. 北京：中国劳动社会保障出版社，2014.

[2] 梁琦. 地铁车辆监造管理技术研究 [D]. 北京：中国铁道科学研究院集团有限公司，2017.

[3] 李旭鹏. 城市轨道交通车辆监造实践研究 [J]. 现代工业经济和信息化，2021 (3)：46–48.

第四章

接车及开箱检查

第一节　工作概述

车辆在车辆总承包商完成生产组装后，经地面铁路、公路、水路运送至地铁运营单位车辆段，将车辆卸下，该过程称为接车管理。接车管理的主要任务是根据具体的运输方式开展车辆相关卸货和联挂作业。目前国内地铁行业主要采用铁路运输和公路运输两种运输方式。

车辆到达运营方车辆段后，运营方与车辆供货方共同检查车辆包装是否符合规定，在运输过程中外观有无破损，各部件的名称、型号和数量与装箱单的内容是否相符，该过程称为开箱检查（open-case inspection，OCI）。

一、工作思路

接车管理须重点关注车辆是否存在运输过程中造成的车辆油漆、外观破损等问题。

开箱检查重点检查车内、车底设备是否漏装、错装，是否存在制造缺陷。一经发现漏装、错装或因车辆供货方原因引起的损坏，地铁运营方可根据合同条款向车辆供货方提出索赔。

二、主要工作程序

（一）接车管理

车辆经出厂验收合格后，由铁路或公路运输到达指定车辆段，在运输途中车辆可能会出现部件、外观等损坏，所以车辆到货后需要地铁运营方进行接车。

1. 编制接车方案

车辆运输至地铁运营方车辆段前，须提前编制好车辆运输方案。一般通过铁路运输后会再经过公路运输到达指定车辆段，地铁运营方需提前部署接车任务。接车作业属于大型作业，涉及的专业较多，因此接车配合方案务须严谨、详细。

2. 申报接车计划

接车过程涉及吊装作业，吊装属于高风险作业，须对作业现场进行封控防护，关注环境因素，如风力、雷雨等，同时做好相关人员吊装资格证的审查，避免造成意外或人员伤亡。

（二）开箱检查

接车及开箱检查过程，除了检查车体外观、箱体等部件有无异常外，还需要检查随车物资、随车技术资料等。检查过程中需要落实开口项整改情况，再与车辆总承包商签署开箱检查报告。

1. 检查内容

开箱检查主要关注设备部件的外观和安装情况，要求部件安装牢固且外观无破损。车辆到货时检查分车体、车底、车内、车顶和两侧五个部分。

2. 随车物资检查

随车物资检查主要包括随车工具、附件的检查。随车工具为随车必备的工器具。例如，机械部件调试设备及工具，包括不同型号的扭力扳手、开口扳手、客室车门测力装置、客室车窗装配辅助设备等；电气部件调试设备及工具，包括万用表、电压表、继电器测试工装等。

3. 随车技术资料检查

随车技术资料主要包括合同要求车辆总承包商提供给采购单位的资料，包括但不限于用户手册、司机操作手册、列车履历簿、随车工具清单、随车资料清单、连接器接插件备件清单、专用工具清单、设备总图、设备布置总图、子部件布置图、各系统布线图、油漆总图、标识总图、电路原理图、型式试验大纲、例行试验大纲、研究性试验大纲等。

（三）开口项管理

对于随车物品检查、随车资料检查中车辆总承包商提供的内容缺失或数量不足的，需在开口项清单中登记，并限期要求补交。开口项清单参考内容见表 4-1。

表 4-1　　开口项清单（参考）

序号	车号	部位	问题描述举例	解决方案
1	××	转向架	××车一轴、三轴速度传感器线缆有干涉	调整线缆位置后正常
2	××	转向架	全车电机速度传感器线缆过低	调整线缆位置后正常
3	××	箱体	全车箱体内有灰尘	已清洁
4	××	转向架	××车一端跨接电缆插头底部有不明字体	已确认接线正常

（四）签署开箱检查报告

车辆完成各项调试后，对列车各项调试内容进行验收。验收结果符合需求，则签署相关开箱检查报告。

第二节 接车管理

车辆的交付通常需要通过长途运输来实现，若涉及国外公司提供车辆或部件、备品备件，还需要通过国际间的长途运输来实现。在实际接车管理过程中，选择正确的运输方式较为重要，它关系到货物的安全、费用的高低、到货的时间等。因此，应当根据路线长短、到货需求的缓急、途中的风险程度、装卸地的情况和气候自然条件等因素进行综合考虑。

本节主要针对铁路及公路运输包装、风险、要求，对车辆到货后如何开展卸车作业等方面内容进行简单介绍。

一、铁路运输

铁路运输是远距离运输城轨车辆的主要方式。铁路运输一般具有不受气候条件影响，可保障全年正常运输，运量较大，速度较快，有高度的连续性，运输过程中遭风险可能性较小等优点。办理铁路货运手续比较简单，而且发货人和收货人可以在就近的始发站（装运站）和目的站分别办理托运和提货手续。

目前，我国地铁车辆多半通过铁路运输，车辆总承包商在制定运输方案的过程中，需要考虑运输周期、办理拖运申请、运输中地铁车辆与铁路车辆联挂的技术实现等方面。

（一）包装要求

在车辆运输管理中，通常涉及的有裸装和货物包装两种。裸装一般是指形态上自然成件，不需要另外包装，如车辆车体、转向架、轮对等。货物包装分为内包装（或称销售包装）和外包装（或称运输包装）两大类：内包装是指以适当的材料或容器盛装商品的初次包装，这种包装的目的在于保护商品品质，提高商品价值，促进商品的销售；外包装是指在商品运输时，将一件或数件商品装入容器或以特定的方式包扎的二次包装，这种包装的作用在于保护商品，节省仓租、运费，便于运输、存储等。铁路运输包装要求如下：

1. 车辆总承包商应提供货物运至规定的最终目的地所需要的包装，以防止货物在转运中损坏或变质。这类包装应足以但不限于承受转运过程中的野蛮装卸、暴露于恶劣天气、盐分大和降雨环境以及露天存放。包装箱的尺寸及质量应考虑货物最终目的地的偏远程度以及在所有转运地点缺乏重型装卸设施的情况，还应考虑运营现场保管有无空调、抽湿的情况。

2. 车辆总承包商应保证货物在没有任何损坏和腐蚀的情况下安全运抵规定的交货地点。车辆总承包商应承担由于其包装或防护措施不妥而引起货物锈蚀、损坏和丢失等任何损失的责任和费用。

3. 整列车的两端各增加一辆过渡车辆，以解决地铁车辆与铁路车辆的联挂问题，并提供地铁车辆制动系统所需的风源和 110 V 直流电源，减少运输过程中对地铁车辆的冲击。

4. 备品备件、易损件/消耗性材料、专用工具和测试仪器必须独立包装发货。

5. 各种设备的松散零部件都必须单体包装或成定数组合包装后再装入尺寸适当的箱内，在箱内相互间的位置要相对固定。

6. 对于裸装货物，车辆总承包商应采取特殊措施保护货物及方便搬运。

7. 在运输过程中应采用适当的保护措施，以防止货物损伤。

（二）风险管理

车辆在铁路运输过程中涉及的风险主要有安全风险、货物丢失风险等，对运输风险如何进行识别分析、面对风险如何应对是铁路运输风险管理的主要内容。

1. 安全风险识别及分析

安全风险识别及分析的目的在于识别、分析货物在运输过程中涉及运输货物、人员安全等的风险因素，并有针对性地采取风险应对措施。

（1）货物运输风险识别及分析。主要围绕以下方面开展：

1）铁路车辆运行安全。

2）事故及事故潜在隐患。

3）设施、设备、车辆、安全防护用品。

4）人为因素（包括违反安全操作规程和安全规章制度的行为）。

5）停车场地安全。

6）天气、地震及其他自然灾害。

（2）车辆运输过程中涉及的安全风险

1）车辆在运输过程中因制动系统失效或在运输过程中与道路其他设备发生碰撞，导致车辆安全事故或引起火灾。

2）运输人员在运输过程中因为操作不当导致安全事故。

3）停放场地未充分慎重考虑车辆停放措施，车辆发生溜车导致碰撞，进而引发安全事故。

2. 安全风险应对措施

对于车辆运输过程中的安全风险因素，通常采用风险转移、风险减轻的措施。风险转移一般是通过购买意外保险的方式，风险减轻则通常采取以下措施：

（1）技术措施。在设计车辆回送装置时，充分考虑车辆故障导向安全的技术措施。

（2）管理措施。在运输过程中，通过相关的规章制度规范运输人员的操作。

（3）教育措施。提高运输人员和押运人员的安全意识与操作技能。

（4）从业人员的自我防护措施。

（三）运输要求

经核实车辆限界、轮轨、供电等技术条件与途经线路现有技术条件均满足运行安全要求后，可采取铁路运输的方式，即新造车辆通过过渡车钩联挂于铁路列车的尾部或由铁路机车专门联挂运输。

1. 车辆限界要求

不同车型的限界不同，铁路运输前需要核实车辆限界情况，比如受流系统、车体宽度、动态限界。车辆限界包括但不限于如下项目，见表 4-2。

表 4-2　车辆限界

限界项目	车型 A	车型 B	允许超过限值
列车最大高度	3 625 mm	3 870 mm	245 mm
车体距线路中心线最大值	1 445 mm	1 400 mm	-45 mm
集电靴距线路中心线最大值	1 538 mm	1 580 mm	42 mm
集电靴升靴工作高度	200 mm	200 mm	0
车体重心距轨面高度	1 500 mm	1 950 mm	450 mm
列车运行最大速度	90 km/h	120 km/h	30 km/h

2. 车辆运输要求

(1) 新造地铁车辆通过过渡车钩联挂于铁路列车的尾部或由铁路机车专门联挂运输。地铁车辆应能通过铁路机车车辆限界且不允许通过驼峰，车辆总承包商须进行校核。

(2) 地铁车辆与铁路机车车辆联挂，需加装回送装置，以保证新造地铁车辆可以实施空气制动。运输到达后的地铁车辆设备不能有任何损坏，性能不得降低。

(3) 运输速度要求不大于 100 km/h。

(4) 铁路运输过程中，应保证车辆供货方与司机随时沟通流畅，调车专用电台必须配备增强型天线；作业前要与行车调度申请行车调度电台专用频道，必要时采用该频道进行车长、司机、调度的三方联控。

3. 安全管理要求

安全管理要求见表 4-3。

表 4-3 安全管理要求

序号	关键风险点	防控措施
1	安全规范作业	各层级人员必须高度重视转运工作，认真履行工作职责，按照相关安全规定作业，确保转运的安全
2	跟踪协助	供货方须确认车辆状态，在转运过程中，运营方须安排技术人员跟踪协助
3	遵守安全规定	所有参加转运工作的人员必须严格遵守安全规定
4	规范运作	转运过程中按照相关行驶规范运作，采用非信号模式人工驾驶
5	无行车凭证动车	加强与带道司机的联控，注意监听电台的内容，认真记录行车调度命令
6	车辆脱钩	联挂后，检查并确认两车钩应锁闭到位；进行试拉试验，确保联挂牢固可靠
7	列车超速运行	所有上车人员认真学习转运方案，按要求操作列车，在他线运行前与带道司机确认线路限速要求
8	防车辆制动系统失灵	动车、联挂、整备、换端作业时必须进行制动试验，确保制动系统正常及风压达到规定数值后再动车
9	设备侵限	动车前确认集电靴设备已经完全拆除，并且无侵限设备，相关线缆已经防护到位，不影响行车
10	设备松脱	车底设备箱盖锁闭到位，二级防护无异常
11	设备恢复不到位	如熔断器拆装过，应确认熔断器安装到位

二、公路运输

公路运输是近距离运输城轨车辆的主要方式。公路运输采用专用拖挂汽车进行单节车运输，到达收货地点后须使用起重设备进行卸货，并对车辆重新联挂，以组成完整的列车进行交付。

（一）包装要求

1. 车辆总承包商应提供货物运至规定的最终目的地所需要的包装，以防止货物在转运中损坏或变质。这类包装应足以但不限于承受转运过程中的野蛮装卸、暴露于恶劣天气、盐分大和降雨环境以及露天存放。包装箱的尺寸及质量应考虑货物最终目的地的偏远程度以及在所有转运地点缺乏重型装卸设施的情况。

2. 车辆总承包商应保证货物在没有任何损坏和腐蚀的情况下安全运抵规定的交货地点。车辆总承包商应承担由于其包装或防护措施不妥而引起货物锈蚀、损坏和丢失等任何损失责任和费用。

3. 备品备件、易损件/消耗性材料、专用工具和测试仪器必须独立包装发货。

4. 车辆总承包商在包装货物时应考虑运营现场保管有无空调、抽湿的条件。

5. 各种设备的松散零部件都必须单体包装或成定数组合包装后再装入尺寸适当的箱内，在箱内相互间的位置要相对固定。

6. 对于裸装货物，车辆总承包商应采取特殊措施保护货物及方便搬运。

7. 车辆总承包商应在每辆车相对的两侧，用中文标出该辆车的重心位置、吊索安放位置及国际贸易运输通用的标记和符号，以利于装卸搬运。

8. 列车在运输过程中应采用适当的保护措施，以防止货物损伤。

（二）风险管理

车辆在公路运输过程中主要有公路安全风险、道路坍塌风险等，安全风险识别及分析的目的在于识别、分析车辆在运输过程中涉及运输货物、人员安全等的风险因素，并有针对性地采取风险应对措施。

1. 货物运输风险识别及分析

主要围绕以下方面开展：

（1）运输车辆运行安全。

（2）事故及事故潜在隐患。

（3）设施、设备、车辆、安全防护用品。

（4）人为因素（包括违反安全操作规程和安全规章制度的行为）。

（5）停车场地安全。

（6）天气、地震及其他自然灾害。

2. 车辆运输过程中涉及的安全风险

（1）地铁车辆在运输过程中因汽车制动系统失效或在运输过程中与道路其他设备发生碰撞，导致车辆安全事故或引起火灾。

（2）运输人员在运输过程中因为操作不当导致安全事故。

（3）停放场地未充分慎重考虑地铁车辆的停放措施，地铁车辆发生溜车导致碰撞，进而引发安全事故。

3. 安全风险应对措施

对于车辆运输过程中的安全风险因素，通常采用风险转移、风险减轻的措施。风险转移一般是通过购买意外保险的方式进行转移，风险减轻则通常采取以下措施：

（1）技术措施。充分考虑车辆故障导向安全的技术措施。

（2）管理措施。在运输过程中，通过具体的规章制度规范运输人员的操作。

（3）教育措施。提高运输人员和押运人员的安全意识与操作技能。

（4）从业人员的自我防护措施。

（三）运输要求

在地铁车辆运输前，地铁运营方须与车辆总承包商就车辆运输路线、运载工具、卸载方式及卸载工具等进行详细讨论，车辆总承包商提供详细的运输方案。

1. 运输公司资质要求

运输公司需要有营业执照、道路运输经营许可证、近三年以上的经营业绩，附在运输方案内供地铁运营方审核。

起吊前需要检查以下证书：运输司机的驾驶证、从业资格证，吊车司机的驾驶证、操作证，起重指挥的起重工指挥证，起重工的司索证，吊车的安检证，吊装工具及系固工具的探伤检验（12 个月）证明。

2. 公路运输线路要求

公路运输采用汽车运输，它需要将车辆解编，运输效率相对低，成本高，主要适用于没有铁路线网区域的运输。运输线路需要经过现场勘察评估，并建立公路运输沿途勘察图表，评估经过的桥梁、涵洞、转弯、路况等均要满足运输要求，且无高空障碍，路况良好。

三、卸车管理

卸车管理是指新车到达运营方车辆段时，根据相应的运输方式开展卸货和联挂作业。卸货前需要核实现场是否具备卸车条件，提前做好卸车计划申报，同时要求其他相关专业核实接车区域、轨道、工程车等满足要求。

（一）卸车准备

卸车作业通常在卸车平台或户外轨道进行，没有专门设置的车底作业坑道，不便于车底设备恢复和检查，因此须在接车作业初步完成后，将列车转移到指定股道，对列车状态进行进一步恢复和确认。

1. 卸车前条件确认

（1）车辆运输到达指定车辆段后，需要与运输公司实地考察卸车位置，研究以下几个方面的内容：

1）卸车位置应具备吊车工作条件，具备吊车施展空间等。

2）车辆段内具备卸车平台，卸车工具满足安装条件，车辆段便于运输车辆通过。

（2）公路运输与铁路运输方式相比增加了车辆编组工作，接车管理主要内容如下：

1）了解地铁车辆运输的进度，至少提前 2 天通知各部门地铁车辆预计到达日期。

2）申请接车作业令，通知相关专业做好接车线路、信号、道岔检查。

3）车厂调度请点接车。

4）地铁车辆到车辆段后卸车、重新编组。

5）地铁车辆与工程车联挂，并经工程车拖运至指定车道。

（3）申报计划。检修调度至少提前一天申报接车计划和车辆转轨计划，将接车信息报送管理部门，提前将需要接车的轨道、卸车平台、天车、起重机等位置腾空。

2. 卸车作业前准备工作

（1）现场安全负责人向全体吊装施工人员进行安全技术交底，并明确职责。

（2）起重作业人员必须持有相关资格证才可作业。

（3）起重设备必须有检测合格证并且在有效期内。

（4）起重机作业前应先做好无负荷运行及制动器、限位装置等安全性试验，如有故障应排除后才能作业。

（5）所有吊具，如钢丝绳及吊索带均须由具资质人员检查良好后才可作业。

（二）卸车作业

卸车准备工作完成后，在完成计划请点及人员准备后可进行卸车作业，该过程主要包括起吊车辆、联挂车辆两个部分。

1. 计划请点

作业前需要到 DCC 进行请点，接车当天安全监控人员负责对接车区域拉警示带防护，防止无关人员或车辆出入接车现场。

2. 人员组织

卸车开始前需要明确卸车人员分工，卸车须至少包括以下人员：

（1）现场指挥人员（至少 1 人）：负责指挥现场卸车工作。

（2）安全监控人员（至少 1 人）：监控卸车现场作业安全。

（3）监控落车作业人员（至少 2 人）：监控拆卸电动机侧联轴节锁紧带、手动缓解停放制动、去除轴箱体和构架之间尼龙锁紧带、去除一系防护工装、拆下起吊装置的 C 形夹、吊装落车、去除轮对轴箱上部与构架间木垫等。

（4）监控联挂作业人员（至少 2 人）：配合推进车辆，监控去除车钩防护、车钩联挂、贯通道连接，检查车钩、车体、转向架状态等。

具体分工示例详见表 4-4。

表 4-4　　卸车作业人员分工示例

<table>
<tr><th>序号</th><th>姓名</th><th>职责</th><th>具体分工</th></tr>
<tr><td>1</td><td>×××</td><td>总指挥</td><td>负责指挥现场卸车工作</td></tr>
<tr><td>2</td><td>×××</td><td>现场作业负责人</td><td>配合监控现场卸车工作流程</td></tr>
<tr><td>3</td><td>×××</td><td>安全监控人</td><td>配合监控卸车现场作业安全</td></tr>
<tr><td>4</td><td>A</td><td rowspan="4">卸车配合人员</td><td rowspan="4">配合开展落车及联挂作业，监控作业过程，确认作业质量
A、B 负责以下作业：
（1）监控拆卸电动机侧联轴节锁紧带
（2）监控手动缓解停放制动
（3）监控去除轴箱体和构架之间的尼龙锁紧带
（4）监控去除一系防护工装
（5）监控拆下起吊装置的 C 形夹
（6）监控落车
（7）监控去除轮对轴箱上部与构架间的木垫
（8）监控去除 A 车刮雨器防护
C、D 负责以下作业：
（1）配合推进车辆
（2）监控去除车钩防护
（3）监控车钩联挂
（4）监控贯通道连接
（5）检查车钩、车体、转向架状态</td></tr>
<tr><td>5</td><td>B</td></tr>
<tr><td>6</td><td>C</td></tr>
<tr><td>7</td><td>D</td></tr>
</table>

3. 卸车流程

车辆准备就绪后开展卸车作业，卸车作业需运输公司、地铁运营方、车辆总承包商三方人员协调配合。结合卸车经验，六节编组列车卸车作业流程如下。

（1）奇数端 A1 车接车作业流程，如图 4-1 所示。

（2）奇数端 B1 车接车作业流程，如图 4-2 所示。

C1、C2、B2、A2 车接车作业流程与上述一致，依照上述作业步骤完成剩余 4 节车落车及联挂，最后用工程车牵引客车至对应股道。

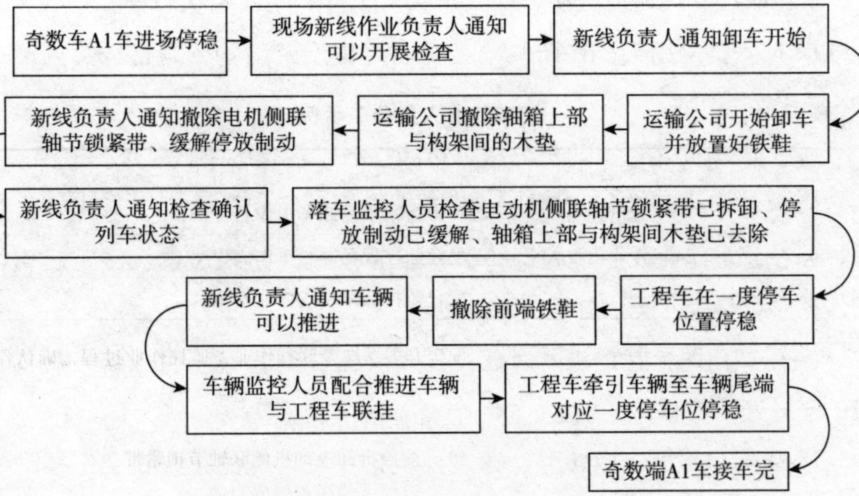

图 4-1　奇数端 A1 车接车作业流程

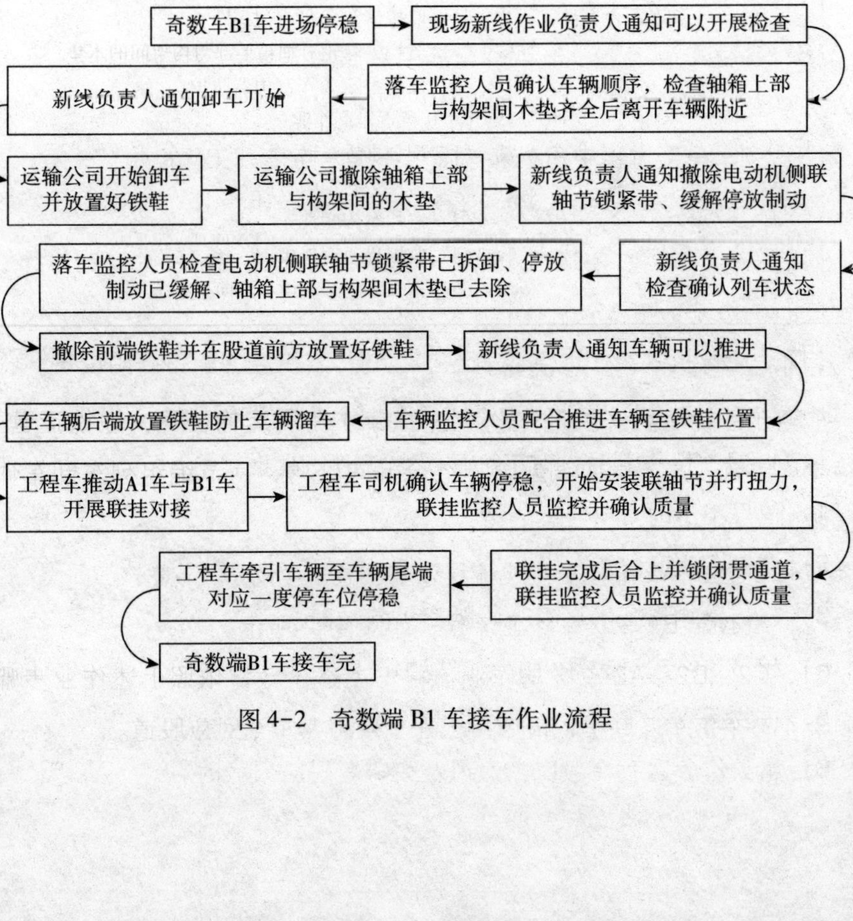

图 4-2　奇数端 B1 车接车作业流程

4. 卸车过程安全管理

（1）安全监控人员在卸车作业现场拉警示带防护，防止无关人员或车辆出入接车现场。

（2）天车、起重机司机与指挥员应按各种规定的手信号进行联络。

（3）作业中天车、起重机司机应与指挥员密切配合，服从指挥员的指挥，但在起重作业发生危险时，天车、起重机严禁超过本机额定起重能力工作并整体调校平衡后才可开始作业。

（4）如用两台起重机同时起吊同一件重物时，必须有人统一指挥，两机的升降速度应保持一致。

（5）列车起吊、旋转时，速度要均匀平稳，以免重物在空中摆动发生危险。

（6）因列车长度较长所以应有专人溜绳。

（7）吊运列车时不能从地面人员上方越过及长时间悬停。

（8）在特殊情况下，吊运列车如需要暂时停留，应发出信号，通知一切人员不要在重物下面滞留或通过。

（9）列车吊运过程中司机和指挥员不得随意离开工作岗位。

（10）在停工或休息时，严禁将列车悬挂在空中。

（11）列车吊运时，禁止人员上下从事检修工作或用手触摸钢丝绳和滑轮部位。

（12）起重机的工作地点应有足够空间，若需要应配备照明设备。

（13）列车吊运时与正线轨道保持不少于 4 m 的安全距离。

（14）起重机作业时，有下列情况之一时，禁止起吊：

1）信号不清时。

2）质量不明时。

3）起吊重物离开吊点有一段距离需斜拉时。

4）起吊重物超过起重机的起重能力时。

5）重物捆绑不牢或起吊后不稳时。

6）露天作业遇有 6 级以上大风及大雾等恶劣天气时。

7）夜间作业没有足够照明时。

8）钢丝绳严重磨损，出现断股时。

（15）卸车过程安全风险管理。具体措施见表4-5。

表4-5　　卸车过程安全风险管理

序号	风险点	风险描述	防控措施
1	人员受伤害	人员未按要求穿戴劳保用品受伤害	严格按照要求穿戴好劳保用品
		高空坠物砸伤人员	现场作业人员不得随意在天车下穿行，天车、起重机起吊时杜绝地面人员待在天车、起重机正下方
		人员跌倒/跌落受伤	作业时注意脚下，在轨道区域行走时谨慎慢行，下车前确认蹬好车梯，防止踏空跌落受伤
		人员磕碰受伤	作业时注意与车辆和吊钩保持安全距离，以防磕碰受伤
			运输汽车未停到卸车位置前，禁止拆卸列车与运输平板的固定装置
		车辆碾压伤人	推车时严禁将手指放在轨道上，谨防车辆碾压伤人
2	铁鞋未撤	推车时铁鞋未撤除	推车前确认铁鞋已撤除
3	车辆滑落	车辆从运输平板车滑落	运输汽车未停到卸车位置前，禁止拆卸列车与运输平板的固定装置

（三）卸车检查

1. 卸车检查内容

为了顺利完成列车卸车任务，可以制定卸车方案和卸车作业工艺卡，用以指导现场卸车作业。主要检查内容见表4-6。

表4-6　　卸车检查内容

序号	项目	技术要求
1	紧固件	检查紧固件连接是否牢固、无松动
2	制动电阻	重新校核半永久牵引杆连接卡环紧固件扭矩，确认连接卡环安装螺栓防松垫片并贴紧螺栓

续表

序号	项目	技术要求
3	跨接电缆	恢复并检查跨接电缆连接，确认插头外观完好，无缩针或缩芯，安装牢靠
4	车钩	检查车钩地线外观是否完好，安装是否牢固；检查半自动车钩 S1 和 S2 行程开关是否已触发
5	电动机联轴节	检查牵引电机联轴节防护是否已撤除，外观无异常
6	整体起吊装置	检查整体起吊装置 C 形夹是否已撤除
7	主风管	检查每节车两端主风管截断塞门是否恢复导通位

2. 卸车作业工艺卡

车辆在卸车过程中落车要稳，卸车后需要放置在钢轨上。为保证卸车安全、平稳，建议制作工艺卡，见表 4–7、表 4–8。

表 4–7　　卸车作业监控工艺卡

车号：		作业时间：		
序号	工序内容	完成情况	检查人	备注
1	卸车前确认车辆顺序，检查轴箱上部与构架间木垫是否齐全			
2	卸车后检查铁鞋是否放置好			
3	复查轴箱体和构架之间尼龙锁紧带是否已拆卸			
4	复查电机侧联轴节锁紧带是否已拆卸			
5	复查停放制动是否已缓解			
6	复查轴箱上部与构架间木垫是否已去除			
作业负责人		日期		

表 4–8　　联挂作业监控工艺卡

车号：		作业时间：		
序号	工序内容	完成情况	检查人	备注
1	推车前确认前端铁鞋已撤除，并在股道前方铁鞋放置好后，再推车至铁鞋位置			
2	确认车辆后端放置好铁鞋以防止车辆溜车，再进行联挂			

续表

序号	工序内容		完成情况	检查人	备注
3	确认 A 车与 B 车、B 车与 C 车联挂后半永久牵引杆连接紧密无间隙，套上卡环，用新的螺栓并套上止动块进行安装，螺母上方套上防松垫片，螺杆安装前需涂上抗咬合剂。螺栓扭矩160 N·m				
4	A 车与 B 车、B 车与 C 车、两节 C 车联挂好后立即确认合上并锁闭贯通道				
5	C1 与 C2 车联挂好后立即确认半自动车钩 S1 和 S2 行程开关触发成功				
作业负责人			日期		

第三节　开箱检查

一、开箱检查要求

车辆到货后，车辆总承包商和地铁运营方应按合同规定进行开箱检查。开箱检查一般要求在车辆到货后 15 天内进行。若车辆总承包商不能按时在现场开展开箱检查，地铁运营方可自行开展开箱检查。开箱检查的目的在于核实到达运营方车辆段和仓库的设备、系统和材料是否满足以下要求：包装符合规定；在运输过程中外观无破损；货物的名称、型号和数量与装箱单的内容相符。

如果开箱检查中发现数量、型号、外观尺寸与用户需求书和供货范围不符，或合同设备、材料和密封包装物短少和损坏，双方须记录并签字确认。开箱检查结束后，合同双方检验人员应签署开箱检查报告。

二、开箱检查内容

开箱检查主要检查设备部件的外观和安装情况，要求部件无破损、缺失。开箱检查具体内容和要求见表 4-9。

表 4-9　　开箱检查具体内容和要求

编号	项　目	技术要求
1	车顶设备	
1.1	受电弓	目测检查电线和接地线是否正常，检查机械连接划线是否正常
1.2	空调单元及废排	目测检查电缆和接地线连接是否正常，检查空调安装是否正常
2	车内设备	
2.1	司机室	目测检查设备是否齐全且安装正确
2.2	客室	目测检查设备是否齐全且安装正确，包括：客室电器柜、设备柜的机械和电气连接是否正常；内装漆面是否完好、安装正常，侧窗玻璃有无损伤；贯通道内侧部件漆面是否完好、安装正常；车门漆面是否完好、玻璃有无损伤；车内标签和 PIDS 设备是否齐全且准确
3	车体设备	
3.1	车体	目测检查车体外观漆面是否完好，侧窗玻璃有无损伤
3.2	车门	目测检查车门外观漆面是否完好，玻璃有无损伤
3.3	贯通道	目测检查贯通道外观有无损伤，连接框安装是否正常
3.4	防爬器、底架	目测检查防爬器、底架安装是否正常
4	车底设备	
4.1	轮对、基础制动单元	目测检查轮对、基础制动单元安装是否正常
4.2	供风模块	检查供风模块空压机油液面高度（视实际情况需上电）是否正常，目测管路和阀的连接及安装位置是否正常
4.3	制动模块	目测检查管路和阀的连接及安装位置是否正常
4.4	管路系统	目测检查管路和阀的连接及安装位置是否正常
4.5	各辅助风缸	目测检查各辅助风缸安装位置是否正常
4.6	EP09G 阀和 EP09S 阀	目测检查 EP09G 阀和 EP09S 阀安装是否正常
4.7	车钩缓冲装置	目测检查全自动车钩、半自动车钩、半永久牵引杆、跨接电缆安装是否正常
4.8	走行部	目测检查牵引座、牵引杆、牵引电机（仅动车）、齿轮箱（仅动车）、联轴节（仅动车）、构架、一系悬挂、二系悬挂、抗侧滚扭杆、轴箱、接地装置、速度传感器、轮缘润滑装置（若有）安装是否正常

续表

编号	项 目	技术要求
4.9	转向架接口设备	目测检查转向架与车体的机械连接、电气连接、气路连接是否正常
5	两侧设备	
5.1	电气箱、集电靴、撒砂装置	目测检查制动电阻、辅助逆变器箱、牵引逆变器箱/高压箱2、电抗器、蓄电池箱、高压箱1、低压/空调箱、集电靴、撒砂装置、扩展供电箱等设备的机械和电气连接安装是否正常
5.2	车间电源供给插座	目测检查车间电源供给插座安装是否正常
5.3	接地线	目测检查车底各接地线安装是否正常

开箱的重点是车底及两侧设备，为提高检查效率，建议分2个小组分别负责车辆底部和车辆两侧的作业内容。

三、开箱检查流程

列车到货后15天内必须进行开箱检查工作，开箱检查工作由车辆总承包商和业主方相关人员共同进行。检查需要细致入微，大到零部件，小到螺钉、油漆，都要细致检查、记录问题并及时反馈，及时整改。为方便各方有序开展工作，须制定开箱检查流程图。

（一）车顶设备检查

除了检查外观油漆、密封胶外，主要对空调外机和受电弓进行检查，包括弓网压力检查、调整，受电弓锁闭机构调整，需要2个人，耗时5.5 h。车顶设备检查工作流程图如图4-3所示。

（二）车内设备检查

主要检查司机室、客室内的设备安装情况，包括电器柜内的元器件安装情况，扶手有无松动、毛刺，连接处缝隙大小是否合适，座椅有无松动、划伤、开裂，车门紧固件是否松动等。需要1个人，耗时5.5 h。车内设备检查工作流程图如图 4–4 所示。

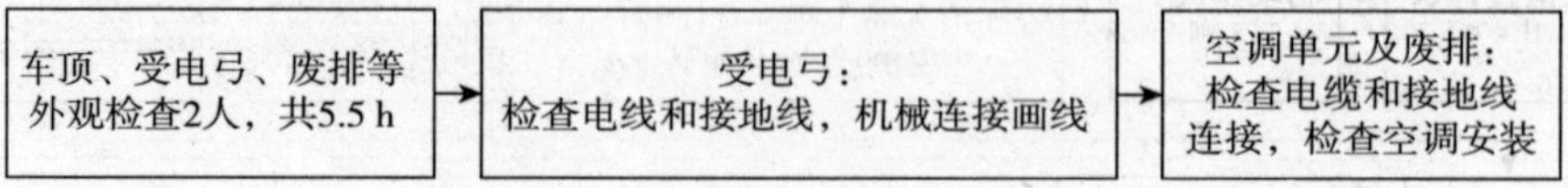

图 4–3　车顶设备检查工作流程图

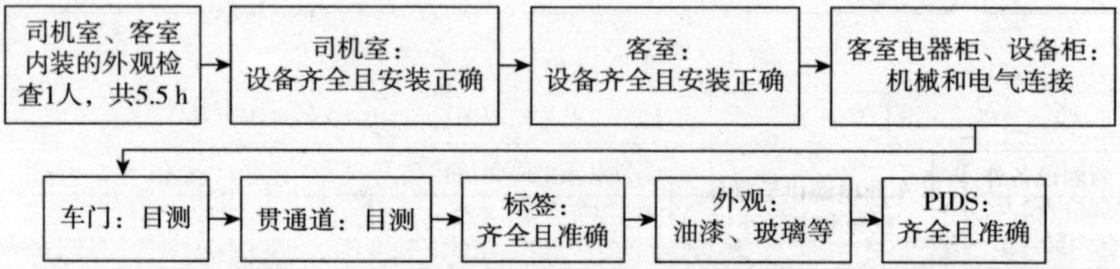

图 4–4　车内设备检查工作流程图

（三）车体设备检查

主要检查全车车体及接口设备的外观完整性，包括车体油漆、车窗玻璃、车门油漆、车门玻璃、贯通道外观、防爬器和底架等是否存在破损。作业内容相对简单，只需绕车一圈查看车辆表面情况即可。需要 1 个人，耗时 5. 5 h。

（四）车底设备检查

主要检查车辆底部区域范围的设备安装情况，包括转向架与制动部件的状态及各处螺栓有无松动，扭力标记有无缺失，电器连接有无松动，管路连接有无漏气，车轮踏面有无异常，部件表面油漆有无划伤脱落等。需要 1 人，耗时 5. 5 h。车底设备检查工作流程图如图 4–5 所示。

（五）两侧设备检查

主要检查车辆下方左右两侧面的设备安装情况，表面油漆有无划伤，胶条有无开裂、松脱。需要 2 人，耗时 5. 5 h。车两侧设备检查工作流程图如图 4–6 所示。

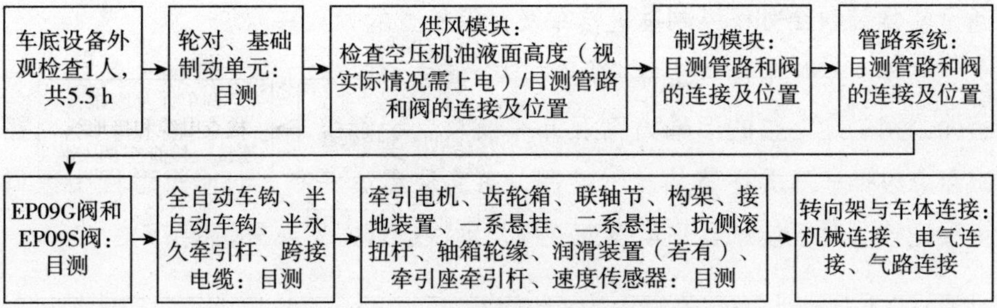

图 4-5　车底设备检查工作流程图

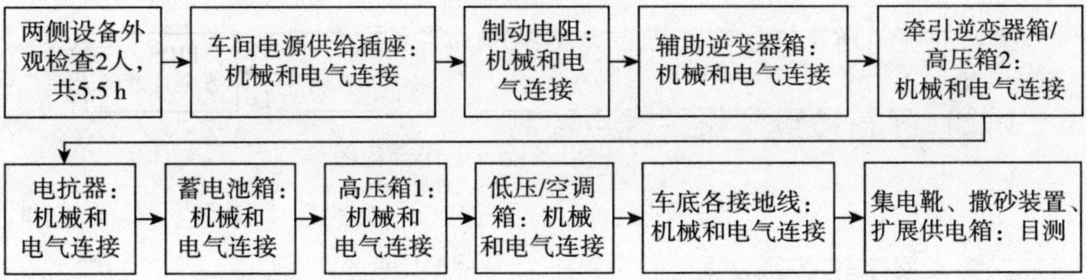

图 4-6　车两侧设备检查工作流程图

第四节　关键控制点管理

车辆从制造厂运抵地铁运营方车辆段后，需要在车辆段进行卸车，卸车作业主要由车辆总承包商及运输公司负责，地铁运营方有属地管理责任，有必要对接车过程的关键点进行过程管控。

完成接车任务后，在列车到货后 15 天内开展开箱检查，开箱检查需关注重点任务和重点问题，兼顾质量、安全、生产的要求，积极落实开箱检查的开口项整改。

一、质量关键点控制

在整个接车及开箱检查过程中须明确工作方案、验收要求及各方职责，通过整体策划和过程控制推进接车及开箱检查的顺利开展。

在接车及开箱检查工作开展前，车辆总承包商的技术管理人员应联合运输公司制定完整的运输方案及卸车流程，明确接车过程质量关键点，找出重点过程和薄弱环节并加以控制，落实质量责任制，对接车过程中进行全程把控。对于接车及开箱检查过程，地铁运营方需部署如下工作：

（一）接车作业质量关键点控制

车辆运输至地铁运营方车辆段前，要提前与车辆总承包商确定好车辆运输方案，提前了解车辆运输的进度，提前编制接车配合方案、部署接车任务。

（二）开箱检查质量关键点控制

在开箱检查作业前，需开展全面、完整、深入的技术工艺和实操培训，调试工需掌握车辆各系统原理、检查、操作和维修技能，同时应制定作业安全交底单，明确开箱检查作业可能存在的风险及对策。为防止工具等物品遗留在箱体内，需安排互检或他检。

二、安全关键点控制

卸车吊装作业属于高风险作业，吊装作业人员需持有相关操作证书，作业现场需封锁防护，如遇台风、雷雨等天气严禁开展吊装作业，以免造成意外或人员伤亡。

车辆开箱检查工作存在高电压、高空作业等安全风险，开箱检查过程涉及接触网断/送电，作业人员需持证上岗，熟悉设备操作规范。同时需严格落实作业前安全交底和安全防护，对于高风险操作作业，需有专业技术人员现场监控。

三、生产关键点控制

车辆到货现场前，地铁运营方应与车辆总承包商做好充分沟通，并根据到货情况提前申报卸车计划。

检修调度在车辆到达前3~5天将接车相关的信息传达到其他部门，要求提前将需要接车的轨道、卸车平台、天车（若有）等位置腾空，并且对接车线路、信号、道岔进行检查。检修调度至少提前1~2天申报接车计划和车辆转轨计划。车辆到达车辆段后在地铁运营方的车厂调度请点作业、做好相关防护后，再进行卸车、重新编组，车辆与工程车联挂，并经工程车拖运至指定车道。

接车作业初步完成后，需将地铁车辆转移到指定股道，对车辆状态进行进一步恢复和确认。

四、开口项关键点管理

在开箱检查工作中发现的问题，应通过文字、图片、视频等形式进行记录并形成闭环管理，记录内容包括但不限于问题发现时间、问题车号、所属系统、位置、问题等级（A/B/C）、问题描述、整改前照片、整改建议、跟进情况、发现人、整改状态（开口/关闭）、整改人、整改时间、确认人等。一方面可作为设备运用经验积累，另一方面可提高问题解决及故障处理效率。

针对开口项问题，需形成每周或每双周例会制度。对于重大问题、推进不力的问题、需要优化设计的问题等，还应通过技术专题会明确整改方案、整改期限，并形成会议纪要。开口项问题应统一汇总至调试问题台账，完整记录问题车号、时间、地点、系统、问题描述、现场照片、整改情况及关闭情况等。根据开口项问题定期与车辆总承包商开会讨论，并将开口项整改质量和数量与最终的预验收挂钩，督促车辆总承包商尽快完成整改。

第五节　经验小结

开展接车及开箱检查工作前，需确定各方职责、接口负责人、接车计划、接车风险、应急预案、安全交底等，保证接车及开箱检查工作顺利开展。

车辆在平板车上的方向及运输顺序、卸车时的车辆顺序及方向、车辆编组序号等需确认好。车辆总承包商须提供厂内限界证明后，车辆才能在段内转轨，从卸车线调车到检修道。OCI 前，根据车辆技术规格书、合同及车辆实际情况，制定 OCI 报告、绝缘测试方案，保障 OCI 工作顺利开展。绝缘测试合格后才能上电。

一、明确接车任务

为确保接车工作有序、安全进行，在接车前需要制定接车方案，并组织相关部门开会讨论，明确各方职责及分工。接车前需准备充分，清理段内道路，确保平板运输车能顺利通过，吊车、龙门架等设备、工具提前摆放在合适的位置，试验功能正常。

如进行无电转轨运输，应签订转轨协议，确认车辆限界符合运行线路要求、走行部功能正常、技术参数符合要求、润滑油正常、无电回送功能正常，制定运行图和限速表。

二、有序组织作业

参与接车作业的人员涉及多个单位，有地铁运营方各专业配合人员、车辆总承包商现场作业人员、运输公司卸车人员以及吊车指挥等，应做好现场人员管理。接车作业主体是运输公司，地铁运营方各专业配合人员应承担属地管理责任，对接车过程进行总体把控，安排专责安全人员进行现场管理（一般为地铁运营单位具有 5 年以上安全管理工作经验的管理人员）。

三、现场管理规范

开始接车之前，要求车辆总承包商或运输公司做好运输路线的实地考察工作，保证接车线路安全可靠。地铁运营方要严格审核调试计划，做到计划合理有序。如遇到恶劣天气，应暂停或取消接车及开箱检查计划，参与接车及开箱检查人员要配合到位，服从调试负责人统一安排。

在正常的开箱检查工作中还会出现一些情况影响作业正常进行，例如，工具、设备使用不合规范，使用中出现故障，人员配合不到位。开箱检查过程中一定要严格做好工具、设备的检查。

参考文献

［1］广州地下铁道总公司. 广州地铁列车新车调试及验收大纲［R］. 广州：广州地下铁道总公司，2006.

［2］何霖. 城市轨道交通车辆采购项目管理［M］. 北京：中国劳动社会保障出版社，2014.

［3］何霖. 城市轨道交通运营筹备与组织［M］. 2 版. 北京：中国劳动社会保障出版社，2013.

第五章

预验收检查：系统调试

第一节　预验收概述

通过对车辆进行静态调试、动态调试等检查，验证车辆总承包商提供的所有设备、系统和材料是否符合技术规格书的过程，称为预验收。

一、工作思路及目标

车辆在制造完成后，一般选取首列车作为预验收的标准样车，按照技术规格书的规定完成型式试验、例行试验等预验收检查。在此期间，车辆总承包商应提交列车的试验报告、列车履历簿、发运前检查报告及随车附件，还需提供相关的技术资料、图纸等并对最终用户的司机、维修人员和技术人员进行相应的培训。车辆在此期间未出现影响正常运行的故障方可认为预验收合格。

车辆到达地铁运营方车辆段完成开箱检查后，地铁运营方将对车辆做预验收检查。预验收检查应在 AW0 载荷即空载的条件下进行（除称重试验等需要加载的试验外），最后的试验项目和内容由双方根据现场情况讨论。车辆总承包商将随同车辆提交该车的整车例行试验报告、列车履历簿、出厂验收报告、在地铁运营现场的调试报告及随车附件等。

一般来说，新车的状态还不稳定，为了发现列车是否还留有隐患，在所有动态调试项目结束且列车状态良好的情况下，所有列车要上正线运行 200 km，在此期间列车按照实际运营的方式运行：启动加速至最高运行速度、惰行、制动到停车，各站开关车门、报站广播，记录所有发生的故障，作为预验收签署的条件。

预验收检查通过后，双方签署预验收报告。地铁运营方根据预验收报告向车辆总承包商发放预验收证书。

二、主要工作程序

（一）系统调试

地铁列车可以看成是由多个相互作用、匹配的子系统构成的有机体，其特征是各子系统设备相互联系、相互作用或彼此制约。各子系统设备虽然在出厂前按照规定的技术条件和参数指标进行严格的检验和测试，但是在完成组装后，由于各子系统设备存在接口关系，仍需要进行整车功能调试，将整车控制系统与各子系统进行反馈和调整，将设备的潜在质量缺陷在早期发现并予以排除，并检查性能是否符合有关技术标准要求、接口关系是否匹配。只有经过对各子系统的调试和试验，才能从整体上实现列车的性能。系统调试分为车辆静态调试和车辆动态调试。

1. 车辆静态调试

车辆静态调试主要是针对车辆在静止状态下各部件性能的检查及调整，包括静态无电调试、静态有电调试。

静态无电调试主要包括各部件外观检查、尺寸测量等。静态有电调试主要包括蓄电池通电、紧急照明、高压通电、司机室及客室照明、空调启动、空压机启动、车门功能（开门和关门、开门和关门障碍物检测、紧急手柄和隔离开关动作）、PIS 系统功能、列车冗余功能等测试及列车软件版本检查。

2. 车辆动态调试

车辆动态调试主要包括牵引性能试验、制动性能试验、其他性能测试。

（1）牵引性能试验。牵引性能试验包括：记录洗车模式、向前限速模式、向后限速模式和手动模式下列车速度从零加速到最大值过程中的牵引信号、加速度、牵引力、接触网电压值等测试。

（2）制动性能试验。制动性能试验包括：洗车模式、向前限速模式、向后限速模式下紧急制动和手动模式下的常用制动、快速制动、紧急制动测试，并记录试验过程中的制动信号、减速度、制动距离等参数。

（3）其他性能测试。包括旁路功能测试、切除不同数量转向架常用制动后的限速功能测试、洗车功能测试、紧急牵引测试、牵引封锁测试及重要逻辑测试等。

（二）列车试验

列车制造完成后，都须进行型式试验和例行试验进行性能验证。只有按照标准完成并通过整车型式和例行试验，列车才能具备上线运营的能力。列车试验主要分为例行试验、型式试验、200 km 试运行试验、首列车 5 000 km 试运行试验等。

1. 例行试验

例行试验是按照国家标准或行业标准进行的列车或部件出厂试验、交接试验及运行中定期进行的试验，包括列车或部件从设计到制造、交付整个流程中规定、必做的试验。例行试验也是预防性试验，可在流程中发现可能存在的性能或质量方面的问题，及时纠正。例行试验报告或记录也是未来列车或部件设计、制造、交付管理中可追溯的重要信息。例行试验通常选择最关键和必不可少的指标进行测试。

2. 型式试验

在列车制造完成投入使用前，根据合同要求要对列车进行一系列的型式试验。型式试验原则上仅在定型设计的单台产品上进行，目的是验证有关设计性能。型式试验需要在运营方场地进行的，由车辆制造厂负责进行试验，地铁运营方负责配合、跟踪、协调工作。

3. 200 km 试运行试验

为验证列车是否有故障隐患，在所有动态调试项目结束并且列车状态良好的情况下，列车要上正线运行 200 km。在此期间内，要模拟正线实际运行路径，选择广播路径，开启空调系统，到站开、关门，记录接触网网压、车辆速度等相关数据。整个 200 km 试运行过程中如果列车没有出现牵引和制动方面的故障，可视为车辆性能比较稳定；如果列车出现牵引和制动方面的故障，则在处理完相关故障后列车重新进行 200 km 试运行。条件允许时 200 km 最好一次跑完，条件不允许时也可分多次跑完。

4. 首列车 5 000 km 试运行试验

在车辆制造完成后，一般选取首列车作为预验收的标准样车，按照技术规格书的规定完成型式试验、例行试验等预验收检查，通过后再进行首列车 5 000 km 试运行试验。

（三）查线核图及隐患排查

为保证地铁新线高标准高质量开通，在列车进行预验收检查期间建议开展查线核图及隐患排查工作。

查线核图是在车辆制造完成后，对照接线图及接线表对所有的有接点电路的接线进行系统性核对检查，通过检查发现问题并整改，降低车辆电气系统中的有接点电路故障率，保证车辆可靠性。

隐患排查是对列车各系统控制逻辑、控制电路的救援隐患点（即一旦发生故障将导致运营列车启动救援事件）、关键系统的实际寿命等进行的全面深入排查。隐患排查为列车系统调试工作的延续。

三、预验收检查工作流程

（一）预验收检查计划编制

在调试过程中需根据线路条件、人员条件、车辆条件合理安排总体调试计划，调试计划应细化到天，明确调试的内容、人员资质要求、人员数量、调试地点、用电需求等。

对于部分需要上试车线、正线调试的作业，还需提前申报调试用的施工计划，明确调试负责人，并与其他专业（如线路专业、轨道专业、供电专业等）制定试车线、正线试验配合方案。如在已运营线路调试，还需要制定完善、科学的试验方案和预案，并召开专题会论证，将安全风险降到最低，确保不影响正线运行。

每列车进行调试作业前，需根据人员情况提前编制相关调试计划，将各项调试作业人员、需要工时等进行统计分析。以六节车预验收系统调试及试验计划编制为例，各项作业需要工时及人员人数见表 5-1。

表 5-1　预验收系统调试及试验作业人数

类别	PAC 项目	时间（h）	作业人员（人）	人工时
无电检查	车门	16	2	32
	空调	16	2	32
	转向架、制动	16	2	32
	车钩、贯通道、电气柜、设备柜	16	2	32
	制动电阻	8	2	16
	车下箱体（不含制动电阻）	16	2	32
	受流靴+受电弓（检查、测量、参数调整）	12	2	24
	轮对数据	8	2	16
	闸片参数、地板面车钩高度、一系间隙参数	8	4	32
	开口项整改	24	3	72

续表

类别	PAC 项目	时间（h）	作业人员（人）	人工时
有电检查（静态）	司机室、辅助、照明、PIS、空调、烟感	8	6	48
	车门、制动	8	6	48
	开口项整改	8	6	48
动态调试及试验	试车线调试	8	1	8
	正线调试及 200 km 试运行	12	1	12

根据各项作业工时需要，将可同步开展的作业分配在同一日进行。在人员充足的情况下，半个月内可完成一列车的调试。

（二）预验收检查工作流程编排

预验收检查工作流程如图 5-1 所示。其中，各系统检查项点，需针对各系统查线核图和螺栓扭力校正作业单独安排人员进行专项调试。

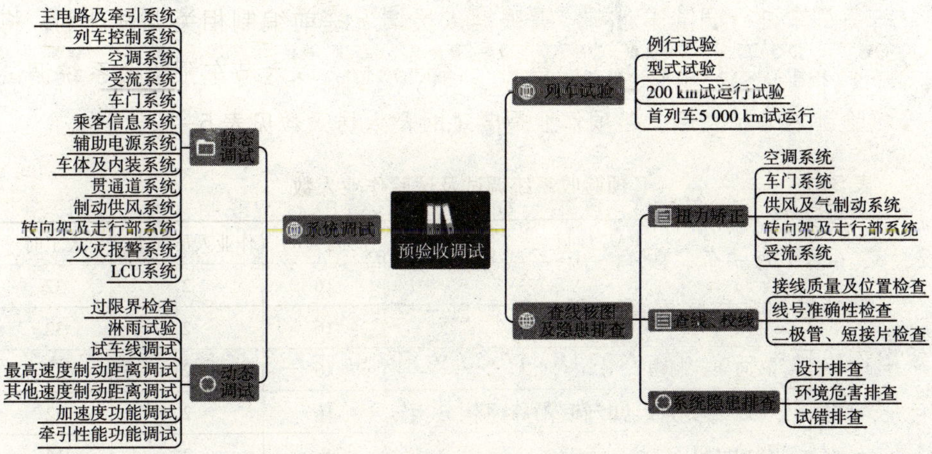

图 5-1　预验收检查工作流程

（三）调试人员职责

车辆静态调试、查线核图工作由测试人员全程参与并负责，主要检查车辆外观、尺寸、限界、有电功能是否满足预验收大纲标准；车辆动态调试、200 km 试运行试验及例行试验、型式试验由测试人员牵头，列车司机听从测试人员指令配合进行相关功能试验，测试人员在旁记录列车相关数据及状态情况。

第二节　牵引系统调试

一、系统概述

地铁列车大部分编组为“四动两拖”共六节车辆组成，如图 5-2 所示，六节车分为两个单元，每个单元由一辆拖车（TC 车）加两辆动车（MP 车和 M 车）组成。

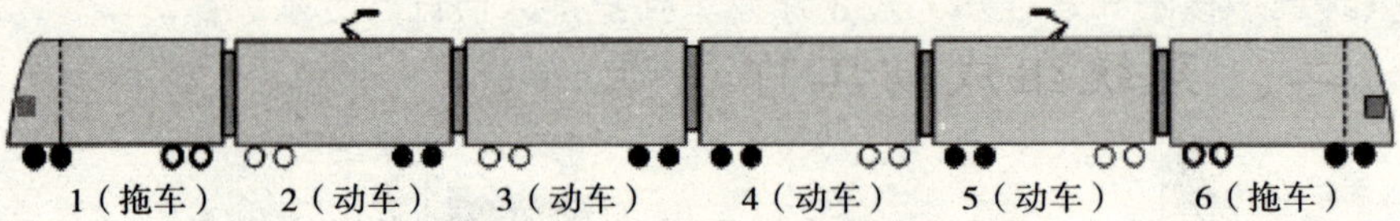

图 5-2　列车编组系统组成

由上图所示，其中 1、6 车为拖车，配有蓄电池、辅助逆变器等设备；2、3、4、5 为动车，配有受电弓或集电靴、牵引逆变器、制动电阻等设备。

列车牵引系统采用两电平电压型直—交逆变电路，如图 5-3 所示。经集电靴或受电弓受流输入的 DC 1 500 V 直流电由牵引逆变器变换成频率、电压均可调的三相交流电，向牵引电机供电。

牵引系统由两个对称的牵引单元组成，每个牵引单元包括 2 台牵引逆变器、1 台高压电器箱、2 台制动电阻、8 台牵引电机。

牵引逆变器含有 2 个 IGBT 逆变模块单元，驱动 4 台牵引电机，逆变模块单元将逆变单元与制动斩波单元集成在一起。当电网电压在 1 000~1 800 V 变化时，主电路都能正常工作，并方便地实现牵引与电制动的无接点转换。

高压电器箱采用箱体式车下悬挂结构，牵引电机采用架承式全悬挂结构。牵引电机通过联轴节与齿轮传动装置连接，传递牵引或电制动力矩，驱动列车前进或使列车制动。

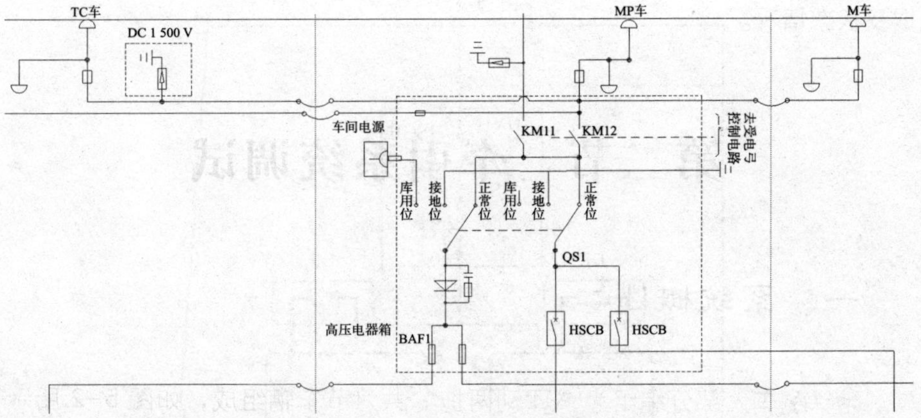

图 5-3　牵引系统主电路原理图

二、系统组成与工作原理

牵引控制单元（DCU）是牵引系统的核心控制部分，采用异步电动机直接转矩控制方法，具有粘着利用控制功能，主要完成对 IGBT 逆变器及交流异步牵引电机的实时控制、粘着利用控制、制动斩波控制，同时具备完整的牵引变流系统故障保护功能、模块级的故障自诊断功能和一定程度的故障自复位功能以及部分车辆级控制功能。牵引控制单元是组成列车通信网络的一部分，与多功能车辆总线采用 MVB 接口进行通信。牵引系统电气部件图如图 5-4 所示。

（一）牵引逆变器

地铁列车牵引逆变器是牵引系统的主要构成部分，基本功能是把从接触网获得的直流电变换成频率和幅值都可调的三相交流电，并给牵引电机供电。牵引逆变器主要由充电短接单元、滤波电抗器、固定放电电阻、接地滤波电容、逆变器模块、传动控制单元、电流电压检测单元、滤波组件和辅助功能单元、风机控制单元等组成。

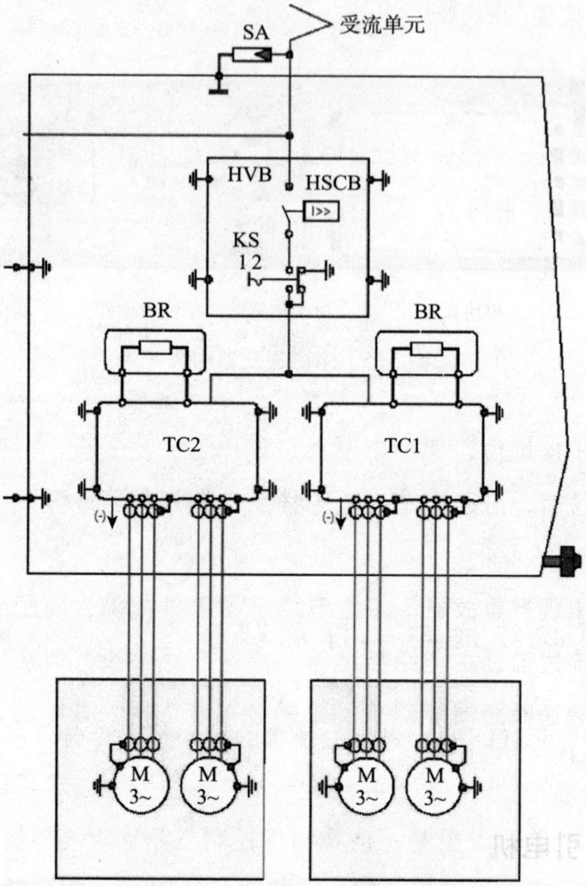

图 5-4　牵引系统电气部件图

逆变器模块采用 IGBT 元件，为两电平逆变电路，如图 5-5 所示。逆变器模块含有两个逆变器单元，逆变器单元集成三相逆变器的三相桥臂（逆变单元）及制动相桥臂（制动斩波单元），驱动 4 台异步牵引电机。

（二）高压电器箱

高压电器箱悬吊于车底，全列车共计 2 台。每台高压电器箱主要包括三位置隔离开关、车间电源插座、直流接触器、熔断器、高速断路器等。

三位置隔离开关有运行位、接地位、车间电源位。正常列车取流时三位置隔离开关处于运行位，牵引系统从接触网或接触轨取流。检修时三位

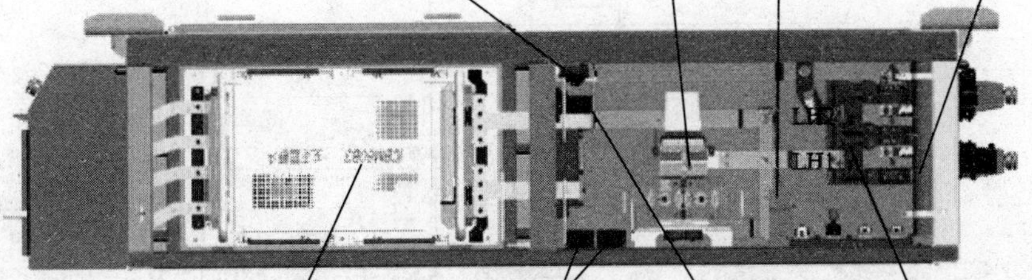

图 5-5　牵引逆变器构成

置隔离开关处于接地位，保护牵引系统或作业人员安全。三位置隔离开关打到车间电源位时，可通过车间电源插头从车间电源取流，给辅助系统供 1 500 V 直流电。

当主电路出现严重故障，如主电路电器部件故障、网压或直流电压过压、直流侧电流过流、主电路接地等，高速断路器断开以实现主电路的故障保护，同时高速断路器能对检测出的过电流进行快速响应，以实现主电路短路瞬时保护。

（三）牵引电机

地铁列车牵引电机为三相笼型异步电机，外形如图 5-6 所示，安装于转向架上，由牵引逆变器供电。电机定子由定子铁心、定子绕组、接线盒等零部件组成。电机定子由电气绝缘钢片叠层而成的定子铁心组件装配到定子壳体内，形成一个固定式定子单元。电机转子由电气绝缘钢片叠层而成的铁心组件装配到由高强度钢制成的转子轴上，转子两端装有止推环，以防轴向移动。

当异步电机在正常工作时，突然降低定子的供电频率，转子的惯性将使其维持在高于旋转磁场同步转速的转速上，这时转差率为负值，电机进入发电机状态运行，将转子轴上的机械能转换成电能反馈给电网或消耗在制动电阻上。

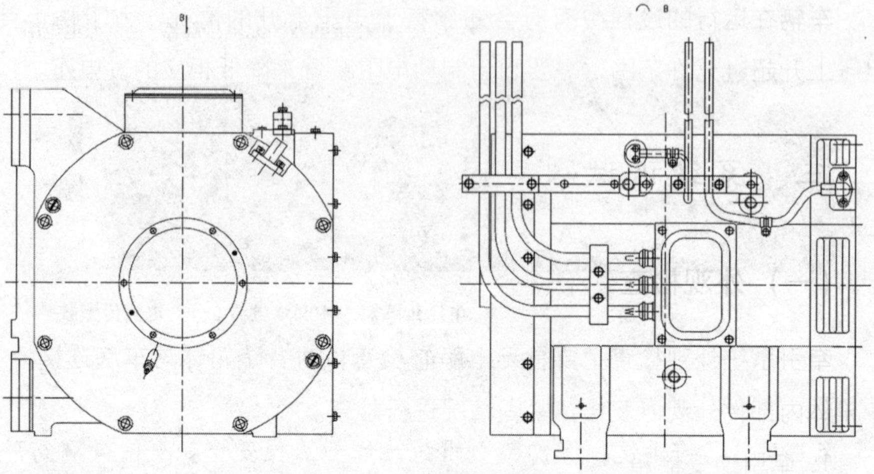

图 5-6 牵引电机外形图

(四) 制动电阻装置

制动电阻装置装于 MP 车和 M 车车底，如图 5-7 所示，以走行方向进行安装，全列车共计 4 个制动电阻装置。制动电阻装置可通过电阻将电能转化为热能，并通过风机将热能散失于空气中。

图 5-7 制动电阻装置

车辆在下坡或者其他需要减速的场合，车上的电动机停止从电网获取电能，电动机成为发电机，在发电的过程中电机会产生反力矩促使列车减速，产生的电能在电网不能吸收的情况下由制动电阻装置转变为热能耗散。

车辆在运行的过程中有时会遇到直流电压上升的情况，为了防止直流电压上升超过允许范围，需要利用制动电阻装置来降低相应的过电压。

三、系统调试

（一）外观检查

牵引系统外观检查主要是无电静态检查，对各个箱体与车底连接情况、各箱体内部件外观以及接线紧固情况进行检查。

1. 牵引逆变器箱

（1）检查牵引逆变器箱体。检查牵引逆变器箱与车体的连接，连接件应紧固无松动；检查箱体接地线，应安装紧固无断股、散股现象；检查牵引逆变器箱外部主电路电缆，连接应完好，护线软管应无破裂；检查牵引逆变器箱外观，箱体应无异常变形或裂纹，铭牌、警示标识应完好，二级防护装置应完好；检查箱体外部控制插头的连接情况，插头、插座应无损坏；检查盖板密封条，应无变形或破损等异常情况。

（2）检查牵引逆变器箱内部。牵引逆变器箱开箱后检查箱内，应无烧焦等异味，无晶须、无灰尘积垢等杂物；检查牵引逆变器箱内控制插头、插座、电缆夹、端子、连接器、护线套、电容组件、传动控制单元的插头紧固件、滤波组件、电压/电流传感器、电阻、浪涌吸收器、接触器、滤波电容等电气元件，应无异常，接线头连接紧固，线路无损坏。图5–8为牵引逆变器箱内部。

（3）检查接触器。拆下灭弧罩，检查灭弧罩，应无污渍、无灰尘积垢以及任何形式的损伤；目检主接触器触头，应无烧伤；手动检查接触器，应工作顺畅；安装好灭弧罩。

（4）检查逆变器模块。外罩表面应无变形、无裂纹或破损等异常情况；检查逆变器模块的高压母排螺栓，应安装紧固无错位、画线清晰可见、母排无烧损现象；检查交流输出母排，母排与母排之间及母排与电缆的安装应紧固无松动，螺栓画线清晰。

图 5-8　牵引逆变器内部

（5）检查牵引逆变器箱底部。打开箱体底部电抗器安装室风板，检查电抗器组件，外观应正常，无拉弧、击穿痕迹，组件螺栓安装紧固无松动；安装箱体底盖板，紧固安装螺栓并画线。打开箱体底部风机安装室风板，检查风机叶片，应无裂纹、转动顺畅无卡滞，组件安装螺栓紧固无松动；安装箱体底盖板，紧固安装螺栓并画线；检查箱体方孔锁锁闭功能，应正常；锁闭所有箱体盖板。

2. 高压电器箱

（1）检查箱体。检查箱体与车体之间的连接螺栓，应紧固无松动，画线清晰无错位，连接件状态良好无裂纹；检查箱体外观，应无变形、损坏，警示铭牌无缺失。

（2）检查电气箱内部。开箱后检查箱内，应无烧焦等异味，无晶须、灰尘积垢等杂物；检查高压母排，母排应无烧损现象，螺栓安装紧固、无错位，画线清晰可见。

检查箱体内熔断器板、二极管面板及配件，应无裂纹、烧蚀等异常现象，螺栓安装紧固，接线无松动。

检查高速断路器外罩的外观，应无破损，安装紧固无松动。对主接触器检查：拆下灭弧罩，检查灭弧罩，应无污渍、灰尘积垢以及任何形式的损伤；目检主接触器触头，应无烧伤；手动检查接触器，应工作顺畅；安装好灭弧罩。

检查箱体内继电器，应外观正常、接线无松动。

检查三位置转换开关（图 5-9），表面应无锈蚀或损坏；操作三位置转换开关手柄，过程应顺畅无卡滞现象。

图 5-9　三位置开关

（3）检查车间电源。应插座外观完整，安装牢固，无变形、无破损，表面无脱漆、划痕和污渍，标识清晰；触点无磨损、氧化、生锈现象；密封胶条安装良好无松动。

3. 牵引电机

检查牵引电机与构架的连接，应牢固，螺栓无松动，画线清晰；检查牵引电机连接电缆（图 5-10）、电缆旋紧件、电缆固定夹等，应安装紧固，电机接线盒安装紧固，线缆与其他部件无干涉现象；电机无烧焦异味，无发黑现象。

4. 制动电阻装置

（1）检查箱体外观，应无变形、损坏，警示铭牌无缺失。

图 5-10　牵引电机线缆

（2）目检风扇叶片，应无变形、裂纹，风扇紧固无松动；目检风扇外罩（图 5-11），应无损坏无杂物，外罩安装紧固。

图 5-11　制动电阻风扇外罩

（3）打开风压开关盖板，检查风压开关导风管，安装应紧固；检查线排接线，应紧固无松动；打开装置后面板，检查接线铜排，铜排与主电缆连接处应无电蚀痕迹，铜排与进线主电缆的安装应紧固；打开装置前面板，检查电阻单元表面，应整洁干净，上下卡轨应无变形，螺栓安装紧固无松动；检查制动电阻装置的骨架以及与车体的连接，骨架应无裂纹或变形，与车体连接可靠。

（二）有电功能测试

牵引系统有电功能测试主要是验证牵引特性、紧急牵引功能以及与牵引相关的列车逻辑功能是否符合设计要求，测试时可在试车线或正线进行，在试车线测试时需注意试车线安全距离及限速要求。

1. 牵引特性测试

测试要求为速度达到 50 km/h 实际平均加速度≥0. 9 m/s^2，达到 120 km/h 实际平均加速度≥0. 5 m/s^2，具体操作如下：

如图 5-12 所示，点击司机室显示屏 HMI 底部菜单栏的“检修”按钮，输入密码进入维护主界面；点击“加速度测试”按钮进入加速度测试界面；在测试界面上输入“（牵引）起始速度值”为 0，“目标速度值”为 50 km/h，点击确认后可以开始进行测试。

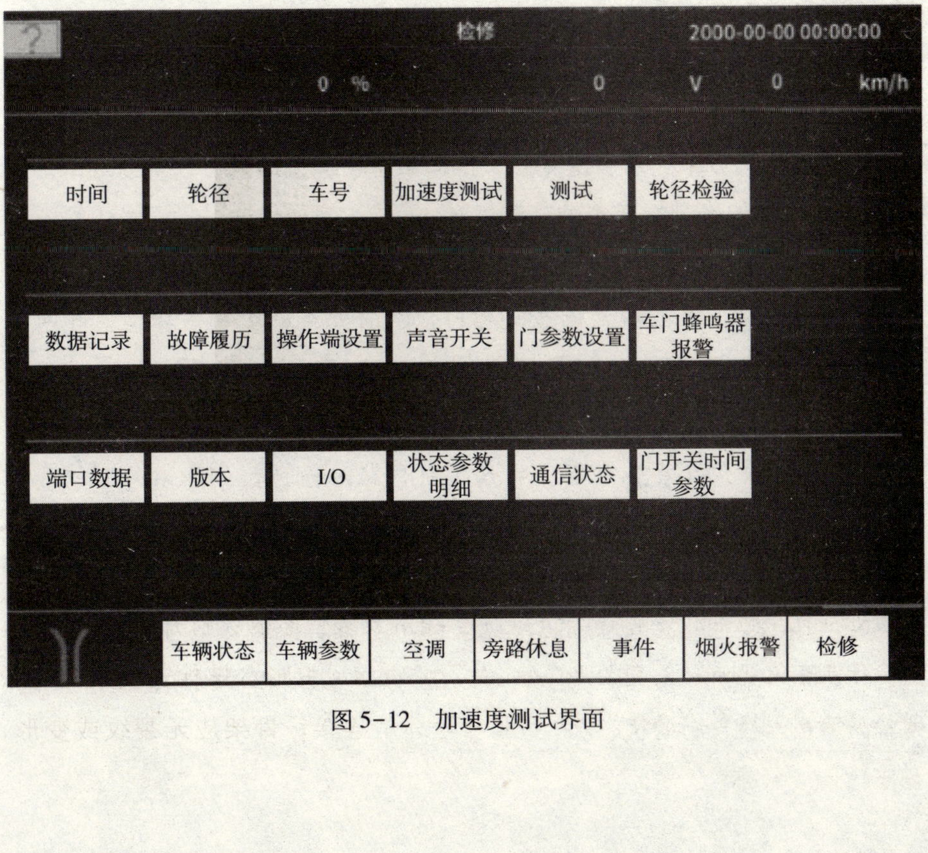

图 5-12　加速度测试界面

将司机控制器方向手柄推至 PM 向前位、司机控制器牵引手柄推至牵引最大位。当列车速度达到 50 km/h 时，将方向手柄回零位惰行 3 s，然后将牵引手柄推至常用制动位停车，读取加速度值，即完成列车从 0~50 km/h 的加速度测试。

将“目标速度值”设置为 120 km/h，重复以上步骤，即完成列车从 0~120 km/h 的加速度测试。

2. 紧急牵引测试

测试要求为紧急牵引限速（60±2）km/h，紧急牵引模式下主断路器可自动闭合，具体操作如下：

将紧急牵引模式开关置于合位，推动牵引手柄至最大牵引位，列车限速应为（60±2）km/h。在列车未合高速断路器的情况下，推动牵引手柄至牵引位，列车应无法动车；将紧急牵引模式开关置于“合”位，推动牵引手柄至牵引位，高速断路器自动闭合，列车能正常动车。

3. 牵引逆变器故障工况下动车测试

测试要求在半列车牵引逆变器发生故障时列车能动车，具体操作如下：

切除任意两节车的牵引逆变器，推动牵引手柄至牵引位，可以动车。

4. 无方向信号列车紧急制动测试

测试要求在列车方向信号丢失时能够紧急制动，具体操作如下：

列车运行时，将牵引手柄置于零位，将方向手柄也置于零位，此时列车施加紧急制动。

5. 红色紧急按钮功能测试

测试要求在列车牵引状态下，按下红色紧急按钮，列车紧急制动，受电弓/集电靴应降下，高速断路器应断开，具体操作如下：

在受电弓/集电靴模式下推动牵引手柄至牵引位，至列车在牵引状态下正常运行时，按下红色紧急按钮，观察 HMI 界面，此时受电弓/集电靴应降下，高速断路器断开，列车紧急制动；在列车停止前，释放红色紧急按钮，列车仍然处于紧急制动状态。

6. 警惕按钮功能测试

测试要求在人工驾驶模式下，运行中松开警惕按钮 3 s，列车应紧急制动，具体操作如下：

在人工驾驶模式下，推动牵引手柄至牵引位，列车运行速度超过 5 km/h 后松开警惕按钮读秒，达到 3 s 时列车产生应紧急制动。在列车处于静止状态下不按下警惕按钮，推动牵引手柄至牵引位列车无法动车，此时将警惕按钮旁路置于“合”位，不按下警惕按钮推动牵引手柄至牵引位列车，应可动车。

四、故障案例分析

（一）IGBT 故障

某列车在正线调试时出现单节车牵引逆变器图标红点，高速断路器断开，按压 DCU/SIV 复位按钮无效。

1. 原因分析

读取 DCU 数据，DCU 中间电压从 1 524 V 迅速降至 −14 V，中间电流从 619 A 迅速抬升至 1 481 A 又降为 0 A。检查出现故障的单节车牵引逆变器箱内部，发现逆变器内部 IGBT 元器件发生故障，导致出现差分电流大于 50 A、过流、中间电压过压、欠压、高速断路器跳开等保护动作。

2. 处理过程

更换故障单节车牵引逆变器箱内的 IGBT 元器件。

（二）电机速度传感器故障

某列车在正线区间运行时，司机感受到列车存在短时抖动现象，后续运行正常。

1. 原因分析

列车回库后查看故障履历，在该时间段无故障记录。读取事件记录仪数据分析，司机报故障时列车在高架区间单节车 DCU 出现滑行记录

（图 5-13），进一步分析发现，该节车中一台电机转速与其他三台电机转速波形对比有异常，判断为该电机速度信号异常，进一步检查该电机速度传感器发现速度传感器插头存在缩针现象。

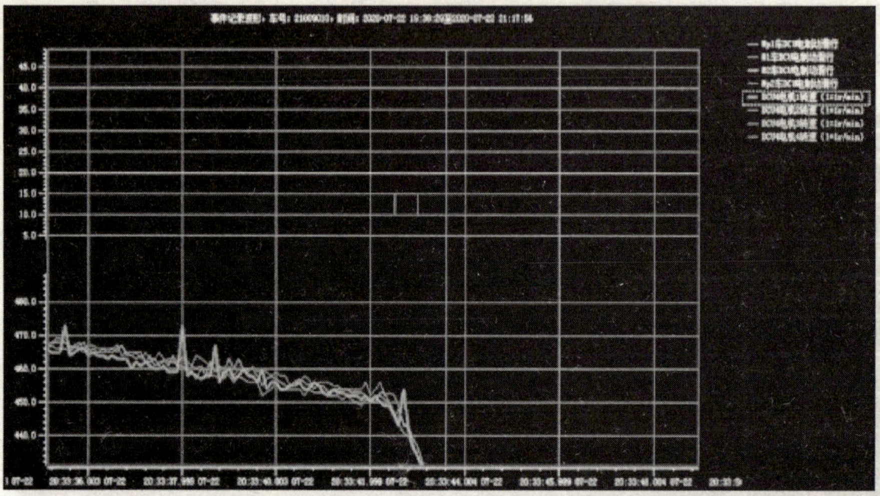

图 5-13　DCU 电机数据图

2. 处理过程

电机速度异常可能会引起轮对损伤，需对轮对进行检查。经检查轮对踏面、轮缘无异常损伤，测量轮径值、轮缘高度、轮缘厚度、圆跳动在标准范围内，转向架未发现异常。更换该车电机速度传感器（图 5-14），库内动车确认列车功能正常。

图 5-14　速度传感器

（三）脉冲分配板故障

某列车在正线运行时出现单个牵引逆变器图标黄点，司机反映 HMI 出现空转信息。

1. 原因分析

下载 DCU 故障数据，该节车检测到逆变过流伴随空转滑行信息；分析列车事件记录仪数据，对比分析故障车与另一节未报故障车的电机转速（图 5–15），发现正常车辆四台电机转速基本一致，且波动较为平缓，而出现故障车辆电机转速为电机 1 和电机 2 重合、电机 3 和电机 4 重合，且呈现交替波动情况，波动程度随着空转持续增大后发生了逆变过流故障，随后波动消失，速度趋向平缓。

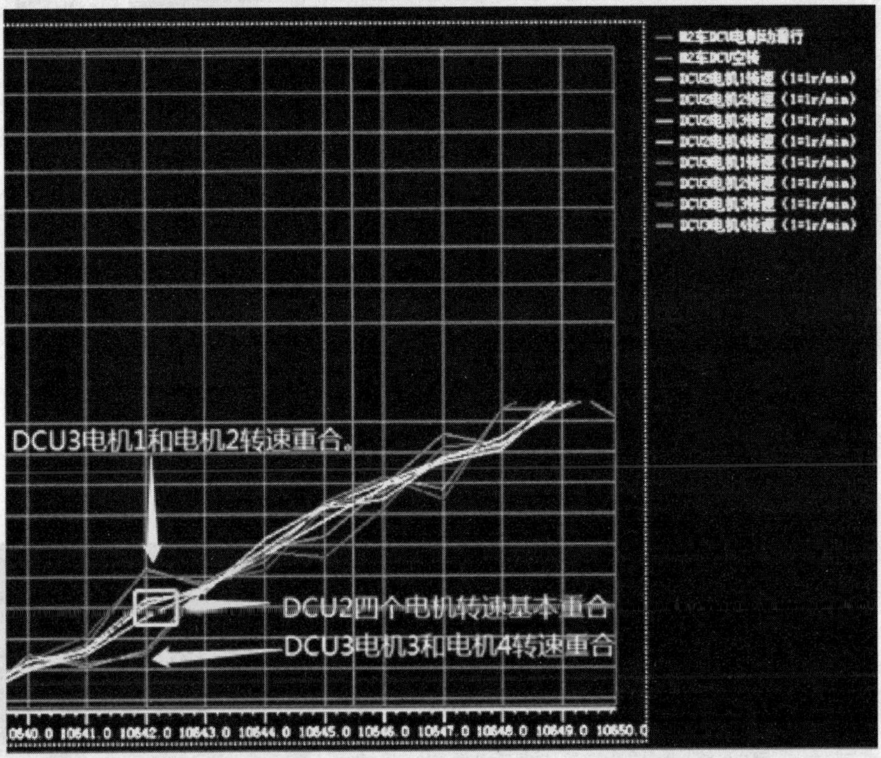

图 5–15　故障列车 DCU 与正常列车 DCU 电机转速对比

单节车牵引控制单元控制两个牵引逆变器模块，每个逆变器模块内有一个脉冲分配板控制一个转向架的两台电机。鉴于每次出现逆变过流故障时都存在电机转速波动，且为转向架 1 的电机 1、电机 2 转速和转向架 2 的电机 3、电机 4 转速交替波动，判断为脉冲分配板发生故障，导致两个模块的脉冲链路出现问题，两个模块执行不一致，电机间存在不平衡，造成列车空转滑行抖动后出现逆变过流故障。

2. 故障处理

更换脉冲分配板后，动车测试正常。

第三节　列车控制系统调试

一、系统概述

列车通信网络划分为两级：列车控制级、车辆控制级。

中继器模块作为列车级控制总线和车辆级控制总线的网关，实现列车级控制总线到车辆级控制总线的数据转发功能。列车级控制总线与车辆级控制总线均为多功能车辆总线（MVB）。

列车控制系统由车辆控制模块、事件记录模块、中继器模块、数字量输入输出模块、数字量输入模块、模拟量输入输出模块、RS485 通信模块以及司机显示屏组成，具体分配见表 5-2，如图 5-16 所示。

表 5-2　　列车控制系统设备分配表

模块类型	A1	B1	C1	C2	B2	A2
车辆控制模块	1	—	—	—	—	1
事件记录模块	1	—	—	—	—	1
中继器模块	2	2	2	2	2	2
数字量输入输出模块	3	1	1	1	1	3
数字量输入模块	1	1	1	1	1	1
模拟量输入输出模块	1	—	—	—	—	1
RS485 通信模块	1	—	—	—	—	1
司机显示屏	1	—	—	—	—	1

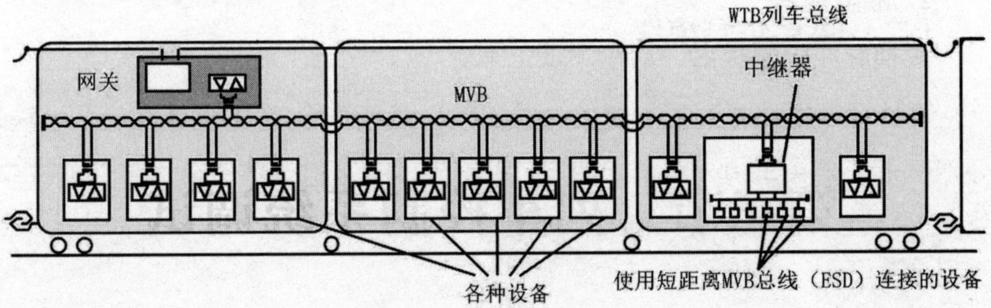

图 5-16 列车控制系统

二、系统组成与功能

列车控制级总线和车辆控制级总线均采用多功能车辆总线（MVB）。车辆控制模块作为列车级和车辆级的总线管理器，中继器模块作为网关，实现列车级控制总线到车辆级控制总线的数据管理和转发功能。

（一）车辆控制模块

每列车装有 2 个车辆控制模块，分别位于 2 个头车内，接口如图 5-17 所示。车辆控制模块通过多功能车辆总线（MVB）与其他设备通信，是列车控制系统的核心，具备如下功能。

1. 车辆级过程控制

执行诸如牵引/制动控制、空电联合控制和空调顺序启动等一系列控制功能。

2. 通信管理

具有多功能车辆总线（MVB）的管理能力，并且能够进行被动的主权转移功能。

3. 故障诊断

采集处理状态数据、故障数据，并通过司机显示器报告司机。

（二）事件记录模块

事件记录模块是数据转储的关键部件，每列车装有 2 个事件记录模块，分别位于 2 个头车内，接口如图 5-18 所示。事件记录模块通过多功能车辆总线（MVB）与其他设备通信，具备如下功能。

1. 数据记录

记录司机操作数据、故障数据、事件数据，将车辆控制模块的故障数据具体化。

2. 数据转存

通过车载信息网（工业以太网）将记录的数据下载，供便携式维护工具分析。

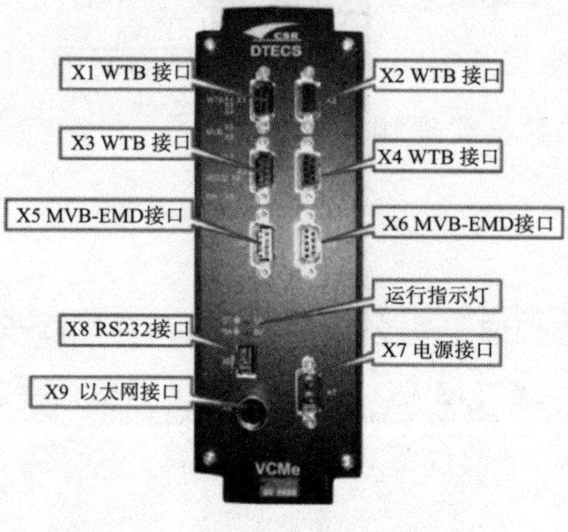

图 5-17　车辆控制模块主要接口

图 5-18　事件记录模块主要接口

（三）中继器模块

每节车装有 2 个中继器模块，中继器模块提供信号的中继，具备将单节车的智能设备并入车辆级 MVB 实现全列车通信网的功能。

（四）数字量输入输出模块

数字量输入输出模块实现数字量信号的采集输入和控制输出，通过多功能车辆总线（MVB）与其他设备通信，主要接口如图 5-19、图 5-20 所示，具备如下功能。

1. 输入信号采集

将车辆间电气信号转换成控制信号，经由列车控制系统传送给车辆控制模块，完成各种控制功能。

2. 控制信号输出

将网络控制信号转换成电气信号，控制诸如指示灯、继电器等设备。

3. 设备地址输入

通过外部跳线配置设备地址，维护简单。

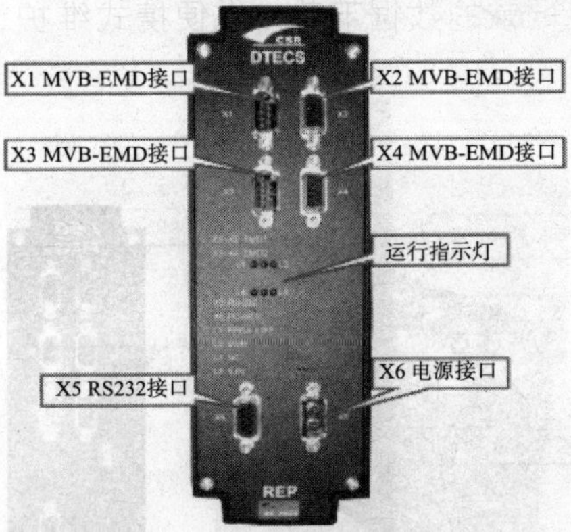

图 5-19　REP 主要接口

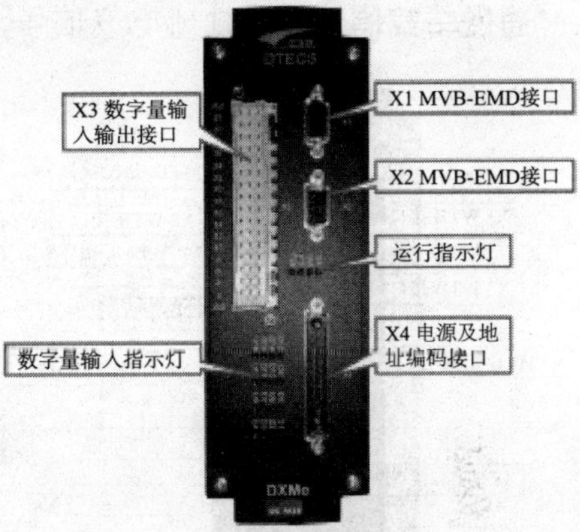

图 5-20　DXMe 主要接口

（五）数字量输入模块

数字量输入模块通过多功能车辆总线（MVB）与其他设备通信，实现数字量信号的采集功能，具体功能如下。

1. 输入信号采集

将车辆间电气信号转换成控制信号，经由列车控制系统传送给车辆控制模块，完成各种控制功能。

2. 设备地址输入

通过外部跳线配置设备地址，维护简单。

（六）模拟量输入输出模块

模拟量输入输出模块通过多功能车辆总线（MVB）与其他设备通信，实现模拟量信号的采集输入和控制输出，主要接口如图 5-21、图 5-22 所示，具备如下功能。

1. 输入信号采集

将车辆间电气信号转换成控制信号，经由列车控制系统传送给车辆控制模块，完成各种控制功能。

2. 控制信号输出

将网络控制信号转换成电气信号，控制诸如仪表等设备。

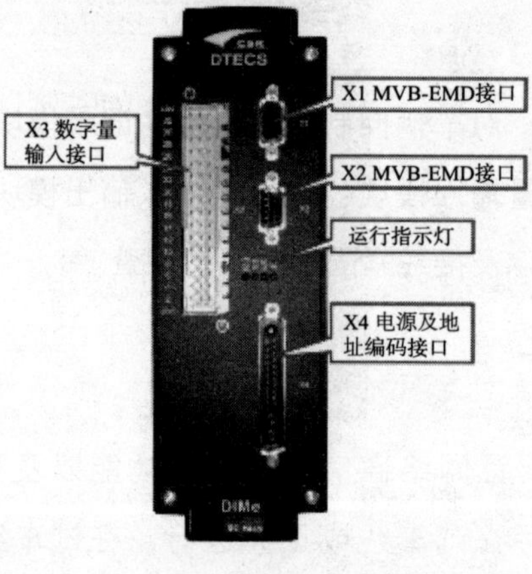

图 5-21　DIMe 主要接口

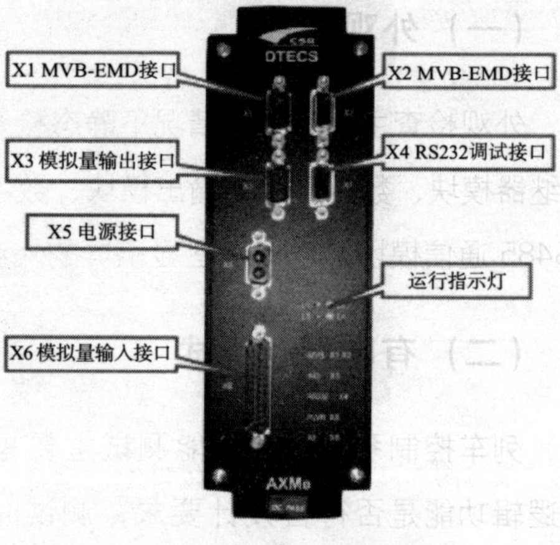

图 5-22　AXMe 主要接口

（七）司机室显示屏（HMI）

每列车装有 2 台司机室显示屏，分别安装在两个拖车中。司机室显示屏是列车控制系统的显示终端设备，是司机和维护人员操作机车的窗口，具备如下功能。

1. 信息显示

向车辆驾驶人员和维护人员提供车辆综合信息、各设备的工作状态、故障信息的综合与处理等情况。

2. 参数设定

对轮径值、列车质量、站点、时间、日期等参数进行更改与设定。

3. 功能测试

进行列车运行时加速度、减速度、制动距离等基本参数的测试。

4. 数据转储

通过相关接口，将故障信息转储至地面进行统计、分析。

三、系统调试

（一）外观检查

外观检查主要是无电情况下静态检查，对车辆控制模块、事件记录模块、中继器模块、数字量输入输出模块、数字量输入模块、模拟量输入输出模块、RS485 通信模块以及司机室显示屏的外观以及接线紧固情况进行检查。

（二）有电功能测试

列车控制系统有电功能测试主要是验证网络通信模块冗余功能以及列车逻辑功能是否符合设计要求，测试时可在试车线或正线进行，在试车线测试时需注意试车线安全距离及限速要求。

1. 总线冗余动能测试

断开多功能控制总线 A 通道，列车各项功能应正常；断开 B 通道，列车功能应正常。具体操作如下：

切除多功能控制总线 A 通道，单独使用 B 通道进行通信，网络拓扑图应显示所有设备的图标为绿色或蓝色，无设备报通信故障；推动司机控制器牵引手柄至牵引位，列车能正常牵引。

切除多功能控制总线 B 通道，单独使用 A 通道进行通信，网络拓扑图应显示所有设备的图标为绿色或蓝色，无设备报通信故障；推动司机控制器器牵引手柄至牵引位，列车能正常牵引。

2. 车辆控制单元冗余功能测试

激活列车蓄电池后，切除主车辆控制模块，从车辆控制模块应能自动切换为主列车控制单元，司机室显示屏界面的通信正常，列车能正常动车。

3. 总线故障测试

同时切除两端 A 车车辆控制模块，列车应不能动车，启动紧急牵引模式可动车。

四、故障案例分析

某列车在正线运行时，司机室显示屏显示单节车车辆控制模块通信出现故障，列车运行正常。

故障分析：检查司机室显示屏，显示单节车辆控制模块通信为红点，回库后测两端终端电阻阻值，故障端阻值为 30 Ω，另一端阻值为 62 Ω［正常范围为（60±5）Ω］，判断该故障端车辆控制模块发生故障。由于全车布置两个车辆控制模块，具备故障时冗余功能，因此一端车辆控制模块出现红点时列车仍可正常运行。

故障处理：更换车辆控制模块后列车功能恢复正常。

第四节　空调系统调试

一、系统概述

地铁列车客室空调机组为顶置单元式空调机组，每节车安装两个空调机组，分别布置在车顶处，每个空调机组具有两套独立的制冷回路，分步起动，起动电流小，对整车电源的冲击小。

制冷系统主要部件压缩机采用全封闭并联涡旋压缩机，是专为解决地铁客车空调空间狭窄、振动和冲击等问题而研制。冷凝器由内螺纹铜管套铜翅片组成，蒸发器由内螺纹铜管套亲水膜铝翅片组成，能提高换热效率，而且表面光滑，维护清洗方便。

二、系统工作原理

地铁列车每个空调机组采用 2 台或 4 台涡旋压缩机，能够在满足限界的基础上，获得较大的制冷量，这使得夏季制冷量有一定的余量且完全满足需要。

如图 5-23 所示，广州地铁某线路车辆整车制冷量可根据热负荷进行 25%、50%、75%、100%等 4 挡调节，多挡调节可以使空调机组制冷更加节能，同时使车厢内舒适度更高。

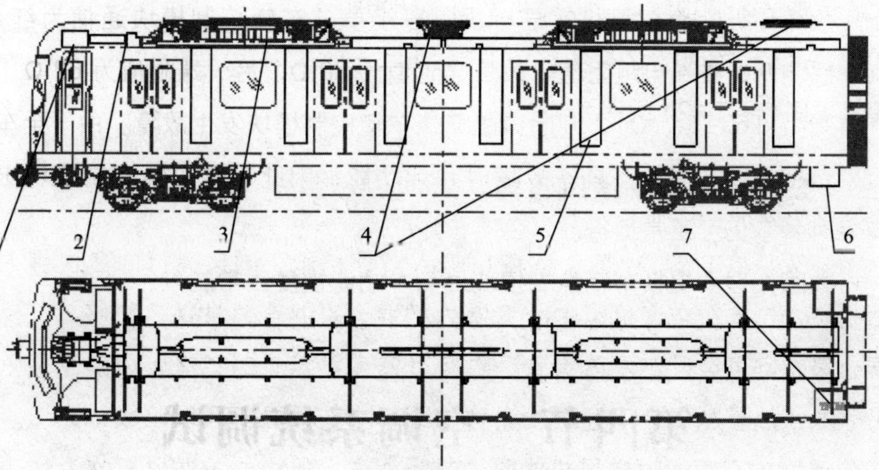

图 5-23 空调通风系统布置图

1—司机室通风单元 2—送风道 3—客室空调机组 4—废排装置 5—回风道 6—紧急逆变器 7—空调控制柜

空调机组新风入口设有可以自动调节的新风门，可以根据要求调节新风量的大小，进而减少新风带来的热负荷。空调机组采用端送端回方式，一方面可保证送风道整车贯通，另一方面端部回风有利于降低客室噪声。

空调机组有 2 套独立的制冷循环系统，每套制冷循环都能在送风口对新风进行制冷。这使得空调机组在有一套制冷循环发生故障时，另外一套制冷循环仍能正常工作，使单个空调机组保持 50%的制冷能力。

（一）空调制冷原理

空调制冷系统采用机械制冷方法，制冷系统由压缩机、冷凝器、膨胀阀、蒸发器等主要部件用管道连接起来形成一个封闭系统。在封闭系统里，由压缩机将工作介质压缩成高温高压的过热蒸气进入冷凝器，经外界空气的强制冷却，冷凝成高压液体，通过三通管接头分流至两端的膨胀阀，进入膨胀阀降压成低温低压的液体，经分流器进入蒸发器，吸收通过蒸发器空气的热量，蒸发成为低压蒸气，再被压缩机吸入，压缩成高温高压的过热蒸气，完成一个制冷循环。压缩机不断工作，达到连续制冷的效果。空调制冷原理图如图 5-24 所示。

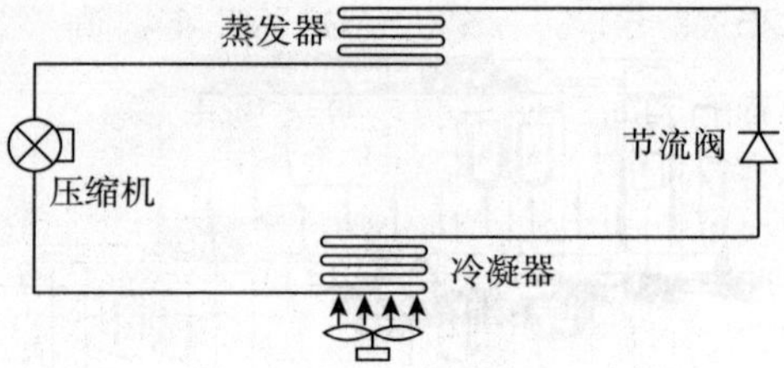

图 5-24　空调制冷原理图

（二）空调系统通风路径

新风从机组侧边的四个格栅口吸入空调机组，回风通过回风口进入空调机组，二者在空调机组的蒸发室内相混合。混合风被送风机吸入，经过混合风滤网再经过蒸发器盘管。在经过蒸发器盘管时，盘管内的制冷剂蒸发吸热，热量从混合风经蒸发盘管传给制冷剂，混合风得以冷却除湿。冷却除湿后的空气通过送风机的两边被吸入送风机，并被送风机吹入风道系统。空调机组与车端之间共 4 段风道，每段风道结构形式完全相同，冷却除湿后的空气经过分配箱分别进入主风道和机组下方扁风道，通过沿车长方向布置的条缝送风口向客室送风。气流组织图如图 5-25、图 5-26 所示。

1. 送风

沿车辆长度方向送风，无送风死角。

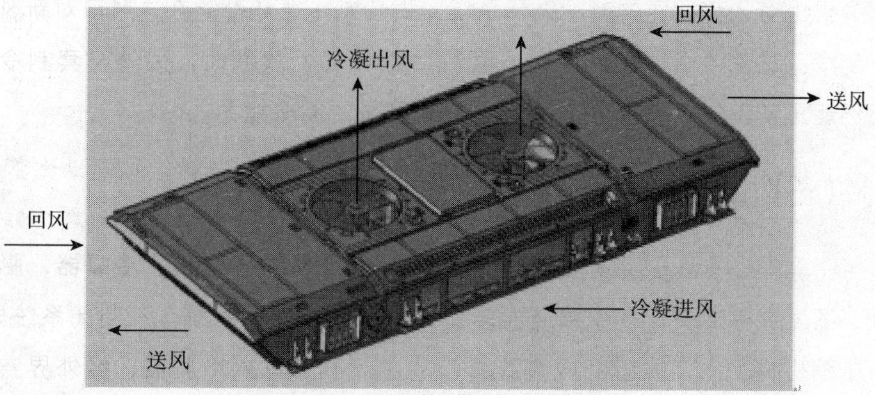

图 5-25　空调机组气流组织图

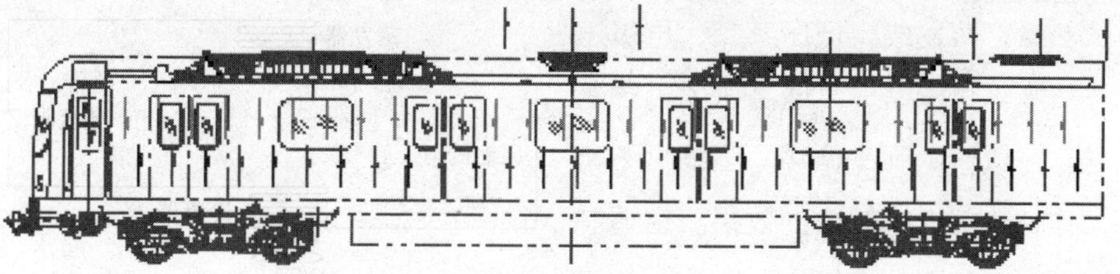

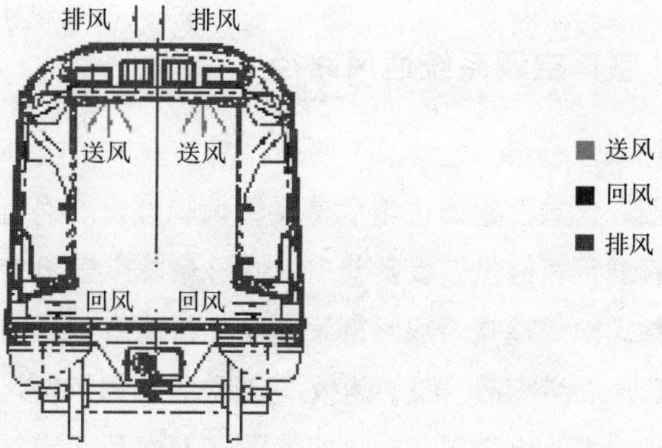

图 5-26　客室整体气流组织图

2. 回风

通过侧墙与车体之间的空间、门立柱罩区域及拐角顶板缝隙回风。

3. 排风

通过侧墙与车体之间的空间、门立柱罩区域及拐角顶板缝隙排风。

（三）压缩机工作原理

日立全封闭涡旋式压缩机是当前最先进的制冷压缩机，在抗振动、抗液击以及频繁启停等方面具有优异的性能，特别适用于冲击和振动大的运输工具上。与其他型式压缩机相比，具有噪声低、振动小、效率高、寿命长的特点，压缩机工作寿命大于50 000 h。其工作方式如下：

涡旋压缩机的主要压缩部件由两个涡旋盘组成，涡旋盘分别为渐开线形状，当两个涡旋盘啮合在一起时，会产生很多月牙形的密封腔。靠近外侧的密封腔容积大，靠近中心的密封腔容积小。当动涡旋运动时，会将外侧密封腔逐渐推向中心，随着容积的减小从而对气体产生压缩。

三、系统调试

（一）外观检查

空调系统调试中外观检查主要是无电静态检查，检查各个机组与车体连接情况、机组内部件外观以及接线紧固情况。

1. 空调线缆

打开蒸发腔盖板，检查蒸发腔接线盒（图 5-27）外观，应正常无变形，接线管路紧固、无破损；用十字旋具拧松接线盒的螺钉，打开接线盒盖，检查内部接线，应紧固无松动，接线无破损，线排无锈蚀。打开冷凝风机、压缩机和蒸发腔的盖板，检查各个腔体内部走线，应安装紧固可靠，线管无破损。检查插座，应安装紧固无松动，插头表面无异常，插头线管无破损，插头插针无缩针变形。

2. 接地线

检查空调机组接地线，应安装紧固、无锈蚀。

3. 空调机组

检查空调机组 8 个安装底座螺钉，应画线清晰，底座安装紧固无倾斜，

图 5-27 空调蒸发腔接线盒

缓冲橡胶外观无异常；检查空调机组所有盖板形状，应外观平整、无翘起，盖板表面无异常；检查方孔锁的橡胶外盖，应无缺失断裂；打开橡胶外盖，检查方孔锁表面，应无锈蚀，用方孔转动顺畅能够正常锁闭。

打开冷凝风机盖板、压缩机盖板、蒸发器腔盖板的方孔，检查盖板，应转动顺畅，铰链表面外观无锈蚀，盖板密封棉密封良好无破损；按压新风门、回风门电动机手动按钮，手动转动风门叶片，叶片应转动顺畅无卡滞，松开按钮时风门不能转动。

打开压缩机盖板，检查压缩机表面和外观，应无异常；检查压缩机腔内各部件紧固螺栓，应安装紧固，高低压压力开关安装紧固、接线无松动；检查新风和回风温度传感器，应安装紧固、外观正常、无变形，接线良好无松动、破损。

检查视液镜（图 5-28），湿度应显示正常（绿色为正常）；检查蒸发器外观，应无异常，蒸发器翅片无变形；检查冷凝器外观，应无异常，冷凝器翅片无变形。取出空调混合空气过滤网框架，检查混合空气过滤网框架，应结构良好。取出新风金属滤网，向上拉出过程应无卡滞；检查金属过滤网外观，应正常无破损、锈蚀。检查管路，应无生锈，膨胀阀安装紧固；检查干燥过滤器，应安装紧固；检查冷凝风机、通风机，应转动灵活无异响，冷凝风机网罩无变形和脱焊。

4. 主动废排（图 5–29）

检查废排外观，应良好，无缺陷、无变形，紧固件紧固良好。

图 5–28　视液镜

图 5–29　主动废排

5. 紧急逆变器

检查紧急逆变器箱外观，应完好，安装螺栓紧固无松动，挂耳无异常；检查紧急逆变器箱警示标识、铭牌，应安装紧固无丢失，标识、铭牌的文字和图片清晰；检查紧急逆变器箱内部接线，接线应无松动、线号完整。

（二）有电功能测试

空调系统有电功能测试主要是验证制冷功能、紧急通风功能、减载模式是否符合设计要求，需在静态有电状态下完成测试。

1. 空调制冷功能测试

激活列车蓄电池，选择受电弓供电模式，按压升弓按钮升起受电弓，待列车的辅助逆变器正常启动后检查空调的制冷功能；点击 HMI 的空调功能菜单，检查空调状态是否正常（图 5–30）；检查客室送风槽送风功能、制冷功能是否正常；耳听空调机组有无异响。

2. 通风、半冷、全冷、停止功能测试

激活列车蓄电池，选择受电弓供电模式，按压升弓按钮升起受电弓，待列车的辅助逆变器正常启动后检查空调的制冷功能；打开客室空调控制柜，点击空调控制屏为本机控制；点击通风指令，查看本车空调运行状态，

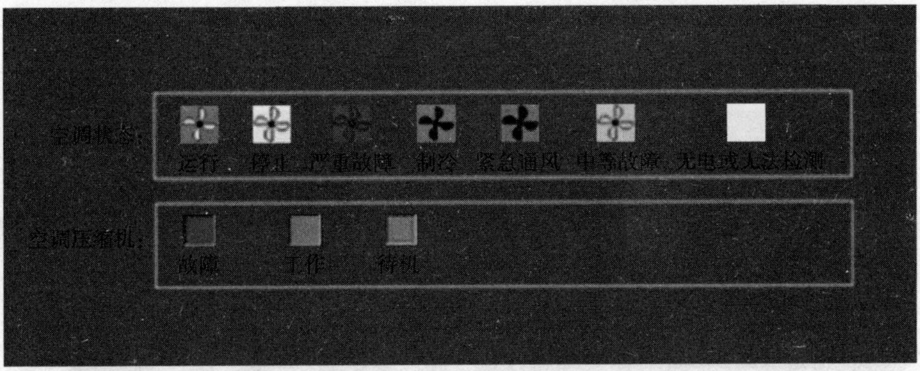

图 5-30　HMI 上空调运行状态图标

仅本车通风机、司机室送风机单元运行；点击全冷指令，查看本车空调运行状态，仅本车通风机、司机室送风机单元、冷凝风机、四台压缩机运行；点击半冷指令，查看本车空调运行状态，仅本车通风机、废排风机、司机室送风机单元、冷凝风机、每个机组启动运行时间短的压缩机运行；点击停止指令，查看本车空调运行状态，此时本车通风机、司机室送风机单元停止。

3. 空调控制柜显示屏功能检查

开启全车空调，打开客室空调控制柜，点击控制屏查看故障、温度显示、参数设置和数据监控功能（图 5-31）。

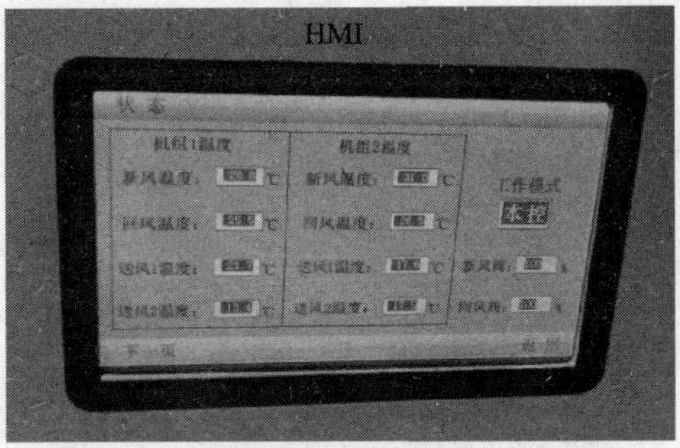

图 5-31　空调柜控制屏状态信息

4. 紧急通风功能检查

激活列车蓄电池，选择受电弓供电模式，按压升弓按钮升起受电弓，待列车的辅助逆变器正常启动后检查空调的制冷功能；按压降弓按钮降弓，启动空调紧急通风功能；点击 HMI 的空调功能菜单，检查空调紧急通风功能是否正常。

5. 降级功能测试

当一单元辅助逆变器不工作时，切除所有空调一半压缩机，扩展接触器应闭合，由另一单元辅助逆变器进行扩展供电。当两个辅助逆变器不工作时，空调应仅保持通风。具体操作如下：

激活列车蓄电池，选择受电弓供电模式，按压升弓按钮升起受电弓，待列车的所有辅助逆变器正常启动后查看 HMI，空调应正常制冷。

切除任意一端 A 车的辅助逆变器，查看 HMI，应显示扩展供电图标变绿，空调显示减载模式。

切除两端的辅助逆变器查看 HMI，应显示空调为紧急通风状态。

6. 本机控制状态设置温度

激活列车蓄电池，选择受电弓供电模式，按压升弓按钮升起受电弓，待列车的辅助逆变器正常启动后检查空调的制冷功能。打开客室空调控制柜，点击空调控制屏为本机控制。旋转温度挡位旋钮到相应的温度值，待 20 min 后查看空调 HMI 显示的客室温度，应与旋钮设置的温度值一致。

7. 头端空调开/关控制检查

通过司机室里的空调开关，可允许仅开列车占有端 A 车空调机组，具体操作如下：

激活列车蓄电池，选择受电弓供电模式，按压升弓按钮升起受电弓，待列车的 ACM 正常启动，把 A 车空调旋钮打到“合”位，此时应仅 A 车有空调通风功能。

四、故障案例分析

（一）空调通信故障

某列车在正线运营时出现单节车空调故障，司机室显示屏上对应空调图标显示为白点，如图 5-32 所示，行车调度安排该车到终点站转为备用车。

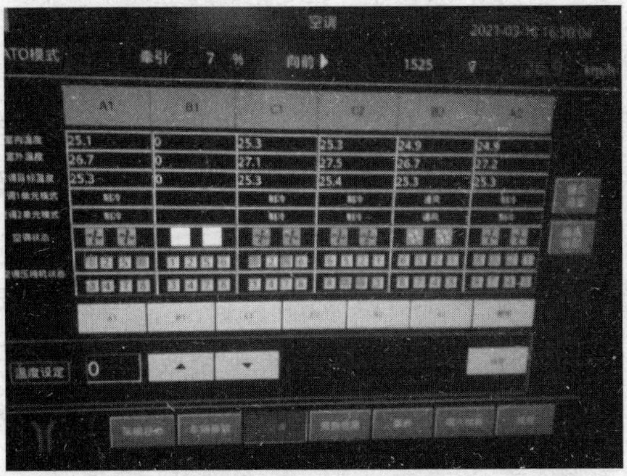

图 5-32 司机室显示屏空调通信故障显示

1. 原因分析

空调主控制器与车辆控制模块之间的硬件接口为 MVB 网卡，集成在空调主控制器内。每列车共有 6 个空调主控制器，主空调控制器通过 MVB 网络与列车进行通信。

当列车空调系统与列车网络系统出现通信中断时，因无法实时接收空调数据，司机室显示屏上对应空调图标将会显示白点，且空调相关参数亦无法显示。此时该节车空调系统将会维持在发生通信故障前的状态，空调机组通风制冷功能未受影响。

对全车 MVB 终端电阻阻值进行测量，A 通道 MVB 阻值为 61.6 Ω，B 通道 MVB 阻值为 61.8 Ω，阻值无异常［标准范围为（60±5）Ω］，列车 MVB 未见异常。判断故障原因为空调主控制器内部故障，更换空调主控制器后，重新上电多次测试空调功能正常。

2. 故障处理

更换故障车空调主控制器并更新空调控制程序，多次测试空调功能正常。

（二）三相检测继电器故障

某列车在正线运营时出现单节车空调图标黄点，检修人员上车确认车厢有通风无制冷。

1. 原因分析

空调运行时，空调主控制器如检测到没有 AC 380 V 供电，会启用紧急通风。空调主控制器如检测到 AC 380 V 电源有故障，延时 15 s 后仍然检测不到 AC 380 V，则紧急通风工况被激活。

紧急通风模式仅启动空调通风机，而冷凝风机和压缩机不启动，空调失去制冷功能。紧急通风是空调的一种工作模式，不会报空调故障，司机室显示屏上空调工作模式会显示为“紧急通风”，空调图标显示为橙色底黑色扇叶图标，如图 5-33 所示。

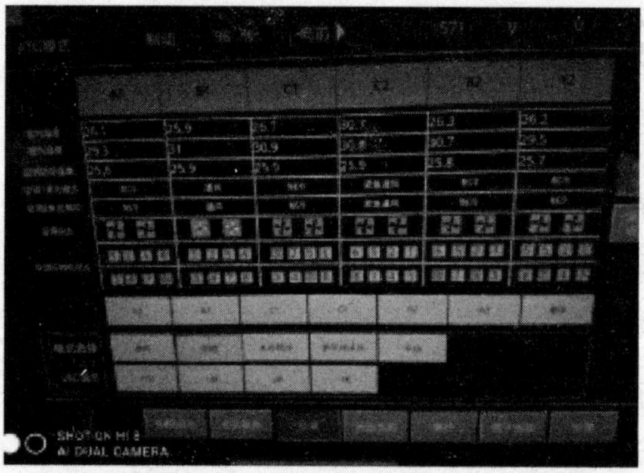

图 5-33　HMI 显示紧急通风

根据三相检测电路原理可知，故障主要原因有三种：380 V 进电线路存在故障、反馈电路存在故障、三相检测继电器（图 5-34）存在故障。

对三相电压检测继电器输入线路进行检查，如图 5-35 所示。三相接线间交流 380 V 电压正常，可排除 380 V 进电线路故障。测量继电器反馈触点 11 脚电压为 117 V、14 脚电压为 1 V，触点没有闭合，判断为三相电源检测继电器发生故障。

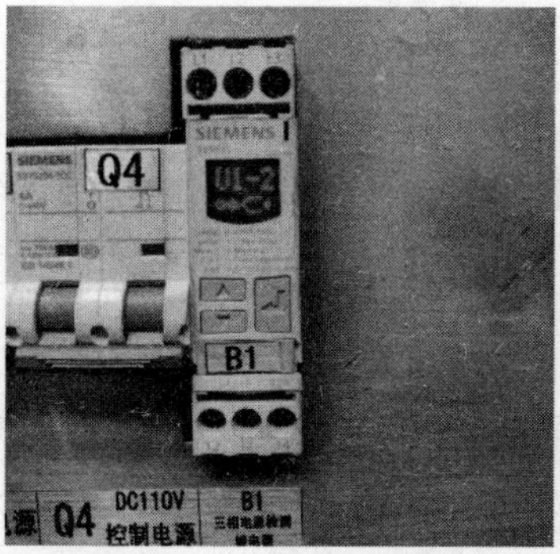

图 5-34　三相电源检测继电器

图 5-35　拆解故障三相检测继电器

2. 故障处理

更换三相检测继电器，测试列车空调功能正常。

第五节　受流系统调试

一、系统概述

列车受流设备包括受电弓和集电靴，同时具有受电弓及集电靴配置的列车一般能实现在正线通过第三轨受流，在车辆段通过架空接触网受流，其设备布置原则通常是：在单元车，受电弓布置在 B 车 Ⅱ 位端车顶平台，集电靴布置在车底一架、四架、六架的构架两侧，集电靴布置的位置需与正线第三轨的断轨区进行设计上的匹配，以保证在列车正线运行时整车有一个集电靴与第三轨接触实现受流，防止列车停在断轨区而需要救援，如图 5-36 所示。

列车通过受电弓/集电靴连接到电网取流，DC 1 500 V 直流电输入高压箱再分配给牵引逆变器、辅助逆变器使用。在受电弓、集电靴的牵引主电路中设隔离互锁电路，避免受电弓、集电靴同时升起、同时受流。若受电弓、集电靴同时升起，列车应触发牵引封锁。

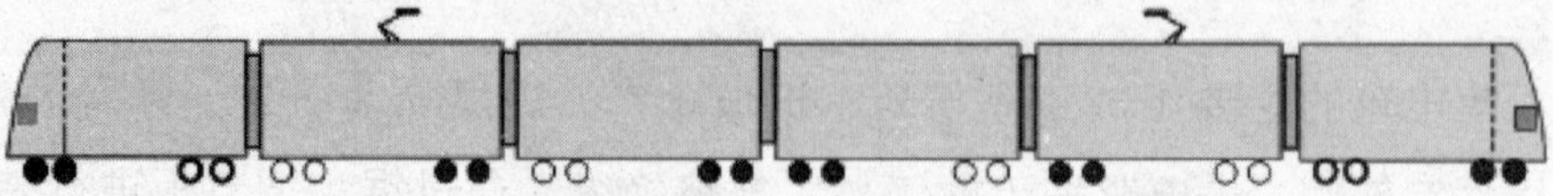

图 5-36　列车受流设备布置图

（一）受电弓的构成

受电弓采用单臂、轻型结构，并设置有受电弓应急升弓启动装置，满足列车无电无气等条件下的升弓需求。受电弓由框架、气囊升弓装置和弓头等结构组成。其组成部件主要有绝缘子、底架、铰链、下臂杆、上框架、拉杆、弓头、平衡杆、升弓装置、阻尼器、位置指示器、气阀箱，如图 5-37 所示。

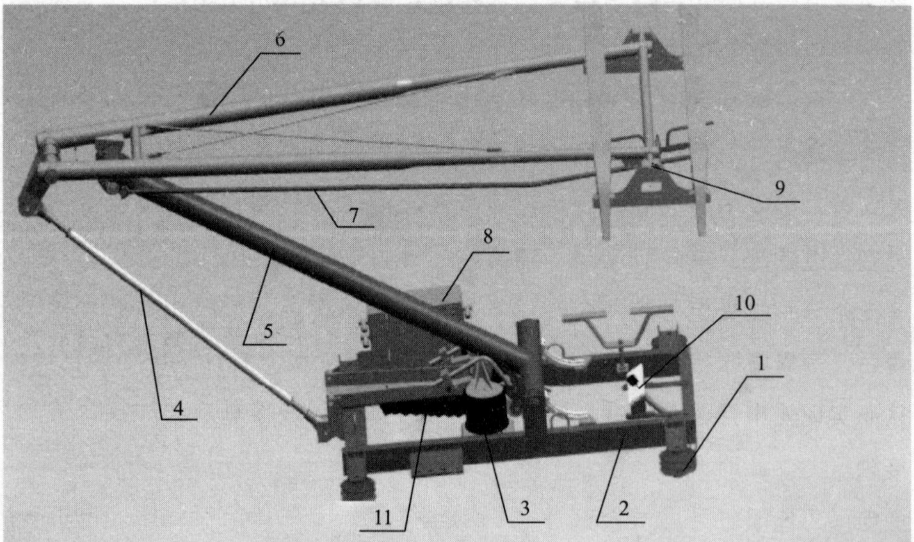

图 5-37　受电弓组成

1—绝缘子组装　2—底架组装　3—升弓装置组装　4—拉杆组装　5—下臂杆组装　6—上框架组装　7—平衡杆组装　8—气阀箱组装　9—弓头组装　10—降弓位置指示器　11—阻尼器组装

（二）集电靴的构成

集电靴的主要组成包括摆臂、机械止挡、高度调节装置、弹簧装置、紧固件等部件。集电靴采用前臂与主电路绝缘，通过锯齿调节板进行高度调节，以补偿镟轮和车轮磨耗后的高度变化。

二、系统工作原理

（一）受电弓

1. 升弓原理

气囊式受电弓靠气动驱动、自重降弓。受电弓驱动机构由带有两个升弓气囊的气路组成。当升弓电磁阀得电，气路供风，升弓气囊充气膨胀，驱动受电弓升弓；当升弓电磁阀失电时，压缩空气原路返回，经电磁阀排气，受电弓靠自重降弓。

司机在驾驶室按下受电弓升弓按钮后，受电弓供风单元内的升弓电磁阀得电动作，向受电弓供压缩空气。压缩空气通过车内的管路、车顶的绝缘软管，经受电弓上截止阀后进入气阀箱。进入气阀箱的压缩空气依次经过空气过滤阀、单向节流阀、精密调压阀、安全阀、单向节流阀后分为两条支路分别向受电弓的两个升弓气囊升弓装置供风。压缩空气进入升弓气囊后，气囊膨胀抬升，抬升的气囊带动钢丝绳拉拽下臂杆，使下臂杆转动，从而实现受电弓逐渐升起，直到受电弓弓头与网线接触并保持规定的静态接触压力。此时升弓气囊中的气压稳定在气阀箱内精密调压阀的设定值。受电弓工作时，升弓气囊被持续供以压缩空气，弓头与接触网之间的接触压力保持基本恒定。

2. 降弓原理

司机在驾驶室按下降弓按钮后，车辆内供风气路上的升弓电磁阀失电，向受电弓供应的压缩空气被切断，同时，升弓电磁阀将受电弓气路与大气连通，气囊升弓装置中的压缩空气经原路返回，经升弓电磁阀排向大气，受电弓靠自重下降，直到顶管降下并保持在底架的两个橡胶止挡上。受电弓的升降弓过程中都会有一个先快后慢的过程，保证受电弓升降弓过程不出现升弓时冲网、降弓时砸顶的现象。

（二）集电靴的工作原理

集电靴为铰链机构，由摆臂组装、底架组装和弹簧组成。摆臂一端围绕转轴进行转动，另一端与第三轨接触，通过弹簧提供碳滑板与第三轨的接触压力。

1. 升靴原理

如图 5-38 所示，施加压缩空气（5~10 s）到气路口之后，集电靴气缸会以锁结构为核心到达其锁定位置。气缸带动弹簧杆紧靠缓冲止挡向上抬高摆臂组件。拉簧拉伸压住锁结构的弹簧杆，使锁结构处于锁定位置。锁结构也可用手动操作杆换挡到锁定位置。手动操作杆要在受流器一侧连接到锁结构的插入口。

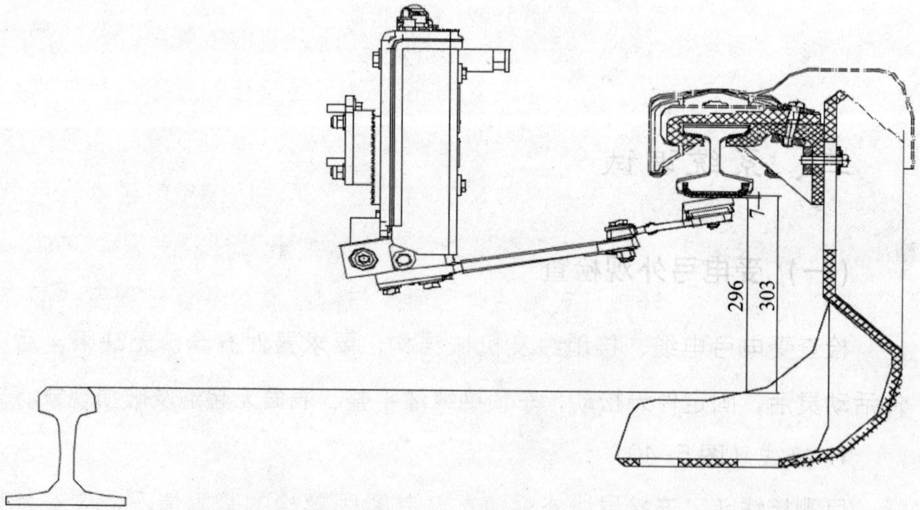

图 5-38 升靴状态

2. 降靴原理

如图 5-39 所示，压缩空气脉冲施加到气缸上，使集电靴向下移动到脱靴位置，气缸缩回打开锁结构。弹簧单元会沿着框架用止挡压缩移动摆臂下降到降靴位置，降靴止挡的触发限位开关指示集电靴的降靴状态。

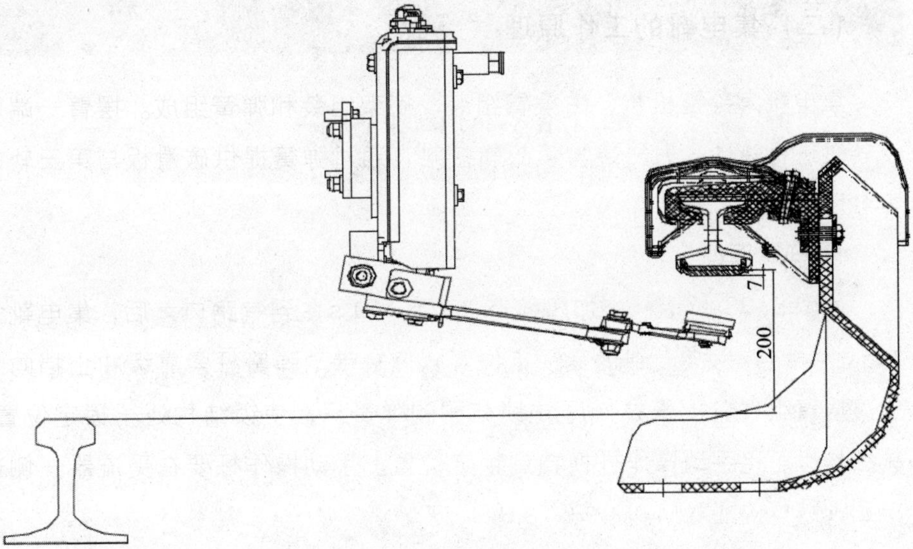

图 5-39　降靴状态

三、系统调试

（一）受电弓外观检查

检查受电弓电缆、接地线及机械结构，要求器件齐全、无缺陷，活动件活动灵活，固定件无松动，车顶绝缘漆平整、表面无起泡及破损现象。

1. 接线（图 5-40）

目测接线头、连接导线外观情况及其紧固螺栓的紧固情况，应安装紧固表面无异常发黑、变形现象，画线清晰无错位，接线头及连接导线无损坏。一根连接导线中有多于 2 股导线断损时必须更换。

a） b） c）

图 5-40 接线检查

a）弓头电流连接组装 b）肘接电流连接组装 c）底架电流连接组装

2. 弓头

检查弓头、保护套外观，要求完好、无损坏；对碳滑板的安装螺栓进行损坏和紧密性检查，应安装紧固，表面无异常发黑、变形现象，画线清晰无错位，碳滑板无异常、裂纹；详细检查整个羊角区域，应无异常及裂纹；检查碳滑板和弓头悬挂装置间的连接是否松动，弓头悬挂装置和上框架顶管间的连接是否松动，如有松动则紧固；目测弓头悬挂装置，外观应无异常及裂纹；检查弓头悬挂装置，如发现有变形和腐蚀缺陷的部件必须更换；检查碳滑板碳层与金属层是否出现分离开裂的现象，如碳滑板出现开裂需进行更换。

3. 气囊及钢丝绳（图 5-41）

目测气囊外观，应完好无异常及裂纹；检查升弓气囊的滑动钢丝绳外观，应无异常，钢丝绳无断股或散股现象，如出现断股或散股必须马上更换。

图 5-41 气囊与钢丝绳

4. 绝缘平台（图 5–42）

目测车顶绝缘漆，应平整、表面无起泡及破损现象；详细检查绝缘子的外观，应无裂纹和缺损；检查车顶受电弓区域，绝缘漆应无异常，绝缘子、避雷器与车顶连接部位绝缘漆应涂满、无异常。

图 5–42 绝缘平台

5. 绝缘子（图 5–43）

检查绝缘子及其安装座，应紧固螺钉无松动，画线清晰，表面无异常；检查受电弓底架各部件外观，应正常；在受电弓升弓状态下，用游标卡尺测量受电弓底架设备与车体之间的最小距离，应高于 30 mm。

图 5–43 绝缘子

6. 避雷器（图 5–44）

详细检查避雷器的外观，应无裂纹和缺损；用手触摸避雷器，检查避雷器压力脱扣装置是否动作，若避雷器压力脱扣装置动作后脱落，则更换避雷器；检查避雷器上连接的高压电缆，应安装紧固表面无异常发黑、变形现象，画线清晰。

7. 位置传感器（图 5-45）

检查降弓位置传感器，应安装紧固无松动，紧固螺栓画线清晰；检查降弓位置传感器连接电缆连接器，应安装紧固无松动。

图 5-44　避雷器

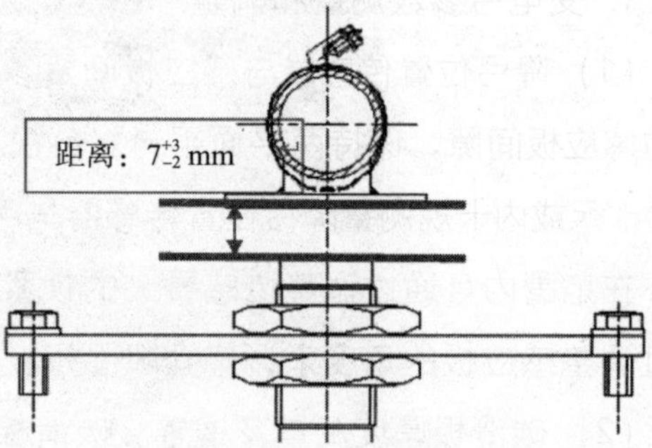

图 5-45　位置传感器

8. 受电弓软管

检查受电弓软管，应连接紧固无松动、无明显松弛、无漏气现象。

（二）集电靴外观检查

检查电缆及机械结构，应器件齐全、无缺陷，活动件活动灵活，固定件无松动。

1. 检查电缆，应连接紧固，画线无错位，如图 5-46 所示。

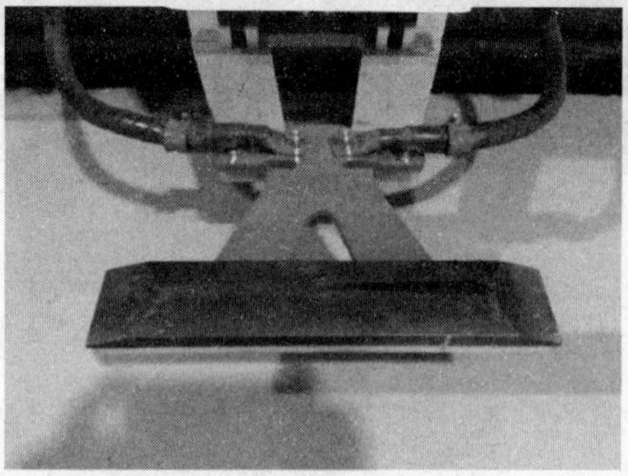

图 5-46　集电靴电缆

2. 打开护罩检查集电靴，应部件齐全、无缺陷。

3. 手握脱靴手柄，将前端凹槽口对准脱靴机构，检查集电靴切换工作状态，各部件应配合灵活无卡滞现象。

（三）参数测量和调整

1. 受电弓参数测量和调整

（1）降弓位置传感器与感应板间隙参数测量及调整。调整降弓位置传感器与感应板间隙，保持两平面平行。目视检查传感器与感应板，应平行；用游标卡尺或内卡规测量降弓位置传感器与弓头感应板之间距离，应为 7_{-2}^{+3} mm。若不在范围内可通过调整传感器上的锁紧螺母来调整传感器与感应板间隙，通过调整感应板的角度来调整间隙平行度。

（2）碳滑板厚度测量及调整。碳滑板整体厚度应大于 24 mm（不同碳滑板品牌厚度不一样）。如图 5-47 所示，用游标卡尺测量并记录碳滑板整体厚度，碳滑板测量点为碳滑板中线±300 mm 范围内的最低点位置，碳滑板产生磨耗后需在选定的最低点位置标记画线。

图 5-47　测量滑板厚度

（3）接触压力测量及调整。如图 5-48 所示，使主风压大于 4.5 bar，操作 B 车 Ⅱ 位端受电弓控制柜内的 U09 阀，顺时针旋转阀门 90°使阀门处于垂直位，手动升起受电弓。将管型测力计挂在弓头横梁中间位置，垂直向下拉下受电弓，在碳滑板刚离开接触网位置和将弓头拉至最低位置时，稳定住测力计，读取拉力应为（120±10）N。

图 5-48　测量滑板的接触压力

2. 集电靴参数测量和调整

（1）碳滑板厚度测量。如图 5-49 所示，用游标卡尺测量工作区域（碳滑板两安装螺栓内侧）碳滑板的整体厚度（最小值），应大于 26 mm，标记碳滑板的最低位置。

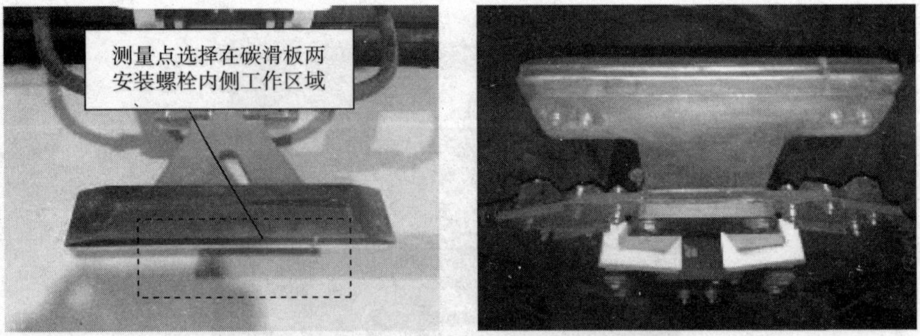

图 5-49　测量集电靴碳滑板

（2）集电靴转轴中心高度测量及调整

1）测量。如图 5-50 所示，把轨道尺放置在集电靴转轴的正下方，用卷尺测量转轴中心到轨面的距离，应为 193^{+2}_{-4} mm。

2）调整。如高度不符合标准要求，可通过调整集电靴齿板的高度来实现，如图 5-51 所示。例如，如实测高度为 196 mm，降低齿板 1 齿约等于 4 mm，实测数据应为 196 mm-4 mm=192 mm；如实测数据为 189 mm，则升高齿板 1 齿，实测数据应为 189 mm+4 mm=193 mm。

图 5-50 测量集电靴臂轴高度

如图 5-51 所示，松开背板紧固螺母，一人将集电靴托住，松开到位后，两人合力根据需要调节集电靴整体向上或者向下一个齿，与转向架上的波纹板左右平衡啮合。

图 5-51 调节集电靴臂轴高度

用棘轮扳手锁紧两侧的锁紧螺母，测量集电靴臂轴高度，直至高度值在正常范围内；用扭力扳手将螺母锁定扭矩至 150 N·m，在锁紧螺母和波纹板上做好防松标记。

(3) 集电靴降靴高度测量及调整

1) 测量。确认靴降到位，把铝合金水平尺放置在轨道上，使用卷尺测量集电靴降靴高度（滑板的安装螺栓最低点与轨面之间的距离），如图 5-52 所示，正常范围为 87^{+3}_{-2} mm。

2) 调整。如图 5-53 所示，用 4#内六角扳手调节集电靴背面的内六角调节螺母，然后测量集电靴的高度，重复测量、调节，直至集电靴高度值在正常范围内。用 2. 5#的内六角扳手将调整螺钉锁定，完成后对调整螺栓做好防松标记。

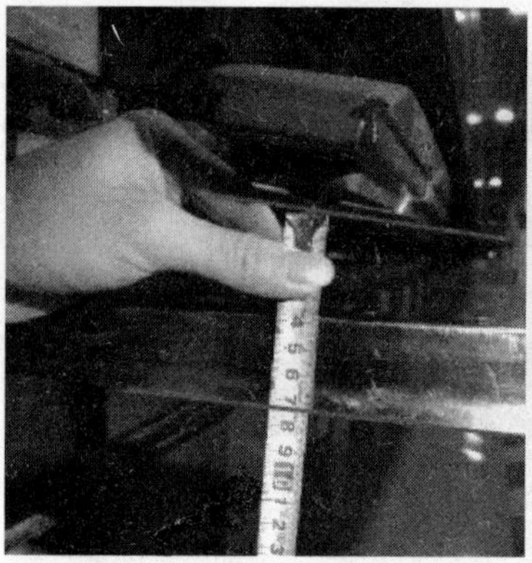

图 5-52 测量集电靴降靴高度

图 5-53 调整集电靴降靴高度

(4) 集电靴升靴高度测量及调整

1) 测量。用手推动脱靴装置将集电靴置于升靴状态。将铝合金水平尺放在集电靴的正下方轨道上，把水平仪水平放置在碳滑板上，测量碳滑板上表面到轨面的垂直距离，如图 5-54 所示，即集电靴升靴时的高度，正常范围为 276^{0}_{-15} mm。

2) 调整。如图 5-55 所示，松开集电靴两侧止挡的锁紧螺母，先旋转左侧调节螺栓以调节集电靴的高度（调节时观察左右两个螺栓调整止挡均与集电靴板接触紧密才代表集电靴处于水平状态），测量集电靴的高度，重复测量、调节，直至在正常范围内。

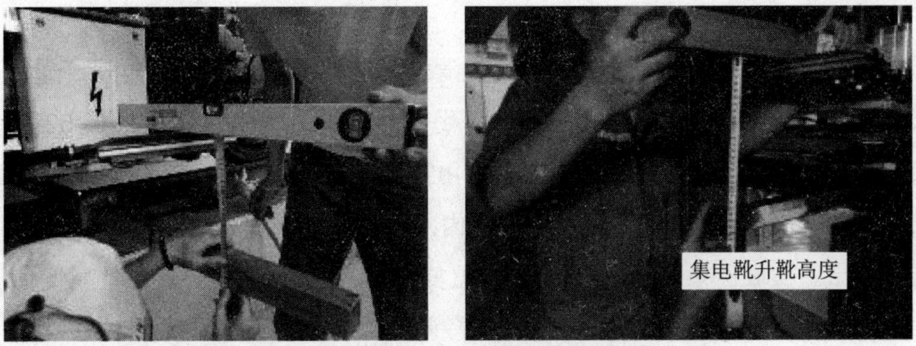

图 5-54　测量集电靴升靴高度

图 5-55　调整集电靴高度

用开口扳手卡住调节螺栓头（图 5-56），紧固锁紧左侧螺母，再手动调整右侧螺栓使其与底部接触，直至手动受阻停止，用开口将螺栓锁紧。重复测量升靴高度，复核数据正确后，用扭力扳手将螺母锁定扭矩至 75 N·m，做好防松标记。

图 5-56　调节集电靴升靴高度

(5) 集电靴接触力测量及调整

1) 测量。在轨位置(升靴后下拉滑板至升靴高度为 200 mm,图 5-57)时集电靴接触力为(130±15)N。用手推动手动升靴装置,将集电靴置于升靴状态;用绳子绑在集电靴上,使用拉力计向下拉住绳子,直至集电靴至轨面的高度为 200 mm 时,该拉力值即为集电靴接触压力值。

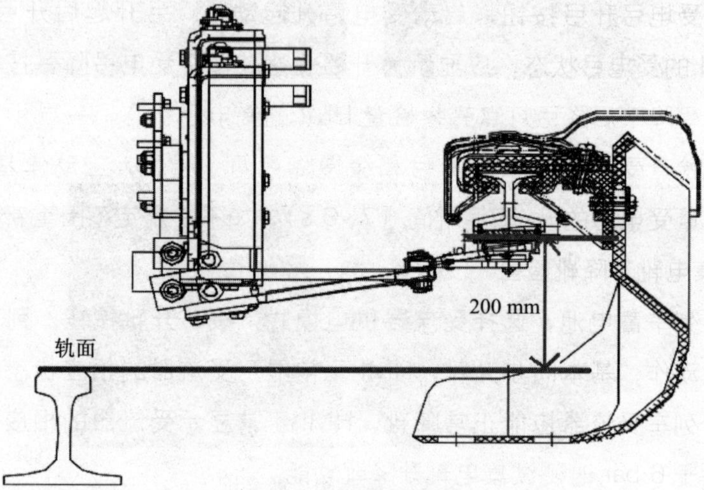

图 5-57　滑板在轨位置示意图

2) 调整。用开口扳手调节弹簧单元的上侧或下侧调节螺母(图 5-58),测量集电靴的接触压力,直至接触压力在正常值范围内、锁紧螺母扭矩为 6 N·m,做好防松标记。

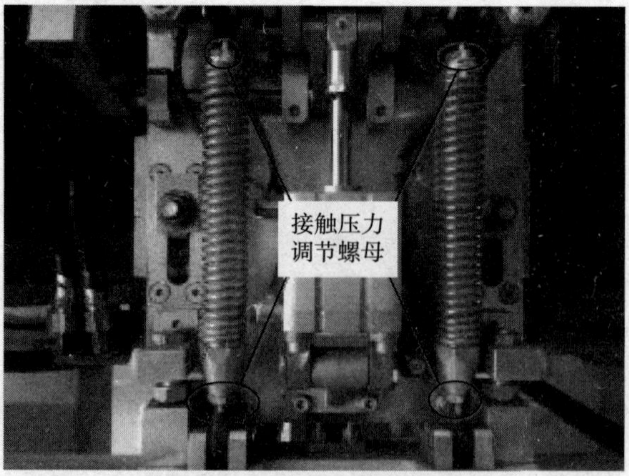

图 5-58　调节集电靴接触压力

（四）有电功能检查

1. 受电弓升降弓功能检查

插入 78#主控钥匙，逆时针旋转到开位，激活列车蓄电池（激活列车蓄电池后，HMI 显示屏点亮）；按下受电弓模式按钮，释放按钮后指示灯点亮；按下受电弓升弓按钮，启动受电弓升起动作；弓升起后升弓灯点亮，检查 HMI 的受电弓状态，应显示为升弓状态。按下受电弓降弓按钮，降下受电弓；弓降下后降弓灯点亮，检查 HMI 的受电弓状态，应显示为降弓状态。目视检查受电弓的快速离弓和缓慢降弓两个过程，应动作基本同步。用秒表测量受电弓的升/降弓时间（7~8 s），如不在规定范围重新调整。

2. 集电靴升降靴检查

激活列车蓄电池，选择受流器供电模式；按下升靴按钮，列车受流器应能正常动作，基本同步升靴，HMI 正常显示受流器的相应状态；按下降靴按钮，列车受流器应能正常降靴，HMI 正常显示受流器的相应状态；在主风压大于 6 bar 时测试集电靴升降靴功能。

四、故障案例分析

某列车在出厂转换轨进行弓靴转换过程中出现无法升靴故障。

（一）故障分析

通过查看 HMI 的故障履历（图 5-59）发现，受流器升靴故障一直存在。

通过读取列车事件记录仪数据发现，发生故障后发出升靴命令后单节车两个集电靴未正常升起，一直为降靴状态，其他车集电靴正常升起。

根据受流器升靴故障逻辑（图 5-60），在列车控制系统正常的前提下，当列车任一端发出升靴指令，若延时 12 s 后仍无法接收升靴状态信息，则报受流器升靴故障。

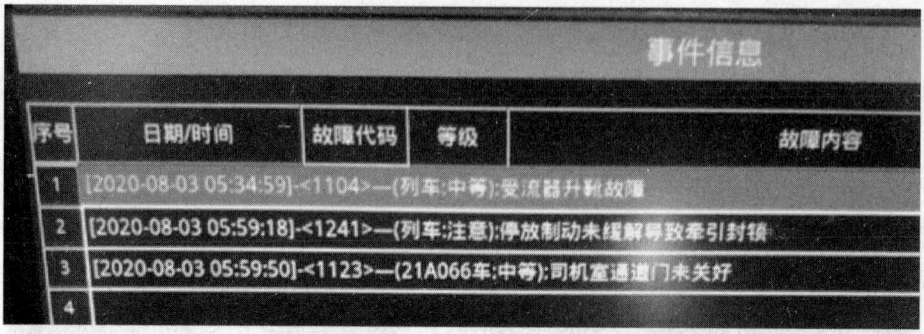

图 5-59　HMI 故障履历及事件信息界面

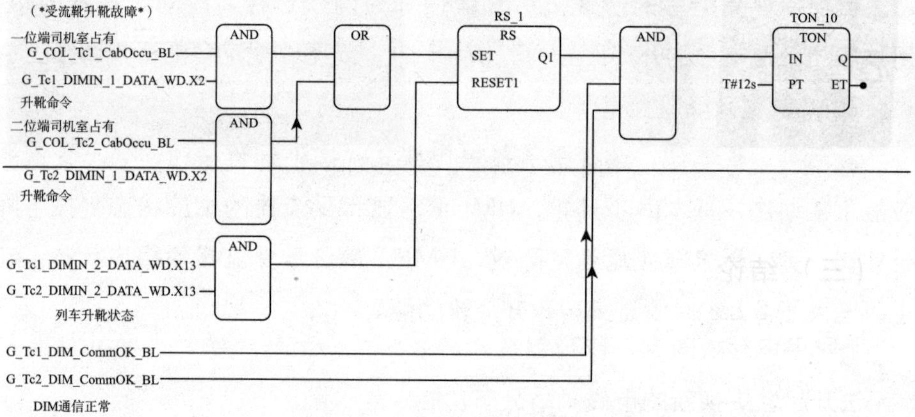

图 5-60　受流器升靴故障逻辑图

集电靴控制包括电路控制和气路控制两部分。电路控制实现集电靴升靴需具备如下条件：列车速度为零，司机操作台激活，列车紧停按钮无触发，处于受流器控制模式（集电靴模式），升靴指令正常送出，主风气压>6 bar。气路控制实现集电靴升靴需具备如下条件：电磁阀线圈得电，其线圈产生励磁打开升靴阀体的升靴气路，主风压缩空气通过阀体向集电靴双向活塞缸下部供气产生升靴动作，缸体通过传动杆带动集电靴机构往上提升实现集电靴升起。

（二）故障排查

拆开出现故障的单节车升靴阀控制插头，检查插座，插针正常，无缩针；测量升靴指令电路，输入点有正常升靴信号高电平输入。

测量升靴电磁阀线圈阻值（图 5-61），为无穷大，正常应为 1.39 kΩ，说明该电磁阀线圈发生故障。根据电气原理图，判断为列车发出升靴信号时，故障单节车升靴阀由于故障导致升靴气路无法正常导通，从而报升靴故障。

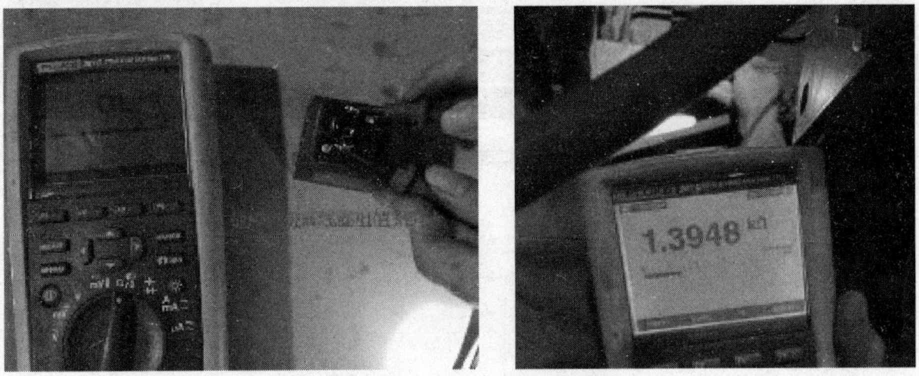

图 5-61　测量电磁阀线圈阻值

（三）结论

升靴电磁阀线圈发生故障导致无法正常打开升靴气路，进而导致集电靴无法升起，更换新的电磁阀后列车功能恢复正常。

第六节　车门系统调试

车门系统主要由司机室门和客室门组成，调试分为无电调试和有电调试两部分。司机室门结构相对简单，客室门结构较为复杂，涉及自动控制和安装参数调试的内容也更多，本节重点介绍客室门的无电调试和有电调试。

一、客室门概述

地铁列车通常每节车客室设置 8 个车门，单侧为 4 个车门（图 5-62），客室门从物理、热能和噪声上将内部和外部环境隔离开，在关闭位置客室门与车辆外部是平齐的。当打开门扇时，开始阶段是一个横向和纵向的组合运动，然后沿着车体向完全打开的位置滑动。客室门常见的有外挂门、内藏门、塞拉门等类型，本节重点介绍电动双开塞拉门调试。

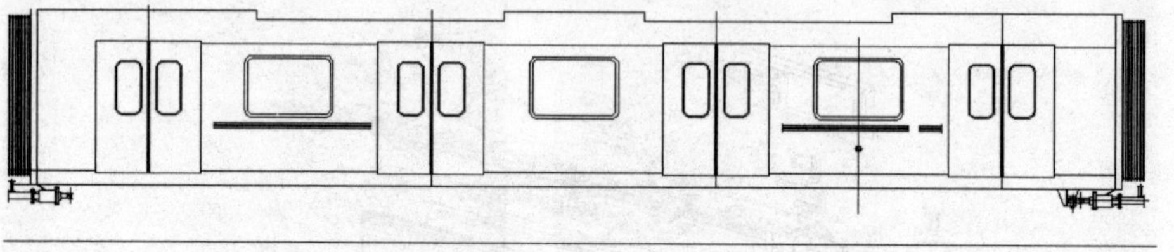

图 5-62　客室门的位置

（一）客室门机构及组成

客室门主要由门扇和顶部机构组成，以康尼车门为例，顶部机构安装在车体门框内侧，通过将电动机正反旋转运动转化成门扇的横向滑动，实现门扇的开关门动作，如图 5-63 所示。

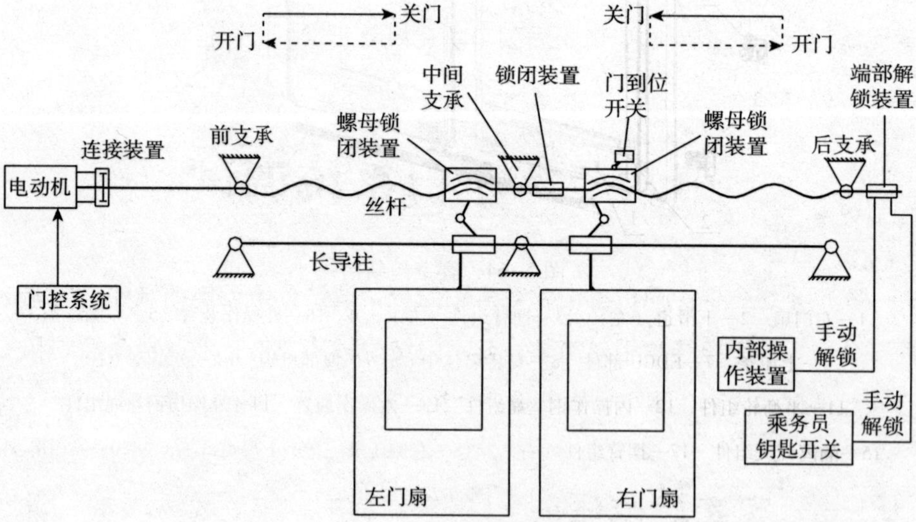

图 5-63　客室门运动原理图

门扇包括门板、中空玻璃、护指胶条、周边胶条、平衡轮组件、下挡销组件、下滑道等，顶部机构包括电动机、导向机构、丝杆、携门架组件、端部解锁装置等。整套门系统还包括内外紧急解锁装置、隔离开关组件、摆臂组件及其他附属部件，如图 5-64 所示。

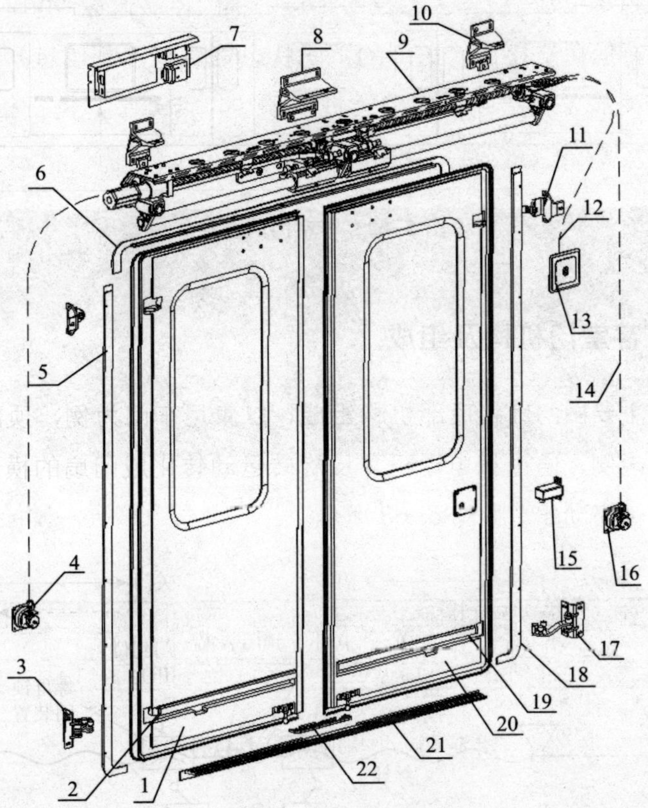

图 5-64　客室门结构

1—左门扇　2—下滑道（左）　3—摆臂组件（左）　4、16—外操作装置　5—左侧压条　6—上压条　7—EDCU 部件　8—安装架（中）　9—顶部机构　10—安装架（右）　11—平衡轮组件　12—内操作钢丝绳组件　13—内操作装置　14—外操作钢丝绳组件　15—隔离开关组件　17—摆臂组件（右）　18—右侧压条　19—下滑道（右）　20—右门扇　21—门槛　22—嵌块

（二）门控器的组成

门控器（图 5–65）具有处理所有与门系统相关的驱动指令和网络通信功能。每节车通常有 2 个主门控器（MDCU）和 6 个从门控器（LDCU），从门控器通过 CAN 总线与主门控器相连，主门控器通过 MVB 总线与列车控制单元进行信息交换，传送门的不同状态信息和诊断信息，司机室发出的与车门相关的各项指令由门控器进行响应，带动车门执行相应的动作。图 5–66 为主从门控器网络拓扑图。

图 5–65　门控器

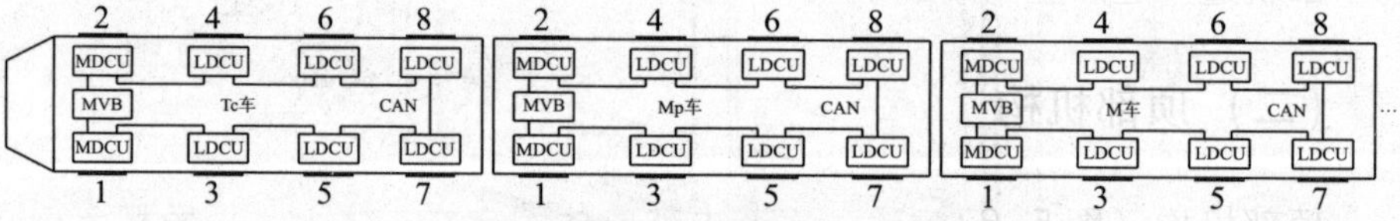

图 5–66　主从门控器网络拓扑图

二、客室门工作原理

客室门是机电一体化系统，其中门扇、顶部机构和其他附属机械部件主要为执行机构，部件数量较多，机构运动对各部件安装尺寸参数的要求比较高；门控器为电控装置，采集列车指令转换为门系统内各部件的运动指令，再通过触发设定的软件逻辑执行相应的动作。

（一）门扇

门扇通常采用三明治结构，由铝骨架、铝蜂窝芯、铝板通过热固化成型，铝板边缘卷边包裹在铝骨架上增强机械附着强度。门扇除了必需的紧固、支撑和导向件以外内表面是平滑的。每扇门上粘接一块玻璃，玻璃与门外表面齐平。门扇四周边沿有橡胶密封条。门扇前缘安装一条特别形状的护指胶条用以防止乘客被夹伤。

在每扇门的上部后边缘上有一个平衡轮（安装在车体门口上）阻止门扇后部垂直向上的所有位移，使门扇保持在关闭位置。

在每扇门的前边下部设置一挡销，当门关闭时挡销插在门槛槽里。该装置可以阻止门扇的这个部位在横向力的作用下变形，也可以减小其他部位的变形。

门扇的运动轨迹是由轨道产生的，轨道形状决定了门扇横向和纵向关联运动轨迹。上部轨道被安装在顶部机构上，每个携门架有一个滚轮在上部轨道里滚动，下部轨道安装在门扇上，两个摆臂组件安装在车体门口上，和下部轨道一起产生门扇的横向导向力。

（二）顶部机构

顶部机构（图 5–67）通过安装支架整体固定在车体上，长导杆负担了整个门扇的所有质量并且在开、关过程中使门扇与车体保持平行。

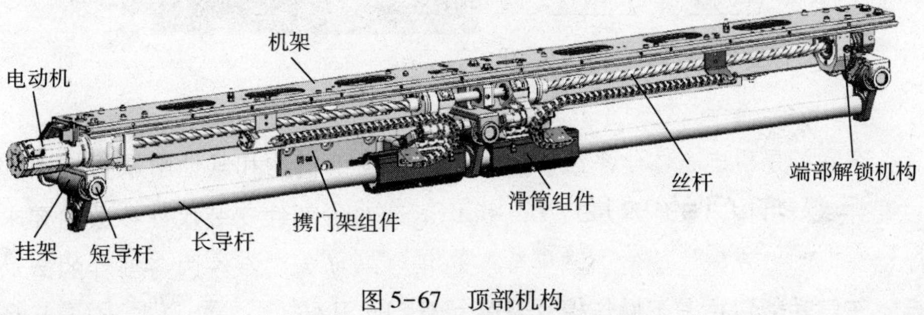

图 5–67　顶部机构

两个携门架组件经由滑筒组件（内含直线滚珠轴承）支撑在长导杆上滑动，在门扇和顶部机构之间传递动力。此外，携门架组件使门扇与长导杆之间保持平行。长导杆安装在3个挂架上，而3个挂架经由直线滚珠轴承支撑在3根与长导杆垂直的短导杆上，短导杆安装在顶部机构的支架上。携门架组件将门扇的重力和门扇所受载荷传递到长导杆上。

门的运动由带减速箱的电动机驱动丝杆来实现。传动螺母与携门架组件通过一个铰链结构相连，携门架组件与门扇相连，丝杆转动带动传动螺母移动，再通过携门架带动门扇移动，实现门的运动。

门锁（图5-68）与丝杆机构集成在一起，在丝杆的关门位置螺旋槽的导程逐渐变化为零。传动螺母上的滚动销在丝杆的螺旋槽中滚动，当滚动销到达与丝杆轴线垂直的锁闭槽部分时，螺母就被自锁，因此门被阻止打开。在丝杆左侧装置上端部解锁机构与丝杆啮合，螺母也与丝杆啮合，当操作紧急出口装置时，可以通过解锁机构带动丝杆旋转，使滚动销脱离锁闭槽，实现对门锁的释放。

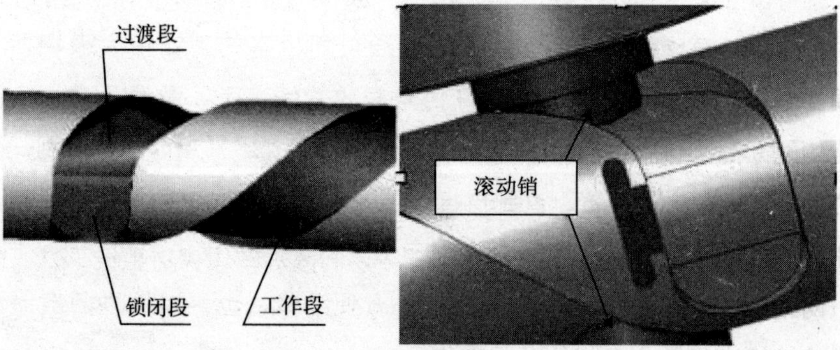

图5-68　门锁

三、车门的功能

车门功能包括车门操作模式及强行开门、开/关门、重开门、障碍物探测、紧急解锁、故障切除、车门安全互锁回路监控、车门旁路、零速保护

（具备零速旁路功能）、顺次开关门、故障自诊断等。

（一）车门操作模式及强行开门功能

在司机操作台上有三种车门开关门模式可供选择，设有“自动”“半自动”和“手动”三个位置。

车门操作模式开关处在“自动”位置时，客室门通过 ATO 系统自动开启/关闭。模式开关在“半自动”位置时，可通过 ATO 系统打开车门，通过按下相应侧的关门按钮手动关门。模式开关在“手动”位置时，客室门可通过按下相应侧的开关门按钮手动开关门。

在车门操作模式开关处在“自动”位置或“半自动”位置时，且列车停稳（v<2 km/h）后，若 ATO 不能正常输出车门使能信号（车门使能信号缺失），司机可以按下左侧或右侧车门面板上的强行开门按钮，再按下相应侧车门开门按钮，开启列车对应一侧的车门。

（二）开门功能

开门功能分硬线模式和网络模式，通过司机室的旋钮指令来切换。硬线模式下，在零速信号和车门允许信号有效的情况下，激活开门，延时至设定的时间后（0~3 s 可调，出厂为 0 s）车门开始开启。门开启到开门终点位置后保持在这一位置，直到再接收到关门指令。网络模式下，在列车线零速信号及门允许信号（硬线命令）有效、网络信号优先的情况下，EDCU 执行网络上传达的开门命令。另外为了方便维修，也可以通过门控器侧面的维护按钮进行单个车门的开门操作。

（三）关门功能

关门功能也分硬线模式和网络模式，通过司机室的旋钮指令来切换。硬线模式下，激活关门，延时至设定的时间后（0~3 s 可调，出厂为 3 s）车门开始关闭。网络模式下，EDCU 执行网络上传达的关门命令。另外为了方便维修，也可以通过门控器侧面的维护按钮进行单个车门的关门操作。

当零速列车线失电时，无论 EDCU 是否接收到关门指令，开着的门都将自动关闭。这既是对乘客的安全保护功能，也可作为紧急情况下的一种关门方法。

（四）重开门功能

如果司机室显示屏上显示并非所有车门均已关闭锁定，则列车不能启动。司机可按相应车门控制面板上的“重开左门”或“重开右门”按钮使相应侧未能关闭的车门重新打开再关闭。

（五）障碍物探测功能

在关门过程中若遇到障碍物，EDCU 将障碍物检测信息发送给 TCMS，司机室显示屏上显示相应的信息。

关门时碰到障碍物，最大的关门力持续 0.5 s 后，车门重新打开 350 mm，1 s 后再重新关门，而其他已关车门不需重开。如果车门处的障碍物被解除，车门将自然关闭并闭锁。如果在反复三次的情况下障碍物仍然存在，则车门将保持完全打开的状态。

障碍物探测过程中的关门力为 150~300 N，关门力大小、障碍物探测重开门动作参数可通过门控单元维护软件调整。

（六）紧急解锁功能

紧急解锁功能包含车内紧急解锁和车外紧急解锁两部分。

每个客室侧门都有一个车内紧急解锁装置，通常位于门内右侧立柱罩上部位置。在紧急情况下，扳动车内紧急解锁装置手柄，当手柄旋转到一定角度（13°）触发紧急解锁请求信号开关，门控器将信号发送给 TCMS，并在 HMI 上显示乘客解锁车门的提示信息。此时解锁装置内的电磁铁芯轴为伸出状态，阻挡手柄转动，乘客不能立刻解锁车门，需要等待司机在 10 s 内作出是否允许解锁车门的判断。若司机允许解锁车门且列车停稳时，电磁铁芯轴缩回，乘客可以继续扳动手柄，将车门解锁并手动打开，车门不再接收其他指令。若司机通过按钮给出禁止解锁信号，电磁铁芯轴将保持伸出状态，则乘客不能解锁车门。

每节车左侧和右侧各有一个车外紧急解锁装置，使用对应的钥匙旋转到解锁位置可开启临近的一个车门，具体解锁门号视车辆设计需求确定。

操作紧急解锁装置后，在司机显示屏上有状态显示，复位后可自动关门。

（七）故障切除功能

每个车门都配有一个手动操作的切除装置，可在车内外操作。只有当车门关闭后，切除装置才能动作。当车门发生故障时，乘务员可用钥匙操纵切除装置触发隔离开关并将车门机械锁紧。触发切除装置后，车门处于持久关闭的状态，紧急解锁装置功能失效，车门的所有控制功能脱离控制系统；隔离开关的 NC 触点向门控器发送切除信号，隔离开关的 NO 触点对安全互锁回路进行旁路；退出服务指示灯则持续明亮，并在司机室显示屏上显示车门处于切除状态。

启用门切除功能后，EDCU 通过 MVB 将车门切除状态发送给 TCMS。

（八）车门安全互锁回路监控

安全互锁回路是由下列触点连接而成：门锁到位开关、门关到位开关的 NO 触点和紧急解锁开关的 NC 触点串联连接；隔离开关的 NO 触点与上述触点并联连接。为了使车辆牵引允许，须闭合安全互锁回路。

整列车左侧和右侧车门安全互锁回路为两条独立的回路，分别用来激活司机室的左门、右门监控继电器。这两个继电器被串入牵引回路，当有客室车门开启时，列车无法启动。对于整车来说，若 TCMS 监控到列车单侧车门未关好，则从激活端开始，VCM 依次判断各节车Ⅱ位端处采集得到的车门关好状态，并显示在司机室显示屏上。

（九）车门旁路功能

在司机操作台后面的电器柜中有一个车门旁路开关。如有车门出现故障无法关闭、锁闭或安全互锁回路无法闭合而使列车无法牵引时，可以启用车门旁路功能，实现牵引允许。

（十）零速保护功能

列车有一根零速列车线和左右各一根门允许列车线贯穿全车，并连接到每一个门控器的输入口。当零速列车线信号和门允许列车线信号有效时，允许执行开门指令。如果撤销零速列车线信号，开着的门将立即开始关闭，这时障碍检测功能仍有效。

（十一）门零速旁路功能

当零速继电器出现故障、零速列车线无效时，司机可以启用零速旁路功能，实现开门或紧急解锁。

（十二）顺次开关门功能

当列车 DC 110 V 负载由蓄电池供电时，为了避免尖峰电流，车辆控制单元通过 MVB 发送蓄电池供电信号给主门控器。主门控器根据开关门信号和零速信号，对整列车客室门进行顺次开关门，每节车每 3 s 开关一个门。

（十三）故障自诊断功能

当车门出现故障时，故障信息可在门控单元和 TCMS 上分别存储和读取，并显示在司机室显示屏事件信息界面上。车门故障分为严重故障和轻微故障。

1. 车门的严重故障信息

车门的严重故障信息主要包括以下几种：

（1）车门驱动电动机电路断路。

（2）车门锁到位开关出现故障。

（3）车门位置传感器出现故障。

（4）EDCU 内部安全继电器出现故障。

（5）未经允许门离开关到位或者锁到位位置。

当 TCMS 收到严重故障信号时，表示相应门控单元出现上述严重故障，在司机室显示屏上会显示严重故障信息，故障信息为门系统发送的对应代码。

2. 车门的轻微故障信息

车门的轻微故障信息主要包括以下几种：

（1）收到开门命令后车门无法开启。

（2）开门过程中连续固定次数激活开门障碍检测。

（3）关门过程中连续固定次数激活关门障碍检测。

（4）门控 CAN 数据通信中断。

（5）安全互锁回路异常。

（6）EDCU 输出短路 01（内侧车门指示灯）。

（7）EDCU 输出短路 02（车门切除指示灯）。

（8）EDCU 输出短路 03（蜂鸣器高音）。

（9）EDCU 输出短路 04（蜂鸣器中音）。

（10）EDCU 输出短路 05（蜂鸣器低音）。

当 TCMS 收到轻微故障信号时，表示相应门控单元出现上述轻微故障，在司机室显示屏上会显示一般故障信息，故障信息为门系统发送的对应代码。

四、客室门调试

客室门调试分为无电调试和有电调试。无电调试包括外观检查和参数测量，其中车门参数测量和调整为关键项目，直接影响列车运行后车门的运用状态。

（一）外观检查

外观检查包括车门机械部件的表面状态检查、安装紧固性检查、运动部件的动作和润滑状态检查、弹性元件的弹性变形和恢复能力检查，以及电气部件的表面状态检查、安装紧固性检查和接线工艺检查。根据组件分类可分为门扇检查、顶部机构检查、门控单元检查三大类。

1. 门扇

(1) 检查车门门扇玻璃，应无损坏，漆面无刮伤，压板、圆柱销、周边胶条、护指胶条和铭牌安装紧固，无松动、变形、损坏。

(2) 检查车门下挡销（图 5-69），应无裂纹、变形，门槛和嵌块无异常。

图 5-69　下挡销

(3) 检查平衡轮组件。检查平衡轮轴锁紧螺母和支架螺栓，应安装紧固；检查压轮表面，应无裂纹、破损，卡簧安装到位无缺失，开关门过程中压轮与门扇无干涉。

(4) 检查摆臂组件。检查支架螺栓，应安装紧固；检查滚轮，应无损坏、异响；检查部件，应无锈蚀、裂纹；检查转轴限位挡卡，应安装正常，关好门后下摆臂滚轮与下滑道之间拉紧，无横向间隙。

(5) 检查门隔离装置（图 5-70）。分别从车内和车外操作退出服务锁，锁闩和隔离开关组件应动作正常无卡滞，锁闩伸出与隔离开关组件活动杆接触位置居中，无边缘接触状态。

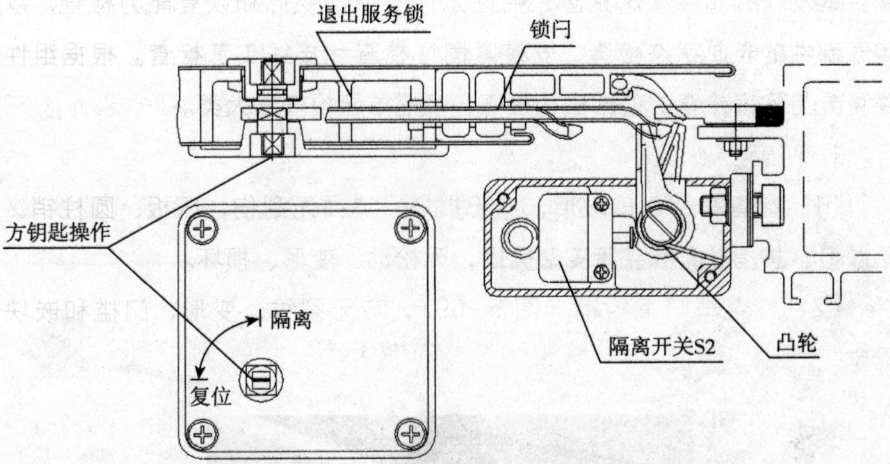

图 5-70　门隔离装置示意图

2. 顶部机构

（1）检查车门所有滑筒、挂架、支架外观，应无裂纹、锈蚀。

（2）检查导向机构（图 5-71）。长/短导杆和上/下滑道表面应光洁顺滑、无锈迹、无腐蚀、无裂纹，润滑脂覆盖全面，导杆、挂架和滑筒两端卡簧安装到位无缺失。

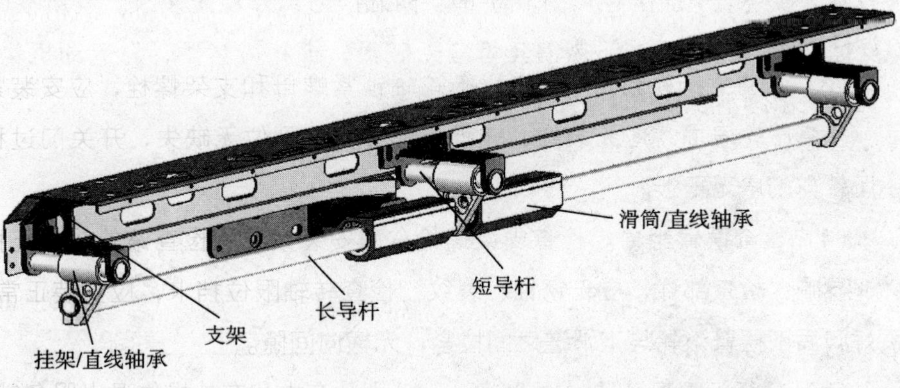

图 5-71　导向机构

（3）检查丝杆。丝杆整体应无卷边、变形现象，润滑脂覆盖全面。

（4）检查左旋/右旋螺母组件。螺母组件的塑料螺母应表面无变形、裂纹、破损；螺母组件撞块应安装紧固，端部卡簧安装到位无缺失；左/右旋螺母组件扭簧应回弹正常；传动架表面应无裂纹，传动架铰链座表面应无裂纹，安装螺钉应安装紧固、画线无错位，对中螺纹套和插销表面应无异常，端部挡卡无缺失。

（5）检查电动机。车门电动机与电动机安装座应连接紧固（图 5–72），外观无异常，电机接线插头无松动。

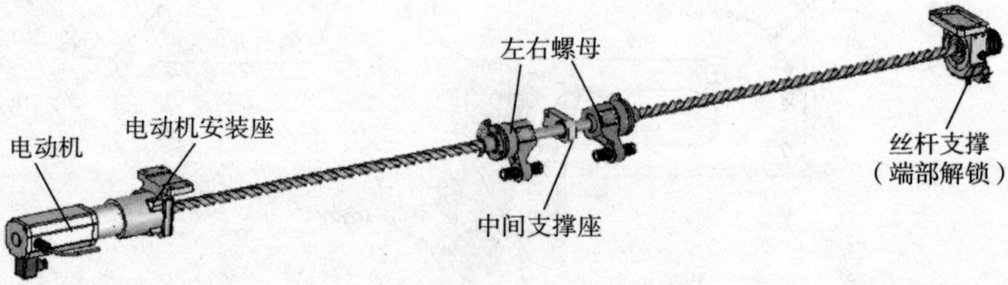

图 5–72　传动机构

（6）检查端部解锁装置（图 5–73）。操作并复位解锁手柄，端部解锁装置转动过程中应无异响、卡滞现象；紧急解锁行程开关滚轮与拉线盘凹槽之间目测有 0.5~1 mm 间隙，无临界触发状态；紧急解锁行程开关应安装紧固，接线端子插接应紧固，动作顺畅无卡滞，外观无裂纹。重新紧固钢丝绳夹头，钢丝绳尾部热缩套管应无破损，绑扎应紧固，与运动机构、行程开关引脚不发生接触。

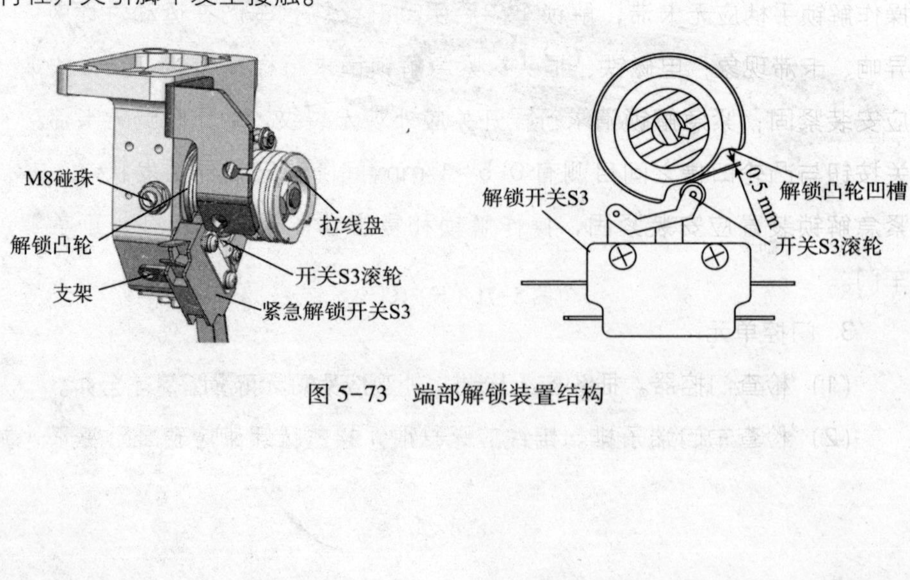

图 5–73　端部解锁装置结构

（7）检查 S1 和 S4 开关。门关到位开关 S4 及门锁到位开关 S1 应安装紧固，接线端子应插接紧固；黑色铰链臂定位销应安装紧固、画线无错位，黑色铰链臂与限位螺栓有一定接触长度，无临界状态；行程开关及黑色铰链臂应动作顺畅无卡滞，外观无裂纹和变形；行程开关应无严重拉弧发黑现象；在电动关门后，目测黑色铰链臂与行程开关白色滚轮的距离为（1±0.5）mm。图 5-74 所示为门锁到位开关组件结构。

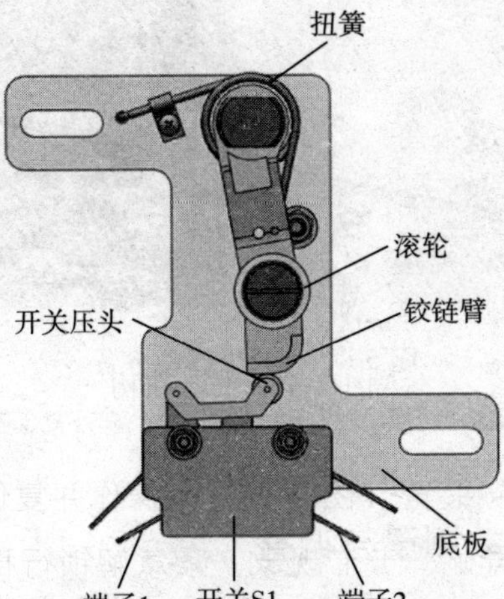

图 5-74　门锁到位开关组件结构

（8）检查紧急解锁装置（图 5-75）。车内紧急解锁盖板应安装完好，操作解锁手柄应无卡滞，解锁车门后手动开关门，车门在运动过程中应无异响、卡滞现象；电磁铁、插头、紧急解锁请求行程开关螺钉及接线端子应安装紧固；紧急解锁请求行程开关应外观无裂纹，动作顺畅无卡滞；开关按钮与凸轮凹槽之间目测有 0.5～1 mm 间隙，无临界触发状态。车外紧急解锁装置应安装紧固，操作解锁和复位功能无卡滞，可以正常解锁车门。

3. 门控单元

（1）检查门控器。插头应无松动，外观应完好无破损。

（2）检查车门端子排。接线应无松脱，接线无毛刺、破皮、露芯、端子压接不良等问题；端子插接应紧固，插头卡扣无缺失、失效；线缆扎线带无松脱，线束捆扎合理整齐，无飞线、拉扯现象。

a）　　　　　　　　　　　　b）

图 5-75　紧急解锁装置

a）车内紧急解锁装置（下拉式）　b）车外紧急解锁装置

（二）客室门参数测量与调整

客室门（以康尼车门作为例）参数测量通常是指部件的安装尺寸参数和配合尺寸参数测量，包括 V 形测量、对中测量、上部摆出测量、下部摆出测量、门开度测量、门高度测量、下挡销间隙测量等。

1. V 形测量与调整

车门 V 形（图 5-76）影响左右门扇安装的对称性和底部密封性。双扇车门的 V 形应控制在 2~5 mm，单扇门的单 V 形应控制在 1~2. 5 mm。

（1）测量。将门扇拉至上滑道刻度线附近直道位置，注意两扇门需要同步向前移动到位并停止，以避免因丝杆与螺母副配合间隙产生的虚位影响测量精度。

1）单扇门 V 形。在携门架下方 10 mm、下部导轨上方 10 mm 处，使用卷尺水平测量门扇护指胶条边沿距左/右车体门框的距离，在测量时应满足上部比下部小 1~2. 5 mm 的要求。

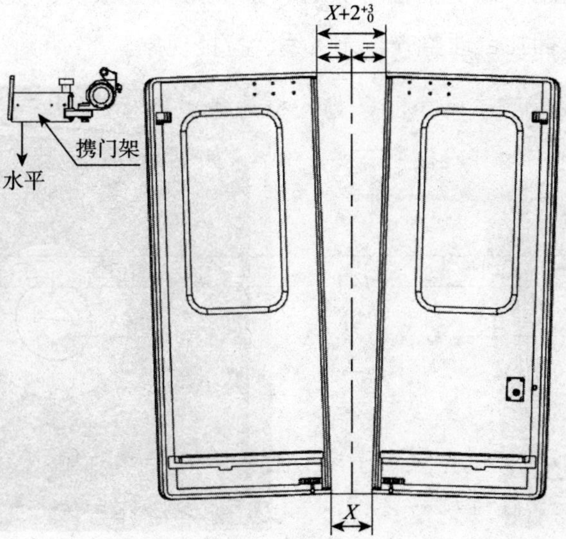

图 5-76　车门 V 形示意图

2）车门全 V 形。在携门架下方 10 mm、下部导轨上方 10 mm 处，使用卷尺水平测量左右门扇护指胶条边沿之间的距离，应满足上部比下部大 2~5 mm 的要求。

（2）调整。如参数不满足要求，则按如下方法进行调整：

松开两个下滑道内侧螺钉，保证门扇没有被滚轮摆臂组件夹持。先调整单扇门 V 形，测量车门全 V 形是否满足要求。如满足要求，应综合测量数据，微调 V 形偏差较大的门扇，确保车门全 V 形满足要求。

用 6#六角扳手先松开携门架带偏心轮的固定螺钉，再用 7#六角扳手松开其他四颗固定螺钉，不能太松，拧松半圈即可。用 27#开口扳手缓慢旋转偏心轮，微调单扇门的 V 形大小；先预紧非偏心轮的四颗固定螺钉，再进行参数复测。

调整结束后，先使用 44 N・m 扭矩紧固非偏心轮的四颗固定螺钉，以防止尺寸变化，再使用 44 N・m 扭矩紧固带偏心轮的螺钉。在打扭力时要注意用 27#开口扳手卡住偏心轮再打锁紧螺母扭力，防止打扭力时偏心轮转动改变了车门的 V 形参数。完成后必须将下滑道收紧并紧固，以免车门抖动、漏风。

2. 对中测量与调整

车门对中影响左右门扇胶条与门框压条的搭接量和左右门扇运动的同步性，门扇的对中尺寸应控制在≤2 mm，如图 5-77 所示。

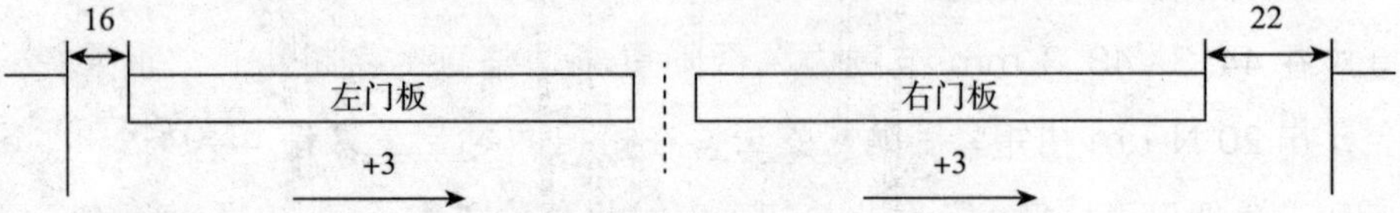

图 5-77 对中调整示意图

（1）测量。将门扇拉至上滑道刻度线后约 2 mm 的直道位置，注意两门扇需要同步向前移动到位并停止，以避免因丝杆与传动螺母组件配合间隙产生的虚位影响测量精度。在靠近携门架下部约 10 mm 的相同位置，用卷尺分别测量左右门扇护指胶条边沿距左右车体门框的横向距离，两者相差应≤2 mm。

（2）调整。如果左右门扇对中尺寸之差超过了 2 mm，按照如下方法进行调整。图 5-78 所示为对中调整机构示意图。

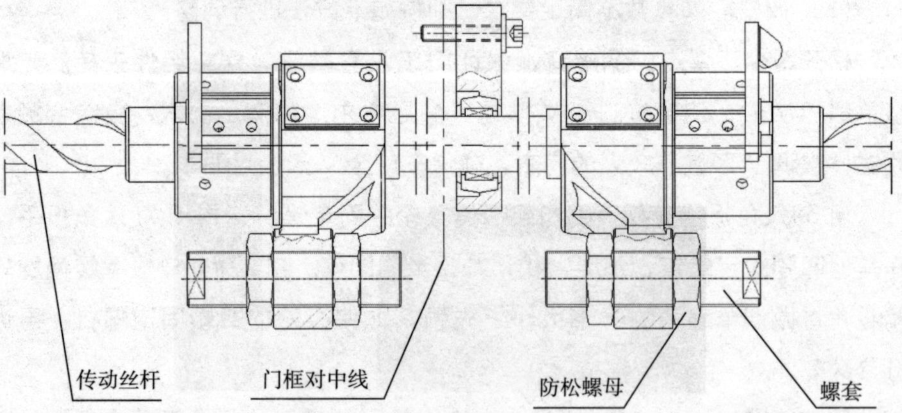

图 5-78 对中调整机构示意图

用两把 30#开口扳手松开对中调节螺套的防松螺母。手动旋转左右门扇的螺套可以带动门扇横向平移。假设左门扇比右门扇横向距离测量值大

6 mm，则两门扇需要向左相同方向各调整（22−16）/2＝3 mm；若左门扇比右门扇横向距离测量值小 6 mm，则两门扇需要向右相同方向各调整（22−16）/2＝3 mm，其中螺套的螺距约为 1.5 mm，即螺套转动一圈，门扇横向平移 1.5 mm。

预紧后复测对中数据正常，门关好后左右护指胶条上部挤压后的总宽度应在 44.3~48.3 mm 范围内，否则重新调整直至合格为止。调整结束后，用 20 N·m 扭矩紧固防松螺母，在打扭力时要注意要用 30#扳手卡住另外一边螺母再打扭力，防止打扭力时发生移动改变了车门的对中参数。

3. 上部摆出测量调整

在门扇运动过程中，车体与门扇之间应无碰撞；门扇上部摆出尺寸控制在 52^{+2}_{-4} mm；接近关门位置，左右门扇的上部摆出距离最大相差应≤2 mm；全开门位置，左右门扇的上部摆出距离相差应≤2 mm。

（1）全开门位置上部摆出测量与调整。车门门扇打开至全开门位置，用游标卡尺分别水平测量左右门扇玻璃前端侧边正上方位置，门扇外表面与车体之间的距离应为 52^{+2}_{-4} mm，左右门扇的上部摆出距离相差≤2 mm。图 5-79 所示为后端上摆测量位置示意图。

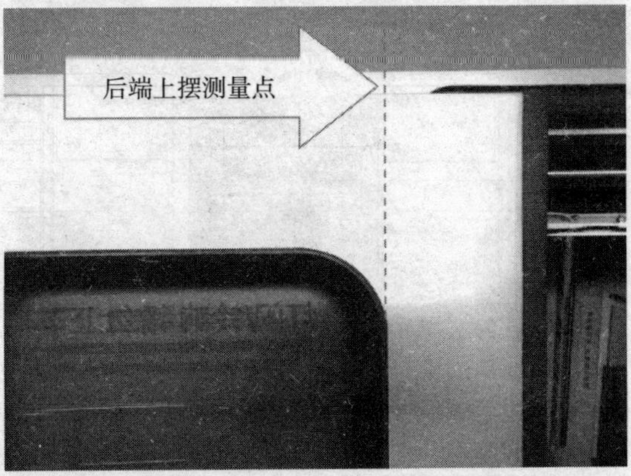

图 5-79　后端上摆测量位置示意图

如需调整，松开上滑道后沿的紧固螺母，沿上滑道后部腰形孔调整，使门扇上部摆出尺寸满足标准要求，如图 5-80 所示。

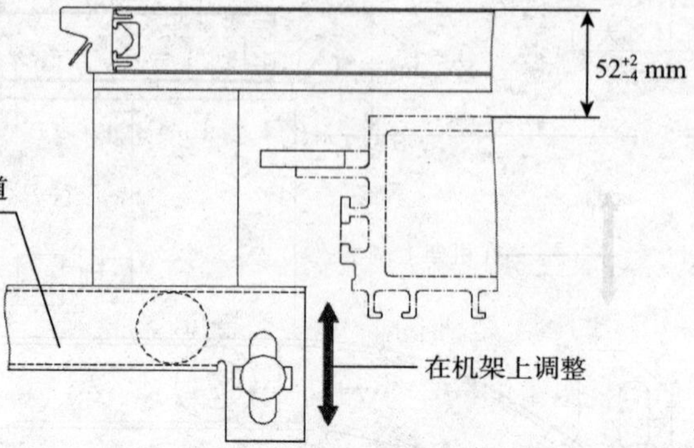

图 5-80　后端上摆调整示意图

调整完毕后，用 44 N·m 扭矩紧固上滑道的后沿紧固螺母。

（2）接近关门位置上部摆出测量与调整

1）测量。将门扇拉至上滑道刻度线后约 2 mm 的直道位置。如图 5-81 所示。测量门扇玻璃前端侧边正上方位置，门扇外表面与压条之间的距离，即前部摆出距离应为 69^{+2}_{-4} mm（52^{+2}_{-4} mm 摆出 +17 mm 压条与车体理论距离），左右门扇摆出误差应≤2 mm。

图 5-81　前端上摆测量位置示意图

2）调整。如图 5-82 所示，如需调整，松开上滑道前部紧固螺母，调整上滑道前部腰形孔，使门扇上部摆出尺寸满足要求。保证左右携门架上的上滚轮与上滑道的同一侧接触，确保门系统运动平滑。

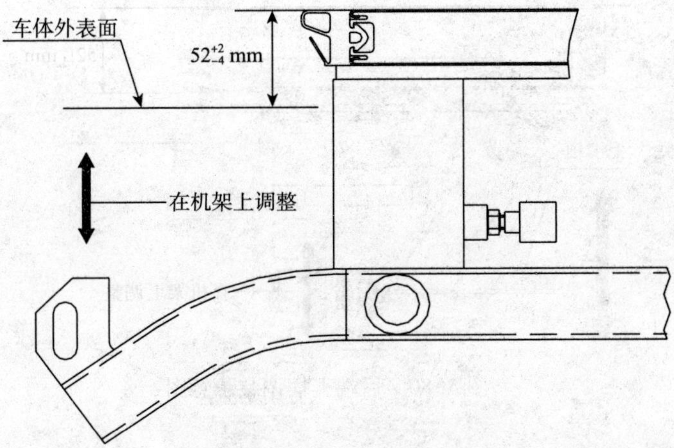

图 5-82　前端上摆调整示意图

上滑道前部调整完成后，用 44 N·m 扭矩紧固上滑道的前沿紧固螺母。

4. 接近关门位置下部摆出测量调整

门扇运动过程中，车体与携门架之间应无碰撞；全开门位置，左右门扇的下部摆出距离最大相差≤±3 mm；门扇下部摆出尺寸满足 52^{+2}_{-4} mm。

（1）测量。将门扇打开至开到位位置，用钢直尺分别测量左右门扇玻璃前端侧边正下方位置门板外表面距车体的距离。

（2）调整。若门扇下摆值不符合参数要求，则进行调整，如图 5-83 所示。

打开车门盖板，松开对应要调整门扇的扶手杆的两颗固定螺栓，取下门立柱，用手掰开车门立柱罩板。用 13#开口扳手松开车门下摆的四颗固定螺栓，根据测量结果，通过增减四颗固定螺栓的垫片来调整下摆的摆出量。用 21 N·m 扭矩紧固下滚轮摆臂安装支架上的紧固螺母，将门立柱罩板及立柱恢复好。

5. 门开度测量调整

车门打开到最大时，门把手位置测得车门的开度应为（1 400±4）mm，左右携门架上的橡胶缓冲头必须同时接触到门框。

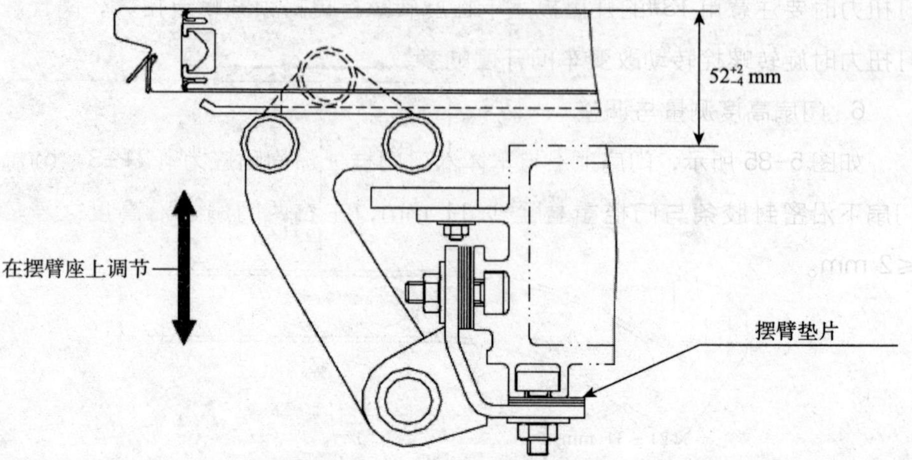

图 5-83　下摆调整示意图

（1）测量。如图 5-84 所示，将车门打开到最大位置，用卷尺测量车门的最大开度，测量车门把手高度位置、车门护指胶条内侧之间的距离。

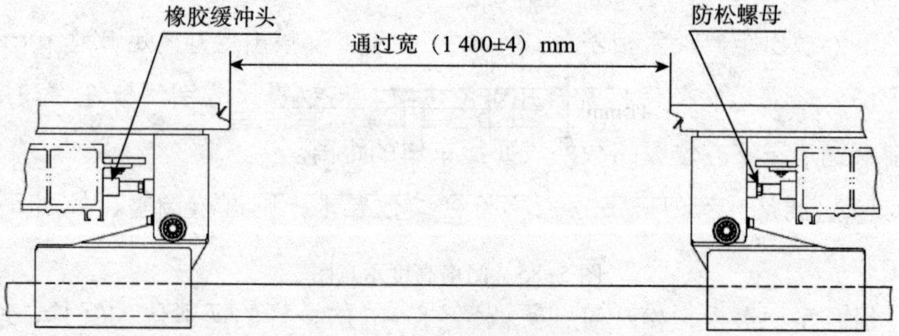

图 5-84　门开度测量示意图

（2）调整。用 13#开口扳手松开缓冲头上的螺母，根据测量值调整右门扇缓冲头。因为车门开关移动是同步进行的，因此先调整与门框先接触的开门携门架上橡胶缓冲头的螺纹旋进长度，调整开门尺寸使之符合要求，再调整没有与门框接触的携门架上橡胶缓冲头的螺纹旋进长度，使其与门框刚接触即可。紧固缓冲头上的螺母，开关车门，再次测量，车门最大开度尺寸应满足（1 400±4）mm。调整结束后，用 21 N · m 扭矩紧固。在打扭力时要注意用13#的开口扳手卡住旋转螺栓再打锁紧螺母扭力，防止在打扭力时旋转螺栓转动改变车门开度的参数。

6. 门扇高度测量与调整

如图5-85所示，门扇上沿与车体入口门框上沿间隔应为（21±3）mm，门扇下沿密封胶条与门槛重叠至少11 mm，左右两门扇上沿高度之差应≤2 mm。

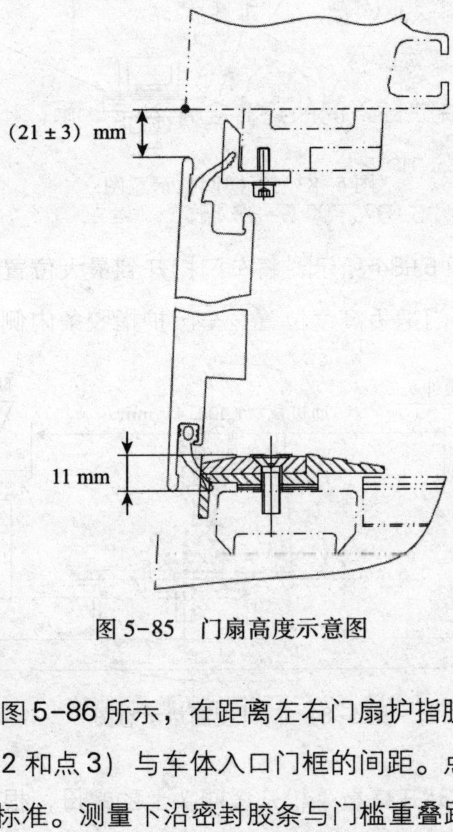

图5-85　门扇高度示意图

（1）测量。如图5-86所示，在距离左右门扇护指胶条边缘30 mm处，测量门扇上沿（点2和点3）与车体入口门框的间距。点1和点4的尺寸仅供参考，不作评判标准。测量下沿密封胶条与门槛重叠距离。

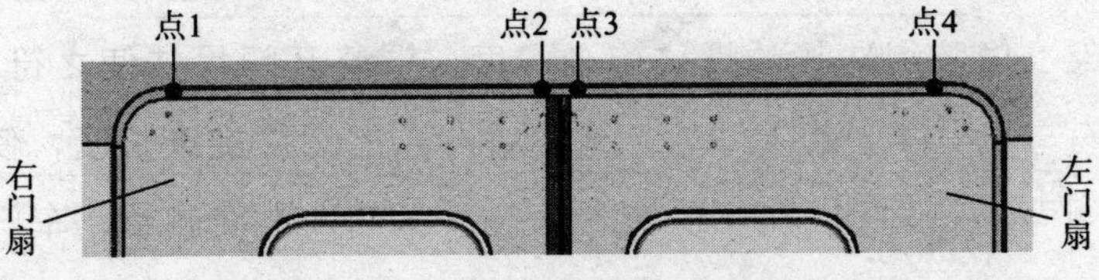

图5-86　门扇高度测量示意图

（2）调整。根据测量结果，如需调整，先通过增减携门架与门扇间的垫片进行微调，垫片最多不得超过 2 片，若微调达不到尺寸要求，则须通过增减顶部机构与安装座间的垫片进行调整。松开携门架与门扇间的上下两排固定螺钉，在上排或下排螺钉位置增加窄长条专用调整垫片，调整车门高度，增加上部垫片可提升门扇，增加下部垫片可降低门扇。调整完毕后，对顶部机构安装螺钉加用 44 N · m 扭矩紧固。携门架与门扇间的固定螺钉禁止加扭力及使用螺纹紧固剂。

7. 下挡销的测量与调整

挡销末端和嵌块底部之间的距离应为 2~3 mm，挡销和嵌块内侧边缘之间的距离应为 1~3 mm。

（1）测量。如图 5-87、图 5-88 所示，将车门关好，用塞尺测量挡销末端和挡销底部之间的距离（下挡销底距）、挡销下部边缘距嵌块内侧的距离（下挡销侧距）。

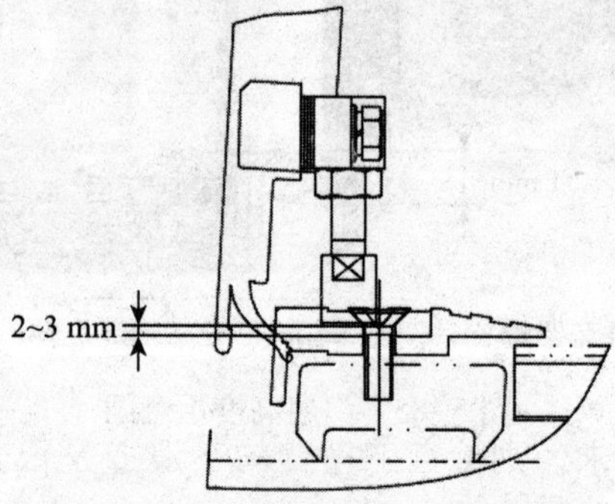

图 5-87　下挡销底距测量示意图

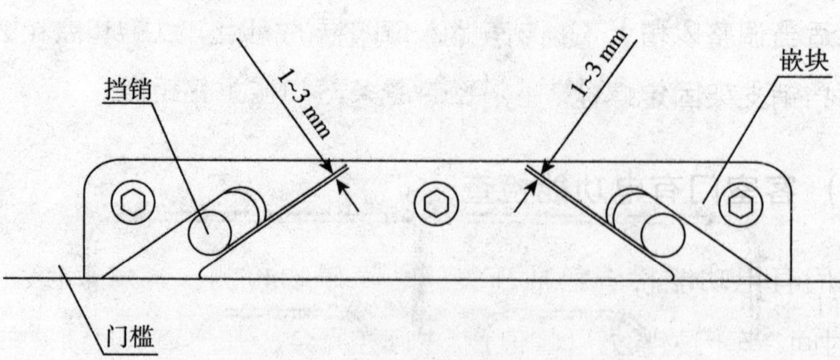

图 5-88　下挡销侧距测量示意图

（2）调整。根据测量结果，挡销末端和挡销底部之间的距离如需调整，可通过挡销螺杆进行。用 16#扳手松开锁紧螺母。用 13#扳手转动挡销调整挡销末端和挡销底部之间的距离，以满足参数要求。调整结束后，用 44 N·m 扭矩紧固，在打扭力时要注意用 13#开口扳手卡住调整螺栓再打锁紧螺母扭力，防止在打扭力时调整螺栓转动改变挡销末端和挡销底部之间的参数。挡销下部边缘距嵌块内侧之间的距离如需调整，可用 13#扳手松开挡销支架两颗紧固螺栓，如图 5-89 所示。左右移动下挡销，使挡销下部边缘距嵌块内侧的距离满足 1~3 mm 要求。如果还不能满足参数要求，则根据测量参数结果适量增减下挡销垫片进行调整，然后继续左右移动下挡销进行微调，如图 5-90 所示。

图 5-89　挡销支架螺栓

图 5-90　挡销调整垫片

若仍不能满足要求，则检查下摆臂与下滑道是否未收紧或者拉扯过紧，V 形、对中、平行度、护指胶条压紧度和上部摆出是否正常，如有调整空间，可以适当调整以增大下挡销侧距。调整完成后，用 13#套筒和 21 N·m 扭矩紧固挡销支架固定螺栓。

（三）客室门有电功能检查

客室门有电功能检查包括开关门、障碍物检测、紧急解锁、门切除、开/关门时间、车门关紧力（峰值）、主门控冗余、开门牵引封锁、车门旁路、切除客室门动车、门零速旁路、紧急解锁请求触发紧急制动等功能检查。

1. 开关门功能检查

将车门控制模式切换至网络模式，开关门模式切换为手动模式，按强行开门按钮，强行开门按钮指示灯和开左门指示灯亮；然后按开左门按钮，左侧车门应正常打开，所有门关好后指示灯灭，司机室显示屏显示开门状态；按关左门按钮，左侧车门蜂鸣器响，经 3 s 延时，左侧车门应正常关闭，所有门关好后指示灯亮。

将车门控制模式切换至硬线模式，开关门模式切换为手动模式，按强行开门按钮，强行开门按钮指示灯和开左门指示灯亮；然后按开左门按钮，左侧车门应正常打开，所有门关好后指示灯灭，司机室显示屏显示开门状态；按关左门按钮，左侧车门蜂鸣器响，经 3 s 延时，左侧车门应正常关闭，所有门关好后指示灯亮。

开关右门操作同上。

2. 障碍物检测功能检查

关门时车门应能检测到截面尺寸为 25 mm×60 mm 及以上的障碍物，并重新打开至设定的距离，再自动重新尝试关门；如果在反复关门三次后障碍物仍然存在，车门将完全打开并保持开启状态。再次收到关门指令时，若障碍物被撤除，车门应能够关闭并闭锁。

在门扇关闭过程中将 25 mm×60 mm 测试块水平放置于门扇的护指胶条之间，分别置于距离地板上方约 200 mm、中间门把手位置和距离车门盖板约 200 mm 的位置，测试不同高度位置车门障碍物的检测功能灵敏性如图 5-91 所示。

3. 紧急解锁功能检查

图 5-92 为内部紧急解锁装置和外部紧急解锁装置。

下拉门解锁手柄至 13°时无法继续下拉，此时司机室显示屏显示“×号门紧急解锁请求”信息，对应车门显示 13°图标，解锁禁止按钮指示灯闪烁。

如 10 s 内司机不按下禁止解锁按钮，则对应侧解锁禁止按钮指示灯停止闪烁，可继续操作对应侧车门解锁手柄并手动打开车门，此时司机室显示屏显示对应车门解锁图标，被解锁车门橙色指示灯亮，司机室内的“所有门

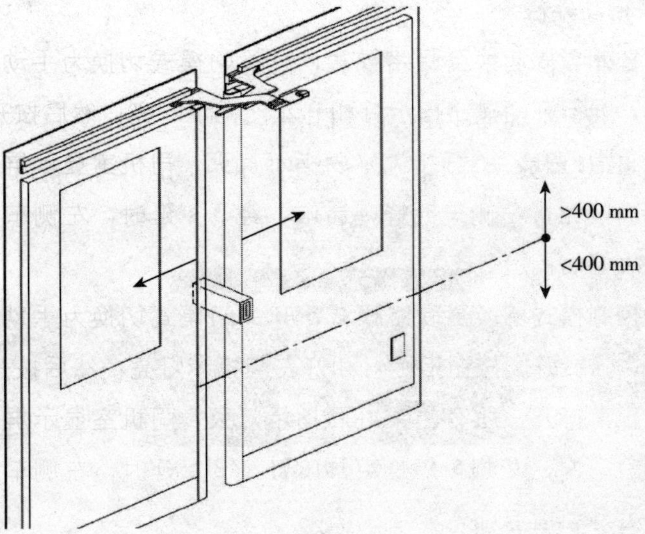

图 5-91　障碍物检测示意图

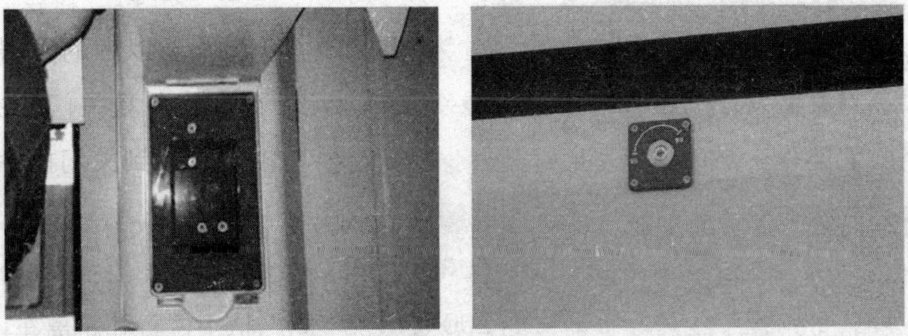

a）　　　　　　b）

图 5-92　紧急解锁装置

a）内部紧急解锁装置　b）外部紧急解锁装置

关闭”指示灯熄灭，司机室显示屏上的车门状态指示相应的门为解锁状态；如 10 s 内按下禁止解锁按钮，则对应侧车门无法继续解锁打开车门。

用 7 mm 方孔钥匙操作外部紧急解锁装置至解锁位，双手用力向两侧推，即可将门扇全打开；用 7 mm 方孔钥匙操作外部紧急解锁装置至复位的位置，车门会自动关闭。以上操作车门紧急解锁时需另安排一人在司机室显示屏上确认车门的状态显示正常。

4. 门切除功能检查

在车门关好的状态下，使用专用方孔钥匙旋转门隔离装置到隔离位，此时操作开门按钮，此车门应无法打开，车门盖板的车门红色指示灯亮（图 5-93），司机室显示屏上的车门状态指示相应的门为切除状态。

图 5-93　车门指示灯（红灯亮）

5. 开、关门时间检查

在列车静止状态下，将车门开关门模式至于“手动”位置。按下开关门按钮手动开关门，使用秒表测量车门的开关时间，车门开始动作后计时开始，完成开门或关门动作结束计时。

6. 车门关紧力（峰值）检查

一人在司机室操作车门开关，另一人在车门关上前将测力传感器水平放置在门扇中间。测量时，建议把测量仪器的静止部分压在一扇门的前沿上，并与门边平行接触，然后跟着该门扇一起运动，直至另一个门扇与测量仪器的活动部分接触。注意测量仪器不能倾斜，并且禁止对手柄施加任何力，否则会影响测量结果。

在车门检测到障碍物过程中，将触发尝试三次关门，读取并记录三次防夹时车门夹紧力，关门力允许有 10 N 的正偏差。车门三次尝试关门失败后开启为最大状态，司机室显示屏应显示为障碍物检测图标。

7. 主门控器冗余功能检查

每节车关闭一个主门控器电源控制开关，司机室显示屏上显示对应车门为白点，此时测试其他车门开关门功能。

8. 开门牵引封锁功能检查

在列车静止时将一障碍物置于两门扇中间，然后关门，司机室内“所有门关闭”按钮指示灯应不亮。将司机控制器牵引手柄置于牵引位，此时列车应不能牵引。重新开门取出障碍物后关门，“所有门关闭”按钮指示灯亮，此时列车可以牵引。

9. 车门旁路功能检查

将一障碍物置于两门扇之间，此时列车应不能启动牵引。启用车门旁路功能，列车应可以动车。

10. 切除客室门动车功能检查

切除客室任意一个门后，司机室显示屏上车门状态应显示正确，列车能够启动。

11. 门零速旁路检查

将列车两端的门零速继电器回路断开，列车应无法开门，启用门零速旁路功能后可正常开关门。

12. 紧急解锁请求触发紧急制动功能

列车启动行进 60 m 内操作任一车门紧急解锁请求紧急制动，列车应紧急制动；列车启动行进超过 60 m 操作任一车门紧急解锁请求紧急制动，列车应正常牵引。

13. 列车运行中打开客室门安全防护功能检查

为满足《城市轨道交通初期运营前安全评估技术规范　第 1 部分：地铁和轻轨》的要求，还须在正线上测试在 ATP 保护下列车运行过程中打开客室门安全防护功能的有效性。

（1）以 ATO 或 ATP 防护模式运行，在出站未完全离开站台区域激活车厢内车门紧急解锁装置，列车运行情况应符合设计要求。

（2）恢复车门紧急解锁装置，列车出站进入区间运行，再次激活车厢内车门紧急解锁装置，列车运行情况应符合设计要求。

（3）车辆配合人员打开车门，触发紧急制动。

五、故障案例分析

某列车在正线运行时，司机室显示屏显示某节车 8 号车门门使能继电器发生故障，3 s 后故障消失。

（一）故障分析

查看司机室显示屏故障履历，故障时刻报“8 号车门门使能继电器故障”信息，故障持续 16 s 后消失。

读取故障车门门控器数据，门控器故障履历显示门使能继电器未吸合事件，详见图 5-94。

索引	车号	门号	故障代码	故障等级	故障名称	发...	状态	发生时间	加载时间
203	021621	8	29		上电事件	1	产生	2020-08-08 23:25:18	2020-08-09 14:35:26
204	021621	8	29		上电事件	1	产生	2020-08-07 21:42:29	2020-08-09 14:35:26
205	021621	8	29		上电事件	1	产生	2020-08-07 21:18:53	2020-08-09 14:35:26
206	021621	8	29		上电事件	1	产生	2020-08-07 04:48:06	2020-08-09 14:35:26
207	021621	8	29		上电事件	1	产生	2020-08-07 04:42:21	2020-08-09 14:35:26
208	021621	8	31		门使能继电器未吸合事件	1	消除	2020-08-09 14:59:35	2020-08-09 15:00:28
209	021621	8	31		门使能继电器未吸合事件	1	产生	2020-08-09 14:56:35	2020-08-09 15:00:28
210	021621	8	31		门使能继电器未吸合事件	1	消除	2020-08-09 14:59:35	2020-08-09 15:00:28
211	021621	8	31		门使能继电器未吸合事件	1	产生	2020-08-09 14:56:35	2020-08-09 15:00:28
212	021621	8	32		隔离事件	1	消除	2020-08-09 14:09:43	2020-08-09 15:00:28
213	021621	8	32		隔离事件	1	产生	2020-08-09 10:57:15	2020-08-09 15:00:28
214	021621	8	31		门使能继电器未吸合事件	1	消除	2020-08-09 10:56:22	2020-08-09 15:00:28
215	021621	8	31		门使能继电器未吸合事件	1	产生	2020-08-09 10:55:47	2020-08-09 15:00:28
216	021621	8	31		门使能继电器未吸合事件	1	消除	2020-08-09 10:55:47	2020-08-09 15:00:28
217	021621	8	31		门使能继电器未吸合事件	1	产生	2020-08-09 10:54:47	2020-08-09 15:00:28
218	021621	8	31		门使能继电器未吸合事件	1	消除	2020-08-09 10:51:26	2020-08-09 15:00:28
219	021621	8	31		门使能继电器未吸合事件	1	产生	2020-08-09 10:51:10	2020-08-09 15:00:28
220	021621	8	29		上电事件	1	产生	2020-08-09 08:53:00	2020-08-09 15:00:28
221	021621	8	29		上电事件	1	产生	2020-08-09 08:47:48	2020-08-09 15:00:28

图 5-94　门使能继电器未吸合事件故障履历

查看故障时刻该节车车门的门使能 I13 和门零速 I12 信号，发现门使能 I13 一直显示“0”，未跳变，门零速 I12 信号显示为“1”，详见图 5-95。

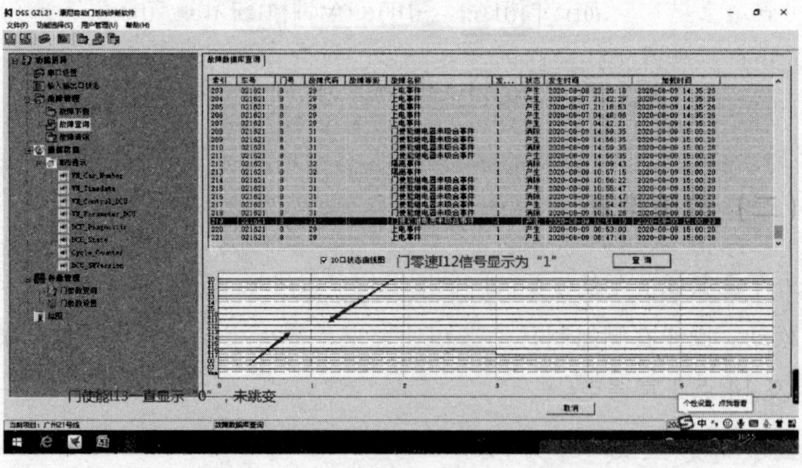

图 5-95　门使能 I13 和门零速 I12 信号

门使能继电器未吸合事件诊断逻辑：如图 5-96 所示，当门允许列车线高电平的时候，如果门使能 I13 信号和门零速 I12 信号不一致就会报门使能继电器未吸合事件。

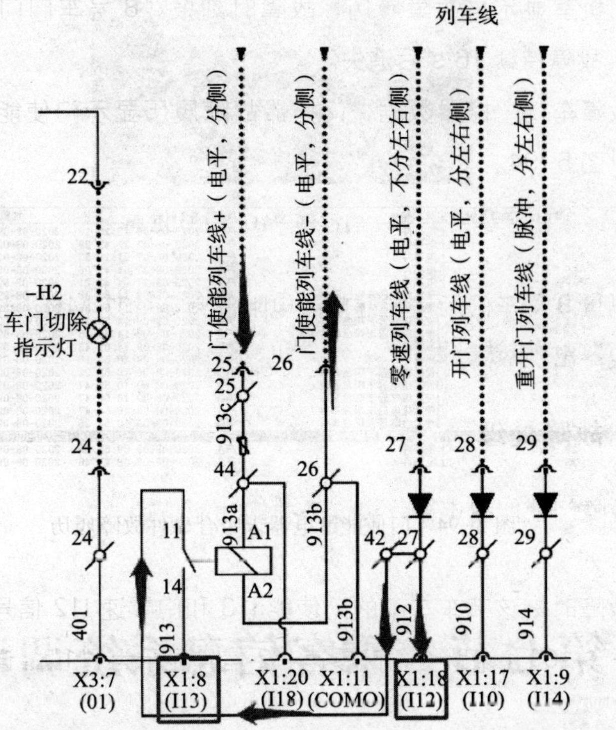

图 5-96　门使能 I13 和门零速 I12 信号电气原理图

（二）故障排查

上车查看该节车 8 号车门门使能继电器，外观正常，检查相关接线，紧固无松动。操作右侧强制开门按钮使能继电器得电后，测量门使能继电器 11 点及 14 点正常得电。

每间隔 20 s 操作强制开门按钮测试，测试过程中发现门使能继电器突然失电，此时司机室显示屏报“8 号门门使能继电器故障”信息，门控器 FAULT CODE 屏幕显示代码为“31”（图 5-97），表示“门使能继电器未吸合事件”，故障复现。

图 5-97　门控器 FAULT CODE 屏幕

此时测量 8 号车门门使能继电器电阻值为 33. 01 MΩ，判断为 8 号车门门使能继电器出现故障。

（三）故障处理

更换故障门使能继电器，测试开关门功能正常。

第七节　乘客信息系统调试

乘客信息系统的主要功能是通过信号逻辑关系实现自动接收数字广播信息、进行语音信号的播放（如到站信息、紧急信息、服务用语等），以及半自动数字广播信息、手动进行预录语音的播放（如到站信息、紧急信息、服务用语等），在手动模式下可以手动设置线路上下行和起始站终点站、播放报站信息，实现两端司机室之间对讲、司机与乘客之间对讲等。

一、系统概述

乘客信息系统主要包括音频广播、对讲（包括司机室之间和司机与乘客之间）、LED 动态地图，对应总线类型分别为 CAN 通信总线、对讲音频总线和广播音频总线。

CAN 通信总线用于列车乘客信息系统的管理及控制信息的传递，如控制车厢内动态地图显示。对讲音频总线用于司机室—司机室之间的对讲音频信号、司机室—客室之间的对讲音频信号的传输，实现列车重连对讲与列车对讲、紧急对讲功能。广播音频总线用于列车广播音频信号，如话筒音频信号、MP3 数字报站音频信号、媒体伴音信号等广播音频信号在车辆间的传输。

列车乘客信息系统网络拓扑图如图 5-98 所示。

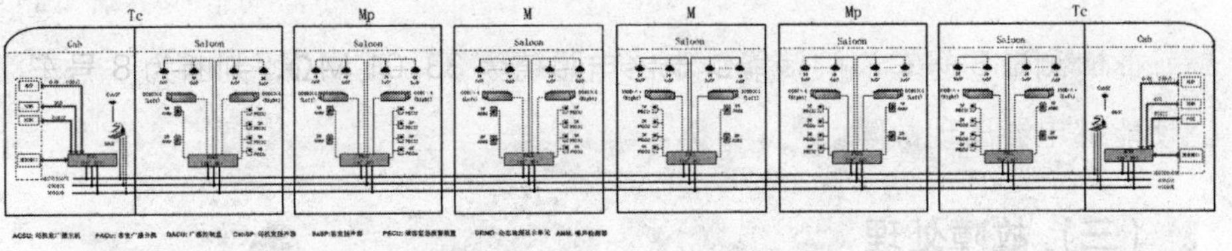

图 5-98　列车乘客信息系统网络拓扑图

二、系统组成及功能

乘客信息系统设备清单见表 5-3。

表 5-3　　　　　　乘客信息系统设备清单

序号	设备名称	A	B	C	C	B	A	数量/列
1	司机室广播主机	1	—	—	—	—	1	2
2	客室广播分机	1	1	1	1	1	1	6
3	广播控制盒	1	—	—	—	—	1	2
4	乘客紧急报警器	4	4	4	4	4	4	24
5	客室扬声器	8	8	8	8	8	8	48
6	司机室扬声器	1	—	—	—	—	1	2

续表

序号	设备名称	A	B	C	C	B	A	数量/列
7	司机室手持话筒	1	—	—	—	—	1	2
8	噪声检测器	2	2	2	2	2	2	12
9	LED 动态地图	8	8	8	8	8	8	48

（一）司机室广播主机

司机室广播主机（图 5-99）安装在司机室内，是列车广播通信和乘客信息显示系统的核心设备，可以完成系统的列车广播、乘客信息显示等功能。

图 5-99　司机室广播主机

（二）广播控制盒

广播控制盒（图 5-100）是广播系统中实现人机信息交互的终端设备，主要由按键、指示灯等组成。通过该设备可以进行司机室对讲、司机对乘客的广播、司机与乘客对讲、乘客报警接听及复位等操作。硬按键用于触摸屏发生故障时的冗余。

（三）司机室扬声器

每个司机室配置 1 个扬声器（图 5-101），用于司机监听，播放广播语音信号、乘客与司机对讲时的语音、司机与司机之间通话的语音等。

图 5-100　广播控制盒

图 5-101　司机室扬声器

(四) 司机室手持话筒

手持话筒用于司机人工语音广播、司机室对讲、乘客紧急报警时对讲。

(五) 客室广播分机

客室广播分机（图 5-102）安装在客室内，是列车广播通信和客室信息显示系统的核心设备，用于控制本节车厢的列车广播、乘客信息显示等。

图 5-102　客室广播分机

(六) 乘客紧急报警器

乘客紧急报警器（图 5-103）安装在客室内，当客室内出现紧急情况时乘客可使用该设备向司机报警。

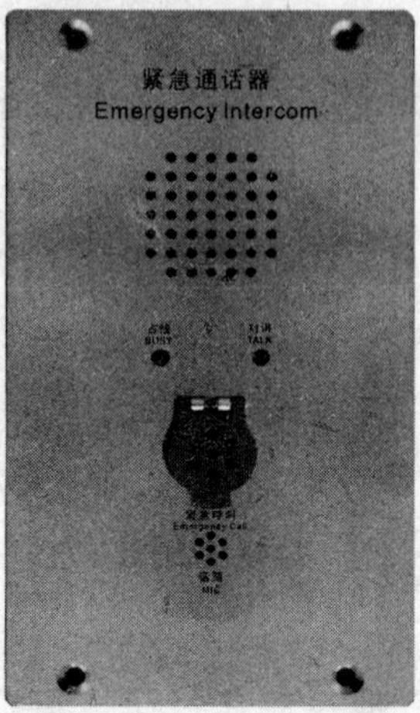

图 5-103　乘客紧急报警器

（七）LED 动态地图

客室 LED 动态地图（图 5-104）用于向乘客显示列车的运营信息、服务信息，如下一站、本站等信息。

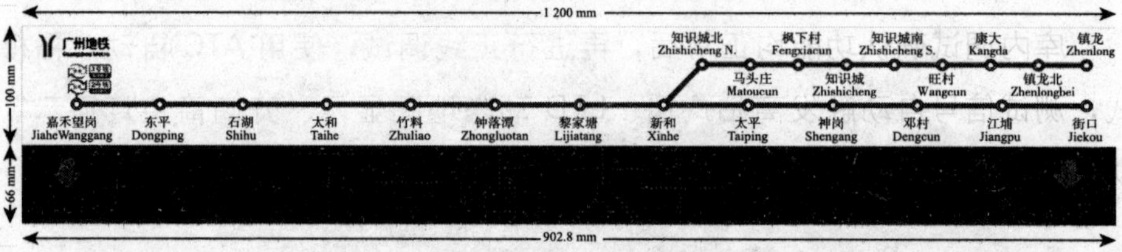

图 5-104　LED 动态地图效果图

（八）客室扬声器

每节客室内安有 8 个扬声器，分别在各个车门左侧上方的侧顶板上。每 4 个扬声器组成一个链路，两路扬声器呈对称分布，当一路扬声器出现故障时，另一路扬声器仍然可以继续工作，保障了客室广播的正常进行，且客室内的每个角落都能听到广播的内容。

（九）噪声检测器

在每个客室安装 2 个噪声检测器，用于实时采集客室内声音信号，动态调整客室广播音量。

三、系统调试

乘客信息系统调试包括部件外观检查、广播功能有电检查。

（一）外观检查

检查 LED 动态地图、广播控制盒、司机室广播主机、客室广播分机、司机室手持话筒、客室扬声器、司机室扬声器、噪声检测器，应安装紧固，外观无破损。

（二）有电检查

系统安装后，须先在库内调试确认基础功能是否正常，如手动广播、终点站广播、人工广播、紧急报警、司机室对讲、紧急广播、开门侧指示等。

库内调试确认功能均正常后，再进行正线调试，使用 ATC 自动广播模式，测试信号自动触发离站广播、LED 动态地图显示、开门箭头灯显示等功能是否正常。

四、故障案例分析

某列车从停车场出场到第一个车站投入载客服务，车厢 LED 动态地图显示下一站信息错误，离站后信息更新，恢复正常显示。

（一）故障分析

1. 问题背景

由于列车检车上电时默认显示某线慢车上行线路，因此会显示下一站信息为上行线路的下一个到达站。根据 ATC 与 TCMS 的通信协议，正常到站前 250 m 时会触发 ATC 自动到站广播，以更新车辆动态地图上的信息显示，但前提条件是列车需要知道运行线路，才能执行后续的报站和显示更新操作。

根据设计审查文件，已经明确提出车辆接口需求：信号系统需提供线ID 和线路 ID，以告知车辆运行所在线路（车辆自身无法感知运行线路是哪条线路），但是由于 ATC 自身原因无法给车辆发送线路 ID，所以乘客信息系统只能通过现有的 ATC 当前站 ID 和 ATC 终点站 ID 来自行判断线路。

2. 广播数据分析

检查车辆设备正常，下载数据（图 5-105）发现列车从出场直到进入第一个车站停站过程中，信号系统始终没有给列车乘客信息系统发送当前站 ID，导致列车无法判断运行线路，在站前 250 m 处不能正常触发到站广播信息更新。

```
(000035)[21.01.05/07:23:54]00 01 15 01 05 07 17 36 54 39 00 00 00 00 00 00 00 00 00 40 00 00 00 00 00 00 00 00 00
(000036)[21.01.05/07:25:50]00 01 15 01 05 07 19 32 54 39 00 00 00 00 00 00 00 00 00 00 00 00 00 00 00 00 00 00 00
(000037)[21.01.05/07:26:09]00 01 15 01 05 07 1a 09 54 39 00 00 00 00 00 00 00 00 00 04 00 00 00 00 00 00 00 00 00
(000038)[21.01.05/07:26:09]00 01 15 01 05 07 1a 09 54 39 00 00 00 00 00 00 00 00 00 04 00 00 00 00 00 00 00 00 30
(000039)[21.01.05/07:33:54]00 01 15 01 05 07 21 36 54 39 00 00 00 00 00 00 00 00 00 04 00 00 00 01 00 00 00 00 34
(000040)[21.01.05/07:33:58]00 01 15 01 05 07 21 3a 54 39 00 00 00 00 00 00 00 00 00 04 02 00 00 01 00 00 77 77 34
(000041)[21.01.05/07:41:38]00 01 15 01 05 07 29 26 54 39 00 00 00 00 00 00 00 00 00 04 03 00 00 01 00 00 77 77 34
(000042)[21.01.05/07:41:40]00 01 15 01 05 07 29 28 54 39 00 00 00 00 00 00 00 00 10 04 03 00 00 01 00 00 77 77 34
(000043)[21.01.05/07:41:40]00 01 15 01 05 07 29 28 54 39 00 00 00 00 00 00 00 00 10 04 01 00 00 01 00 00 77 77 34
(000044)[21.01.05/07:42:53]00 01 15 01 05 07 2a 35 54 39 00 00 01 0b 00 00 00 00 00 10 04 21 00 00 01 00 00 65 77 34
(000045)[21.01.05/07:42:54]00 01 15 01 05 07 2a 36 54 39 00 00 01 0b 00 00 00 00 03 10 04 21 00 00 01 00 00 65 77 34
(000046)[21.01.05/07:42:54]00 01 15 01 05 07 2a 36 54 39 00 00 01 0b 00 00 00 00 00 10 04 21 00 00 01 00 00 65 77 34
(000047)[21.01.05/07:42:54]00 01 15 01 05 07 2a 36 54 39 00 00 01 0b 00 00 00 00 03 10 04 21 00 00 01 00 00 65 77 34
(000048)[21.01.05/07:42:54]00 01 15 01 05 07 2a 36 54 39 00 00 01 0c 00 00 00 00 00 10 04 21 00 00 01 00 00 65 77 34
(000049)[21.01.05/07:42:54]00 01 15 01 05 07 2a 36 54 39 00 00 01 0c 00 00 00 00 03 10 04 21 00 00 01 00 00 65 77 34
(000050)[21.01.05/07:42:54]00 01 15 01 05 07 2a 36 54 39 00 00 01 0c 00 00 00 00 00 10 04 21 00 00 01 00 00 65 77 34
(000051)[21.01.05/07:42:54]00 01 15 01 05 07 2a 36 54 39 00 00 01 0c 00 00 00 00 03 10 04 21 00 00 01 00 00 65 77 34
(000052)[21.01.05/07:42:54]00 01 15 01 05 07 2a 36 54 39 00 00 01 0c 00 00 00 00 00 10 04 21 00 00 01 00 00 65 77 34
(000053)[21.01.05/07:43:50]00 01 15 01 05 07 2b 32 54 39 00 00 00 00 00 00 00 00 00 11 04 21 00 00 00 00 00 65 77 34
(000054)[21.01.05/07:43:50]00 01 15 01 05 07 2b 32 54 39 00 00 00 00 00 00 00 00 03 11 04 21 00 00 01 00 00 65 77 34
(000055)[21.01.05/07:43:50]00 01 15 01 05 07 2b 32 54 39 00 00 00 00 00 00 00 00 00 11 04 21 00 00 01 00 00 65 77 34
(000056)[21.01.05/07:43:50]00 01 15 01 05 07 2b 32 54 39 00 00 00 00 00 00 00 00 03 11 04 21 00 00 01 00 00 65 77 34
(000057)[21.01.05/07:43:50]00 01 15 01 05 07 2b 32 54 39 00 00 00 00 00 00 00 00 00 11 04 21 00 00 01 00 00 65 77 34
(000058)[21.01.05/07:43:50]00 01 15 01 05 07 2b 32 54 39 00 00 00 00 00 00 00 00 03 11 04 21 00 00 01 00 00 65 77 34
(000059)[21.01.05/07:43:50]00 01 15 01 05 07 2b 32 54 39 00 00 00 00 00 00 00 00 00 11 04 21 00 00 01 00 00 65 77 34
(000060)[21.01.05/07:43:51]00 01 15 01 05 07 2b 33 54 39 00 00 00 00 00 00 00 00 03 11 04 21 00 00 01 00 00 65 77 34
(000061)[21.01.05/07:43:51]00 01 15 01 05 07 2b 33 54 39 00 00 00 00 00 00 00 00 00 11 04 21 00 00 01 00 00 65 77 34
(000062)[21.01.05/07:43:53]00 01 15 01 05 07 2b 35 54 39 00 00 00 00 00 00 00 00 00 11 04 21 15 02 01 00 77 65 00 31
(000063)[21.01.05/07:43:54]00 01 15 01 05 07 2b 36 54 39 00 00 00 00 00 00 00 00 00 10 04 21 15 02 01 00 77 65 00 31
(000064)[21.01.05/07:45:24]00 01 15 01 05 07 2d 18 54 39 00 00 00 00 00 00 00 00 00 14 04 21 15 02 01 00 77 65 00 31
(000065)[21.01.05/07:45:28]00 01 15 01 05 07 2d 1c 54 39 00 00 00 00 00 00 00 00 00 10 04 21 15 02 01 00 77 65 00 31
(000066)[21.01.05/07:45:47]00 01 15 01 05 07 2d 2f 54 39 00 00 00 4f 00 00 00 00 00 10 04 01 15 02 01 00 77 65 75 31
```


图 5-105　乘客信息系统接收的数据

（二）故障排查

在信号系统未能提供线 ID 和线路 ID 的情况下，从出场到进入第一个车站的区间及开门时不能提供当前站 ID，导致列车无法判断运行线路，从而引发列车乘客信息系统无法正常使用全自动广播，LED 动态地图界面到站前和开门时都不能正常更新，一直显示上电初始化时的下一站信息。

（三）故障处理

列车出场时司机通过人工口播提醒乘客，或者手动设置线路进行手动广播报出对应站点信息，再恢复 ATC 自动广播，可临时解决此问题。

乘客信息系统可通过判断当前站 ID 为 00 的时刻，进行强行指定运行线路逻辑软件的核查：结合当前站 ID 为 00、下一站 ID、终点站 ID 和 ATC 到站广播使能等信号条件，强行给出场车指定线路，并触发对应的到站信息显示。

此问题是由于信号系统不具备出场触发自动广播条件导致，在新线调试时很容易忽略，应当在设计或调试阶段与信号接口专业提前商讨制定合理的技术方案解决此问题。

第八节 辅助电源系统调试

一、系统概述

辅助电源系统的运行独立于牵引系统。为保证辅助电源系统的高可用性，设置列车 DC 1 500 V 辅助专用高压母线，通过其将 2 台辅助电源输入端并联起来，并设置母线熔断器 F2 进行保护。辅助电源系统主要由辅助电源箱（也称辅助系统模块，以下简称“SIV”，含静止辅助逆变器、DC 110 V 蓄电池充电机）、扩展供电电路组成。

列车辅助系统模块（图 5－106）将受流系统引流输入的直流电压（DC 1 500 V）逆变成三相交流电压（AC 380 V），为空调、空气压缩机、照明及控制电路等提供稳定的三相四线制的交流电压，并将交流电压（AC 380 V）通过蓄电池充电机变换成蓄电池与低压直流负载使用的 DC 110 V 电压。每列车共 2 个辅助系统模块，安装在 A 车车底。

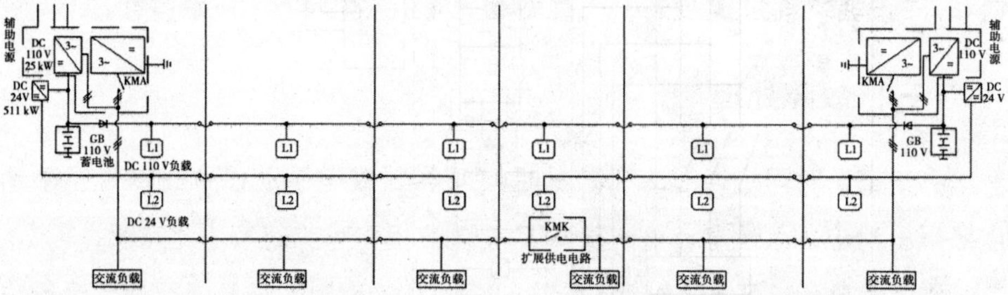

图 5-106　列车辅助系统模块结构图

（一）蓄电池

列车的电池系统采用阀控铅酸电池，每个单元共有 2 个蓄电池箱，蓄电池箱 1 内一共有 9 个电池单体，蓄电池箱 2 内一共有 9 个电池单体，两个蓄电池箱内蓄电池用电缆串联起来，作为列车 DC 110 V 供电系统的备用电源，电池容量为 220 A · h。

（二）系统主电路

辅助电源系统主电路包括：输入滤波电路，电容器充、放电电路，IGBT 逆变电路，输出变压器，交流滤波电路，输出接触器电路，信号检测电路，直流电源电路，应急启动电路，如图 5-107 所示。

1. 输入滤波电路

输入滤波电路由直流滤波电抗器（FL）和滤波电容器（FC）组成 LC 滤波电路。

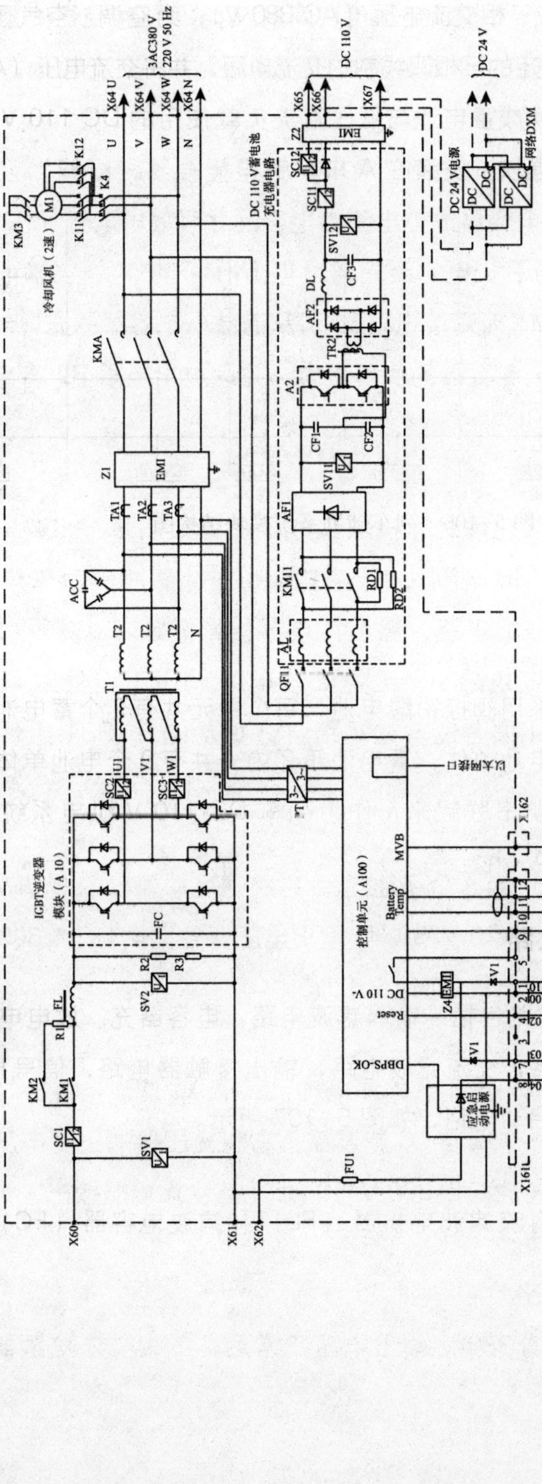

图5-107　辅助电源主电路原理图

LC 滤波电路的作用是吸收直流输入端的谐波电压，对输入电源网络的高频信号和电压尖峰干扰有抑制作用，同时又能抑制逆变器对输入电源网络的干扰，使 FC 电压保持稳定并将电压波动限制在允许范围内。

2. 电容器充、放电电路

电容器充电电路由充电电阻（R1）、充电接触器（KM2）及短接接触器（KM1）等组成，电容器放电电路由电容器并联放电电阻（R2）组成。

SIV 经受电弓受流后，电容器先通过电阻 R1 预充电，当其电压充电到一定电压值时闭合 KM1 而短接电阻 R1，从而减小电容器的充电电流，降低对电容器的冲击，延长电容器的使用寿命。并联放电电阻 R2 将电容电压放电到 50 V 以下的时间小于 5 min。

3. IGBT 逆变电路

逆变电路采用模块化设计，模块集成了热管散热器、滤波电容器 FC、三相桥臂所需的 6 个 IGBT 组件、低感复合母排、脉冲驱动单元（GDU）、驱动电源模块、脉冲分配电路、温度继电器、光纤等。逆变器模块采用低感复合母排设计，杂散电感小，无需吸收电路。IGBT 组件的 ON/OFF 由 GDU 控制，并且 GDU 具有过流或短路自保护功能及 IGBT 组件故障检测功能。

4. 输出变压器

输出变压器（TR）为 △/Y 形接法，它将逆变器输出的 PWM 电压变换为三相四线制的 380 V/220 V/50 Hz 输出电压，并提供 DC 1 500 V 高压电源与交流输出电压间的电气隔离。

5. 交流滤波电路

交流滤波电路由输出电压器的漏电抗、三相 AC 滤波电容器（ACC）组成。交流滤波电路是一个低通 LC 滤波器，它将变压器输出的电压经过低通滤波后得到接近正弦波的三相 380 V/50 Hz（基波）电压输出，再送入输出变压器进行隔离、变换。

6. 输出接触器电路

当 SIV 逆变电路的 380 V 输出电压正常后，三相交流接触器（KMA）

闭合，将三相380 V/220 V/50 Hz 电源送入负载及充电器电路，同时扩展供电期间，故障 SIV 的 KMA 断开。

7. 充电机模块

110 V 充电机电路采用三相全波整流+IGBT 半桥式高频 DC/DC 电路。其工作原理为：从逆变电路输出的稳定的 AC 380 V 输出电压经过空气开关（QF11）、预充电电阻（RD1、RD2）后，输入到三相整流桥整流，电抗器、电容器滤波后得到直流电压（中间电路电压），当中间电路滤波电容电压达到一定值后，闭合接触器 KM11 短接电阻 RD。中间电路电压经半桥变换电路高频变换为矩形波电压，经高频变压器进行隔离、降压后，再经高频整流桥整流、电抗器、电容器滤波后得到稳定的 DC 110 V 电源。

8. 应急启动电路

应急启动功能是在列车主蓄电池欠压或主蓄电池发生故障情况下，由应急启动电源工作输出 DC 110 V 供辅助电源工作。应急启动电路由熔断器 FU1、应急启动电源 DBPS、司机室应急启动按钮组成。

应急启动电源 DBPS 的额定输入电压 DC 1 500 V，输入电压范围为 DC 1 000~DC 2 000 V，额定输出电压 DC 110 V。

9. 信号检测电路

SIV 控制单元通过获取以下检测电路信号来监视和控制：电压传感器 SV1、SV2 分别检测输入电压和 FC 两端电压；电压传感器 SV11、SV12 分别检测充电机电路三相整流后电压（中间电压）和输出电压；电流传感器 SC1 检测输入电流；电流传感器 SC2、SC3 分别检测逆变器模块 A10 的 U 相与 W 相输出电流；电流传感器 SC11、SC12 分别检测充电机电路输出电流与去蓄电池的充电电流；电压互感器 PT 模块检测交流输出 U、V、W 相输出电压；电流互感器 TA1、TA2、TA3 检测交流输出 U、V、W 相输出电流；接触器 KM1、KM2、KM11、KMA、K11、K12、K13 的控制信号和状态反馈信号；空气开关 QF11 输出状态反馈信号；逆变器模块 A10、充电机模块 A20 上的温度继电器监视其散热器温度；IGBT 门极驱动单元驱动控制信号和 IGBT 状态与保护反馈信号；风扇保护电路输出反馈信号。

二、系统组成及工作原理

辅助电源系统是一个独立的系统，当 SIV 检测到高压供电、司机室按下启动按钮之后，它就开始工作，向外提供三相 380 V/220 V/50 Hz 电源及 DC 110 V 电源，它不受牵引/制动指令的控制。SIV 具备 MVB 接口，通过 MVB 与 VCM 交换信息，并可以通过总线进行控制。当司机室按下停止按钮或者网压降到 DC 950 V 以下之后，SIV 停止工作。

辅助电源系统采用直接两电平 IGBT 逆变电路和全波整流、高频 DC/DC 变换电路的方式。其工作原理为：直流输入高压经直流滤波电抗器、电容器充电电路、直流滤波电容器，送至 IGBT 逆变器进行逆变后输出交流电压，再经输出变压器进行电压隔离、降压，交流电容器滤波得到低谐波含量的三相准正弦电压，输出三相380 V/50 Hz 电压。从逆变电路输出的稳定的 380 V 输出电压经过交流电抗器输入到三相整流桥整流，电抗器、电容器滤波后得到直流电压（中间电路电压），中间电路电压经半桥变换电路高频变换为矩形波电压，再经高频变压器进行隔离、降压，经高频整流桥整流、电抗器、电容器滤波后得到稳定的 DC 110 V 电源。

辅助电源系统控制电路主要包括控制电路、逆变控制电路、DC 110 V 充电机控制电路、扩展供电电路以及蓄电池。

（一）控制电路

控制电路采用控制盒式结构，插件采用堆栈式结构。对外采用前面板方式出线，插件间采用总线方式进行数据交换。包括开关电源板、母板、接口板、DSP 板。开关电源插件为逆变器控制单元各插件提供±15 V、+5 V、±24 V 控制电源，为逆变器电路各传感器提供电源。图 5–108 为辅助电源系统控制原理图。

1. 母板的工作原理

母板对外接收传感器模拟信号、电源及 IGBT 故障反馈信号，发送

PWM 脉冲及数字量指令，完成模拟量 AD 采样、PWM 脉冲及反馈信号电平转换、供电电源滤波，负责数据的并行上传，母板与 DSP 板、接口板通过并行总线方式进行数据交换，状态信息通过 I/O 通道进行传输。

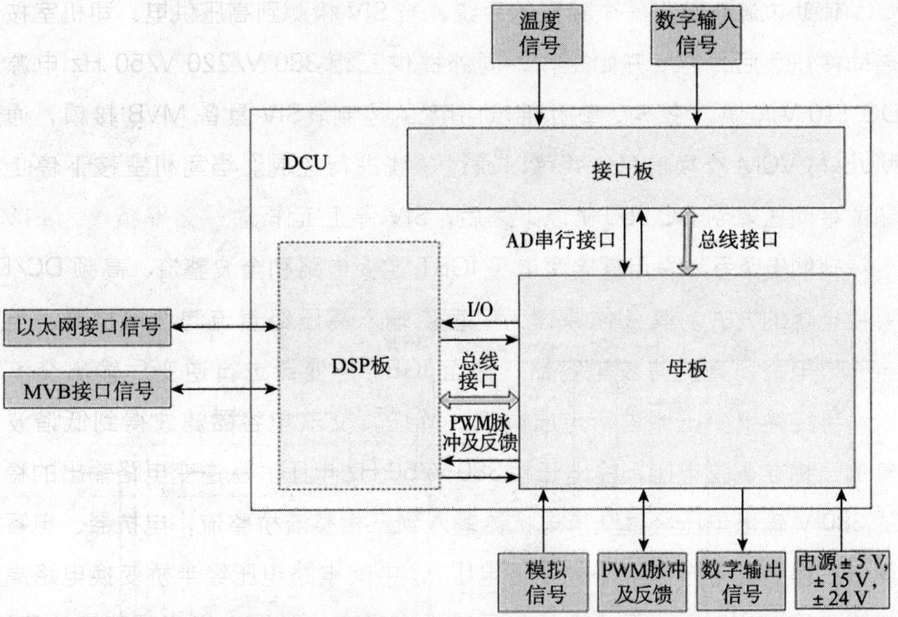

图 5-108　辅助电源系统控制电路原理图

2. DSP 板的工作原理

对外通过 MVB、以太网通信方式与上位机通信；对内与母板通过并行总线方式进行数据交换，PWM 脉冲及反馈、故障和跳主断命令通过 I/O 方式传输，速度信号通过 I/O 方式由母板传给 DSP 板。

3. 接口板的工作原理

接口板对外接收温度信号、速度信号以及数字量输入信号，完成速度信号和数字量输入信号的隔离处理，数据并行/串行上传给母板。

（二）逆变控制电路

逆变控制电路采用注入三次谐波的 SPWM 电压闭环控制，如图 5-109 所示。电压指令和电压互感器 PT 产生的输出电压反馈（FB）值进行比较得出电压差值，该值作为电压控制器的输入；电流指令与电流传感器 SC2、SC3 产生的输出电流反馈（FB）值相比较得出主电路电流差值，主电路电流差值、电压控制器输出之和作为输出电流指令；输出电流指令由限幅器进行限幅以免过载；限幅的输出电流指令作为电流控制器的输入，产生逆变器输出电流指令；逆变器输出电流指令和三角载波相比较得到 IGBT 的门极控制信号；频率控制：启动前输出电压 U 与频率 f 为 0，启动时频率 f 和电压 U 慢慢上升，按 U/f=常数关系，最后 U、f 达到稳定的额定值，称为软启动；逆变器输出电压基波频率 50 Hz，正常运行时的频率精度为±1%；开关频率选择范围为 1~2 kHz。

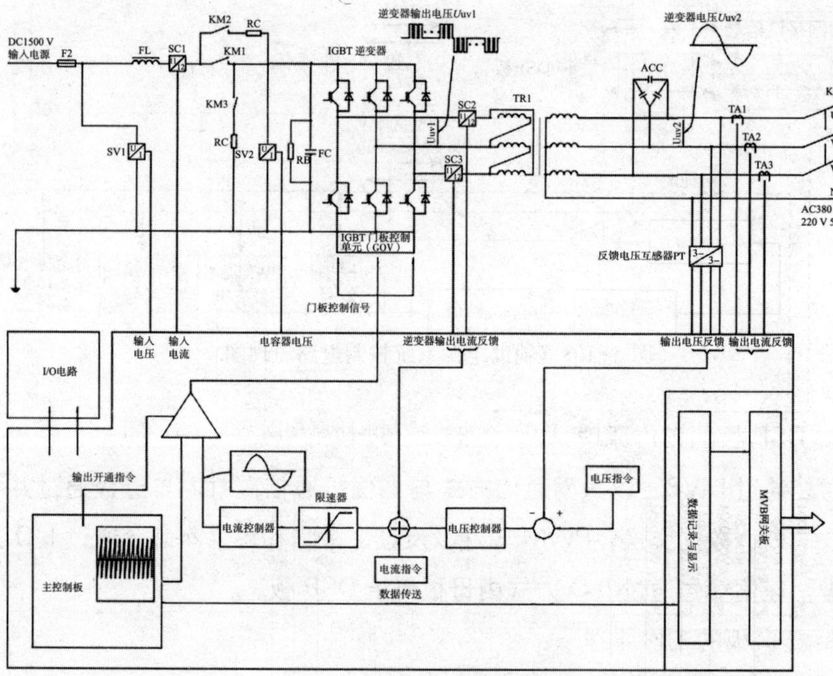

图 5-109　逆变控制电路

（三）DC 110 V 充电机控制电路

如图 5-110 所示，直流输出电压和电流通过电压传感器 SV11、SV12 和电流传感器 SC11 反馈到控制电路，电流反馈值由限幅器进行限制；线路输出电压与中间电压比较产生电压差值，送入电压控制器；电压控制器的输出进行 A/D 转换，其输出输入到主控制器；主控制器产生半桥电路的 IGBT 门极控制信号。

（四）扩展供电电路

扩展供电电路是当列车上一台辅助电源出现故障时，辅助电源系统自动切换到另一台正常运行的辅助电源向全列车的基本负载供电，并保证列车正常运行的装置，其原理图如图 5-111 所示。基本负载是指切除一半空调压缩机负载后的全部交流负载。

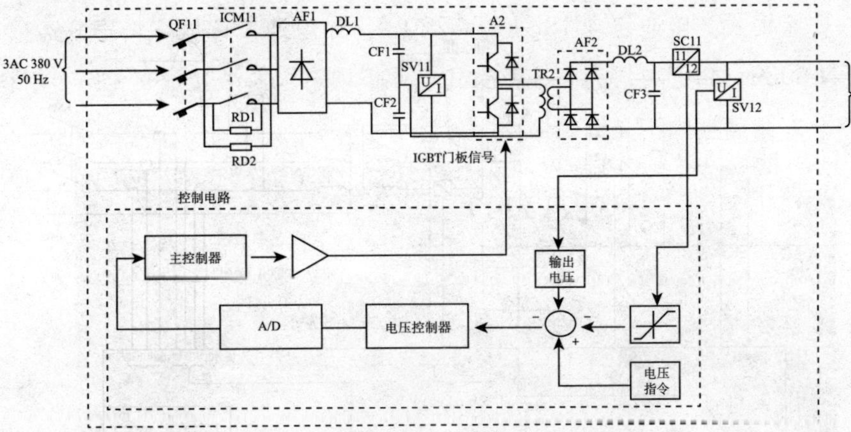

图 5-110　充电机控制电路原理图

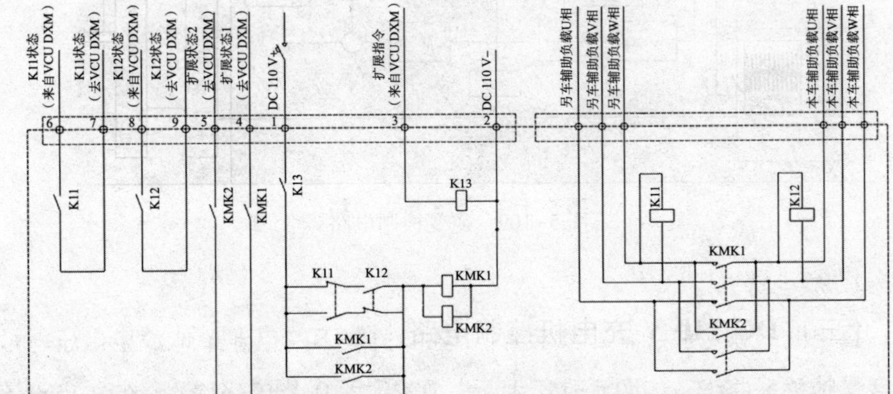

图 5-111　列车扩展供电电路原理图

两个辅助逆变器正常时，各自所负责单元 A 车提供的 AC 380 V 在 C–C 车端处通过扩展供电接触器进行隔离，两个辅助逆变器各自负责本单元的交流负载；当一个辅助逆变器发生故障，列车首先切除故障逆变器，保证故障辅助逆变器不会对车辆造成损坏，然后切除一半的空调负载，闭合扩展供电接触器，由正常的辅助逆变器给整列车负载供电。

（五）蓄电池

蓄电池箱（图 5–112）带有温度传感器和外挂熔断器箱，蓄电池采用铅酸蓄电池，通过熔断器箱内的熔断器连接到蓄电池充电机。蓄电池箱采用吊挂安装模式。电池包含 18 只 6 V 220 A · h 电池单体模块，串联连接，符合 EN 60896–2 标准，为阀控密封式电池模块，电解液吸附在无纺布材料上，整个寿命周期内不允许加液。

图 5–112　列车蓄电池箱

1. 放电特性

蓄电池的放电曲线，即蓄电池在 20 ℃负载下的电池单体放电电压与放出容量的关系曲线，如图 5–113 所示。0. 2C 即 0. 2 倍标称容量的放电电流为 44 A。

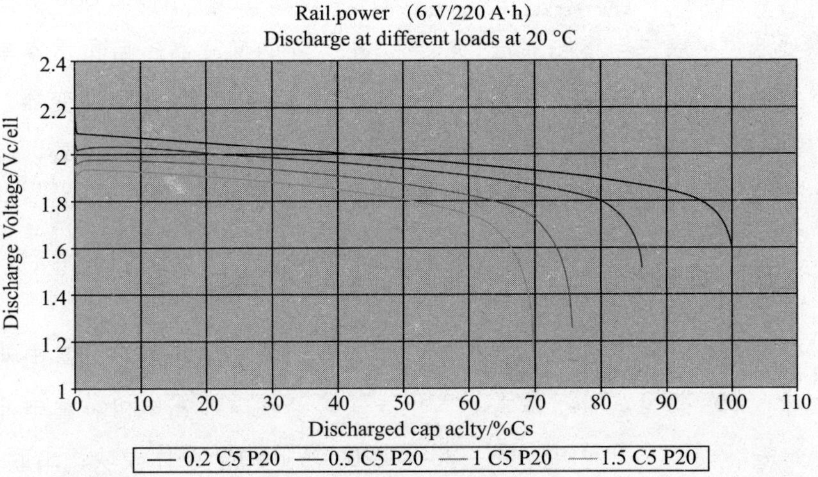

图 5-113　蓄电池在 20 ℃时的放电特性

蓄电池在紧急情况下提供电源；模拟紧急情况下电压和电流随时间的变化而变化；除掉老化预留，蓄电池的供电时间比要求的要长。

2. 充电特性

蓄电池只用直流电流充电，只连接指定的符合电池尺寸的充电机，以免过载、产生不允许产生的气体。蓄电池是低气体释放机构，但并不是没有气体释放。应确保在充电过程中有足够的通风。铅酸电池的基本充电曲线是恒流/恒压。另外，阀控密封式电池有一个温度补偿充电特性，即固定充电参数在设计温度（20 ℃）时开始的值，根据测试的电池单体/系统温度来增加或减少充电电压。图 5-114 为蓄电池在环境温度+5 ℃时的模拟紧急放电特性曲线。

3. 均充

为了让电池在给定时间内达到需求的充电状态，均充是必须的，图 5-115 所示为电池系统充电曲线。从均充转至浮充是基于测量的电流：电流小于 44 A 时，均充将停止。

均充时的注意要点：规律间隔或每次放电后的均充能避免任何可能发生的电压分布问题。阀控密封式电池持续地在低电压下充电，这个电压分

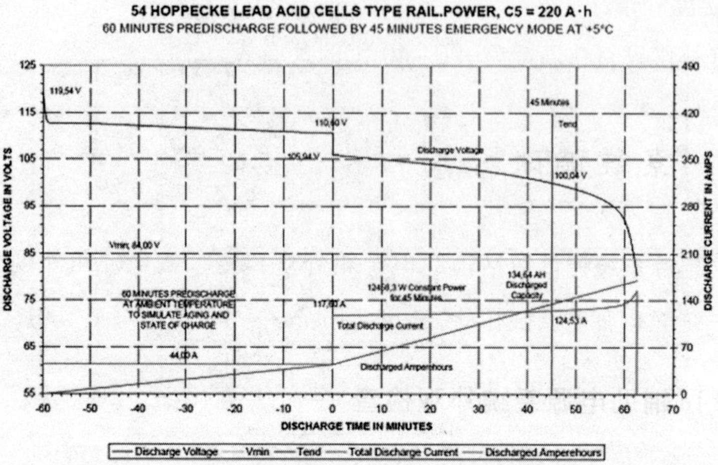

图 5-114　蓄电池在环境温度+5 ℃时的模拟紧急放电特性

布能使电压值偏高的电池被过充而电压值偏低的电池充电不足，其结果是降低了电池的寿命。

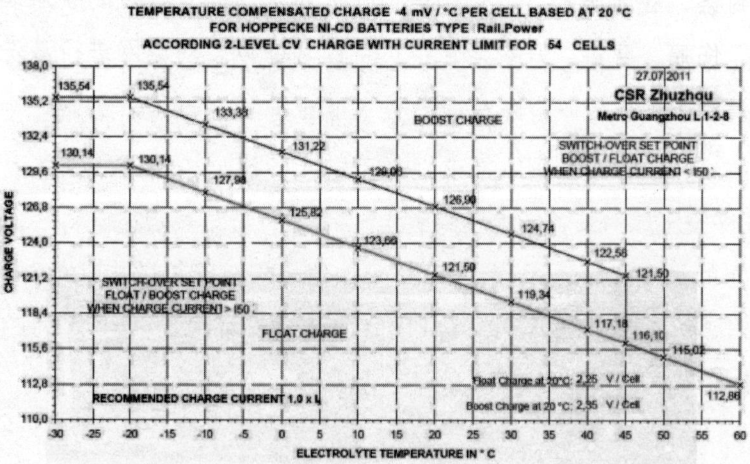

图 5-115　蓄电池充电曲线

4. 浮充

浮充能够保持电池处在完全充电状态。由浮充转换至均充的依据是测量的电流：当电流大于 44 时，均充将开始。

5. 温度补偿

温度补偿只有在温度为-20~40 ℃时才有效。

三、系统调试

辅助电源系统调试包括辅助电源箱外观检查、蓄电池箱外观检查，辅助电源系统静态有电调试和动态功能调试。

（一）辅助电源系统外观检查

1. 辅助电源箱检查

辅助电源箱检查包括箱体外部检查及箱体内部检查。

（1）箱体外部（图5-116）检查。检查箱体紧固件，应无松动，接地线底座无松动；检查辅助逆变器箱体，应外观完好，无变形、腐蚀损坏；检查密封条，应无破损、老化，盖板方孔锁闭正常；检查防脱落装置，应无变形、伤痕、腐蚀、开裂老化；拆下新风滤网，对滤网进行清洗，对风道进行清洁。

图5-116　辅助电源箱外部

（2）箱体内部（图 5–117）检查。清除箱内灰尘及杂物，清洁盖板密封条；检查交流滤波电容，应无损坏或漏油、鼓肚；拆下变压器和电抗器室固定底板，检查和清洁变压器及直流电抗器，应无积灰、污染等以免影响到绝缘，线圈应无老化、变色；拆下带有风机导风罩的底板，检查散热风机叶片，应无变形、腐蚀损坏，各螺栓应紧固，电源线插头应无松动，并用压缩空气清洁散热风机；检查箱体内各紧固件和连接插头，应无松动、锈蚀，接地线底座应无松动。

检查固定电缆密封套的底座，应无裂纹裂缝，检查背部防水接头和软管接头的密封性；目视检查直流滤波电容器，应无损坏或漏油；目视检查在输入高压室的电阻组件，表面应无变色、开裂、剥落等；检查端子，应连接可靠；目视检查控制单元固定螺栓及插头，应无松动；检查辅助电源直流接触器 KM1、KM2 的触头，取下 KM1、KM2 的灭弧罩，应无机械损坏或金属粉末沉积，接触器触头应无烧损，各紧固件紧固良好；检查主变压器和线路扼流圈，应外观完好，螺钉紧固，并使用干抹布清洁灰尘及杂物；使用压缩空气清洁辅助逆变器的进风口、出风口、风道和散热片；检查逆变器箱内电流传感器、电压传感器、各继电器，应无积灰、污染等以免影响到绝缘，接线应无松动，检查继电器，动作应灵活、顺畅；检查逆变器箱电压变换器板、电流互感器板，插头或接线应无松动，器件应无变色、裂纹或破损；检查逆变器和充电机模块，控制插头应连接牢固，无老化、腐蚀，逆变器和充电器模块上的电容、电阻等器件应无漏油、烧损等迹象，所有紧固件连接紧固、无松动；检查方孔锁，锁闭功能应正常；检查二次防护装置，应状态正常。

图 5–117　辅助电源箱内部

2. 蓄电池箱外观检查

（1）蓄电池箱外部（图5–118）检查。检查蓄电池箱外观，应无损坏，箱体与车底连接螺栓紧固无松动，箱内各设备安装紧固，画线无错位；检查蓄电池刀闸箱，外观应无异常，蓄电池刀闸熔断器外观应无损坏。

图5–118　蓄电池箱外部

（2）蓄电池箱内部（图5–119）检查。检查各蓄电池单体，应无腐蚀、漏液，外壳无变形或破裂；检查蓄电池单体电缆，应无松动，正负极连接正确；蓄电池箱内应清洁、干燥，若有灰尘则用抹布进行清洁；检查温度传感器，应安装良好；检查蓄电池端子各连接螺栓，应紧固无松动、锈蚀，画线无错位；检查方孔锁，锁闭功能应正常；检查二次防护装置，应状态正常。

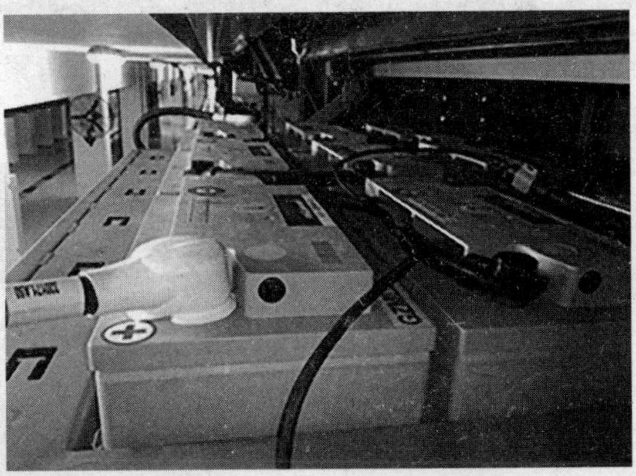

图5–119　蓄电池箱内部

（二）辅助电源系统静态有电调试

1. 辅助逆变器有电功能检查

升弓后检查 HMI 的辅助逆变器，图标应为绿色，此时查看电压值范围应为 116~132 V。检查 HMI 的辅助逆变器图标为绿色后，启动全车空调，辅助风机、牵引风机、空调通风机应能启动运行，且无风机故障。

2. 扩展供电功能检查

激活司机操作台升弓，待辅助逆变器启动后打开全车空调，查看空调压缩机全部启动后，按下 A1 车辅助逆变器微动开关，将扩展接触器闭合，查看 HMI 的扩展供电图标，应显示为绿色，如图 5-120 所示。

图 5-120　扩展供电显示

3. 蓄电池紧急负载测试

（1）测试前功能确认。确认全车 LCD 屏幕能正常点亮，客室照明能正常点亮，车门开关门功能正常，客室广播功能正常，列车外部照明状态正常，制动状态正常，紧急通风功能正常。升弓，对蓄电池充电；点击车辆参数界面，查看蓄电池充电电流（图 5-121），当充电电流≤2 A 时，表明电池已进入浮充状态，可以开展试验。

（2）紧急负载测试。降弓，开启客室照明、空调，待紧急通风启动后，

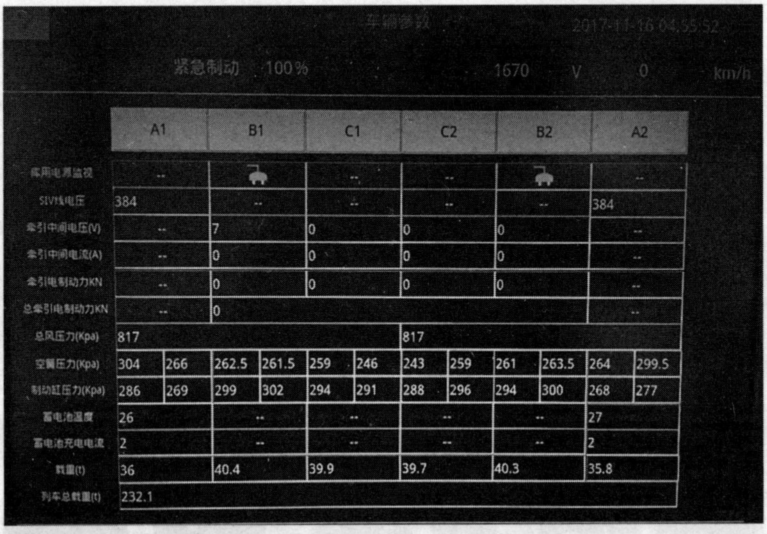

图 5-121　蓄电池充电电流界面

记录试验开始时间、蓄电池电压参数；在 45 min 内，左右侧各开关一次车门，缓慢施加一次停车制动，播放一次紧急广播，然后记录蓄电池电压；关空调、关车门、施加停车制动；升弓，对蓄电池充电 1 h，结束试验。

（三）辅助电源系统动态功能调试

1. 气压不足旁路测试

启用气压不足旁路，HMI 的旁路信息应显示气压不足旁路图标为黄色，列车能正常牵引，HMI 显示限速 60 km/h；切除气压不足旁路。图 5-122 所示为旁路开关操作面板。

2. 紧急牵引模式测试

切除两端车辆控制单元，司机控制器方向手柄置零位、高速断路器处于“分”位，启用紧急牵引模式，此时高速断路器能自动合上；将牵引手柄推至牵引位，列车能正常牵引，将牵引手柄拉至制动位，列车能正常制动。

3. MVB 总线冗余功能测试

切除一端 A 车 MVB 总线 A 通道，MVB 总线只能通过 B 通道进行通信，

图 5-122　旁路开关操作面板

HMI 网络拓扑图应显示所有设备的图标为绿色，无设备报通信故障，列车应能正常动车。恢复列车 MVB 总线 A 通道，HMI 网络拓扑图应显示所有设备的图标为绿色，无设备报通信故障。

4. 车辆控制单元冗余功能测试

列车启动前切除本端车辆控制单元微动开关，HMI 上各系统状态应显示正常，操纵牵引手柄能正常牵引、制动。停车后恢复本端的车辆控制单元，HMI 上各系统状态应显示正常。

5. 制动冗余功能测试

切除 A1 车网关阀（注意检查应无抱闸动车），将牵引手柄推至牵引位，列车牵引功能应正常；恢复 A1 车网关阀。切除 C1 车网关阀（注意检查应无抱闸动车），将牵引手柄推至牵引位，列车牵引功能应正常；恢复 C1 车网关阀。

四、故障案例分析

某列车在正线运营时，HMI 显示辅助逆变器 DC/AC 为白点、SIV 通信故障，司机复位无效。

（一）原因分析

检查 HMI 的故障履历，故障时刻报单节车“SIV 通信故障”。SIV 通信故障逻辑（图 5-123）为当 SIV 生命信号丢失，延时 8 个周期后，约 3 s，报 SIV 通信故障。

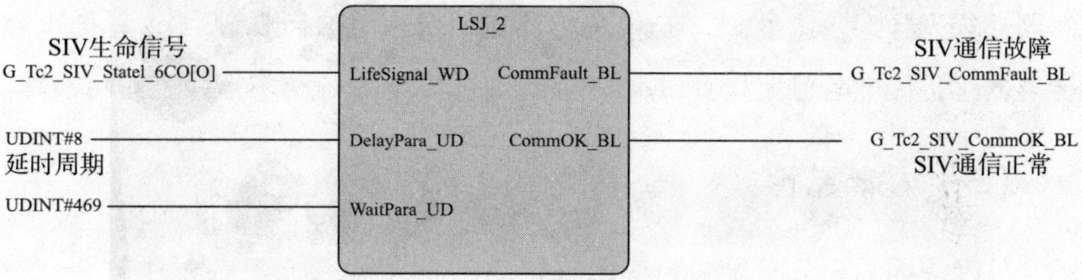

图 5-123 列车 SIV 通信故障逻辑

下载列车事件记录仪数据（图 5-124）与辅助电源系统内部数据，发现发生故障前 SIV 各项电压、电流数据无明显异常，故障时事件记录仪数据与辅助电源系统内部数据停止更新，SIV 生命信号中断，SIV 通信中断。

事件记录解析 事件记录数据列表

时间(车号：1920)	Tc1_DI司机室占有	Tc2_DI司机室占有	SIV2线路输入电压1=1V	SIV2逆变器输入电流1=1A	SIV2逆变电路输出线电压1=1V	SIV2逆变器输出相电压Uu1=1V	SIV2逆变器输出相电压Uv1=1V	SIV2逆变器输出相电压Uw1=1V	SIV2逆变器输出电流Iu1=1A	SIV2逆变器输出电流Iv1=1A	SIV2逆变器输出电流Iw1=1A	SIV2充电机电路输出电压Uo1=1V	SIV2充电机电路输出电流Io1=1A	SIV2蓄电池温度1=1°C	Tc1车SIV生命信号	Tc2车SIV生命信号
2021-07-09 06:56:37	0	1	1582	29	382	221	222	221	82	81	81	119	39	31	3297	4184
2021-07-09 06:56:37	0	1	1582	29	382	221	222	221	82	81	81	119	39	31	3297	4184
2021-07-09 06:56:37	0	1	1582	29	382	221	222	221	82	81	81	119	39	31	3297	4184
2021-07-09 06:56:37	0	1	1581	29	384	222	223	221	81	81	80	119	39	31	5887	6774
2021-07-09 06:56:37	0	1	1581	29	384	222	223	221	81	81	80	119	39	31	5887	6774
2021-07-09 06:56:37	0	1	1581	29	384	222	222	221	81	81	80	119	39	31	8477	9364
2021-07-09 06:56:37	0	1	1581	29	384	222	222	221	81	81	80	119	39	31	8477	9364
2021-07-09 06:56:37	0	1	1581	29	384	222	222	221	81	81	80	119	39	31	8477	9364
2021-07-09 06:56:37	0	1	1578	29	384	222	221	222	81	80	81	119	39	31	11066	11954
2021-07-09 06:56:37	0	1	1578	29	384	222	221	222	81	80	81	119	39	31	11066	11954
2021-07-09 06:56:38	0	1	1577	29	384	221	222	222	81	80	81	119	39	31	13656	14344
2021-07-09 06:56:38	0	1	1577	29	384	221	222	222	81	80	81	119	39	31	13656	14344
2021-07-09 06:56:38	0	1	1577	29	384	221	222	222	81	80	81	119	39	31	13656	14344
2021-07-09 06:56:38	0	1	1577	29	382	221	222	222	81	81	82	119	40	31	16047	16934
2021-07-09 06:56:38	0	1	1577	29	382	221	222	222	81	81	82	119	40	31	16047	16934
2021-07-09 06:56:38	0	1	1574	28	382	221	223	222	80	81	81	119	39	31	18636	19524
2021-07-09 06:56:38	0	1	1574	28	382	221	223	222	80	81	81	119	39	31	18636	19524
2021-07-09 06:56:38	0	1	1574	28	382	221	223	222	80	81	81	119	39	31	18636	19524
2021-07-09 06:5...	0	1	1574	29	382	221	223	222	81	80	81	119	39	31	21226	22113
2021-07-09 06:56:38	0	1	1574	29	382	221	223	222	81	80	81	119	39	31	21226	22113
2021-07-09 06:56:39	0	1	1574	29	382	221	223	222	81	80	81	119	39	31	21226	22113
2021-07-09 06:56:39	0	1	1574	29	382	221	223	222	81	80	81	119	39	31	23816	22113
2021-07-09 06:56:39	0	1	1574	29	382	221	223	222	81	80	81	119	39	31	23816	22113
2021-07-09 06:56:39	0	1	1574	29	382	221	223	222	81	80	81	119	39	31	26406	22113
2021-07-09 06:56:39	0	1	1574	29	382	221	223	222	81	80	81	119	39	31	26406	22113
2021-07-09 06:56:39	0	1	1574	29	382	221	223	222	81	80	81	119	39	31	26406	22113
2021-07-09 06:56:39	0	1	1574	29	382	221	223	222	81	80	81	119	39	31	28995	22113
2021-07-09 06:56:39	0	1	1574	29	382	221	223	222	81	80	81	119	39	31	28995	22113
2021-07-09 06:56:39	0	1	1574	29	382	221	223	222	81	80	81	119	39	31	31585	22113
2021-07-09 06:56:39	0	1	1574	29	382	221	223	222	81	80	81	119	39	31	31585	22113
2021-07-09 06:56:40	0	1	1574	29	382	221	223	222	81	80	81	119	39	31	31585	22113
2021-07-09 06:56:40	0	1	1574	29	382	221	223	222	81	80	81	119	39	31	34175	22113
2021-07-09 06:56:40	0	1	1574	29	382	221	223	222	81	80	81	119	39	31	34175	22113
2021-07-09 06:56:40	0	1	1574	29	382	221	223	222	81	80	81	119	39	31	34175	22113
2021-07-09 06:56:40	0	1	1574	29	382	221	223	222	81	80	81	119	39	31	36764	22113
2021-07-09 06:56:40	0	1	1574	29	382	221	223	222	81	80	81	119	39	31	36764	22113
2021-07-09 06:56:40	0	1	1574	29	382	221	223	222	81	80	81	119	39	31	39384	22113
2021-07-09 06:56:40	0	1	1574	29	382	221	223	222	81	80	81	119	39	31	39384	22113
2021-07-09 06:56:40	0	1	1574	29	382	221	223	222	81	80	81	119	39	31	41974	22113

图 5-124 列车事件记录仪数据

（二）故障排查

检查 SIV 控制单元和逆变器模块，外观完好，但均失电、未启动，电源板指示灯显示红色、未工作。检查并测量 SIV 控制单元各个插头，发现 XD4 插头的 13 脚和 15 脚电阻值为 9.93 Ω。分析内部原理图，确认 XD4 插头的 13 脚和 15 脚接线位置为辅助逆变器的 SC3 电流传感器。检查电流传感器外观无异常，测量 SC3 电流传感器正负极电阻值为 9.63 Ω，其他电流传感器正负极电阻值为 0.65 MΩ，因此确认 SC3 电流传感器发生短路故障。

（三）故障结论

故障原因为单节车 SIV 逆变器模块内的 SC3 电流传感器发生短路，导致提供电源的电源板启动短路保护而停止供电，使整个辅助电源系统无法正常运行，更换该电源传感器后列车功能恢复正常。

第九节　车体与内装系统调试

一、系统概述

车体的主要作用是承受垂直、纵向、扭转等载荷，传递牵引、制动力，并具有隔声、减振、保暖等功能。此外，车体还用于固定空气压力管、线缆及列车设备。车辆及其部件焊接的设计、生产、试验和质量认证应满足 EN 15085 标准的相关要求。车体分为带司机室的拖车（A 车）车体和动车（B/C 车）车体。列车编组图如图 5-125 所示。

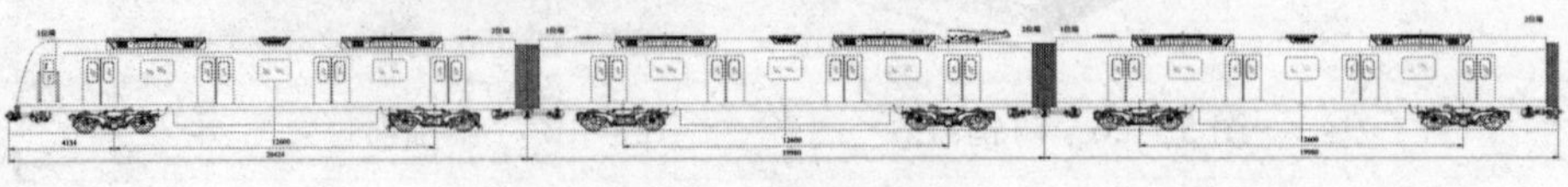

图 5-125　列车编组图

内装分为司机室内装和客室内装。司机室内装主要由头罩、导流罩、天花板、侧墙、隔墙电器柜等装饰结构和前窗玻璃、雨刮器、司机室座椅等设备组成。客室内装主要由客室扶手、侧窗、座椅、地板布、端墙电气柜、内顶板、侧墙板及门立柱罩组成。

二、系统组成及功能

（一）车体

在首尾车司机室端底架上设计有防爬装置，以防止两列车发生冲撞时产生爬叠并吸收部分能量。防爬器（图 5-126）集成有压溃吸能结构，在列车意外撞车时能够有效防止车辆的相对攀爬，并能吸收一部分撞击能量，减少意外撞车对客室区域的影响。

防爬器为整体焊接结构，由前端防爬器、中部压馈管、后部安装板三个部分组成。前端防爬器在意外撞车过程中能够有效防止车辆相互爬起，中部压馈管能够通过变形吸收碰撞能量，后部安装板通过螺栓与车体端部相连。

（二）内装系统

雨刮器系统是安装在车辆挡风玻璃上，在需要时清除挡风玻璃上的雨水及其他遮挡物（昆虫、泥浆等），以获得清晰的视野，保证行车安全的装置，如图 5-127 所示。

图 5-126　防爬器

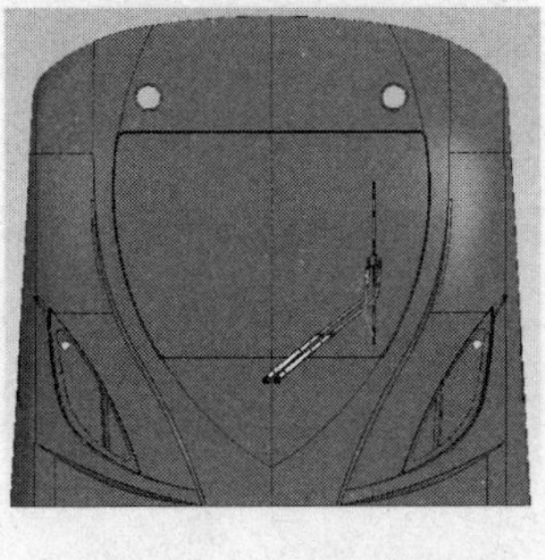

图 5-127　雨刮器位置图

电动雨刮器采用直流电机，一般与蜗轮蜗杆机械部分做成一体。蜗轮蜗杆机构的作用是减速增扭，其输出轴带动四连杆机构，通过四连杆机构把连续的旋转运动改变为左右摆动的运动。

三、系统调试

（一）车体检查

1. 外观检查

检查车窗、车门及车体外表面（图 5-128），应无损伤，外表面油漆无脱落、起泡等表面缺陷，门页、窗户密封条无损坏。

a） b）

图 5-128 车体外观

a）车头 b）车门及车体

检查司机室前窗、客室车窗、车门（司机室侧门、客室车门、通道门）玻璃，应表面无损伤、刮痕、裂纹，橡胶件、密封胶无破损剥离；检查车体外部文字、标记、铭牌、指示灯等，应齐备、清晰。

2. 尺寸测量

在列车内气压大于 8. 0 bar 时，车顶最大高度（空气簧充气）公差范围在 $3\,870^{+15}_{-10}$ mm，受电弓落弓时高度（空气簧充气状态下，受电弓落弓时最高点与轨顶面的距离）公差范围在 $3\,830^{+15}_{-10}$ mm，地板面距轨顶面高度（空气簧充气）公差范围在 $1\,130^{+10}_{0}$ mm。

（二）内装系统检查

1. 目测司机操作台各面板部件，应安装紧固，外观完好、干净、无损坏；检查司机操作台标识，应完好；检查司机操作台各旋钮开关，应状态良好。目测内外风挡玻璃，应无损坏、裂纹；检查遮阳板，应外观完好、无破损，遮阳板两边的导轨安装紧固无变形；检查雨刮器，应外观无异常，安装紧固；检查司机室座椅，应安装紧固，座椅各项调节功能正常，外观无异常。

2. 检查客室立柱及拉手，应无损坏、松动，如损坏则更换；检查轮椅固定器和残疾人扶手，应安装紧固，外观无异常。

3. 检查灭火器，应安装规范、外观完好，灭火器上的保险销无破损、丢失，气压正常，有效日期在有效期之内。

四、故障案例分析

（一）司机室侧门三角形装饰块松动

调试时发现司机室右侧门门角胶开裂，进一步检查发现，门框三角形装饰块（图 5–129）存在松动情况（门角装饰块为铝合金材质，质量为 0. 24 kg），存在松脱掉落正线的安全风险。

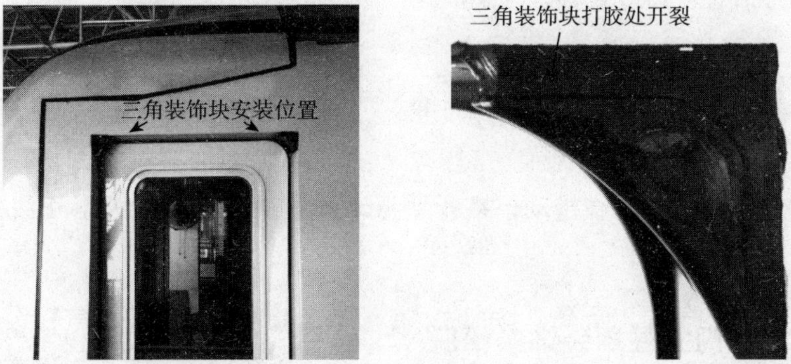

a）　　　　b）

图 5–129　三角装饰块

a）安装位置　b）三角装饰块松脱

1. 故障分析

检查司机室右侧门的门角装饰块打胶情况，发现三角形装饰块与门框外侧进行了打胶，但未在三角形装饰块与门框接触面注满胶（图 5-130）。

三角形装饰块通过西卡胶 265 与车体粘接，固定在司机室侧门门框位置，主要起装饰美观作用。由于三角形装饰块与门框在出厂时未按照注满胶的标准打胶，导致该三角形装饰块在列车运营过程中出现松动，存在松脱掉落正线的安全风险。

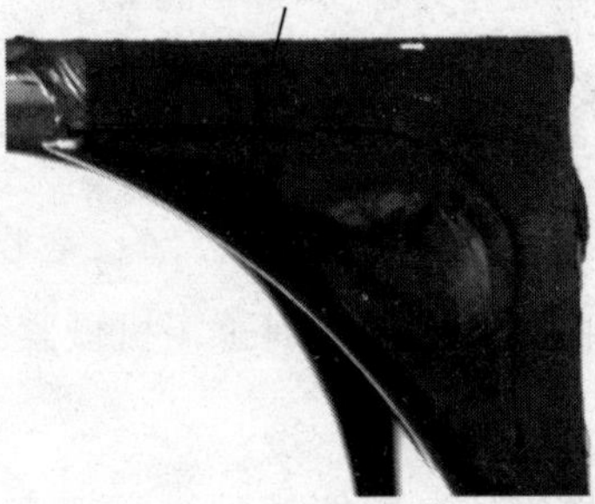

图 5-130　三角装饰块打胶不规范

2. 故障排查

对全部列车的司机室侧门三角形装饰块松动情况进行普查，共发现 76 处三角形装饰块打胶处轻微开裂。

3. 故障处理

按照注满胶的标准对全部列车的三角形装饰块进行整改。

4. 故障影响

门框三角形装饰块松动，在长期振动作用下存在松脱掉落正线的安全风险。

（二）门立柱罩装饰条松脱

调试时发现机客室门立柱罩装饰条松脱（图 5-131）。进一步检查发现，装饰条仅在局部有打胶痕迹，未在装饰条与门立柱罩接触面注满胶。

图 5-131　门立柱罩装饰条松脱

1. 故障分析

门立柱罩装饰条为铝合金材质，主要起防水作用，采用德邦 3420 和环氧胶粘接固定。由于黏结剂在一定年限后会出现老化现象，因此门立柱罩装饰条不允许单纯采用粘接工艺，需同时采用机械紧固的方式进行紧固。

2. 故障排查

对全部列车的门立柱罩装饰条松脱情况进行普查，共发现 11 处门立柱罩装饰条松脱。

3. 故障处理

为防止门立柱罩装饰条松脱，在门立柱罩装饰条两侧（座椅侧+门区侧）易翘角位置增加机械连接。由于座椅侧被座椅阻挡无法现场直接拉铆，因此应在门区侧铆接，座椅侧用螺栓连接。

4. 故障影响

客室门立柱罩装饰条松脱后存在掉落正线的安全风险。

（三）电气柜底部渗水

调试时发现司机室电气柜的柜内地板上有水迹，初步判断电气柜底部存在渗水情况。

1. 故障分析

现场使用喷壶在司机室电气柜柜前喷洒少量水，待 10 min 后打开柜门检查，发现柜内地板上有水迹，表明柜门底部确实存在渗水现象。进一步检查发现，柜门底部与地板面结合面胶接处（西卡胶）存在轻微的老化、龟裂现象，从而引起柜门底部与地板面结合处存在轻微渗水。

2. 故障排查

对列车全部电气柜开展底部渗水问题普查，共发现 30 个电气柜的柜门底部与地板面结合处存在渗水情况。

3. 故障处理

对柜门底部与地板面结合处位置重新打胶（西卡胶），再次进行验漏，柜门底部与地板面结合处无漏水现象。

4. 故障影响

电气柜底部渗水进入电气柜内部，存在引起电路短路的安全风险。

第十节　贯通道与车钩系统调试

一、系统概述

（一）贯通道

贯通道风挡的功能是确保乘客通过连接区域的安全性，使连接区域具有良好的装饰性，并保护折篷使其免受损坏。贯通道位于两节车辆之间（图 5-132），在发生紧急情况时，可打开侧护板并解锁两半风挡，将乘客和服务人员疏散出去（正线采用第三轨受流，严禁进入轨行区）。两车联挂时，锁闭机构通过定位机构实现互锁，将两半风挡连接形成整体。

车辆贯通道主要由风挡、侧护板、顶护板、渡板和踏板等部件构成（图 5-133、图 5-134）。

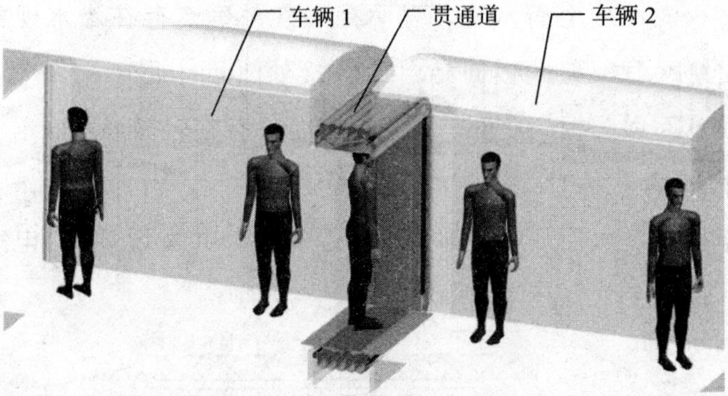

图 5-132　贯通道位置图

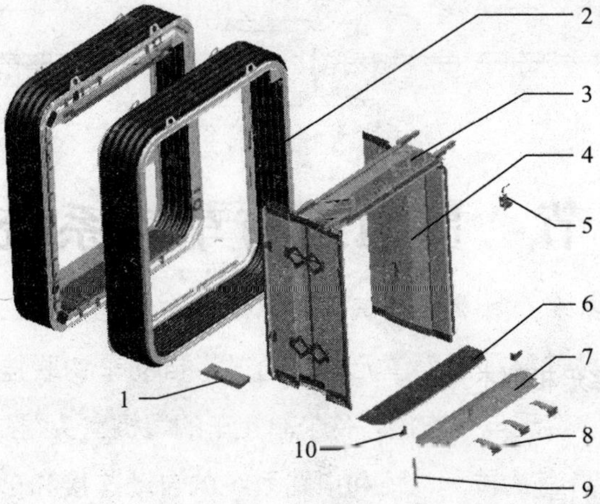

图 5-133　贯通道结构

1—车钩磨耗板　2—外风挡　3—顶护板　4—侧护板　5—上护板安装座　6—渡板　7—踏板
8—支撑　9—接地线　10—下护板安装座

贯通道设置在 A 车Ⅱ位端和 B 车、C 车的两端，采用分体式结构，通过宽度为 1 300 mm，通过高度为 1 900 mm。贯通道的结构部件使用寿命为 30 年，折篷使用寿命不小于 15 年，隔声量（加权值）≥36 dB（A）。

（二）车钩系统

以广州地铁 14/21 号线列车为例，其由两个单元共 6 辆车组成，每个单

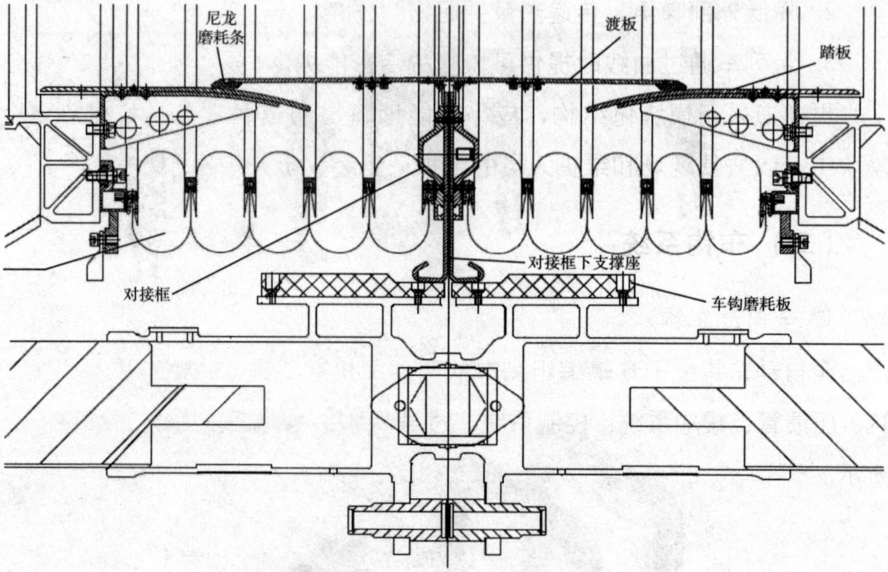

图 5-134　贯通道下部截面图

元由 1 辆拖车（A 车）和 2 辆动车（B 车和 C 车）组成，三辆车之间通过半永久车钩进行机械连接。两个单元之间通过半自动车钩联挂，通过固定在车辆之间的跨接电缆实现电气连接。各个单元车的司机室头端配置全自动车钩。

全自动车钩具有机械、气路和电路系统的自动连接和自动分解功能。

半自动车钩具有机械、气路的自动连接和自动分解功能，电路系统的连接和分解需要人工手动操作。

半永久牵引杆具有机械、气路手动连接功能，连接和分解均需要人工手动操作。

二、工作原理

（一）贯通道

贯通道是地铁两节车之间的安全通道，主要功能为：

1. 为相邻两节车厢之间的乘客提供安全的站立、通过空间。

2. 降低外部噪声，传递热量并起密封作用。

3. 为列车通过曲线时提供可恢复的变形能力。

贯通道采用模块化结构，应尽可能地将贯通道各零部件集成到各功能模块中，以方便现场和维护人员的维护、组装、拆卸等操作。

（二）车钩系统

1. 全自动车钩

全自动车钩位于6辆编组列车的两端司机室头端，由联挂系统、电气车钩、压溃管、缓冲系统、控制系统、过载保护装置等部分组成，如图5-135所示。

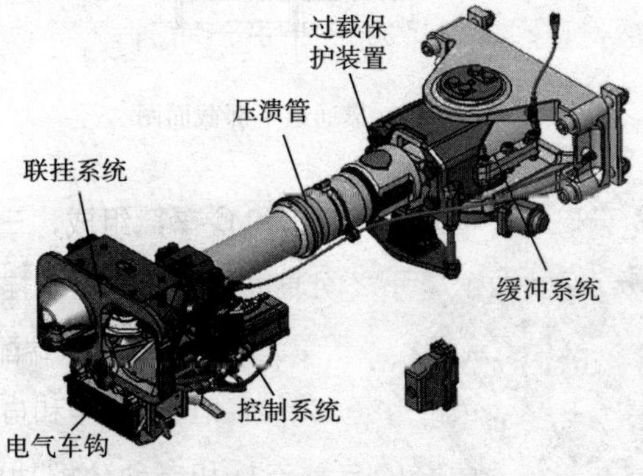

图5-135　全自动车钩结构

（1）联挂系统。330型密接式车钩内部由钩舌、联挂杆、回复弹簧、解钩气缸装置等构成，如图5-136所示。

机械联挂系统工作状态有待联挂位（同时也是锁定位）和全开位两种。当全自动车钩要联挂时，通过两车钩的相互撞击，钩体内部的钩舌等机构发生顺时针旋转，对方钩体的凸锥推动本钩钩舌等联挂机构旋转到最大角度，到达全开位，然后在回复弹簧的作用下迅速回复到锁定位，到达完全联挂后车钩联挂机构的位置状态，如图5-137所示。

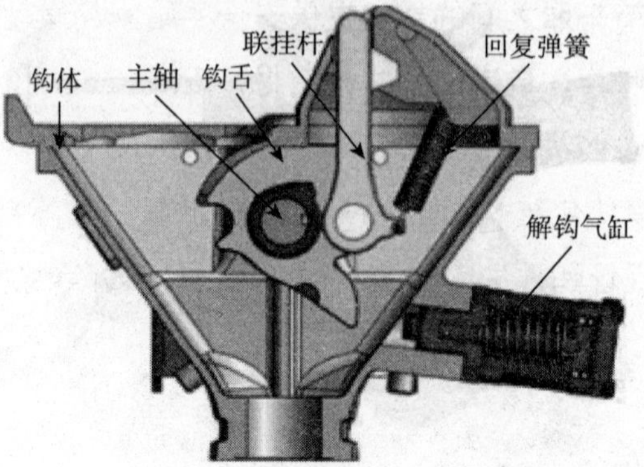

图 5-136　机械联挂系统内部结构

在解开车钩时，向解钩气缸充风或者人工扳动解钩手柄，使钩体内部的钩舌及其他机构旋转到最大角度，到达全开位，此时两车钩可以正常分离。释放解钩手柄，在回复弹簧力的作用下，钩舌等其他内部机构回复到待联挂位，如图 5-138 所示。

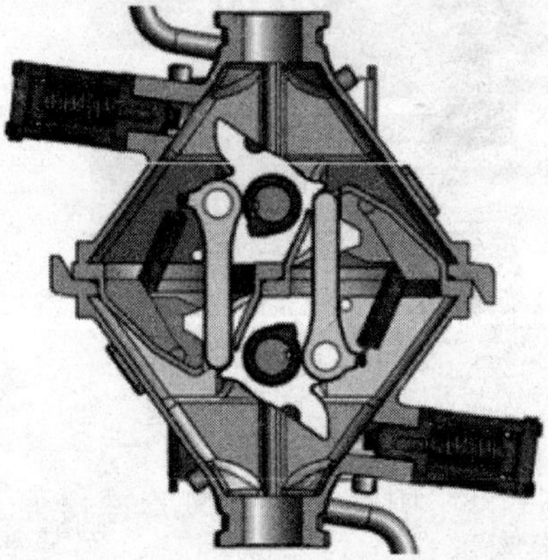

图 5-137　车钩已联挂的位置状态

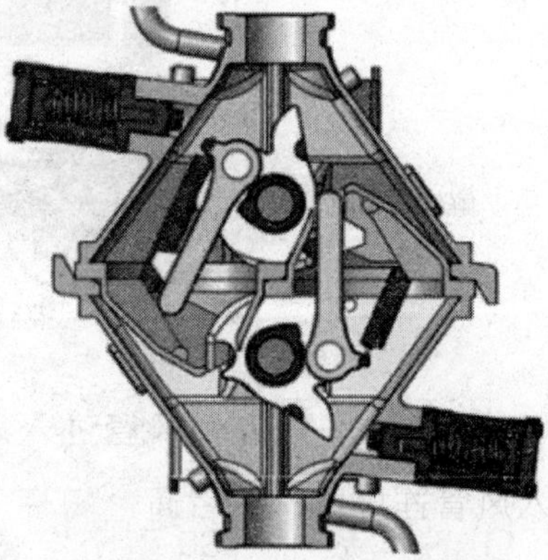

图 5-138　车钩已解钩的位置状态

联挂系统主轴及钩体处设有联挂状态指示器（图 5-139）。通过检查主轴联挂指示槽与钩体联挂指示槽的重合状态可以迅速判断车钩是否联挂到位。

全自动车钩联挂系统钩体上装有主风管连接器和解钩风管连接器（图 5-140）。主风管连接器用于列车主供风管路的连接，在列车联挂时可自动打开列车管路，在列车解钩时可自动关断风路。解钩风管连接器用于

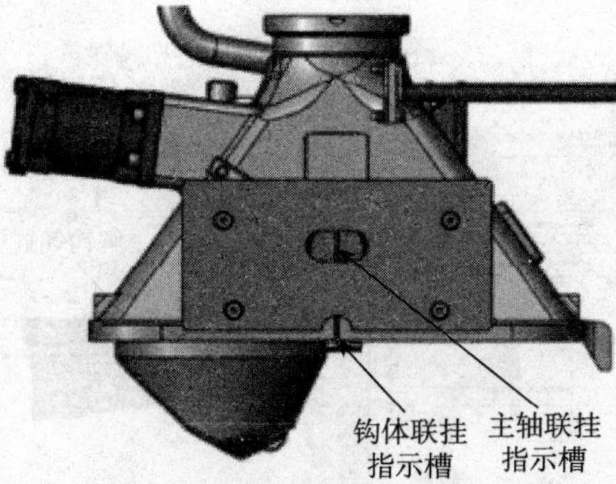

图 5-139 联挂状态指示器

与自动解钩操作时的解钩供风管路连接，解钩风管连接器是直通式的，没有自动连通和自动关闭功能。

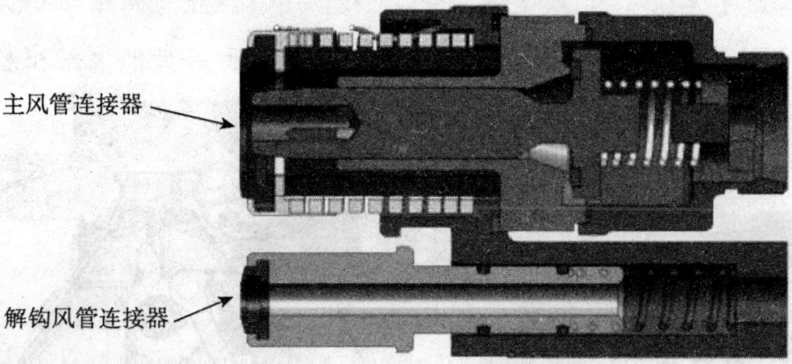

图 5-140 风管连接器结构

压缩空气首先从左侧风管进入后安装座，通过后安装座内部多孔的结构进入风管连接器，然后通过阀杆上设计的孔槽结构到达风管连接面，再通过右侧阀杆上设计的孔槽结构，最后通过右侧后安装座到达右侧风管，如图 5-141 所示。

(2) 压溃管。为满足能量吸收要求，车钩系统设有膨胀式压溃管（图 5-142）。膨胀式压溃管具有较大的能量吸收能力，当列车在运行或联挂过程中发生碰撞，压载荷低于压溃管触发力时，压溃管吸能元件不发生动作，所有的冲击能量将由缓冲器来吸收；当压载荷大于设定值时，压溃管就产生塑性变形，最大限度地吸收冲击能量，从而保证车辆上的人身安

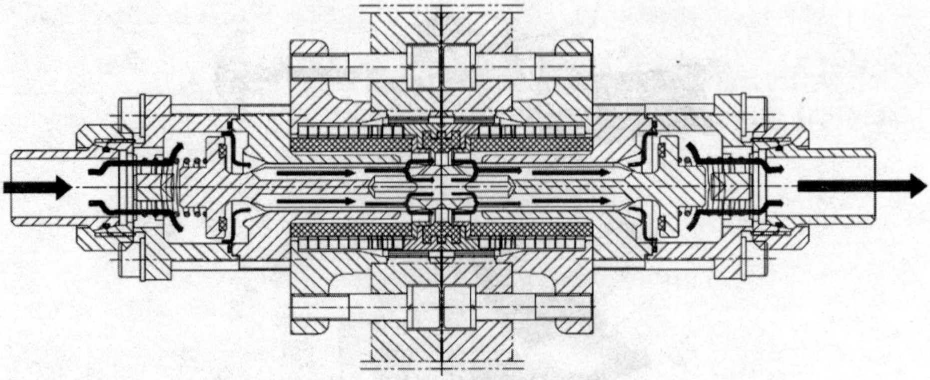

图 5-141　主风管连接器风路示意图

全和保护车辆设备。车钩系统在牵引工况时，牵引载荷会通过压溃管内部的刚性连接来传递，变形元件不会受到影响。

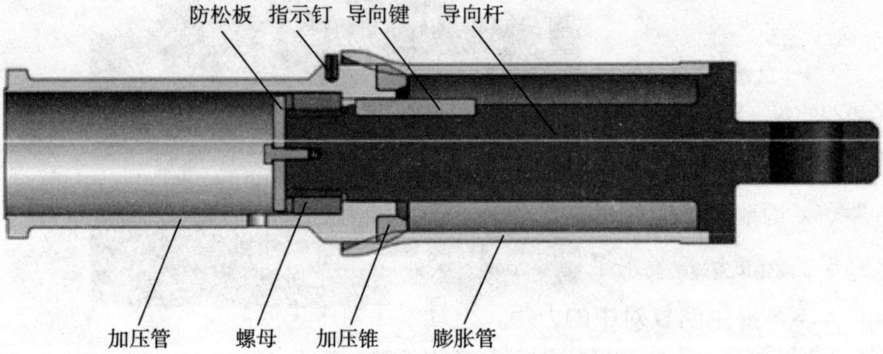

图 5-142　膨胀式压溃管结构

（3）缓冲系统（图 5-143）。缓冲系统由安装吊挂系统和 EFG3 缓冲器两部分组成。缓冲器在结构上与安装吊挂系统融为一体，承担车钩系统的弹性缓冲、水平对中、垂直支撑等功能。

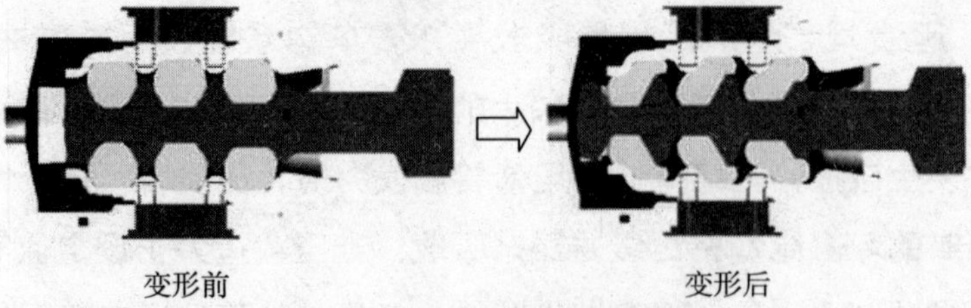

图 5-143　缓冲系统结构

1）弹性缓冲。回转机构（图 5-144）由回转轴和缓冲器两部分构成。水平转动通过回转轴实现，缓冲器可以在水平范围进行转动；垂直转动和扭转通过橡胶块实现，通过挤压橡胶块，缓冲器壳体可以垂直转动和扭转。

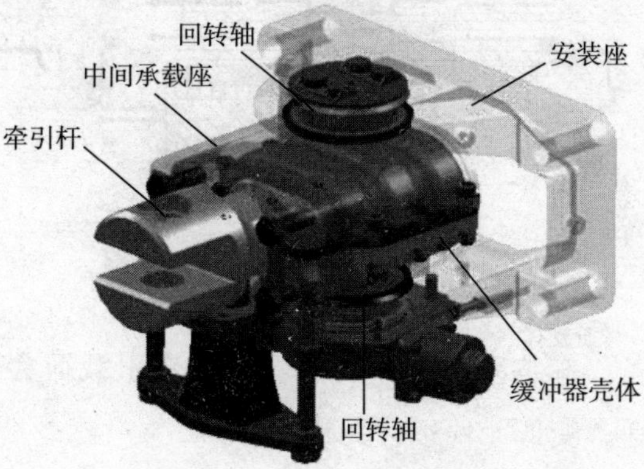

图 5-144　回转机构结构

2）水平对中。缓冲系统下部有水平对中机构（图 5-145），采用凸轮—滚轮—碟簧机械对中方式，碟簧提供回复力，使滚轮压迫凸轮板转动，从而带动车钩系统整体转动。凸轮板与滚轮配合能够提供回复力的角度范围为±15°，当车钩系统水平转动超过 15°，滚轮对凸轮板的力通过凸轮板旋转中心，不再提供回复对中的力矩，自动水平对中失效。

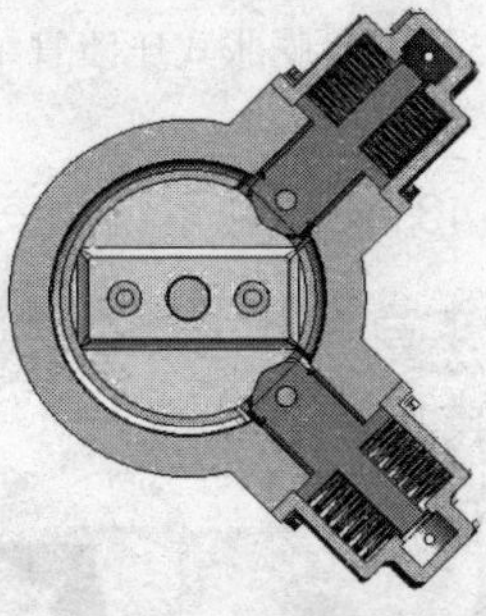

图 5-145　对中机构结构

3）垂直支撑。支撑方式为自支撑。用橡胶支撑将车钩系统前端下垂部件支撑（图 5-146），然后将橡胶支撑固定于后部部件上。当车钩出现低头或者抬头现象时，只需松开橡胶支撑两侧的螺母，顺时针或逆时针旋转螺栓就可调整车钩的高度。

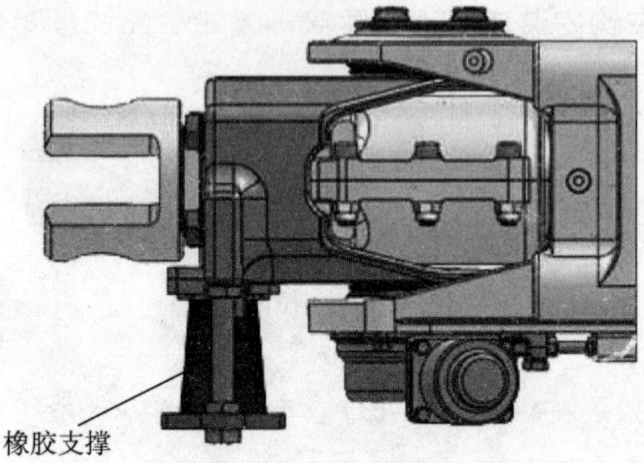

图 5-146　支撑机构结构

（4）过载保护装置。过载保护装置（图 5-147）的关键元件是位于EFG3 橡胶缓冲器前端的四个拉断螺栓（图 5-148）。在设计初期经过试验确定拉断螺栓的拉断力值。

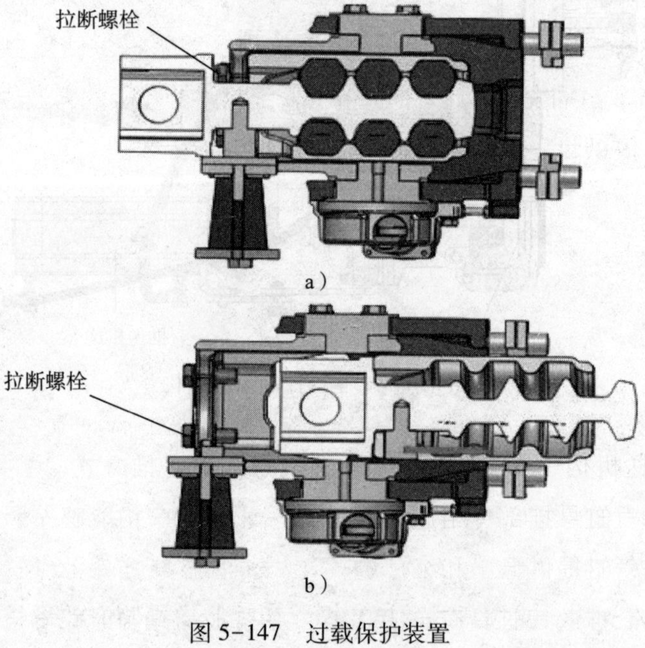

图 5-147　过载保护装置

a）正常状态　b）过载状态

当车钩系统受到的冲击载荷大于拉断螺栓设计的触发力值时，拉断螺栓会发生破坏断裂，导致钩缓装置与车钩安装座分离，钩缓装置的缓冲系统及压溃管滑向车钩安装座，这时防爬器及车体将起到过载功能。

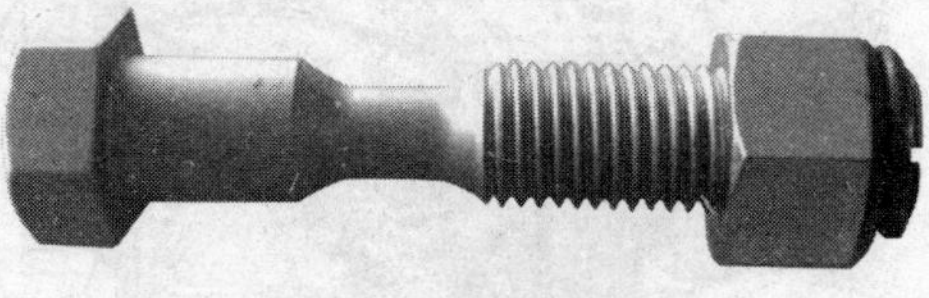

图 5-148　拉断螺栓

（5）车钩控制系统（图 5-149）。电气车钩控制系统由推送机构和气动控制系统组成，作用是在机械车钩联挂完成后控制电气车钩推出联挂，在机械解钩前控制电气车钩分解。

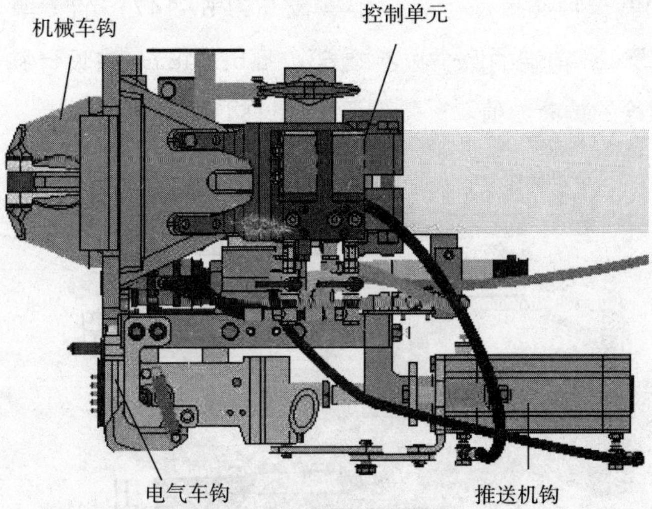

图 5-149　车钩控制系统结构

1）推送机构（图 5-150）。推送机构采用直推方式，主要由导向杆、推送气缸和气缸悬挂部件组成。导向杆保证电气车钩能够按照设计的轨道运动，推送气缸提供退出和缩回的驱动力，气缸悬挂保证气缸安装和弹性行程的需要。推送气缸具有自锁功能，在推出和缩回时能够自动锁定，以防止在没有空气压力或气压不足时电气车钩能够保持在动作位。

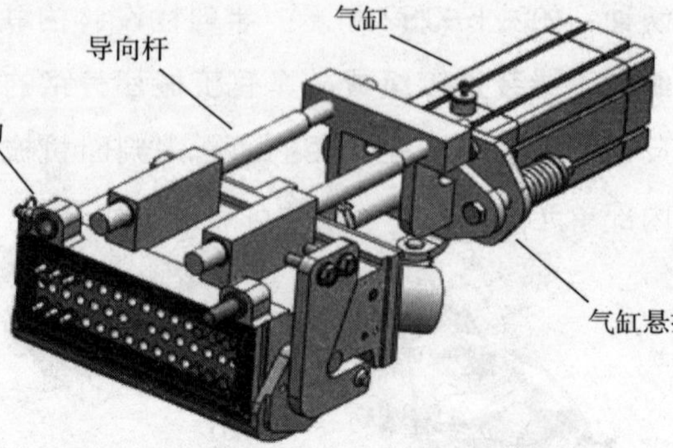

图 5-150 推送机构结构

2）气动控制系统。车钩控制系统采用集成气控单元形式，电气车钩的推送和缩回均由气动控制系统控制。

（6）电气车钩（图 5-151）。全自动车钩采用了下式电气车钩，采用直推方式实现联挂，推送元件为双向气缸。电气车钩主要由壳体、开盖机构、前盖、绝缘台、触点、前端密封、二次定位和导向杆座等组成。

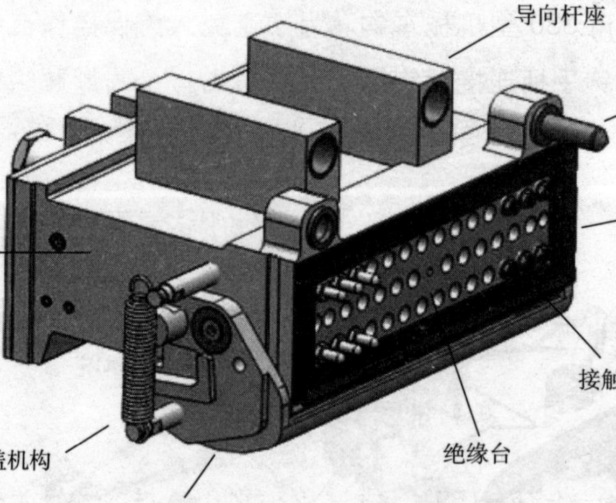

图 5-151 电气车钩结构

2. 半自动车钩

半自动车钩用于列车两个单元车之间，分为带支架半自动车钩和无支架半自动车钩两种，如图 5-152 所示。半自动车钩由联挂系统、联挂反馈系统、缓冲系统和压溃装置等组成，具有机械和气路的自动联挂与手动分解功能。联挂反馈系统通过行程开关的通断来判断机械联挂部件的位置状态，保证列车内部单元间机械、气路的可靠连接和分解。

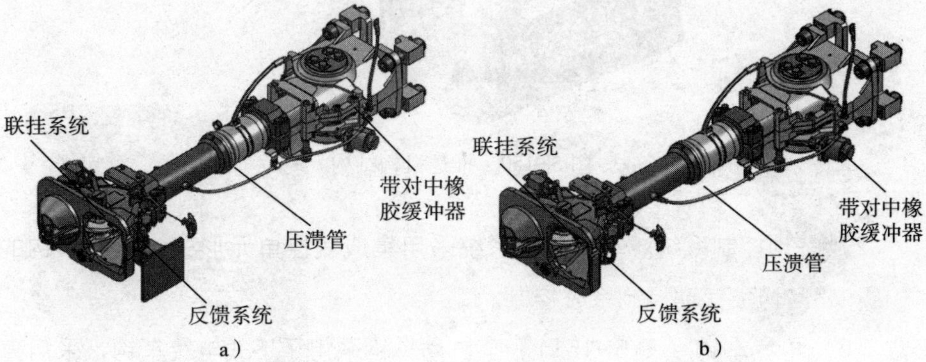

图 5-152　半自动车钩结构

a）带支架半自动车钩　b）无支架半自动车钩

联挂系统采用 330 型机械车钩。为了避免人为误操作造成意外解钩，联挂系统采用解钩手柄连接解钩钢丝绳并引出一个圆形解钩套环的结构。当需要解钩时，只能使用专用解钩工装拉动解钩套环实现解钩操作，如图 5-153 所示。

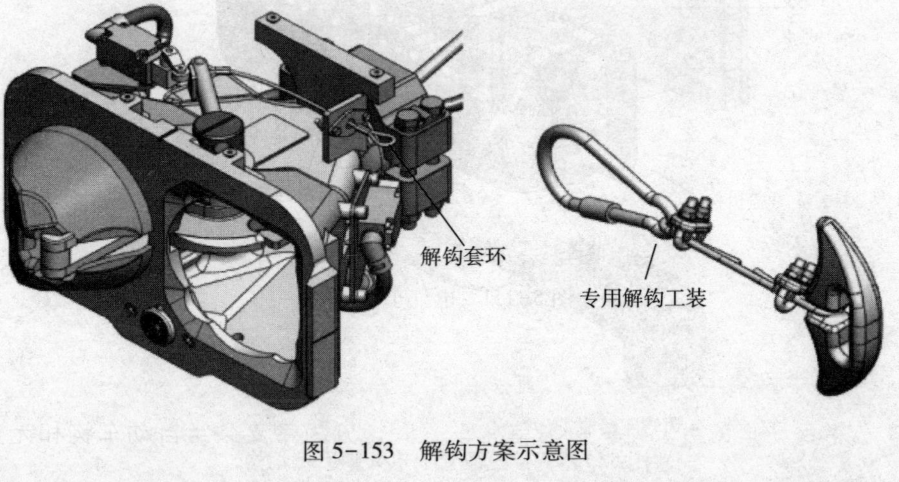

图 5-153　解钩方案示意图

半自动车钩联挂反馈机构可以在半自动车钩联挂完成后持续地通过车端电路向司机室提供联挂状态反馈信号，司机可以通过反馈信号掌握中间车钩联挂锁闭机构状态是否正常。在机械联挂的主轴和联挂杆位置设置行程开关，通过行程开关的通断来判断机械联挂部件的位置状态，如图 5-154 所示。

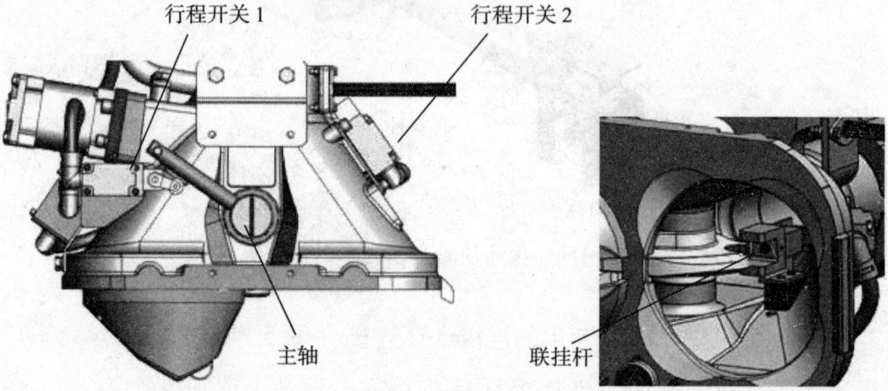

图 5-154　联挂状态反馈

3. 半永久牵引杆

半永久牵引杆有带压溃管（图 5-155）和无压溃管（图 5-156）两种类型。两种半永久牵引杆均带无对中 EFG3 橡胶缓冲器，在列车单元内部各个断面成对使用。半永久牵引杆之间采用卡环连接，与车体采用四个专用螺栓连接。整个车钩系统总长可以按照车辆总体要求进行调整。

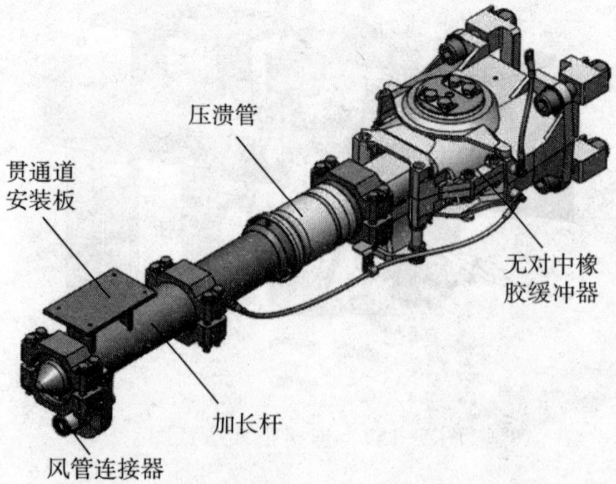

图 5-155　带压溃管半永久牵引杆结构

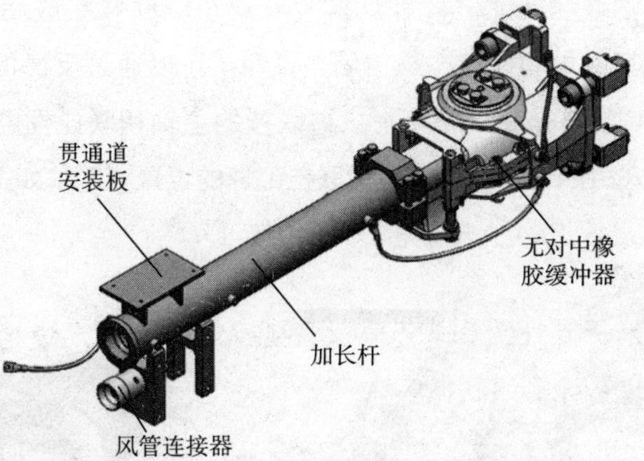

图 5-156 无压溃管半永久牵引杆结构

半永久牵引杆之间由专用的连接卡环连接（图 5-157），可以保证连接环节完全消除纵向间隙。连接卡环结构可靠，安装、拆卸操作简便。半永久牵引杆的连接及分解操作均由人工完成，连挂前将两套半永久牵引杆通过人工调整至车体中心位置，车辆相互接近时，车钩牵引杆前端的凸凹锥结构将自动进行导向，使风管连接器位置对正，人工安装连接卡环后即可完成联挂。

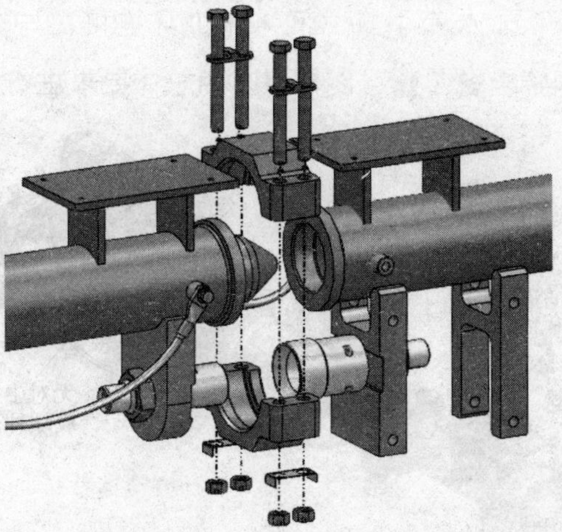

图 5-157 连接卡环示意图

三、系统调试

（一）贯通道

1. 外观检查

检查贯通道折篷（图 5-158），外观应无损坏，贯通道构架与车端之间的周边密封橡胶应无裂纹和损坏。

图 5-158　贯通道折篷

检查贯通道侧护板安装座（图 5-159），应紧固无松动，侧护板锁紧装置锁闭功能正常。

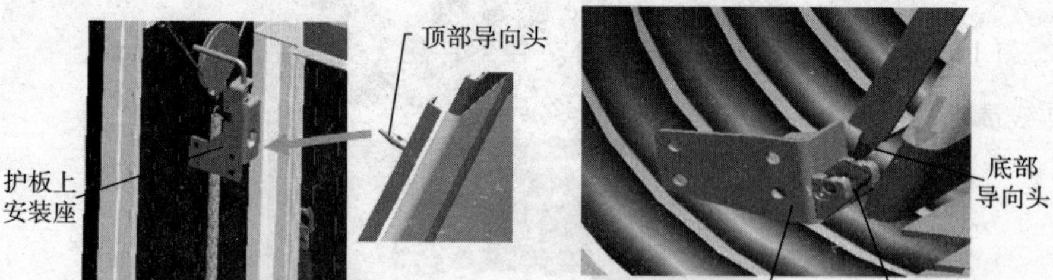

图 5-159　侧护板安装座

a）上部　b）下部

检查渡板组件，应安装紧固，能够灵活移动，没有磨坏，没有明显的机械噪声；检查渡板磨耗条，应无松动，磨损未到极限；检查踏板组件，应安装紧固、无变形。

检查贯通道顶板，应无裂纹或损坏，顶板安装螺钉紧固无松动。检查折篷内的织物，应完好，折篷内部应无异物。

检查侧护板紧固件，应安装紧固、无松动；检查侧护板连杆的安装螺钉，应无损坏、安装规范；检查侧护板安装架的转轴页，应安装紧固，转轴顺畅无卡滞；检查侧护板安装架上的插销，应紧固无断裂；检查橡胶裙板，应具有足够的韧性，变形之后能否恢复，安装紧固无松动。

检查张力弹簧，应无断裂，折篷收紧时张力弹簧固定螺栓无松动，画线正常；分解贯通道为两半部分，检查连接杆和铰链，应无损坏、锈蚀和扭曲；将外风挡手柄解锁，待手柄解锁后，拉开两侧的外风挡检查连接杆和铰链，应无损坏、锈蚀和扭曲；检查解锁手柄，操作时应与连接杆有联动，动作顺畅；检查贯通道各部件的紧固件，应无松动、脱落，防松线正常无错位。

2. 尺寸测量

检查贯通道支撑磨耗板紧固螺栓，应紧固无松动，螺栓头应低于磨耗板的表面 3 mm。

（二）车钩系统

1. 外观检查

（1）全自动车钩（图 5-160）。各部件应无异常，各紧固螺栓无松动，画线清晰可见。

图 5-160　全自动车钩

检查套筒联轴节套管（图 5-161），安装螺钉应紧固，如螺钉有松脱必须全套更换。检查橡胶缓冲器（图 5-162），各螺钉应安装紧固。

图 5-161　全自动车钩套筒联轴节套管

图 5-162　全自动车钩橡胶缓冲器

目测全自动车钩过载保护装置前后方，外观应无异常；检查安装螺钉、螺母、螺母止动座，各零部件应无变形、断裂，紧固件无松动。

将手动解钩拉环（图 5-163）用力向外拉，钩锁应灵活地转动；检查车钩张力弹簧，应安装紧固，工作状态正常。

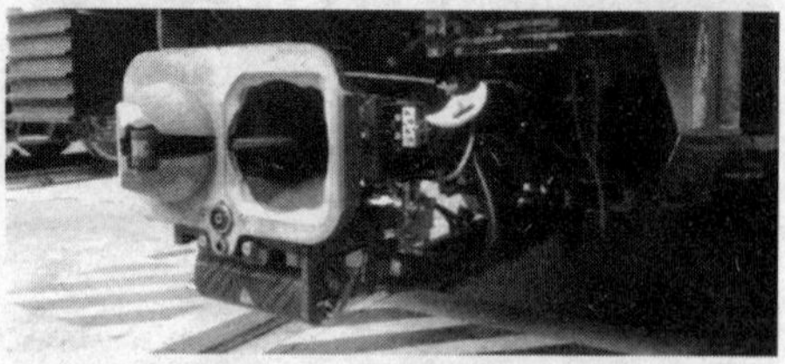

图 5-163　手动解钩拉环

检查接地线，应连接紧固无损坏，若损坏则更新；检查可压馈变形管

（图 5–164），应无损坏，车钩上方的红色圆柱销无变形弯曲，若变形则更换新的可压馈变形管；检查主风管管口，应无异物堵塞。

图 5–164 可压馈变形管

检查电气钩钩头（图 5–165）操作装置的导杆，导杆上应干净无油污；检查车钩的内锥体和车钩推进器，应干净无污渍；检查车钩推进器的动作杆和弹簧，用平口木棒按压，应无卡滞和动作不良等现象。手动测试打开电气车钩保护盖（首先关闭电气操作装置的进气阀门），应动作顺畅无卡滞；检查触头、触头块、对中销/衬套，应无损坏，电气触头正常、无锈蚀变形，可压触头动作无卡滞。手动测试关闭电气车钩保护盖，应动作顺畅无卡滞。检查电气钩钩头四周的橡胶条，应无异常；检查保护盖的内外侧，应无损坏。

图 5–165 电气钩钩头

用肥皂水测试车钩操作阀、解钩风缸等风管连接处，若发现有气泡证明此处有漏气。全自动车钩各项检查完成后将全自动车钩手动截止阀打到截止位。

（2）半自动车钩（图 5-166）。各部件应无异常，各紧固螺栓应无松动，画线清晰可见。

图 5-166　半自动车钩

检查套筒联轴节套管安装螺钉，应紧固，如螺钉有松脱必须全套更换；检查橡胶缓冲器（图 5-167），各螺钉应安装紧固。

图 5-167　半自动车钩橡胶缓冲器

检查对中装置（图 5-168），应安装紧固、无异常；检查过载保护装置，前后方外观应无异常；检查安装螺钉、螺母，各零部件应无变形、无断裂，紧固件无松动；检查接地线，应连接紧固无损坏。

图 5-168　对中装置

检查可压馈变形管，应无损坏，钩身上方的红色圆柱销无变形弯曲，若变形则更换新的可压馈变形管。

检查行程开关（图 5–169），应安装紧固，摆臂动作灵活。

图 5–169　行程开关

检查解钩风缸（图 5–170），应安装紧固，外观无异常；用肥皂水测试解钩风缸风管连接处，若发现有气泡证明此处有漏气；检查主风管连接处，应紧固、无漏气。

图 5–170　解钩风缸

检查半自动车钩跨接电缆插头固定座、电气连接处，应外观正常，电缆插头连接紧固，电缆无干涉破损，电缆固定夹的螺栓紧固、无损坏。

（3）半永久牵引杆。所有部件应无损坏，各紧固螺栓应无松动，画线清晰可见。检查套筒联轴节下套管，孔内应充满润滑油脂，螺钉安装紧固，如有松脱则全套更换。

检查套筒的排水孔，应保持畅通；检查接地线，应安装紧固无断股；检查可压馈变形管，应无损坏，钩身上方的圆柱销无变形弯曲，如有变形则须换新的可压馈变形管；检查主风管，应连接紧固，无漏气。

检查半永久牵引杆跨接电缆插头固定座、电气连接处，应外观正常，电缆插头连接紧固，电缆无干涉破损，电缆固定夹的螺栓紧固、无损坏。

2. 尺寸测量

从钩舌的中间到轨面的垂直距离为车钩的高度，如图 5-171 所示。车钩高度应为 720^{+8}_{0} mm。

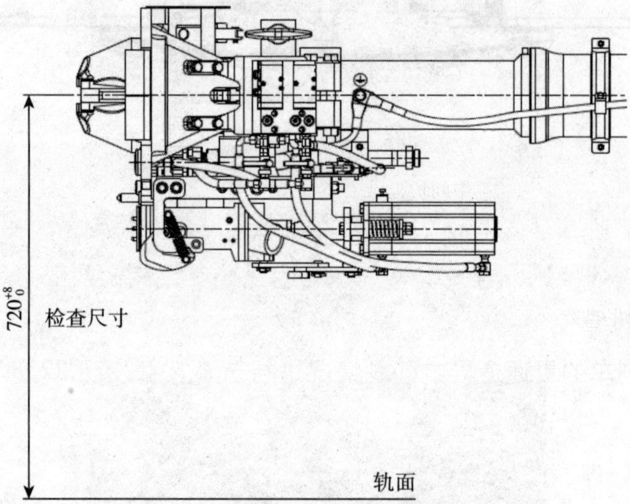

图 5-171　测量车钩高度

3. 静态有电功能检查

在列车未激活状态下拔出 72-K303 继电器，激活列车，应无法激活成功。启动车钩监视旁路后再次激活列车，应可激活成功，HMI 显示“车钩监控旁路”信息。

四、故障案例分析

（一）贯通道异响

技术人员跟车检查发现车厢连接处出现刺耳的“吱吱”摩擦声，异响来源于贯通道侧护板处。

1. 故障分析

经进一步判断，发现中间护板的中间支撑上的毛毡与侧护板在车辆运行时摩擦产生异响，如图 5-172 所示。

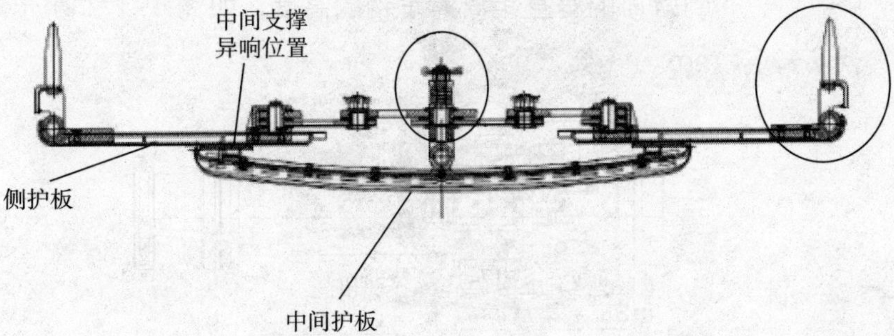

图 5-172 侧护板异响位置

2. 故障排查

对全部列车的贯通道异响问题情况进行普查，共发现 22 处贯通道存在异响问题。

3. 故障处理

使中间护板与两侧护板产生异响处的间隙增大，对出现异响的侧护板根据具体情况取消连杆中间弹簧的上部调整垫片（图 5-173），增加弹簧的间隙，降低弹簧弹力。

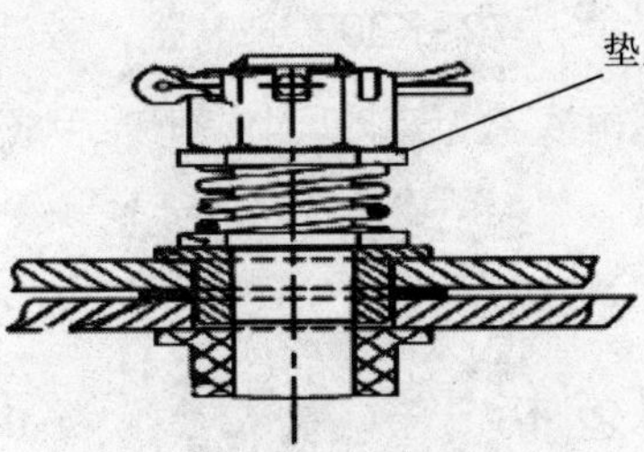

图 5-173 取消上部调整垫片

4. 故障影响

贯通道侧护板异响问题影响运营服务质量。

（二）贯通道折篷拉簧断裂

调试时发现贯通道折篷拉簧断裂故障，如图 5-174 所示。

图 5-174　拉簧断裂

1. 故障分析

在篷布端框与连接框之间装有收紧绳，拉簧安装在上下绳索间，其作用是使连框尽量保持垂直位置。拉簧材质为碳素弹簧钢丝，该型号材质拉簧广泛应用于 A、B 型车。

根据拉簧断口情况分析，拉簧断裂属于疲劳断裂，有瞬时断裂区和疲劳区。

2. 故障排查

对全列车的贯通道折篷拉簧断裂问题情况进行普查，共发现 3 处贯通道折篷拉簧断裂，如图 5-175 所示。

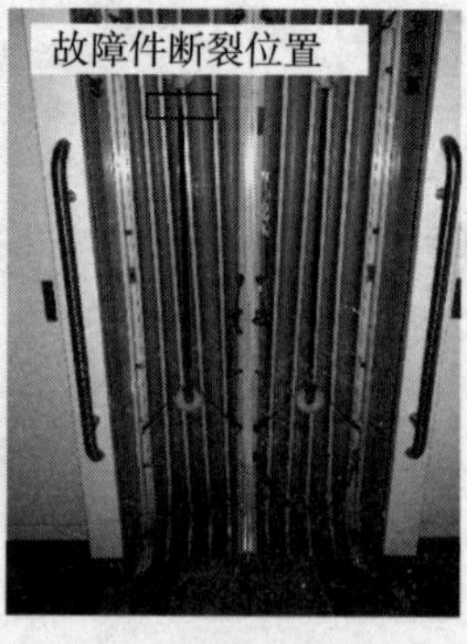

图 5-175　拉簧安装位置

3. 故障处理

更换新的贯通道折篷拉簧。

4. 故障影响

拉簧断裂后可能会引起列车过弯道后对贯通道恢复垂直居中位有一定影响。

（三）半自动车钩联挂杆位置检测推杆卡滞

调试时发现半自动车钩联挂杆位置（图 5-176）检测推杆无法动作。

图 5-176 半自动车钩联挂位置检测推杆位置

1. 故障分析

半自动车钩联挂后，联挂杆作用于位置检测推杆（图 5-177），推杆动作，触发行程开关 S2 动作，进而检测半自动车钩的联挂状态。

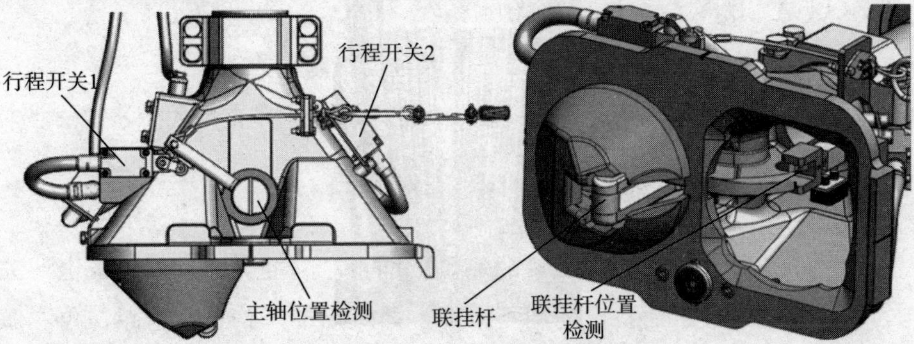

图 5-177 半自动车钩联挂位置检测推杆

拆下推杆后，用力按压推杆，发现推杆无法动作。在推杆轴位置喷WD40润滑油后，多次按压测试，推杆稍有压缩，但无法复位，动作不顺畅，有卡滞。

拆下推杆行程开关触发块（图5-178），发现推杆轴与推杆动作灵活，轴表面无痕迹，行程开关触发块与座底部有明显干涉痕迹（图5-179），判断为行程开关触发块与底部座之间存在干涉导致推杆无法动作。

图5-178　拆下推杆行程开关触发块

图5-179　干涉痕迹

2. 故障排查

对全列车的半自动车钩联挂杆位置检测推杆进行普查，共发现5处有卡滞。

3. 故障处理

更换新的半自动车钩联挂杆位置检测推杆。

4. 故障影响

半自动车钩联挂杆位置检测推杆卡滞可能引起行程开关S2不能正常动作触发，不能正确反馈半自动车钩联挂状态，导致列车蓄电池无法激活。

（四）列车蓄电池失电

某列车在区间运行时发生紧急制动，HMI、信号屏均黑屏，蓄电池失电，司机尝试两次激活蓄电池均不成功。司机启动车钩监视旁路，再次激活蓄电池，蓄电池供电成功，列车以RMF60模式动车，后恢复ATO模式运行，行车调度组织该车退出服务回场。

1. 故障分析

根据电气原理图，对可能的四方面故障点进行检查，其中永久负载输出回路、继电器 72-K102（常开触点 3/11）、非激活供电后级回路未发现异常。进一步检查确认故障点在继电器 72-K102 线圈得电回路，继电器 72-K102 能否正常得电取决于半自动车钩联挂继电器 72-K303 能否正常得电。

（1）继电器 72-K303 得电情况。列车回库后检查发现 C2 车的半自动车钩联挂继电器 72-K303 正常得电，C1 车的半自动车钩联挂继电器 72-K303 不得电，说明故障点在 C1 车继电器 72-K303 的控制回路。

（2）继电器 72-K303 回路检查。半自动车钩联挂继电器 72-K303 由半自动车钩行程开关 S1（检测主轴位置）、S2（检测连挂杆/钩舌位置）串联控制得电，测量 S2 的输入端有电、输出端无电，进一步确定故障与行程开关有关。

（3）半自动车钩检查。检查行程开关 S1、S2 及主轴位置画线，发现两节 C 车的 S1 行程开关、S2 行程开关和主轴的画线均存在轻微错位（图 5-180a~图 5-180f），进一步检查 C1 车半自动车钩发现 S2 行程开关未动作到位，导致 C1 车的半自动车钩联挂继电器 72-K303 不得电，进一步引起蓄电池失电。

检查半自动车钩连接情况，连接正常。测量 C1、C2 车车钩间隙（图 5-181），四个角度分别为 1.5 mm、1.6 mm、0.1 mm、0.1 mm，连接表面间隙均在标准范围内（<2.5 mm）。

（4）半自动车钩重新解钩检查

1）重新解钩后联挂，发现 C1 车和 C2 车 S1、S2 行程开关均能正常触发到位，画线无错位。

2）对故障列车半自动车钩重新解钩、联挂后，发现行程开关和主轴位置画线均恢复正常，无错位。通过检查主轴联挂指示槽与钩体联挂指示槽的重合状态判断车钩联挂到位。

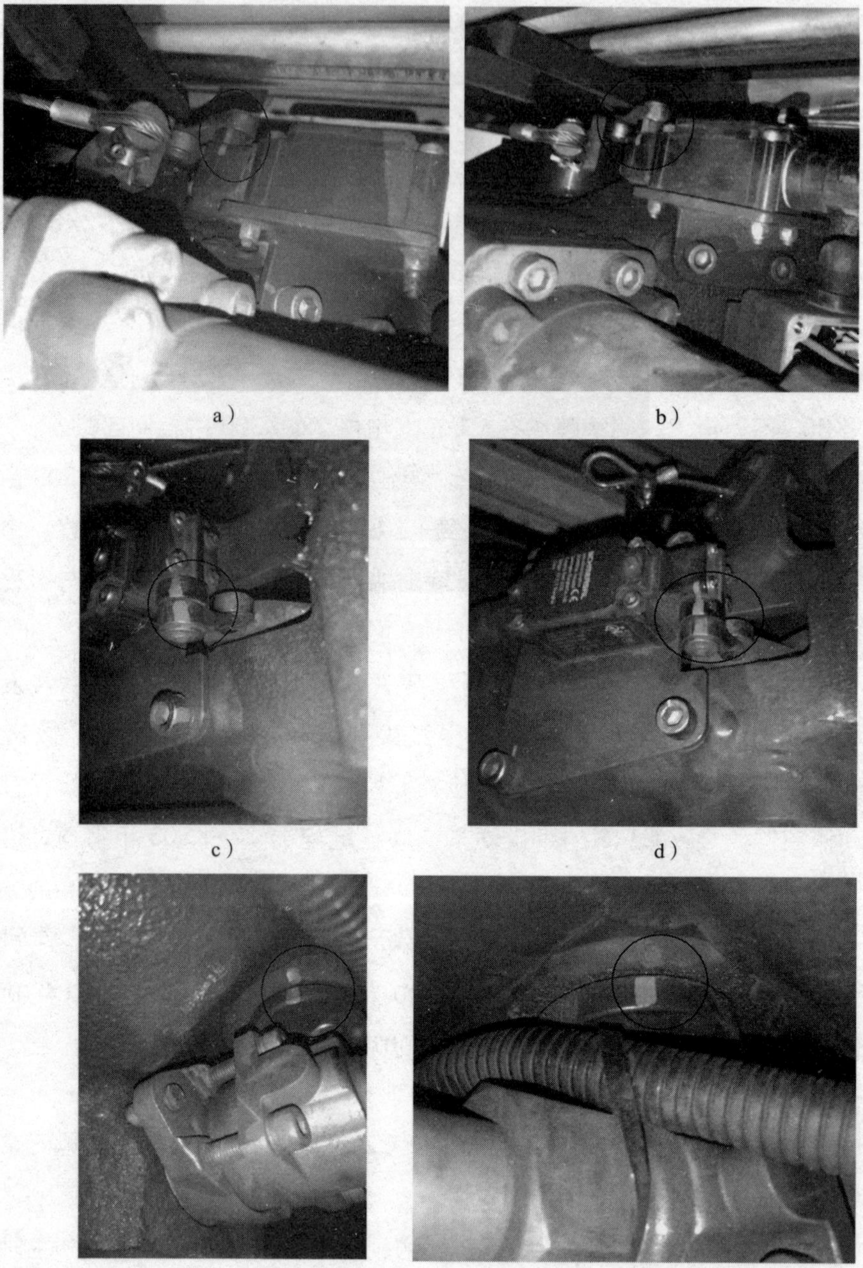

图 5-180　半自动车钩检查

a）C1 车 S1 行程开关画线错位　b）C2 车 S1 行程开关画线错位　c）C1 车 S2 开关画线轻微错位

d）C2 车 S2 行程开关轻微错位　e）C1 车主轴画线轻微错位　f）C2 车主轴画线轻微错位

图 5-181 自动车钩间隙测量

3）再一次解钩检查，发现C1车、C2车的半自动车钩的主轴画线存在错位，即半自动车钩解钩后主轴状态与联挂后主轴状态不一致，而正常解钩状态和联挂状态主轴应在相同位置，因此可确认半自动车钩存在装配质量问题。

（5）故障发生原理。如图5-182所示，正常联挂后两端车钩钩舌、车钩主轴、车钩联挂杆应形成长方形结构，两联挂杆的内部拉力 F_1 和 F_2 是动态平衡的。如图5-183所示，由于半自动车钩状态异常，列车在运营中钩舌受力，联挂杆向受力方向移动，导致触发S2行程开关异常释放，引起激活回路断开，列车蓄电池失电。

（6）试验台故障分析及车钩拆解

1）故障件试验台模拟故障复现。合钩联挂后，主轴仍可转动，主轴可手动顺时针转9.5°，试拉后主轴卡滞在9.5°（不能复位），此时S2行程开关刚好触发。

2）将S2行程开关触发推杆拆除，合钩联挂后，联挂状态正常，主轴

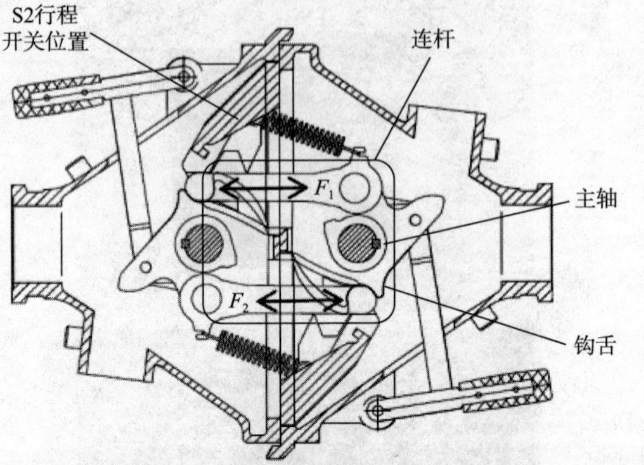

图 5-182　车钩联挂状态下受力图

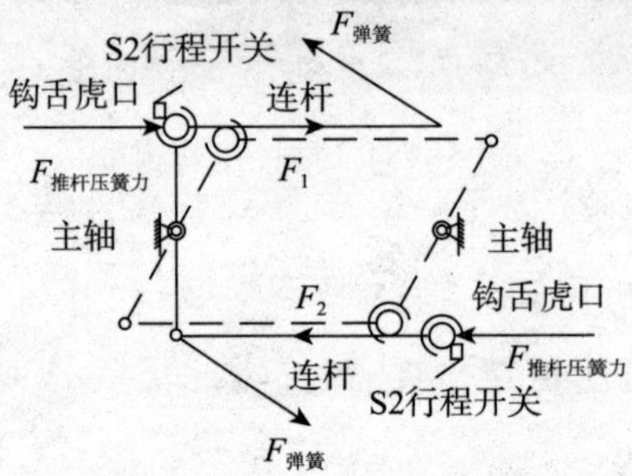

图 5-183　车钩故障过程部件变化简图

转动能自复位，S1 行程开关正常压紧。

3）进一步检查发现，C1 车和 C2 车半自动车钩的 S2 行程开关触发推杆压簧（图 5-184）不统一。C1 车 S2 行程开关的触发推杆压簧直径为 1.6 mm，40 N 左右可以拉动，80 N 左右可以拉出；C2 车 S2 行程开关的触发推杆压簧直径为 2.0 mm，80 N 左右可以拉动，160~180 N 可以拉出。

4）将 C2 车 S2 行程开关的触发推杆模块换成直径 1.6 mm 压簧，合钩联挂后，联挂状态正常，主轴仍可转动，但可以自复位，S1、S2 行程开关正常压紧。

图 5-184 推杆压簧测量

经过以上对比分析可知：

1）故障车钩推杆压簧在组装时出现错误，导致半自动车钩上安装了不同型号的推杆压簧。

2）推杆压簧直径选用 ϕ1.6 mm 压簧，在车钩联挂好之后弹簧力与车钩主弹簧力不能达到平衡状态，导致轻轻拉动解钩拉绳主轴即可转动。推杆压簧选型需继续研究优化。

从 C1 端与 C2 端车钩关键尺寸测量对比分析（图 5-185），除联挂杆推杆压簧尺寸相差较大外，相关尺寸无异常，判断 C2 端压簧型号在出厂时使用了错误型号，导致车钩在运行过程中中心轴转动到异常位并卡滞在异常位，S2 行程开关处于未触发位，引起列车激活回路断开。

2. 后续措施

对列车的全部半自动车钩联挂杆推杆压簧进行普查，若推杆压簧型号选用错误，则更换正确型号的推杆压簧。

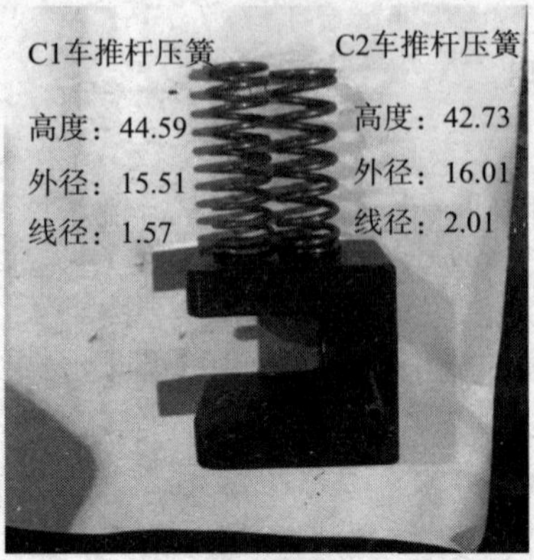

图 5-185　压簧关键参数

第十一节　制动供风系统调试

一、系统概述

列车配备有两套制动系统，分别为一套电制动系统（ED 制动）和一套电空制动系统（EP 制动）。其中，电制动（ED 制动）由动车（B、C 车）牵引系统提供，由车辆控制单元和牵引控制单元进行无级控制。如果电制动力不能满足总的制动力要求，不足的制动力在全列车上平均补充空气制动。本节仅讨论电空制动系统（EP 制动）相关内容。

电空制动系统（EP 制动）分为气制动控制设备及风源设备两大模块，主要由风源设备、制动控制设备、转向架制动设备、微机控制轮对防滑设备、空气悬挂装置、空气信号装置、撒砂装置组成。每个转向架空气制动由制动控制单元（BCU）独立控制，紧急制动整合在 EP2002 系统独立的紧急制动控制回路中。

二、工作原理

电空制动系统（EP 制动）由供风系统和制动系统组成。供风系统主要为列车提供洁净、干燥、稳定的压缩空气，以保证列车所需压缩空气。制动系统根据 TCMS 传输的整车总制动力和 DCU 根据级位信号自行施加电制动力作减法后，进行空气制动的补充，实现对列车的制动减速或停车功能。

（一）风源设备

风源设备主要集成在供风模块（A00）中，装在 C 车底架上。该模块主要由 VV120 空压机组（A01）、软管（A02）、安全阀（A03、A11）、干燥器（A04）、过滤器（A05）和车间供风设备（A12、A15）等组成，如图 5-186 所示。六节车辆编组的列车有两套空气供给装置，如果一套空气供给装置不能工作，另一套空气供给装置也能提供足够的压缩空气保证列车正常运营。

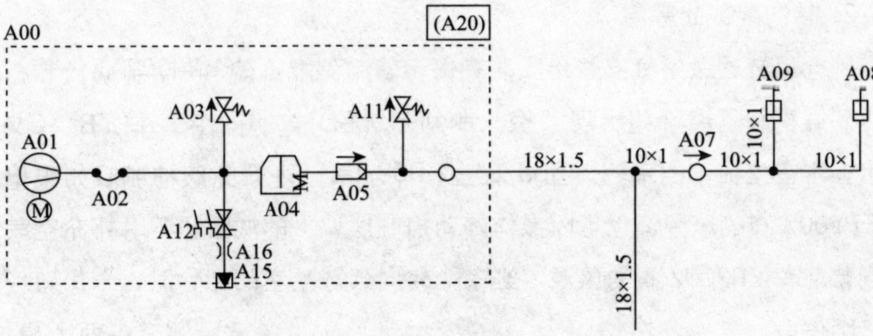

图 5-186 风源装置气路图

（二）制动控制设备

1. 空气制动微机控制单元

空气制动微机控制单元采用 EP2002 系统（图 5-187）。EP2002

系统通过使用 EP2002 的两个核心产品（网关阀和智能阀）进行分布式制动控制。A 车及 C 车各有一个 EP2002 网关阀（B06）和一个 EP2002 智能阀（B07），而 B 车有两个 EP2002 智能阀。列车维护接口安装在司机室的继电器柜内。智能阀（S 阀）提供每个转向架的常用制动、紧急制动和车轮防滑保护。网关阀（G 阀）除提供智能阀所具有的功能外，还有制动管理功能和与列车控制系统的接口功能。气动系统可以通过一个中心点向各个 EP2002 阀供风或从各处向阀供风。PTU 通过该接口可以获取单元内各 EP2002 阀记录的信息，并可对部分参数进行设置。

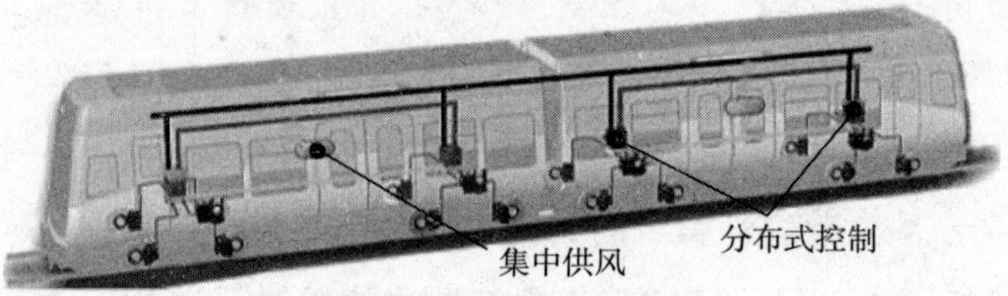

图 5-187　EP2002 系统

2. 转向架截断塞门

制动风缸通过空气支路给安装在每个转向架附近的 EP2002 阀供气。为了达到维护和隔离（如出现“空气制动未缓解”故障时）的目的，可使用安装在客室座椅下的塞门（B09. 01 及 B09. 02）来切除制动风缸到相应单个 EP2002 阀的风源，也可以操作辅助控制模块上的截断塞门来切断制动风缸到整节车 EP2002 阀的风源。当多个转向架截断塞门切除时，采用对应的速度限值。

3. 辅助控制模块

辅助控制模块（CUBE）是一个整合的轻量化的设备，同时也是 EP2002 阀的阀座。每节车上都装有 CUBE。车辆设有主风缸（A06）、制动风缸（B03）、辅助风缸（L02），为车辆供风、制动及辅助用风提供压力平衡及供风保障。图 5-188 为辅助控制模块气路图。

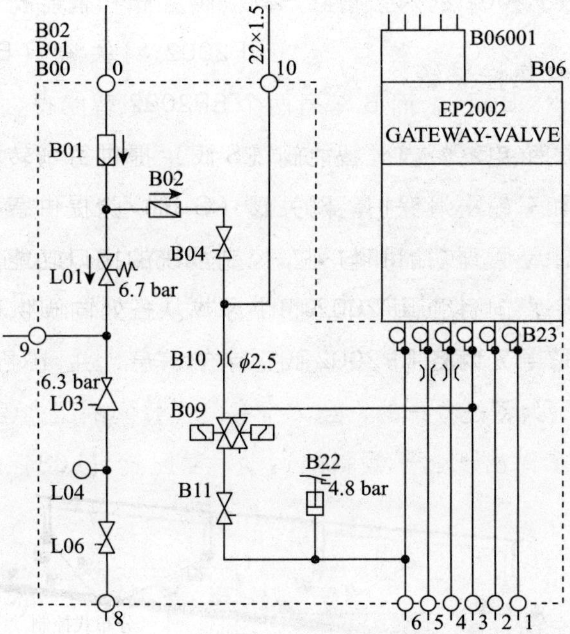

图 5-188　辅助控制模块气路图

（三）转向架制动设备

转向架制动设备包括带停放制动功能的制动单元和不带停放制动功能的制动单元。停放制动缸与 CUBE 的端口 6 通过 B43 软管相连。安装在轴 1 与轴 4 上的制动缸与 EP2002 阀的端口 2 相连，安装在轴 2 与轴 3 上的制动缸与 EP2002 阀的端口 3 相连。停放制动可通过司机操作台上按钮进行控制，也可以通过车底的双脉冲电磁阀手动缓解。同时，在转向架下方为停放制动器配备了手动缓解装置，在按钮失效时，可通过其缓解停放制动。当压缩空气充入停放制动缸后，该机械缓解装置将自动复位。制动夹钳具有闸片间隙调整功能，正常条件下闸片与制动盘间隙为 3±1 mm。

（四）微机控制轮对防滑设备

每根车轴端部装有测速齿轮和速度传感器，根据车轮的转动速度传感器将脉冲信号发给控制该转向架的 EP2002 阀用于防滑控制。

（五）空气悬挂装置

每节车都配有空气弹簧悬挂系统，采用三点调平系统。图 5-189 所示为空气悬挂装置气路图。空气弹簧的压力和车体地板面的高度通过每个转向架上的高度阀调节。供给每辆车空气悬挂系统的压力空气通过截断塞门隔离，同时设有塞门可切断每个高度阀的供风。一个转向架采用 1 点控制，另一个转向架采用 2 点控制。在 2 点控制的转向架上，在正常情况下转向架上的两个空气弹簧是分开的，当 2 个空气弹簧间的压力差高于 150 kPa 时，为了避免车体出现过于倾斜的运动，差压阀（L08）将导通以降低压差。

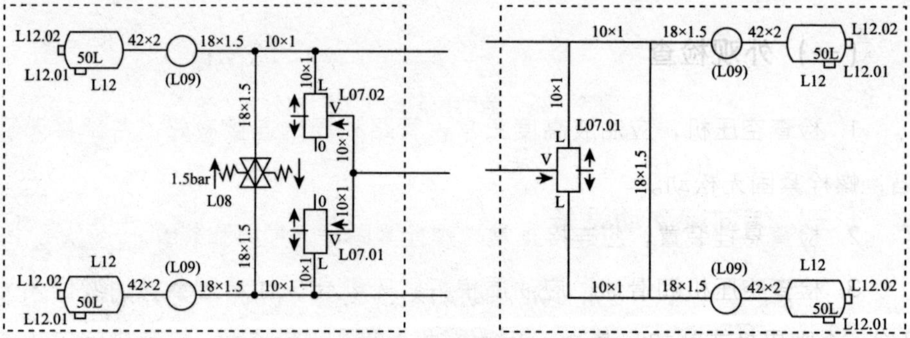

图 5-189　空气悬挂装置气路图

（六）空气信号装置

空气信号装置安装在 A 车底架（司机室下方），主要包括风笛和电磁阀。通过按压司机操作台上的“汽笛”按钮可激活电磁阀，使风笛鸣响。

（七）撒砂装置

在 A 车 1 轴和 B 车 3 轴上安装有撒砂装置。单轴撒砂装置如图 5-190 所示，撒砂控制模块配置两个减压阀以控制撒砂量，电磁阀分别用于砂干燥和不同等级撒砂压缩空气供给控制。

图 5-190　单轴撒砂装置

三、系统调试

（一）外观检查

1. 检查空压机，应油液高度正常，管路和阀的连接良好，各部件无缺陷，螺栓紧固无松动。

2. 检查悬挂装置，应连接正常，螺栓紧固，无损坏和裂纹。

3. 检查空压机润滑油，应油质良好、无乳化，油液显示管的液位大于2/3，否则更换或补加润滑油；干燥器油过滤器安装紧固，打开排污口能正常排气。

4. 检查空气滤清器，应安装紧固，外壳无磕碰；干燥器外观良好无缺陷，螺栓紧固无松动；真空指示器安装紧固，功能正常，红色柱塞应无弹出。

5. 检查空气干燥器，各接线应插接良好，所有紧固螺栓无松动。

6. 检查空压机工作时间记录仪，应安装紧固，线缆连接正常。

7. 检查空压机与干燥器各管路和阀，应连接良好，阀门顺管路方向验漏无漏气现象，外部风源阀 A12 在截止状态。图 5-191 所示为风源模块气路及各阀体图。

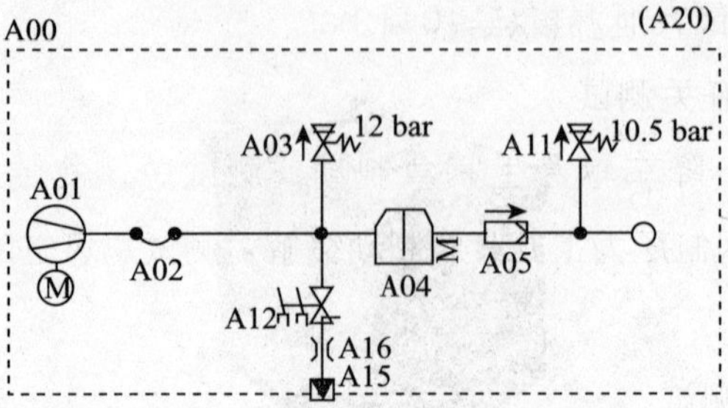

图 5-191　风源模块气路及各阀体图

8. 检查加成气动设备（管路和阀的连接以及位置，电气、机械和气动系统安装），应无部件表面缺陷，安装正确，固定螺栓连接牢固，固定件无松动；截断塞门安装紧固，手柄方向正确，防松螺栓紧固；列车各阀体安装紧固，无松动漏气，B09 阀动作顺畅，功能正常。

9. 检查制动机单元，应无部件表面缺陷，安装正确，固定螺栓连接牢固，固定件无松动。测量每个制动单元闸瓦至制动盘距离，应为（3±1）mm。

10. 检查制动控制单元，应 G 阀、S 阀固定螺栓连接牢固，固定件无松动；气路板上各阀门功能正常，动作顺畅；电缆及管路安装紧固、无松动，底线连接紧固。

（二）尺寸测量

缓解停放制动，切除 B09 阀，在车底将制动单元推至一侧闸瓦与制动盘紧贴，测量另一侧闸瓦与制动盘的间隙，应在 2~4 mm。

（三）静态有电测试

1. 总风管气密性试验

使总风压力正常，管路无明显泄漏，保压 5 min，通过主风管测试接头 B15，主风管的最大泄漏量应≤0. 15 bar。

2. 制动回路气密性试验

使总风压力正常，管路无明显泄漏，关闭相应截断塞门 B25，保压

5 min，制动缸的最大泄漏量应≤0. 1 bar。

3. 总风欠压开关测试

使总风压力下降车辆产生紧急制动，测试总风缸的压力应为（5. 5±0. 2）bar。使总风缸压力上升紧急制动缓解，测试总风缸的压力应为（7. 0±0. 2）bar。

4. 停放制动测试

测试停放制动施加和缓解功能，应正常。

5. 空载制动缸压力测试

（1）A 车。100%常用制动压力为：（2. 43±0. 2）bar；快速制动压力为：（2. 43±0. 2）bar；紧急制动压力为：（2. 544±0. 2）bar；保压制动压力为：（1. 97±0. 2）bar。

（2）B 车。100%常用制动压力为：（2. 43±0. 2）bar；快速制动压力为：（2. 76±0. 2）bar；紧急制动压力为：（2. 874±0. 2）bar；保压制动压力为：（1. 97±0. 2）bar。

（3）C 车。100%常用制动压力为：（2. 43±0. 2）bar；快速制动压力为：（2. 6±0. 2）bar；紧急制动压力为：（2. 7±0. 2）bar；保压制动压力为：（1. 97±0. 2）bar。

6. 紧急牵引模式测试

将列车打到紧急牵引模式，重复上述 4 和 5。

7. 空压机测试

一台空压机启动时总风缸压力值应为（7. 5±0. 2）bar，两台空压机同时启动时总风缸压力值应为（7. 0±0. 2）bar，空压机停止工作时总风缸压力应为（9. 0±0. 2）bar。测试一端发生故障时自动切换的启动能力，关闭主空压机空气开关，辅助空压机应启动。

8. 空气干燥器测试

检查活塞阀的工作状态，应每 1 min 排泄油污一次，2 min 一个循环。检测干燥器出口处压缩空气的相对湿度，应小于 35%。

9. 压力表测试

检查双针压力表及单针压力表，应正常，并记录已过校验期的双针压力表。

10. 隔离塞门测试

将隔离塞门隔离后使用气压表进行压力测试，隔离塞门应可靠有效。

(四) 动态检查

1. 紧急制动制动距离测试

制动起始速度为 30 km/h，制动距离应≤40 m（仅供参考）；制动起始速度为 60 km/h，制动距离应≤130 m（仅供参考）；制动起始速度为 120 km/h，制动距离应在（1~1.05）463 m（仅供参考）。

2. 快速制动制动距离测试

制动起始速度为 30 km/h，制动距离应≤45 m（仅供参考）；制动起始速度为 60 km/h，制动距离应≤140 m（仅供参考）；制动起始速度为 120 km/h，制动距离应在（1~1.05）494 m（仅供参考）。

3. 常用制动（正常）测试

制动起始速度为 30 km/h，制动距离应≤50 m（仅供参考）；制动起始速度为 60 km/h，制动距离应≤155 m（仅供参考）；制动起始速度为 120 km/h，制动距离应在（1~1.05）556 m（仅供参考）。

4. 常用制动（电制动切除）测试（图 5-192）

制动起始速度为 30 km/h，制动距离应≤50 m（仅供参考）；制动起始速度为 60 km/h，制动距离应≤155 m（仅供参考）；制动起始速度为 120 km/h，制动距离应在（1~1.05）556 m（仅供参考）。

5. 快速制动（电制动切除）测试

制动起始速度为 30 km/h，制动距离应≤45 m（仅供参考）；制动起始速度为 60 km/h，制动距离应≤140 m（仅供参考）；制动起始速度为 120 km/h，制动距离应在（1~1.05）494 m（仅供参考）。

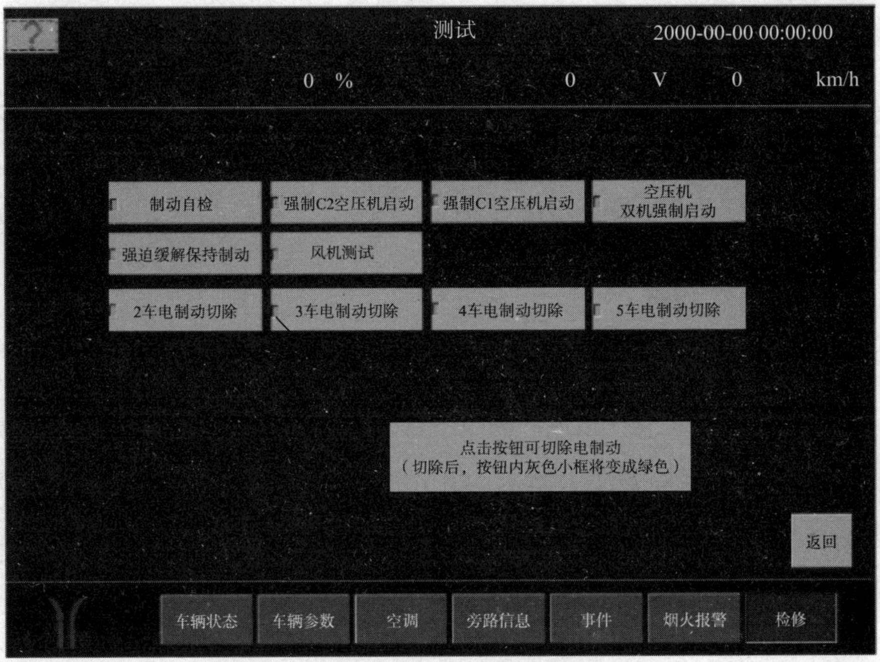

图 5-192　测试主界面

四、故障案例分析

（一）列车空气制动弹簧压力传感器过电压故障

某车在某站下行站台停靠时，HMI 显示 B1 车一架空气制动图标显示黄色，司机切除一架 B09 阀，限速 100 km/h，行车调度组织该车回场。

1. 故障分析

（1）正线处理。检修人员上车后，查看 HMI，显示 B1 车一架空气制动图标为黄色。查看故障履历，显示 19：18 分 B1 车报“1 单元 BCU 小事件”“MP1 车 BCU 架 1 中等故障”。

（2）库内处理

1）BCU 数据分析。下载 EP2002 阀故障记录（图 5-193），显示 B1

车 EP2002 智能阀报 4 次“空簧 1 压力传感器过电压”故障。测量智能阀电源插头电压，电压正常（108. 0 V)，排除外围电路问题。

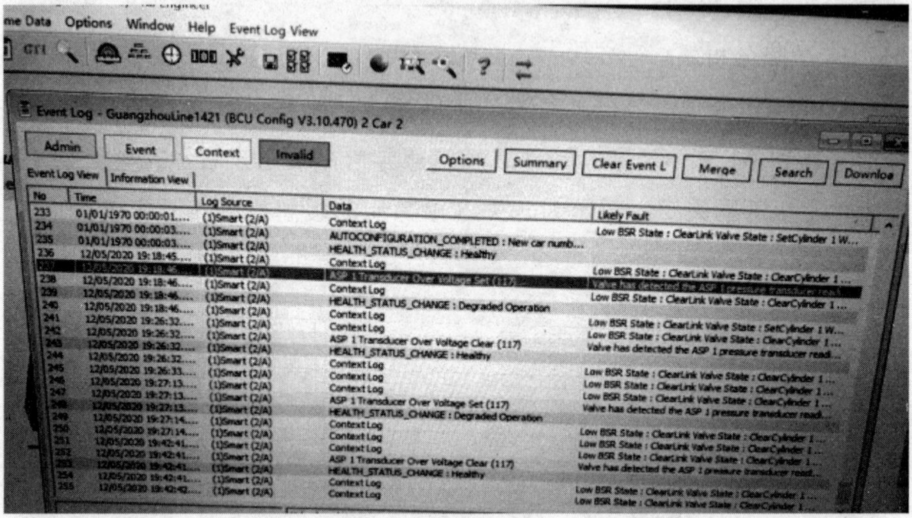

图 5-193　EP2002 阀故障记录

2）管路及空气弹簧高度检查。检查 B1 车 EP2002 阀，无漏气，插头无缩针，制动管路无破损，各截断塞门在正确位置。检查一架两侧高度阀，连接片均在水平位；拆除下球头检查高度阀，转动顺畅无卡滞。测量两侧空气弹簧高度，均在正常范围（左侧 21 mm，右侧 21 mm）。排除外围机械部件问题。

综上，判断为 B1 车 EP2002 智能阀内部故障。

2. 故障处理

更换 B1 车 EP2002 智能阀后，图标恢复正常颜色，制动自检通过，尝试各类制动模式，气压均正常。

（二）制动未缓解检测故障

某车以 ATO 模式在某站上行出站 100 m 处出现紧急制动，HMI 显示 C1、C2 车电动机图标为黄色，信号屏显示 VOBC 可用数量为“0”（列车停稳后自动恢复正常）。OCC 指示司机缓解紧急制动后以 ATO 模式动车。

该车在运行过程中再次紧急制动，信号屏显示 VOBC 可用数量为“0”。司机无法缓解紧急制动，OCC 指示司机以 RMF25 动车后，VOBC 自动恢复正常。

1. 故障分析

（1）电气原理图分析。如图 5-194 所示，A 车 LCU 设备及 DIMe 模块同时采集到 A1 车一架摩擦制动缓解信号异常，根据该信号的电气原理图，判断为上级即网关阀内部压力开关（摩擦制动缓解检测）及输出回路发生故障。

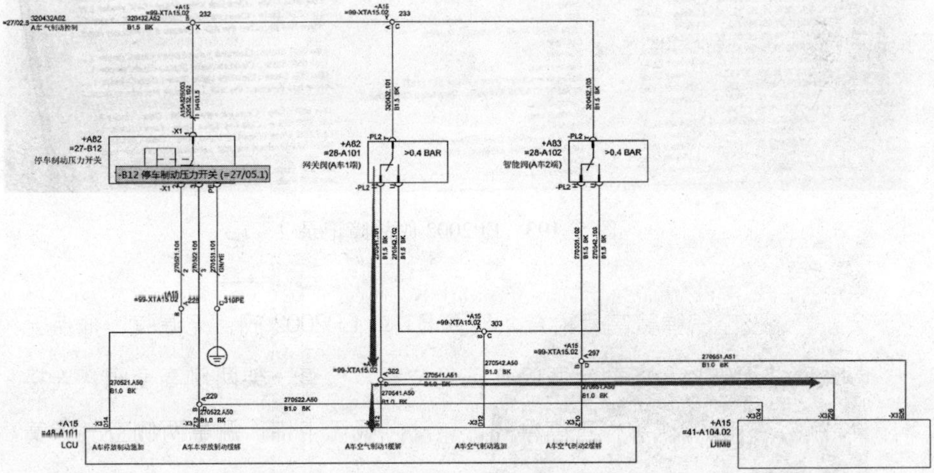

图 5-194　电气原理图

（2）DCU 所有制动未缓解故障逻辑。查看牵引逻辑图，在牵引工况下，当列车速度大于 2 km/h 时，所有制动缓解信号为低电平持续 4 s，报“DCU 所有制动未缓解故障”。

查看事件记录仪，第一次报故障为某站动车 4 s 后，A1 车一架摩擦制动缓解信号一直为 0，导致所有制动缓解信号为 0，所以报故障；第二次报故障是在后续运行期间 A1 车一架摩擦制动缓解信号异常变为 0 时。

（3）网络施加牵引封锁故障逻辑。查看列车控制系统牵引封锁条件，在牵引工况下，当列车速度大于 2 km/h 时，所有制动缓解信号为低电平持续 4 s，网络施加牵引封锁。

2. 故障排查

列车回库后检查 A1 车一架制动施加、缓解监测回路接线无异常；手摇接点线缆及 EP2002 插头 PL2，未发现异常；测量制动缓解监测回路在制动缓解状态下电压，均为 118. 5 V，无异常，故障消失，列车恢复正常状态。

检查 A1 车一架智能阀 PL2 插头，发现 PL2 插座上 U、H 编号插针发生缩针（图 5-195）。H 点插针用于气制动缓解信号检测，U 点插针用于气制动施加信号检测。测量插针伸出量，正常插针伸出量应为 10 mm，而 U 点插针为 3. 1 mm、H 点插针为 3. 3 mm，缩针导致与母针的配合搭接量仅为 1. 5 mm，在振动情况下容易出现虚接现象。

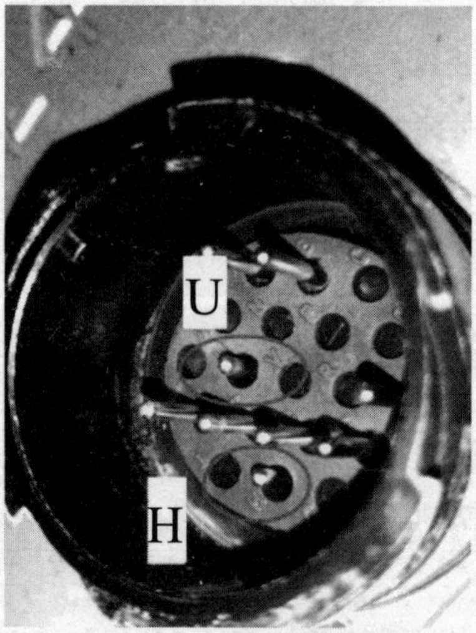

a）

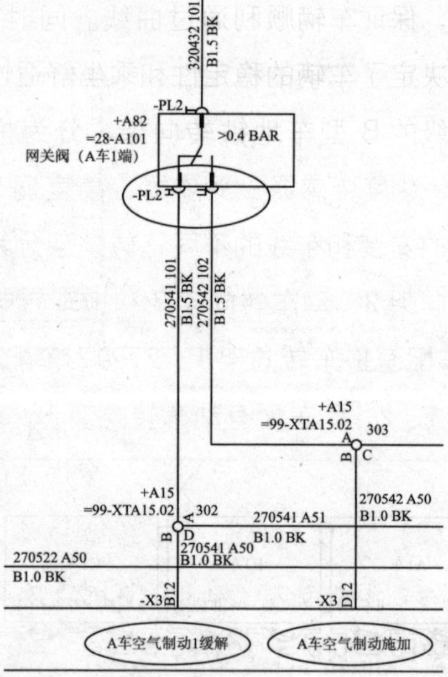

b）

图 5-195　EP2002 阀插头缩针

a）实物图　b）原理图

此次故障的原因是制动缓解监测回路 PL2 插头 H 点插针发生缩针，导致接触不良。

3. 故障处理

更换 A1 车一架网关阀，检查新阀的 PL2 插头插针无异常。将 BCU 软件版本刷新至 3. 10，制动自检通过，列车功能恢复正常。

第十二节　转向架与走行部系统调试

一、系统概述

转向架及走行部系统是地铁车辆上最重要的部件之一，直接承载车体质量，保证车辆顺利通过曲线。同时，转向架及走行部系统的各种参数也直接决定了车辆的稳定性和乘坐舒适性。ZMA120 型转向架是 120 km/h 速度等级的 B 型车地铁转向架，分为拖车转向架和动车转向架。根据轴端 BECU 速度传感器、受流器、高度调节装置、撒砂装置、转向架 TI 天线等部件的安装和布线的不同，转向架分为六种类型，分别为动车转向架 1、动车转向架 2、动车转向架 3 和拖车转向架 1、拖车转向架 2、拖车转向架 3。A1 车配有拖车转向架 1、2，A2 车配有拖车转向架 1、3，B 车配有动车转向架 1、2，C 车配有动车转向架 1、3，如图 5-196 所示。

图 5-196　转向架布置图

二、工作原理

转向架主要由构架、轮对、轴箱组装、驱动装置（包括电机、联轴节、齿轮箱等，仅安装于动车转向架）、基础制动装置、一系悬挂装置、二系悬挂装置、牵引装置、抗侧滚装置、轮缘润滑装置、整体起吊装置、走行部在线监测系统、空气管路、转向架布线、信号天线、撒砂装置等部件组成。

（一）构架

动车转向架和拖车转向架均采用相同的构架，是由两根侧梁和一根横梁焊接成无摇枕的 H 形结构（图 5-197），能完全互换。构架焊接设计和制造应符合 EN 15085 标准焊接体系。

图 5-197　构架结构

构架的主要功能是：

1. 构架是转向架的骨架，转向架各零部件，如轮对、一系悬挂装置、二系悬挂装置、牵引电机、齿轮箱、牵引装置、基础制动单元、减振器等均安装在构架上。

2. 传递列车牵引力、制动力，承担车体质量，传递转向架各部件产生的作用力。

（二）轮对

轮对由车轴与车轮压装而成，分为动车轮对和拖车轮对（图 5-198）。车轴材料为 EA1N，符合 EN 13261 的要求。动车车轴和拖车车轴结构基本相似，不同之处是动车车轴上有齿轮箱安装座。车轮采用直辐板整体辗钢车轮，材料为 ER9，符合 EN 13262 标准。踏面采用 LM 磨耗型踏面。

a）

b）

图 5-198　轮对

a）动车轮对　b）拖车轮对

轮对的主要功能是作为车辆与轨道的接触部分，引导车辆安全地沿轨道运行，承载车辆质量，将牵引力和制动力传递到轨道。

（三）轴箱组装

轴箱组装由轴箱体、轴承、轴圈、轴承压盖、外端盖及电气部件组成。其中轴箱体为整体铸钢结构，轴箱轴承为紧凑型自密封双列圆锥滚子轴承。

根据轴端电气部件的不同分为如下 4 种：安装 BECU 单通道速度传感器的轴箱组装（装 BECU 单通道速度传感器），安装 BECU 双通道速度传感器的轴箱组装（装 BECU 双通道速度传感器），安装信号速度传感器的轴箱组装（装 ATC 速度传感器），安装接地装置的轴箱组装（装接地装置），外观分别如图 5-199 所示。

轴箱组装的主要功能是传递牵引力和制动力，将轮对的旋转运动转换为车辆的直线运动，支撑一系簧上载荷。

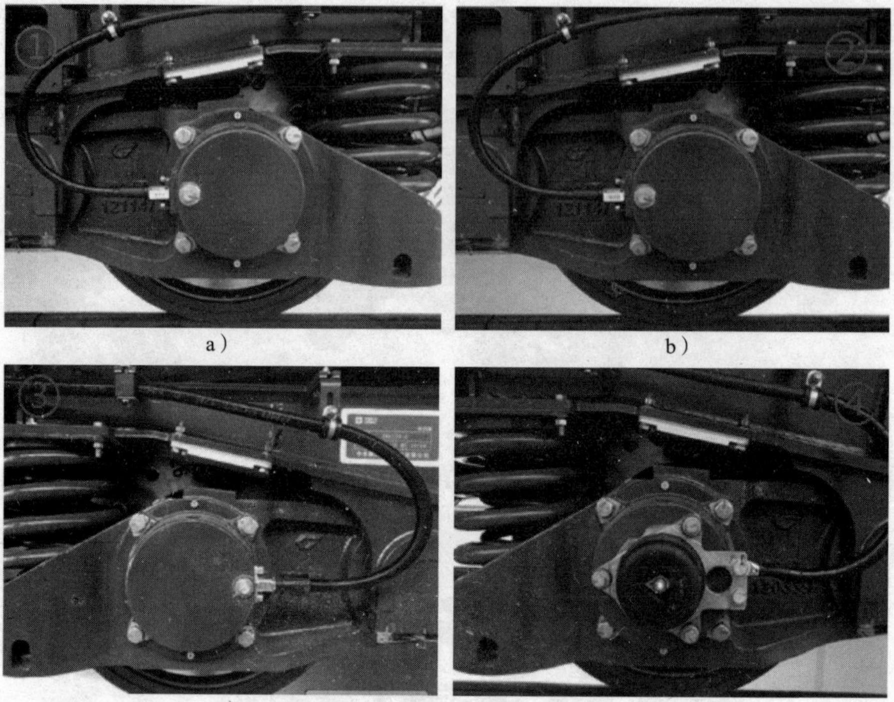

a） b） c） d）

图 5-199　轴箱组装（装接地装置）

a）安装 BECU 单通道速度传感器的轴箱组装　b）安装 BECU 双通道速度传感器的轴箱组装

c）安装信号速度传感器的轴箱组装　d）安装接地装置的轴箱组装

（四）驱动装置

每节动车车轴上均装有一套驱动装置，包括电机、联轴节、齿轮箱等。牵引电机以弹性全悬挂的方式安装在转向架构架上。齿轮箱的一端支撑在车轴上，另一端由齿轮箱吊杆连到转向架构架上。牵引电机与齿轮箱之间的力传递通过联轴节来实现。驱动装置如图 5-200 所示。

驱动装置的主要功能是产生驱动力矩、电制动力矩，将驱动力矩、电制动力矩传递到轮对上。

（五）基础制动装置

每个转向架配备有 4 个轮盘制动装置，其中 2 个为有停放制动功能的制

图 5-200　驱动装置

动器，呈斜对角布置，吊挂在横梁上的制动器座上，如图 5-201 所示。

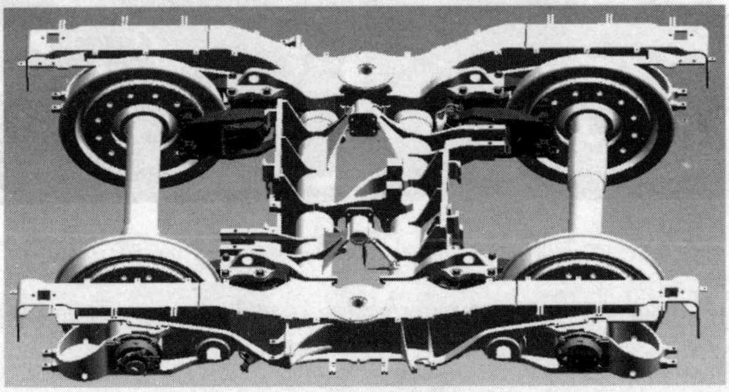

图 5-201　基础制动装置

基础制动装置的主要功能是实施常用制动或紧急制动，使车辆减速直到停止，有停放制动功能的制动器还可实施停车制动。

（六）一系悬挂装置

一系悬挂装置（图 5-202）由螺旋钢弹簧、转臂橡胶关节、一系垂向止挡和一系垂向减振器等部件组成。转臂橡胶关节将轮对与构架定位；螺旋钢弹簧位于轴箱体侧面；在每轴箱处设一个垂向油压减振器。

一系悬挂装置的主要功能是连接轮对与构架，传递牵引力和制动力，缓冲牵引力及制动力的冲击，支撑构架与车体质量。

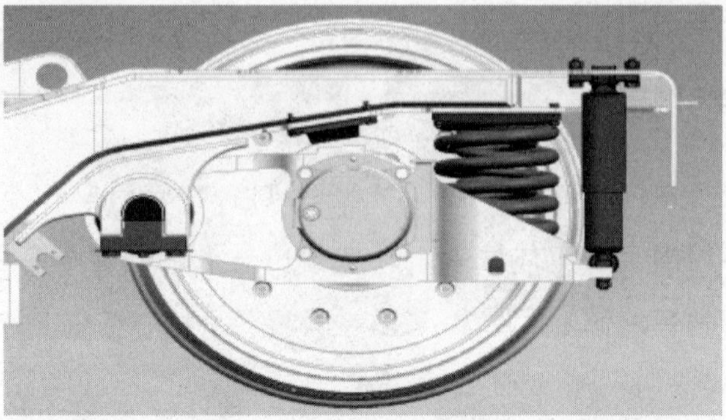

图 5-202　一系悬挂装置

（七）二系悬挂装置

二系悬挂装置（图 5-203）由空气弹簧、二系垂向减振器、二系横向减振器、高度调节装置、横向止挡等组成。每台转向架配备两个空气弹簧，左右两侧各一个。当车体负载变化时，空气弹簧通过高度阀调节进行充放气，确保车体地板面高度在允许的范围内。每辆车设置 3 个高度阀调节车体地板面高度，横向止挡位于牵引座两侧，设有自由间隙和弹性间隙。

图 5-203　二系悬挂装置

二系悬挂装置的主要功能是：支撑车体质量；减小振动、避免共振，提高车辆的运行平稳性；通过高度阀调节确保车辆地板面高度；横向止挡装置通过弹性阻尼元件减小横向冲击，限制二系悬挂装置的横向变形，以免超出正常自由范围。

（八）牵引装置

牵引装置为单拉杆牵引装置（图 5-204），由牵引座和牵引拉杆组成。牵引座通过螺栓固定在车体底架上，牵引拉杆一端固定在牵引座上，另一端固定在转向架构架横梁支座上。

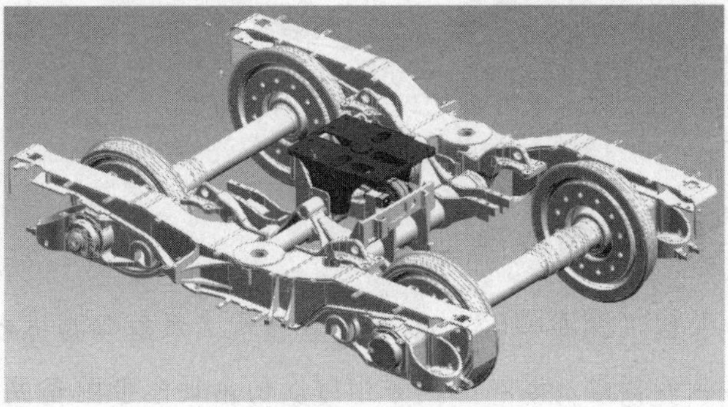

图 5-204　牵引装置

牵引装置的功能是：连接转向架和车体；传递牵引力和制动力；使转向架能够相对于车体旋转，使列车顺利通过曲线；安装整体起吊装置。

（九）抗侧滚装置

抗侧滚装置主要由一根扭杆和两根拉压杆组成，如图 5-205 所示。扭杆横向安装于车体底架下方。

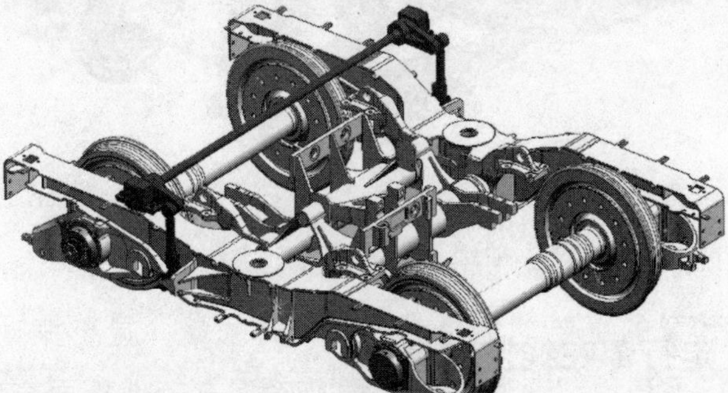

图 5-205　抗侧滚装置

抗侧滚装置的主要功能是限制车体相对于转向架的侧滚运动，提高车体抗倾覆稳定性，提高列车的乘坐舒适度。

（十）轮缘润滑装置

轮缘润滑装置主要包括电控箱、弯道传感器、油箱组件、电磁阀、喷嘴、分配器等元件，其中，电控箱、弯道传感器、油箱组件、电磁阀等安装于车体上，喷嘴和分配器等安装于转向架上。

轮缘润滑装置的主要功能是减少车轮轮缘及轨道磨耗、降低列车运行时的轮轨噪声。一般按照列车数量的30%配备轮缘润滑装置。

（十一）整体起吊装置

整体起吊装置上部通过钢丝绳连接牵引座，下部与车体构架相连。转向架可通过钢丝绳与车体被一同吊起，其结构如图5-206所示。

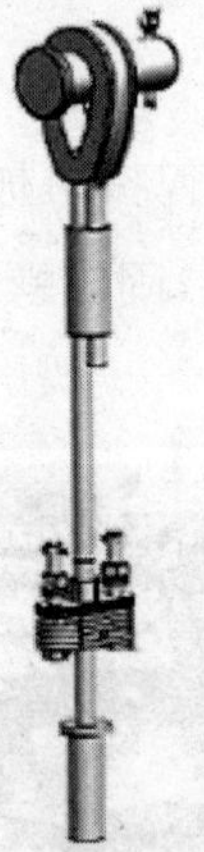

图5-206　整体起吊装置

整体起吊装置的功能是在吊装过程中将转向架保持在适当的位置上，而不必在吊装前将转向架从车辆上拆卸下来。

（十二）走行部在线监测系统

走行部在线监测系统是安装在车辆上的在线式监测诊断设备，通过布设在车辆及转向架上的传感器网络，监测轴箱轴承、电机轴承的温升、振动和故障冲击信息；通过主动诊断专家系统，对采集到的温度、振动和故障冲击数据进行综合分析处理，得出诊断结论；根据监测到的故障严重程度，发出不同级别的报警信息。

走行部在线监测系统分为车上部分和车下部分，车上部分包括列车主机、车辆分机、电源电缆及接口、通信电缆及接口和传感器电缆及接口；车下部分安装在转向架上，包括前置处理器、复合传感器、连接器及其连接电缆。

走行部在线监测系统的功能是轴箱轴承监测及故障报警、电机传动端轴承监测及故障报警。

三、系统调试

（一）外观检查

1. 检查转向架和车体连接（包括机械、电气和气路连接），如图 5-207 所示，应无部件缺陷，安装正确，固定螺栓连接牢固，固定件无松动。

图 5-207　转向架结构

2. 检查轴箱，端盖（图 5-208）应无裂纹、损伤、脱漆、锈蚀，安装件无松动，紧固螺母无松动。

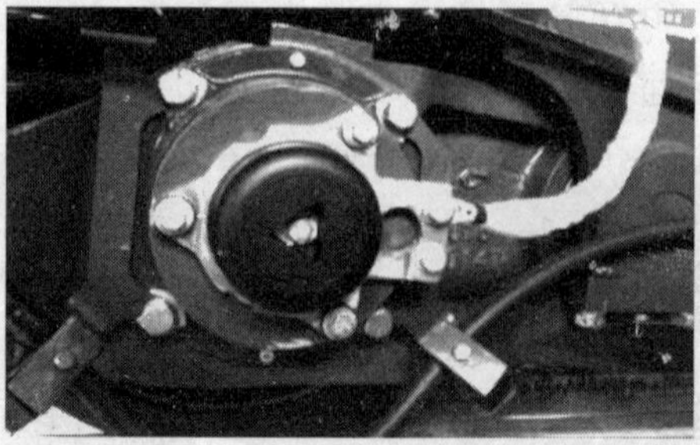

图 5-208　轴箱端盖

3. 检查抗侧滚装置（图 5-209），螺栓应连接牢固，摇臂呈水平状态，连杆无变形，表面无锈蚀，活动关节处橡胶无损坏。

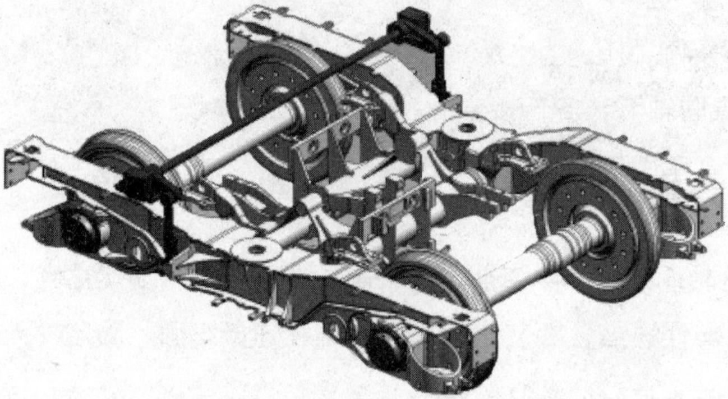

图 5-209　抗侧滚装置

4. 检查传感器、接地装置及其电缆，固定螺栓应连接牢固，电缆线固定在正确的位置且易于活动。

5. 检查减振器（包括横向、垂向），连接螺栓及垫片应良好无松动，橡胶衬套应无松动，无渗漏润滑油情况。

图 5-210　横向止挡

6. 检查横向止挡（图 5-210），橡胶件应良好无损，与构架连接牢固。

7. 检查车轴（含轮对），车轴表面应无裂纹、损伤，轮缘无擦伤痕迹，车轮注油孔螺堵安装可靠。图 5-211 为轮对和制动盘。

图 5-211　轮对及制动盘

8. 检查齿轮箱，安装螺栓及调整螺栓应紧固，支撑橡胶应无老化、破损情况，安装件应紧固良好，箱体无异常变形和损伤，无渗漏润滑油情况，油液高度在正常范围。

9. 检查联轴节，应连接紧固，无润滑油渗漏。

10. 检查牵引电机，与构架的连接应牢固、无松动，电机电缆连接应紧固，无烧焦异味。

11. 检查牵引杆，连接螺母应紧固、无松动，橡胶关节应无破伤。

12. 检查转向架构架，应无裂纹、损伤、变形。

13. 检查高度阀，连杆螺母及紧固螺母应无松动，扭臂应无变形，球形阀应转动灵活。

14. 检查停放制动手动装置，应无裂纹、损伤、变形，工作性能良好。

15. 检查轮缘润滑装置（如有），应螺栓连接牢固，润滑油液面高度适当，管路及控制系统连接良好。

16. 检查走行部车载故障诊断系统（如有），各管路、接头应安装可靠，外观无缺损；校准复合传感器，传感器应表面无损伤、功能正常。

（二）尺寸测量

1. 一系悬挂垂向止挡间隙

每个转向架构架有 4 个垂向止挡，一系垂向止挡在轴箱上方安装到转向架构架上，如图 5-212 所示，间隙应控制在 35~45 mm。

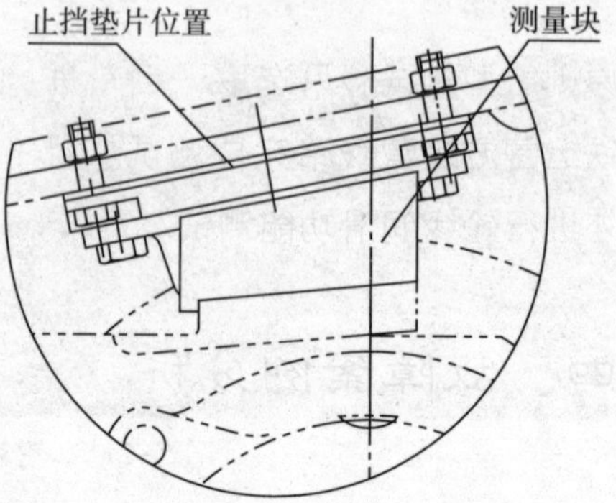

图 5-212　测量垂向止挡间隙

2. ATC 天线距轨面高度

在轨道上平直放置长条形铝板，以铝板下表面为基准，分别测量 ATC 天线和接近传感器与铝板下表面之间的距离。ATC 天线距轨面高度应控制在（261±3）mm，接近传感器距轨面高度应控制在（105±3）mm。

3. 轮对

轮对测量尺寸包括轮对踏面直径、轮缘厚度、轮缘内侧距。测量标准：同一轴轮对踏面直径相差不超过 0. 5 mm，同一转向架轮对踏面直径相差最大不超过 2 mm，同一节车轮对踏面直径相差不超过 4 mm；新轮轮对踏面直径为 840^{+1}_{0} mm，新轮轮缘厚度正常为（32±0. 5）mm，轮缘内侧距为（1 353±2）mm。

（三）扭力校核

根据维修手册及实际情况开展扭力校核工作，记录螺栓名称、型号、扭矩、扭力校核值等信息。

（四）轮缘润滑功能测试

按压轮缘润滑测试按钮，轮缘润滑装置应能正常喷油。测试完成后擦干净轮缘润滑油渍，恢复好设备。

（五）动态检查

原则上型式试验只选取一列车进行，例行试验在厂家线路没有完成的在地铁运营方运营线路完成测试。对于安装了轮缘润滑装置的列车，还需要额外进行轮缘润滑功能测试。

四、故障案例分析

某日某站上行司机反映 A2 车Ⅱ位端比其他车厢高出 100 mm，HMI 显示“A2 车 BCU 架 2 空气弹簧超限故障”。OCC 指示该车以将近 80 km/h 的速度运行至终点站退出服务，造成该车晚点 210 s。

（一）故障分析

1. 数据记录分析

读取列车数据故障信息显示为“A2 车 BCU 架 2 空簧超限故障”。

2. 原理分析

高度阀为通过空气弹簧充/放气来调节车体高度的执行部件，根据车体载荷变化自动调节。如图 5−213 所示，高度阀水平操作杆向上转动，导通气路与空气弹簧，给空气弹簧充气；高度阀水平操作杆向下转动，导通空气弹簧与大气，给空气弹簧放气。

3. 原因分析

将 A2 车二架空气弹簧高度阀进行现场分解，发现高度阀调节摆臂与阀芯连接部凸轮上传动销折断（图 5−214），造成高度阀阀芯无法执行相应动作，进一步检查发现阀体内部活塞体处于卡滞状态。据此初步判断：车辆在运营过程中高度阀处于从充气位置回到正常平衡位置时，由于阀体内活塞体卡滞，而此刻摆臂处于下降状态，两者之间产生剪切力，导致传动销断裂，但是高度阀内部活塞体一直处于充气位置，造成车辆空气弹簧过充。更换高度阀后试验，正常。该故障为首次出现。

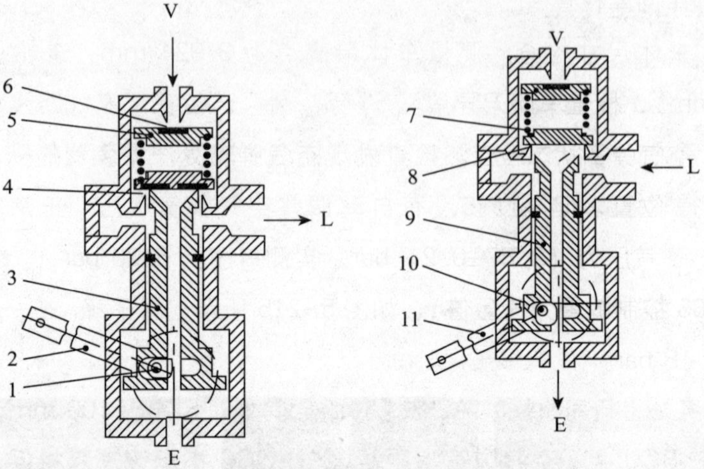

图 5-213　高度阀充（左）、排（右）气状态

1、10—带偏心元件的传动件　2、11—操纵杆　3、9—活塞　4、8—进气阀　5、7—阀盘
6—止回阀　E—排风口　L—囊式空气弹簧管路的接口　V—储风缸的管路接口

图 5-214　高度阀销钉断裂

（二）故障排查

1. 列车正线检查

A2 车二架空气弹簧处于充满气状态，Ⅱ位端车体高度比 B2 车Ⅰ位端高出 10 mm，列车运行正常。

2. 列车回库检查

（1）车体尺寸检查。测量车体最高点为 3 924 mm，未超设备限界（3 963 mm），检查车顶无异常。

（2）空气弹簧状态检查。检查发现空气弹簧处于最大气压状态，高度阀处于正常位置，但高度阀没有自动调整空气弹簧气压。正常空气弹簧 AW0 状态下气压为（2. 87±0. 2）bar，实测气压为 6. 25 bar（为前级气路减压阀 L03 控制的最大气压值），如图 5-215 所示。据了解，出厂试验中空气弹簧在 18 bar 下没有爆破风险。

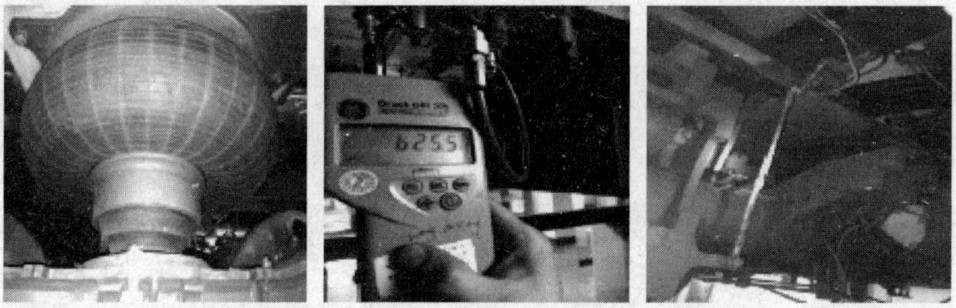

图 5-215　空气弹簧超限故障现场测试情况

（3）转向架状态检查。检查转向机牵引拉杆、抗侧滚装置、减振器、一系簧、二系簧及轮对等设备状态，均正常。

（4）起吊限位装置检查。A2 车Ⅱ位端两根起吊限位装置与构架处于受力状态，如图 5-216 所示。依据车辆设计文件，每台转向架装配 2 根起吊钢丝绳，正常钢丝绳尺寸为（ϕ62±1）mm，允许破断拉力为 145 kN（14. 5 t），两根起吊钢丝绳允许破断拉力为 290 kN（29 t）。

（5）油压减振器检查。A2 车Ⅱ位端二系减振器高度分别为 103 mm、105 mm，超出了标准［（25±4）mm］。

（6）半永久牵引杆及车钩检查。检查半永久牵引杆及车钩外观，均无异常，车钩高度在规定范围内。

（7）车体高度测量。A2 车Ⅱ位端车体最高点为 3 924 mm，B2 车Ⅱ位端高度 3 862 mm，A2 车比 B2 车Ⅱ位端提升约 62 mm，但未超设备限界（3 963 mm）。

图 5-216　起吊装置检查

综上，故障原因为：车辆在运营过程中高度阀处于充气位置回到正常平衡位置时，由于阀体内活塞体卡滞，而此刻摆臂处于下降状态，两者之间产生剪切力导致传动销断裂，但是高度阀内部活塞体一直处于充气位，造成车辆空气弹簧过充。

（三）故障处理

1. 更换高度阀后列车高度恢复正常，复测各参数均在正常范围。
2. 经普查，发现多起高度阀卡滞现象，遂提交车辆总承包商研究解决方案。

第十三节　火灾报警系统调试

一、系统概述

火灾报警系统由感温感烟组合探测器、感烟探测器、火灾报警控制器等设备组成，图 5-217 所示为火灾报警系统设备拓扑图。当探测器探测到火情后，传送给火灾报警控制器，火灾报警控制器一方面启动本地信号灯进行光提示，另一方面将火警信息通过车辆 I/O 模块传送到列车控制单元，并最终在司机室显示屏上显示。

火灾报警控制器与探测器通过总线通信，某一探测器故障不影响其他探测器的功能。

每节点均有唯一的设备编号，火灾报警控制器能够对连在其上面的探测器进行在线检测，并有存储功能，维护人员可通过火灾报警控制器查看每一个探测器的状态。

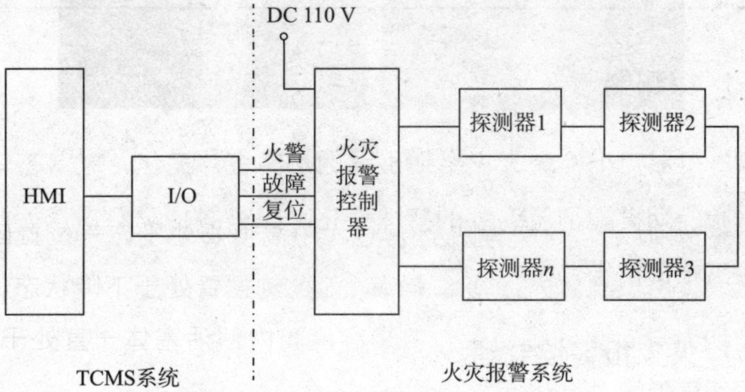

图 5-217　火灾报警系统设备拓扑图

二、系统组成及工作原理

每节车均设置 1 个火灾报警控制器，安装在电气屏柜内（图 5-218）；每个电气屏柜内布置 1 个感烟感温组合探测器，每个客室侧顶板内布置 2 个感烟探测器。不同车型设备配置清单见表 5-4。

图 5-218　火灾报警控制器主机

表 5-4　　不同车型火灾报警系统设备配置清单

序号	设备名称	车号						数量/列
		A	B	C	C	B	A	
1	火灾报警控制器	1	1	1	1	1	1	6
2	感烟感温组合探测器	4	2	2	2	2	4	16
3	感烟探测器	2	2	2	2	2	2	12

（一）探测器

感烟探测器用于检测火灾早期出现的烟雾突然变化，感温感烟组合探测器用于检测烟雾和环境温度的突然变化。探测器检测到信号后，向控制器发送火灾报警信号。

（二）火灾报警控制器

当火灾报警控制器收到探测器传来的报警信号时，立即启动本地信号灯进行光提示，同时将火警信号传送给车辆 I/O 模块。

每节车设置一个火灾报警控制器，显示本车内具体每个探测器的报警和故障状态。

三、系统调试

（一）外观检查

火灾报警系统外观检查主要是无电情况下的静态检查，对感烟探测器、感烟感温组合探测器、火灾报警控制器的外观以及接线紧固情况进行检查。

（二）有电功能测试

火灾报警系统有电功能测试主要检查探测器的温感和烟感功能及指示灯显示。

使用烟雾检测仪分别对车辆内配置的感烟探测器进行检测，探测器应能检测到烟雾并发出火警信号。

使用热风枪对电器柜的感烟感温组合探测器进行检测，探测器应能检测到烟雾并发出火警信号。

当探测器启动报警后，列车的火灾报警控制器显示屏应显示火警信息，同时，HMI 对应位置应有火警图标显示，如图 5-219 所示。

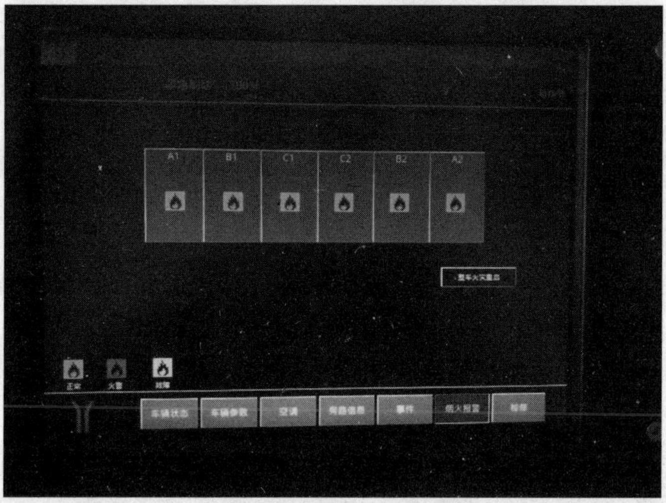

图 5-219　火灾报警显示界面

四、故障案例分析

某地铁列车在正线运行时 HMI 显示火灾图标红点，通过 CCTV 检查车厢无异常，列车运行正常。OCC 组织车站人员上车巡查，车厢正常，遂通知车站人员跟车。故障没有造成列车晚点。

（一）故障分析

上车巡查，确认列车车厢无异常。列车回库后检查，发现 B2 车 3 号感烟探测器报火警信息，查看客室录像，报火警故障时刻该位置未发现异常情况。

拆开该故障探测器可见网格及探测腔内均附着有一定的灰尘。将同一列车其他感烟探测器拆下检查，也发现有一定的灰尘。

（二）故障处理

更换感烟探测器后列车功能恢复正常。

第十四节　LCU 系统调试

一、系统概述

地铁列车上有大量机械触点、中间继电器、时间继电器，这些器件通过电缆线连接起来，构成列车运行的逻辑控制系统，用于传递控制信号。这个庞大而复杂的电气系统直接影响列车的运行安全。

地铁列车的运行环境通常比较恶劣，如高温、高湿、粉尘、振动强度大，部分地区还有酸雨、盐雾等。这些不利条件会直接影响电气器件的寿命，特别是有机械动作次数限制的继电器，一般在使用 2~3 年后就逐步开始失效。

无触点逻辑控制单元使用网络化、智能化、可靠性高、寿命长的无触点电子控制装置，代替传统的有触点硬接线控制系统，可以更好地保障地铁列车的安全运行，实现设备免维护、高效检修的目标。

地铁列车通常由两个相同的单元编组而成，每个单元编组由 A、B、C 三台车合成，即 1 单元对应 A1、B1、C1 车，2 单元对应 A2、B2、C2 车，1、2 单元在功能上是完全一致的。以 1 单元为例，A、B、C 车各分配一套 LCU 装置，用无触点控制方式取代原 110 V 控制电路中的时间继电器、中间继电器及一些电器的辅助触点控制。

每个 LCU 系统包含 2 个 6U 机箱和 4 个 3U 机箱，机箱主要包括电源板、MVB 通信板、CAN 通信板、ETH 通信板、主控板、I/O 板、GIO 板、接口板、背板等。LCU 的机箱如图 5-220、图 5-221 所示。

a）

b）

图 5-220　LCU 的机箱实物图

a）司机室 6U 机箱　b）客室 3U 机箱

（一）LCU 系统通信

整车 LCU 系统采用分布式控制，每列车安装 6 台 LCU，每节车各安装一台。LCU 之间通过独立冗余的 CAN 网络进行通信，两个司机室的 LCU 接入 MVB，与车辆 TCMS 网络进行通信，用于状态监控。图 5-222 所示为列车 LCU 整车通信拓扑图。

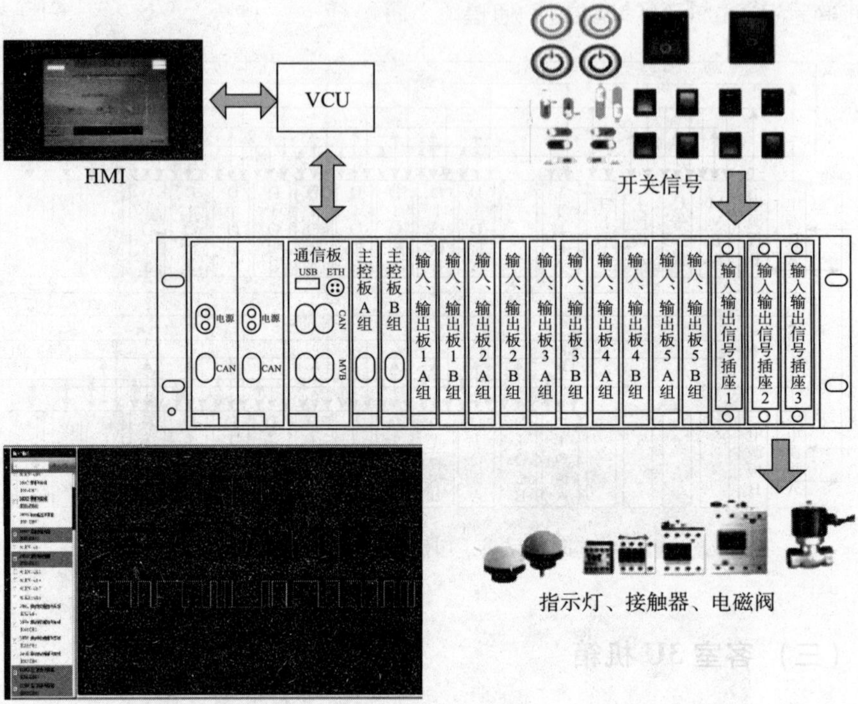

图 5-221　LCU 系统

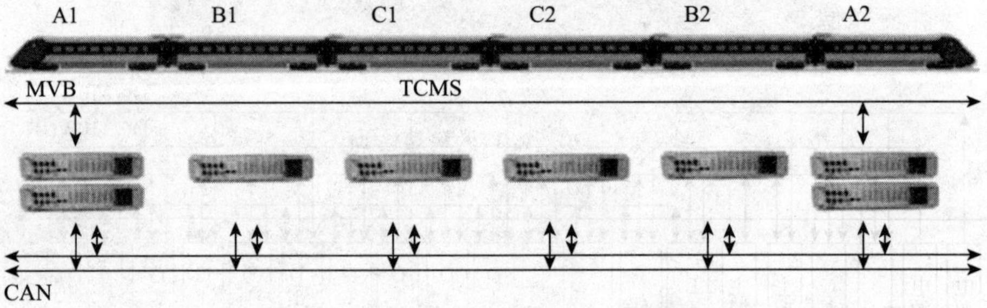

图 5-222　列车 LCU 整车通信拓扑图

（二）司机室 6U 机箱

司机室采用标准 6U 机箱（图 5-223），分上下两层，包括 4 块电源板、2 块主控板、3 块通信扩展板、18 块 DIO 板、4 块 GIO 板、6 块接线板，两层机箱之间通过 CAN 网络进行通信。

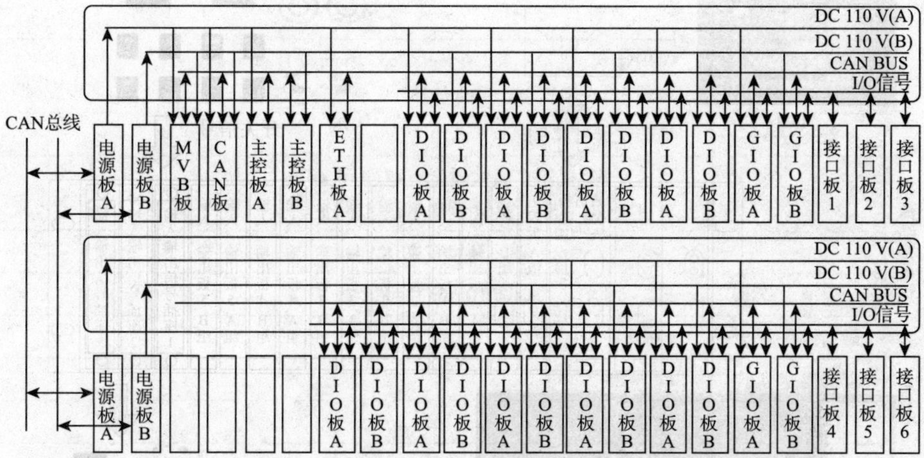

图 5-223　司机室 6U 机箱

（三）客室 3U 机箱

客室采用标准 3U 机箱（图 5-224），包括 2 块电源板、2 块主控板、2 块通信扩展板、6 块 DIO 板、2 块 GIO 板、3 块接线板，各个板件通过内部总线进行通信。

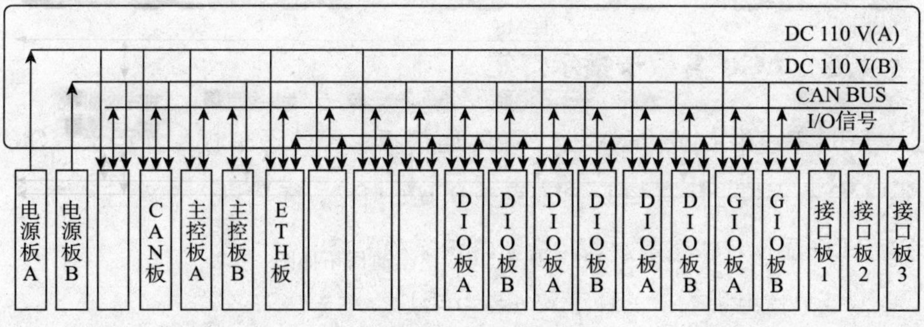

图 5-224　客室 3U 机箱

（四）LCU 技术参数

LCU 技术参数见表 5-5。

表 5-5　　LCU 技术参数

	项目	参数
机械结构参数	尺寸（$L\times W\times H$）	司机室 6U 机箱：482.6 mm×265.9 mm×241.8 mm 客室 3U 机箱：482.6 mm×132.5 mm×242.35 mm
机械结构参数	安装方式	机架式螺钉紧固
机械结构参数	质量	司机室 6U 机箱：最大质量不超过 16 kg 司机室 3U 机箱：最大质量不超过 9 kg
机械结构参数	环境参数	
机械结构参数	环境温度范围	-25~70 ℃，短时（10 min）可达 85 ℃
机械结构参数	最高海拔高度	2 000 m
机械结构参数	存储温度范围	-40~85 ℃
机械结构参数	防护等级	IP20
机械结构参数	散热方式	自然冷却
电气参数	控制电源	DC 110 V（允许波动范围-30%~25%），空载功耗 6U 机箱≤100 W、3U 机箱≤40 W
电气参数	I/O 通道数	司机室 6U 机箱：输入点点位 154，输出点点位 90，干结点点位 20（10 对） 客室 3U 机箱：输入点点位 56，输出点点位 30，干结点点位 10（5 对）
电气参数	输入电压范围	低电平 DC 0~30 V，高电平 DC 77~137.5 V
电气参数	输出电压范围	低电平 DC 0~10 V，高电平 DC 77~137.5 V
电气参数	输入输出响应	输入响应 5 ms，输出响应 5 ms，从输入到输出的最长响应 30 ms
电气参数	输出驱动电流	额定运行电流 2 A，峰值电流 10 A（100 ms）

（五）LCU 各板卡指示灯定义

LCU 系统中 MVB 通信板、CAN 通信板、ETH 通信板、主控板、GIO 板、I/O 板面板上所有 LED 全部点亮 0.5 s 自检，随后进入正常运行模式，观察 LED 显示灯状态是否满足指示灯定义的内容。

1. PWR 电源板指示灯定义（表 5-6）

表 5-6　　PWR 电源板指示灯定义

指示灯	颜色	定义
110/2	绿色	亮：前置处理 110 V 正常 灭：前置处理 110 V 正常

续表

指示灯	颜色	定义
+5/2	绿色	亮：电源模块 5 V 输出正常 灭：电源模块 5 V 输出异常

2. MVB 通信板面板指示灯定义（表 5-7）

表 5-7　　MVB 通信板面板指示灯定义

指示灯	颜色	定义	指示灯	颜色	定义
RUN	绿色	秒闪：CPU 工作正常 熄灭：CPU 未工作 常亮：CPU 工作异常	MVB	绿色	亮：与其他设备的 MVB 通信功能正常 灭：与其他设备的 MVB 通信功能故障
ERC	红色	秒闪：CAN1 或 CAN2 通信故障 亮：CAN1、CAN2 均通信故障 灭：CAN1、CAN2 都通信正常	ERM	红色	秒闪：MVB1 或 MVB2 通信故障 亮：MVB1、MVB2 均通信故障 灭：MVB1、MVB2 都通信正常

3. CAN 通信板面板指示灯定义（表 5-8）

表 5-8　　CAN 通信板面板指示灯定义

指示灯	颜色	定义	指示灯	颜色	定义
RNA	绿色	秒闪：CPU-A 工作正常 亮：CPU-A 工作异常 熄灭：CPU-A 未工作	RNB	绿色	秒闪：CPU-B 正常工作 亮：CPU-B 工作异常 熄灭：CPU-B 未工作
ECA	红色	秒闪：CPU-A 的 CAN 通信部分故障（通信功能不受影响） 亮：CPU-A 的 CAN 通信功能故障 灭：CPU-A 的 CAN 通信正常	ECB	红色	秒闪：CPU-B 的 CAN 通信部分故障（通信功能不受影响） 亮：CPU-B 的 CAN 通信功能故障 灭：CPU-B 的 CAN 通信正常

4. ETH 通信板面板指示灯定义（表 5-9）

表 5-9　ETH 通信板面板指示灯定义

指示灯	颜色	定义	指示灯	颜色	定义
RUN	绿色	秒闪：CPU 工作正常 熄灭或常亮：CPU 未工作或工作异常	ETH	绿色	亮：以太网通信正常 灭：以太网通信故障
ERC	红色	秒闪：CAN1 或 CAN2 通信故障 亮：CAN1、CAN2 均通信故障 灭：CAN1、CAN2 都通信正常	DAT	绿色	常亮：DOM 盘工作故障 秒闪：USB 数据转储中 灭：数据转储结束，或无数据转储

5. 主控板面板指示灯定义（表 5-10）

表 5-10　主控板面板指示灯定义

指示灯	颜色	定义	指示灯	颜色	定义
RUN	绿色	秒闪：CPU 工作正常 熄灭或常亮：CPU 未工作或工作异常	ACT	绿色	亮：具有系统主控权 灭：无系统主控权
ERC	红色	秒闪：CAN1 或 CAN2 通信故障 亮：CAN1、CAN2 均通信故障 灭：CAN1、CAN2 都通信正常	ERO	红色	亮：板卡输出通道硬件故障 灭：板卡输出通道硬件正常
O1A	绿色	亮：通道 DO01-A 输出打开 灭：通道 DO01-A 输出关闭 闪烁：DO01-A 输出故障	O1B	绿色	亮：通道 DO01-B 输出打开 灭：通道 DO01-B 输出关闭 闪烁：DO01-B 输出故障
O2A	绿色	亮：通道 DO02-A 输出打开 灭：通道 DO02-A 输出关闭 闪烁：DO02-A 输出故障	O2B	绿色	亮：通道 DO02-B 输出打开 灭：通道 DO02-B 输出关闭 闪烁：DO02-B 输出故障

续表

指示灯	颜色	定义	指示灯	颜色	定义
O3A	绿色	亮：通道 DO03-A 输出打开 灭：通道 DO03-A 输出关闭 闪烁：DO03-A 输出故障	O3B	绿色	亮：通道 DO03-B 输出打开 灭：通道 DO03-B 输出关闭 闪烁：DO03-B 输出故障
O4A	绿色	亮：通道 DO04-A 输出打开 灭：通道 DO04-A 输出关闭 闪烁：DO04-A 输出故障	O4B	绿色	亮：通道 DO04-B 输出打开 灭：通道 DO04-B 输出关闭 闪烁：DO04-B 输出故障
O5A	绿色	亮：通道 DO05-A 输出打开 灭：通道 DO05-A 输出关闭 闪烁：DO05-A 输出故障	O5B	绿色	亮：通道 DO05-B 输出打开 灭：通道 DO05-B 输出关闭 闪烁：DO05-B 输出故障

6. I/O 板面板指示灯定义（表 5-11）

表 5-11　　I/O 板面板指示灯定义

指示灯	颜色	定义	指示灯	颜色	定义
RUN	绿色	秒闪：CPU 工作正常 熄灭或常亮：CPU 未工作或工作异常	SUP	绿色	亮：110 V 总电源监测正常 灭：110 V 总电源监测有故障
ERC	红色	秒闪：组内、组外任意一路 CAN 通信故障或组内外各有一路 CAN 通信故障 亮：外部 1CAN1 和 1CAN2 都通信故障，或内部 2CAN1 和 2CAN2 都有通信故障 灭：内部 1CAN1、1CAN2、2CAN1、2CAN2 都有通信正常	EIO	红色	秒闪：板卡输入通道或输出通道硬件有故障 亮：板卡输入、输出通道硬件均有故障 灭：板卡输入、输出通道硬件都正常
I01	绿色	亮：DI-01 有输入 灭：DI-01 无输入 闪烁：DI-01 输入有故障	I02	绿色	亮：DI-02 有输入 灭：DI-02 无输入 闪烁：DI-02 输入有故障
I03	绿色	亮：DI-03 有输入 灭：DI-03 无输入 闪烁：DI-03 输入有故障	I04	绿色	亮：DI-04 有输入 灭：DI-04 无输入 闪烁：DI-04 输入有故障

续表

指示灯	颜色	定义	指示灯	颜色	定义
I05	绿色	亮：DI-05 有输入 灭：DI-05 无输入 闪烁：DI-05 输入有故障	I06	绿色	亮：DI-06 有输入 灭：DI-06 无输入 闪烁：DI-06 输入有故障
I07	绿色	亮：DI-07 有输入 灭：DI-07 无输入 闪烁：DI-07 输入有故障	I08	绿色	亮：DI-08 有输入 灭：DI-08 无输入 闪烁：DI-08 输入有故障
I09	绿色	亮：DI-09 有输入 灭：DI-09 无输入 闪烁：DI-09 输入有故障	I10	绿色	亮：DI-10 有输入 灭：DI-10 无输入 闪烁：DI-10 输入有故障
I11	绿色	亮：DI-11 有输入 灭：DI-11 无输入 闪烁：DI-11 输入有故障	I12	绿色	亮：DI-12 有输入 灭：DI-12 无输入 闪烁：DI-12 输入有故障
O1A	绿色	亮：DO01-A 输出 110 V 灭：DO01-A 输出 0 闪烁：DO01-A 输出有故障	O1B	绿色	亮：DO01-B 输出 110 V 灭：DO01-B 输出 0 闪烁：DO01-B 输出有故障
O2A	绿色	亮：DO02-A 输出 110 V 灭：DO02-A 输出 0 闪烁：DO02-A 输出有故障	O2B	绿色	亮：DO02-B 输出 110 V 灭：DO02-B 输出 0 闪烁：DO02-B 输出故障
O3A	绿色	亮亮：DO03-A 输出 110 V 灭：DO03-A 输出 0 闪烁：DO03-A 输出有故障	O3B	绿色	亮：DO03-B 输出 110 V 灭：DO03-B 输出 0 闪烁：DO03-B 输出有故障
O4A	绿色	亮：DO04-A 输出 110 V 灭：DO04-A 输出 0 闪烁：DO04-A 输出有故障	O4B	绿色	亮：DO04-B 输出 110 V 灭：DO04-B 输出 0 闪烁：DO04-B 输出有故障
O5A	绿色	亮：DO05-A 输出 110 V 灭：DO05-A 输出 0 闪烁：DO05-A 输出有故障	O5B	绿色	亮：DO05-B 输出 110 V 灭：DO05-B 输出 0 闪烁：DO05-B 输出有故障
O6A	绿色	亮：DO06-A 输出 110 V 灭：DO06-A 输出 0 闪烁：DO06-A 输出有故障	O6B	绿色	亮：DO06-B 输出 110 V 灭：DO06-B 输出 0 闪烁：DO06-B 输出有故障

7. GIO 板面板指示灯定义（表 5-12）

表 5-12 GIO 板面板指示灯定义

指示灯	颜色	定义	指示灯	颜色	定义
RUN	绿色	秒闪：CPU 工作正常 熄灭或常亮：CPU 未工作或工作异常	NC1	绿色	保留，常亮
ERC	红色	秒闪：CAN 通信部分有故障（通信功能不受影响） 亮：CAN 通信功能故障 灭：正常	ERO	红色	亮：板卡输出通道硬件有故障 灭：板卡输出通道硬件正常
O1A	绿色	亮：通道 DO01-A 输出打开 灭：通道 DO01-A 输出关闭 闪烁：DO01-A 输出有故障	O1B	绿色	亮：通道 DO01-B 输出打开 灭：通道 DO01-B 输出关闭 闪烁：DO01-B 输出有故障
O2A	绿色	亮：通道 DO02-A 输出打开 灭：通道 DO02-A 输出关闭 闪烁：DO02-A 输出有故障	O2B	绿色	亮：通道 DO02-B 输出打开 灭：通道 DO02-B 输出关闭 闪烁：DO02-B 输出有故障
O3A	绿色	亮：通道 DO03-A 输出打开 灭：通道 DO03-A 输出关闭 闪烁：DO03-A 输出有故障	O3B	绿色	亮：通道 DO03-B 输出打开 灭：通道 DO03-B 输出关闭 闪烁：DO03-B 输出有故障
O4A	绿色	亮：通道 DO04-A 输出打开 灭：通道 DO04-A 输出关闭 闪烁：DO04-A 输出有故障	O4B	绿色	亮：通道 DO04-B 输出打开 灭：通道 DO04-B 输出关闭 闪烁：DO04-B 输出有故障
O5A	绿色	亮：通道 DO05-A 输出打开 灭：通道 DO05-A 输出关闭 闪烁：DO05-A 输出有故障	O5B	绿色	亮：通道 DO05-B 输出打开 灭：通道 DO05-B 输出关闭 闪烁：DO05-B 输出有故障

二、工作原理

LCU 系统的基本功能是提供电源、CAN 网络的连接、MVB 网络的连接、以太网的连接、数字输入、数字输出、干结点输出等。

（一）提供电源

可编程逻辑控制单元（LCU）直接与列车蓄电池连接，额定工作电压为 DC 110 V。LCU 采用三组独立的 DC 110 V 电源，分别为 LCU 的 A 组、B 组和 C 组提供驱动电源。内置电源板为其他板卡提供所需的工作电源（DC 5 V），设计功率满足装置在宽范围输入情况下的工作要求。LCU 可以承受 10 ms 的电源中断。

（二）CAN 网络的连接

LCU 设备间通过双冗余 CAN 总线连接，LCU 与 CAN 网络通过两个 9 针 D-sub 连接器连接，位于 CAN 通信板面板的 CAN1/2。通信电缆须采用为屏蔽 CAN 电缆，屏蔽两端接地。

（三）MVB 网络的连接

LCU 与 MVB 网络通过两个 9 针 D-sub 连接器连接，位于 MVB 通信板（仅 YLCU-3-A 型 LCU 具备 MVB 通信板）面板的 MVB1/2。通信电缆须采用屏蔽 MVB 电缆，屏蔽两端接地。

（四）以太网的连接

LCU 设计了以太网接口，用以实现设备维护、信息上传等功能。以太网接口的连接采用 M12 连接器，位于 ETH 通信板面板的 ETH1。

（五）数字输入

YLCU-3-A 型 LCU 采用 6U×84T 标准机箱，设计输入接口数量为 96 个。YLCU-3-B 型 LCU 采用 3U×84T 标准机箱，设计输入接口数量为 36 个。YLCU-3-A 型 LCU 的数字输入接口分布在 X3、X4、X5、X8 中，YLCU-3-B 型 LCU 的数字输入接口分布在 X4、X5 中。

（六）数字输出

YLCU-3-A 型 LCU 采用 6U×84T 标准机箱，设计输出接口数量为 48 个。YLCU-3-B 型 LCU 采用 3U×84T 标准机箱，设计输出接口数量为 18 个。YLCU-3-A 型 LCU 的数字输出接口分布在 X3、X4、X5、X8 中，YLCU-3-B 型 LCU 的数字输出接口分布在 X4、X5 中。

（七）干接点输出

YLCU-3-A 型 LCU 采用 6U×84T 标准机箱，设计干结点输出接口数量为 10 个。YLCU-3-B 型 LCU 采用 3U×84T 标准机箱，设计干结点输出接口数量为 5 个。YLCU-3-A 型 LCU 的数字输出接口分布在 X5、X8 中，YLCU-3-B 型 LCU 的数字输出接口分布在 X5 中。

三、系统调试

（一）LCU 系统外观检查

LCU 箱体检查包括箱体外部紧固检查及接线检查。

1. 箱体外部紧固检查

打开机箱柜门，用手轻晃各板块及插头，应紧固无松动；检查箱体紧固件，应无松动，接地线底座应无松动；检查各板卡及插头，螺栓应紧固、无松动。

2. LCU 箱接线检查

清除箱内灰尘及杂物，检查 LCU 供电开关接线，外观应无异常，供电开关应无跳闸。开合操作供电开关（图 5-225），应无卡滞，接线应紧固无松动。

（二）LCU 系统有电调试

1. LCU 系统基本功能检查

升弓后检查 HMI（图 5-226）的 LCU 图标，应为绿色，此时查看电压

图 5-225　LCU 供电开关

值范围应为 116~132 V。检查 HMI 的辅助逆变器图标，应为绿色，启动全车空调，开关车门，施加缓解停放制动，检查故障履历，应无故障报出。

图 5-226　HMI 显示

2. LCU 模式选择旋钮功能检查

使 LCU 模式选择旋钮分别置于 A 组、B 组，HMI 应无 LCU 故障报警。打开驾驶端 LCU 柜柜门，检查 LCU 主机 A 组、B 组应相应切换，如出现红色指示灯为故障。恢复 LCU 模式选择旋钮（即 A/B 倒组旋钮）至自动位，如图 5-227 所示。

图 5-227　LCU 主机 A/B 组切换

四、故障案例分析

某列车在调试期间以 ATO 模式无法动车，司机复位主控钥匙后 HMI 显示 LCU 图标为红色，且触发列车紧急制动无法缓解。行车调度组织司机执行保底措施，以不带 ATP 保护的人工驾驶模式限速 45 km/h 回场。

（一）故障分析

1. 查看故障履历

查看列车故障履历，列车在故障时刻报：A2 车 LCU 设备 I/O5 板 B 输出故障、A2 车 LCU 设备轻微故障、A2 车 LCU 设备 I/O5 板 A 输出故障、A2 车 LCU 设备严重故障、A1 车 LCU 通信故障、A2 车 LCU 通信故障。

2. 根据 EDRM 数据对故障现象及操作回放

故障现象及操作回放如图 5-228 所示。

3. 故障分析

列车回库查看列车 LCU 设备，发现 A2 车 LCU 的 I/O5 板 A 板闪红（图 5-229）。激活司机室占有后，A2 车 LCU 的 I/O5 板 A 板闪红、B 板故障闪红（图 5-230）。

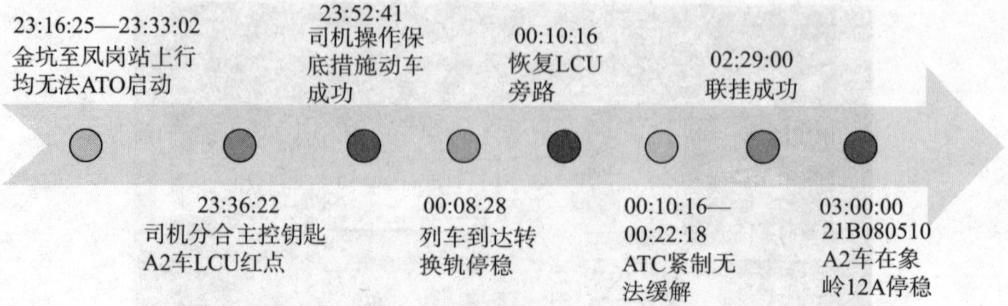

图 5-228　故障现象及操作回放

图 5-229　I/O5 板 A 板闪红

列车回到检修库后，恢复 ATO 模式，发现驾驶端紧急制动仍无法缓解。按压驾驶端司机操作台信号复位按钮，故障现象依然存在。测量列车紧急制动列车线的信号保护旋钮（=91-S106）的 23~24 脚有 DC 110 V 电压，而继电器（=22-K108）的 14 脚无电压。列车紧急制动列车线失电测量如图 5-231 所示。

切除 ATC 后，继电器（=91-K121）仍处于失电状态，正常应为得电状态，测量 XTA15. 02-4D 线排点位，无电压。由于该点位无电压，恢复 ATC，操作 VOBC 复位按钮，VOBC 无法收到复位信号，ATC 紧急制动仍无法缓解。由于 LCU 的 OUT47 点位对后级电路供电，因此需要检查整个电

图 5-230 I/O5 板 A 板与 B 板闪红

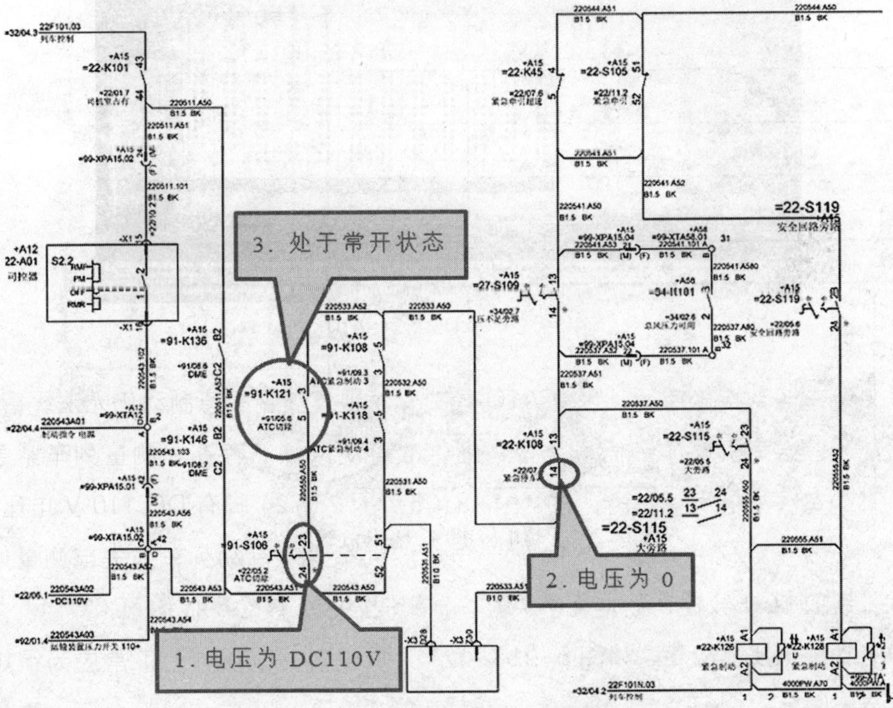

图 5-231 列车紧急制动列车线失电测量

路的供电状态。测量 OUT47 点位，无输出，因此判断为 OUT47 点位的板卡发生故障。图 5-232 所示为 LCU-OUT47 输出负载电路图。

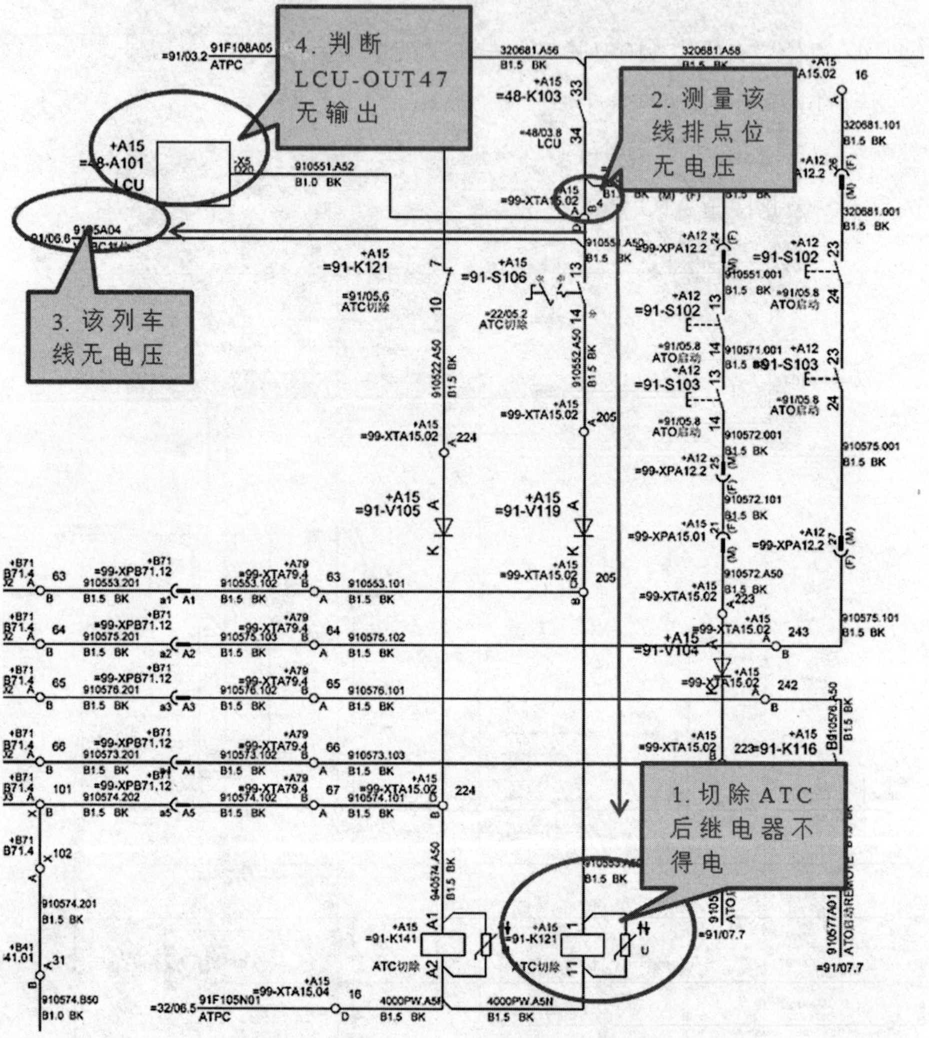

图 5-232　LCU-OUT47 输出负载电路图

读取 LCU 数据，数据记录 A2 车 I/O5 板的 A 板、B 板均报 OUT47 点位有输出无反馈故障，如图 5-233 所示。

2019-11-22 23:11:34	64425479 12	0×02 0×28 0×21 0×040×BF 0×FC 0×03 0×BF 0×FC 0×13 0×00 0×00

图 5-233　LCU 数据

其中 0X03 0XFC 0XBF 转化为十进制（图 5-234），第一列为输出指令，第二列为接收到的反馈信号。即 OUT47 点位应有输出 110 V 电压，而板卡的反馈电路检测到的电压为 0，实际输出电压为 0。

0011111111
0010111111

图 5-234 LCU 数据解析

如图 5-235 所示，当 LCU 的 OUT47 点位无输出时，ATO 启动电路无法得电，因此按压 ATO 启动按钮列车无法启动。

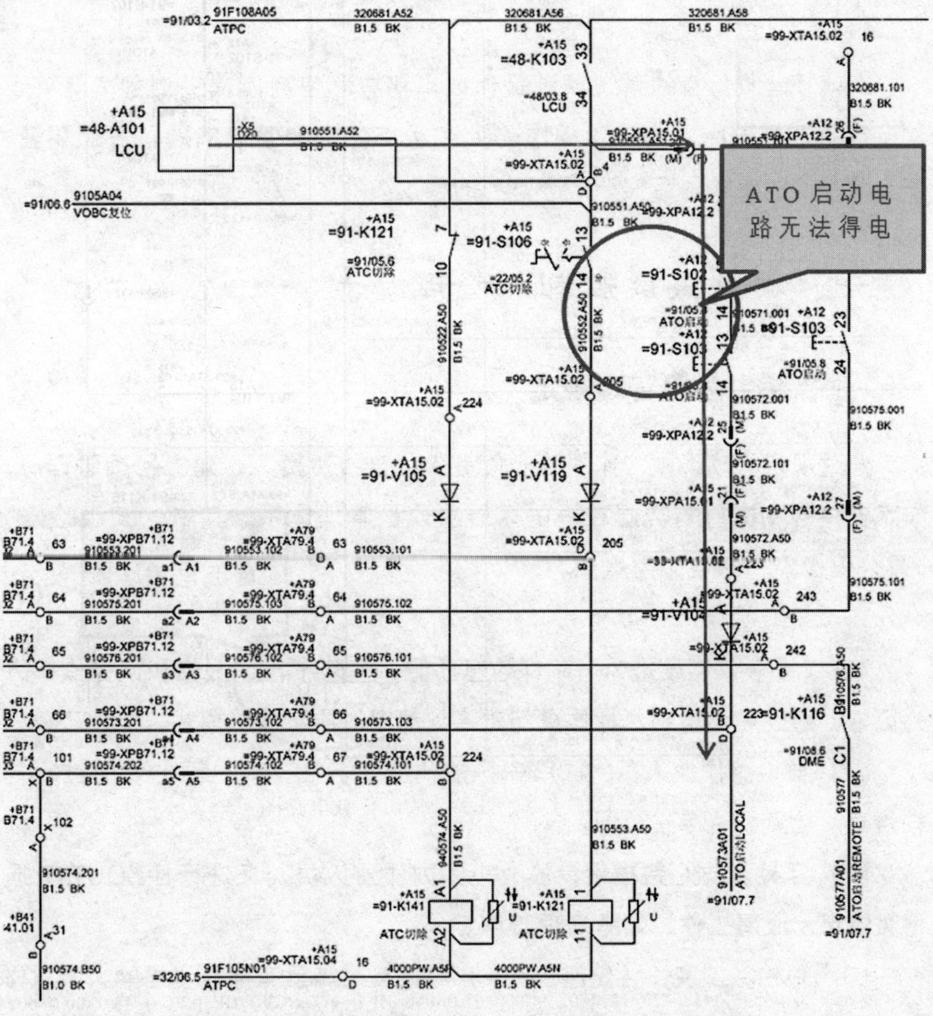

图 5-235 ATO 启动电路图

（二）故障结论

综上分析，本次故障原因为 A2 车 LCU-I/O5 板的 B 板二极管 D55 短路，更换 A2 车 LCU-I/O5 板的 B 板后，列车静态及有电功能恢复正常。

第十五节　关键控制点管理

车辆预验收检查的系统调试是保证车辆总承包商所提供的列车能够正常运行的必要程序，调试过程中需关注重点任务和重点问题，兼顾质量、安全、生产的要求，落实调试开口项的整改。

一、质量关键控制点管理

（一）编制质量管理规定

通过规定明确调试工作的第一负责人、直接负责人，建立包括管理层、技术支持层及执行落实层在内的多层次质量管理体系。其中“三级检修”“零公里检查”制度尤为重要。

1. “三级检修”制度

“三级检修”制度是为了确保检修质量，消除漏检、漏修和误操作等人为因素，通过环环控制，将质量问题降到前低的质量控制模式。

（1）自检。作业人员完成所安排的作业任务后，对自己的作业进行复核检查，检查是否存在疏漏。

（2）互检。作业完毕后，作业小组内作业人员交叉进行检查，检查质量关键点、收尾工作、场地清理工作。

（3）他检。工班长（代理工班长）或质检员等具有他检资格的人员对作业关键步骤进行他检（如工作安排不过来时可以由工班长指定的检修师及以上人员执行），技术组他检人员可以为专业工程师或检修专家。

2. “零公里检查”制度

（1）检修班组完成系统修及以上修程的列车检修以及列车普查改造作业后，检修专家或专业工程师对作业质量进行零公里检查。

（2）对于零公里检查发现的问题，责成责任人及时处理，并回复处理结果，形成闭环管理。

（二）编制调试文件

调试方案需根据各系统特性进行条目化处理，编制依据为例行试验大纲、型式试验大纲、合同文件及会议纪要等，主要包括调试地点、调试时间、车辆状态要求、试验方法、试验所需的设备、试验人员资质、评估标准、测试记录等。

二、安全关键点控制

系统调试工作存在高电压、高空作业等安全风险，调试过程涉及接触网断/送电及车辆带电调试，因此作业人员需持证上岗，熟悉相关的设备操作规范，严格落实作业前安全交底和安全防护，对于高风险作业必须有专业技术人员现场监控。

安全关键控制点主要包括可能引起触电的作业、可能造成人员伤亡的作业、可能影响调试线路正常运营的作业、损害车辆状态的作业等，详见表5-13。

表5-13　安全关键控制点

序号	风险	应对措施
1	冲突、脱轨、车钩分离、溜逸	1. 动态调试前，必须确认车辆走行部功能正常，走行部各参数符合设计标准 2. 确认列车限界符合线路要求，试验设备绑扎牢固，无活动部件超限 3. 检查车钩连接状态，并进行向前和向后动车试验 4. 每次调试前进行制动试验，列车常用制动、快速制动、紧急制动、停放制动功能正常 5. 静态制动设备时，应做好防溜措施，动态调试前专人确认防溜措施已撤除

续表

序号	风险	应对措施
2	悬挂件脱落	1. 对整车悬挂件开展一次全面系统的评估 2. 检查所有车底、车侧、车顶部件紧固情况 3. 所有箱体盖板须有二次防护，检查所有铭牌的紧固情况，粘贴不良的，要重新粘贴等
3	紧固件松动	1. 评估全车紧固件的紧固方式是否科学合理 2. 评估各螺栓受力是否科学，是否存在意外松动脱落风险 3. 评估紧固件防松工艺是否科学，检查是否有螺栓无防松措施的情况 4. 对生锈的螺钉进行更换，紧固松动螺钉 5. 必要时进行紧固件扭力校正
4	车体与转向架之间的连接、两车端管线连接存在干涉的现象，管线被拉伤、拉断	进行曲线试验时，车辆以尽可能低的速度进入曲线后停车，确认无问题后才能继续试验，并注意观察，如有问题，立即终止试验
5	车辆状态不佳，牵引力发挥达不到设计要求，无法顺利通过坡道	1. 试验前加强对列车的状态检查，确认控制软件、制动功能、车辆、网压正常，确保列车状态满足试验要求 2. 如坡道下方线路足够长，且无障碍物，出现牵引力不足后溜时，立即施加紧急制动 3. 试验时，准备另外一台车或工程车在试验区域外待命，当测试车发生故障时，启用备用的动力车
6	车辆制动力不足，无法在坡道上停车	1. 试验前加强对列车的状态检查，确认控制软件、制动功能、车辆无故障，确保列车状态满足试验要求 2. 坡道下方线路足够长，且无障碍物，坡道下方多预留一个空闲区间 3. 现场再次确认编组列车制动管路是否连接完好、主风管阀门开启 4. 试验时，准备另外一台车或工程车在试验区域外待命，当试验车发生故障时，启用备用的动力车 5. 出现溜车时，紧急制动停车 6. 若采用紧急制动也无法停车，应立即施加停放制动。如仍无法停车，应控制车速，缓慢溜车到坡底 7. 如基本判定车辆制动系统存在故障，启用备用动力车牵引回场
7	从车辆上跳下，穿越车辆和地沟等，造成人身伤害	1. 调试人员必须接受安全教育、培训，按要求穿戴劳保用品 2. 不得从车辆直接跳跃至地面，不得从非检修车下部钻越，不得跨越地沟或跳下地沟

续表

序号	风险	应对措施
7	从车辆上跳下，穿越车辆和地沟等，造成人身伤害	3. 从列车端部通过应保持安全距离，迅速通过 4. 在有地沟的股道作业时，必须使用登车装置上下车，要求正确使用登车装置，地脚锁紧后才可以登梯
8	在没有固定式检修平台的股道、没有用于悬挂安全带的固定点的区域作业坠落	1. 严格执行高空作业的安全管理规定，办理请销点和高空作业令 2. 进行车门检修作业时，正确使用防坠落安全装置 3. 登顶作业应正确使用长梯，登梯时须有人扶持监护，梯脚和搭梯处须有防滑装置 4. 在无安全带固定点的区域作业时，必须使用移动式车顶作业平台
9	车辆上的金属部件始终带电，且超出安全电压范围	1. 无电作业必须断开蓄电池刀闸，涉及高压线路时，主电路隔离开关必须接地，并保证足够的放电时间 2. 勿将物品及工具置于蓄电池上 3. 禁止用手直接触摸蓄电池极柱和连接条 4. 必要时需要使用绝缘工具和绝缘手套 5. 通高压电前必须测量主电路绝缘

三、生产管理

生产管理关系到整个调试过程的工作效率，在车辆到货前车辆总承包商、车辆使用部门、车辆项目采购单位三方应做好充分沟通，根据到货情况提前做调试计划。

在系统调试前应提前申报调试作业计划，掌握调试进度，尤其在新线建设运营初期须进行各专业系统调试，科学的生产管理可避免因正线作业计划点紧张导致调试工作滞后。

四、调试例会管理

（一）建立试验协调机制

为及时解决调试过程中出现的问题，一般需要形成相应的协调机制，具体包括：

1. 日例会

日例会一般于工作日上午在调试前召开，会议主要对本日调试工作进行安排，对需要协调解决的问题进行讨论。若在下午调试结束后召开，会议主要对本日工作进行情况、次日工作计划以及需要协调解决的问题进行讨论。

2. 周例会

周例会一般于每周五或者周一下午举行，会议主要针对上周调试工作完成情况、本周工作计划、须协调解决的问题及调试过程中发现的问题进行讨论。

3. 月度例会

月度例会一般于每月月底召开，会议主要针对本月调试工作完成情况、下月工作计划、整个调试进展情况进行汇报，协调外单位（部门）配合试验，协调处理试验过程中发现的问题及跟踪问题。

4. 季度例会

季度例会一般于季度末月底召开，会议主要针对本季度调试工作完成情况、下季度工作计划、整个试验进展情况进行汇报，协调外单位（部门）配合试验，协调处理试验过程中发现的问题及跟踪问题。

（二）整合试验资源

在车辆调试过程中，必须把握好各个调试环节，优化调试阶段中的各个流程，与车辆总承包商、系统供应商等试验单位密切配合，资源共享，充分发挥各种协调机制的作用，高效解决试验过程中发现的问题，确保顺利完成调试工作。

五、开口项关键点管理

在调试中，对于现场发现的问题，应通过文字、图片、视频等形式进行记录，一方面可作为设备运用经验进行积累，另一方面可提高问题解决及故障处理效率。

为实现系统调试开口项的闭环管理，需对调试发现的问题进行记录，记录内容包括但不限于问题发现时间、问题车号、所属系统、位置、问题等级（A/B/C）、问题描述、整改前照片、整改建议、跟进情况、发现人、整改状态（开口/关闭）、整改人、整改时间、确认人等。

针对开口项问题，需形成每周或每双周例会制度。对于重大问题、推进不力的问题、需要优化设计的问题等还须通过技术专题会明确整改方案、整改期限，并形成会议纪要。开口项问题应统一汇总至调试问题台账，台账需完整记录问题车号、时间、地点、系统、问题描述、现场照片、整改情况及关闭情况等。根据开口项问题定期与车辆总承包商开会讨论，并将开口项整改质量和数量与最终的预验收挂钩，督促车辆总承包商尽快完成整改。

第十六节 经验小结

一、提前编制合理的方案

车辆调试工作开展前，需制定详细的调试方案，确定各方职责、接口责任人、调试计划、调试风险、应急预案等，以方便调试工作开展。

（一）制定接车方案

接车前清理段内道路，确保运输车能顺利通过；吊车、龙门架等设备提前摆放在合适的位置、功能正常。如进行无电转轨运输，应签订转轨协议，确认车辆限界符合运行线路要求，走行部功能正常，技术参数符合要求，润滑正常，无电回送功能正常，制定运行图和限速表，完成相关型式试验，提供厂内限界证明。车辆在平板车上的方向、运输顺序、卸车顺序及方向需在卸车前确认。

（二）制定调试方案

调试前，要求车辆制造厂提交各系统调试大纲，根据大纲及检修经验制定调试方案及记录表格，根据调试方案编制调试任务书。调试任务书包括静态调试、动态调试及其他型式试验等。静态调试包括紧固件扭力校正及查线核图，须根据维修手册及实际情况，制定列车各部件包括螺栓名称、型号、扭矩、扭力校核值等信息的紧固件扭力校正方案，根据列车接线图制定查线核图方案，包括各元器件、线排的线号检查表，核对接线有无漏接、少接、错接等情况。

只有固化了牵引、制动系统软件，才能进行动态调试，每次动态调试前必须制定具体的调试方案，且动态调试前需提前完成旁路功能测试指引，确保列车冗余功能正常，必要时安排备用动力车或工程车准备救援工作。合同规定在厂内进行的试验，必须在厂内完成。

二、完善及规范调试制度

系统调试工作很复杂且具有其特殊性，车辆调试作业处于车辆运用管理的首段，不管是操作工艺还是规章制度，都处于摸索和验证的阶段，安全隐患也未完全暴露出来，工作人员的技能水平受限，接口及配合也还处于磨合期，这就造成影响调试工作顺利进行的因素特别多，很容易引起调试作业事故，因此健全完善调试作业管理制度势在必行。

（一）完善调试制度

1. 搭建总体制度框架，确定分工与接口关系

所有的作业开展及制度建立，都应基于这个框架，超出框架范围的作业，都应进行专项讨论。

2. 细化措施使整个流程更加科学严谨

现有的地铁新线车辆调试制度大多只是对调试工作大框架进行规定，对其中一些复杂且精细的工作还未全部覆盖。因此，亟须对调试工作进行深入研究，重点关注各专业系统的调试，保证调试的各个环节都有相关要求，使整个流程更加科学严谨。

3. 确保列车功能状态正常并建立档案

调试过程相对复杂，涉及静态调试、动态调试，其中动态调试又分为试车线和正线高速调试，为保障调试作业列车的良好状态，还需对调试列车的检修作业进行规范化管理。例如，建立动态调试审批制度，动态调试前必须经过各专业的审批，确定列车符合动车条件，并由调试管理人员最终审批后才允许动车作业。建立安全分级管理制度，根据不同调试任务的风险，制定不同级别的防护和管理措施。列车动态调试前，安排工班对调试列车进行检查作业。列车动态调试完毕回库后，及时对列车的走行部、车体车钩等部件的状态进行复查，确认调试过程中各部件的状态未发生变化，并保留列车运行日志数据。列车调试期间发生的各种故障，应及时通知车辆总承包商、专业技术人员及时处理和分析，并建立档案。

（二）组建专业调试机构

设立专门负责机构，分工明确，责任到人。根据调试内容，配置相关调试人员，成立调试小组，做到人员基本固定，并对调试人员进行专门的培训。

三、有效传达技改任务单

调试期间会涉及大量的技术改造，技改作业应严格按照规定的技术要求进行，如果因为某些原因对车辆技术性能进行了调整，或对调试标准进行了修改，而这些调整未传达给现场调试人员，就容易导致在调试过程中产生次生故障甚至发生危及行车安全的事故。所以，在调试之前，应该严格核对相关技术文件，技术部门对标准或者技术性能修改后要及时下发和传达相关的技术文件，调试审批部门在文件未彻底传达前，禁止安排相关的调试工作。解决对策如下：

1. 技术改造必须有严格的流程，从隐患的发现，到改造方案的制定、试整改、方案修改及工艺更新，再到全面整改，都应有系统的流程和记录，每一步都通过各级管理和专业部门审核。

2. 方案论证和试整改尽量在模型上进行，避免调试时的临时改动。全面整改前对调试人员进行整改方案培训，使每一个调试人员都熟悉方案和改动的内容；整改过程中随时通报整改进度，使调试人员掌握列车状态的变化。

四、合理安排调试作业

（一）合理利用人力资源

系统调试工作有其特殊性，作业内容不固定，试整改的日作业量变化较大，临时任务多，这就要求调试负责人必须全面把控调试进度，合理安排调试人员作息，避免不必要的人力资源浪费或者超额劳动带来的安全隐患。

调试人员要求具有一定的经验和能力，有检修员及以上的资质。由于调试工作多处于地铁建设初期，业务熟练的人员比较缺乏，因此调试负责人必须做好预想，合理利用人力资源。首先，合理安排技术人员，使具有较为熟练操作技能的人员工作在调试工作的前沿。其次，为新进入的调试人员提供培训机会，做好传帮带工作。

（二）有效培训

在调试之前，要做到参与调试任务的所有人员都对调试内容了解透彻，必要时应组织调试人员进行推演和讨论。参与调试的人员必须严格遵守调试规定，杜绝不符合规定的调试项目。例如，120 km/h 制动试验项目受到调试线路长度的限制，一次加速可能只够做一次试验，但在调试现场可能发现一次试验后的剩余线路长度允许再试验一次，此时严禁擅自改变方案进行两次试验，避免预想不周带来的意外情况发生。此外，调试负责人只能有 1 个，在任何情况下，动车作业只能由调试负责人单独指挥，严禁出现多人交叉指挥的乱象。

（三）严格把控调试步骤和速度

车辆在运行过程中会出现各种故障，甚至出现影响安全的较大故障。如果影响行车安全的故障未排除，或故障原因分析不清就盲目进行上线调试，有可能造成车辆损失甚至人员伤亡情况的发生。因此，必须严格把影响安全的故障排除。针对存在较大故障的车辆，调试负责人应严格把控调试的步骤和调试速度，确保调试安全。

（四）有序开展调试

调试过程中牵涉的人员较杂，交叉作业较多，人员的管理显得尤为重要。车辆调试一般以车辆专业为主，由车辆调试组对调试过程进行总体把控，安排专门人员进行管理（一般为车辆检修调度）。凡是上调试车辆作业的人员，都应在调试组相关人员处登记请点，并随时汇报进度。

五、调试注意事项

调试之前，要充分做好人员、工具、设备的检查和准备工作；建立调试专项工作机制，分工明确，责任到人；制定调试工作大纲或作业流程，确保调试工作有条不紊；对于有可能影响调试安全的故障则应全面整改，确保整个调试过程的安全有序。

定期邀请车辆总承包商、各系统供应商及相关合作方召开调试质量分析联合会议，修改并优化调试方案。加强检修部门与调试组的信息沟通，调试组将调试过程中出现的重大问题在交接时告知检修部门，以便在运营中加以注意；检修部门将运营过程中出现较多的故障告知调试组，以便在调试过程中加强检查力度。定期召开调试例会，了解调试进度，修订调试计划，通报调试状况。

对正在调试、尚未预验收的车辆要加强管理，未经调试现场负责人的同意，任何人不得随意拆卸调试车辆的部件。只有对完全具有上线运营能力的车辆才能签署预验收。

参考文献

[1] 城市轨道交通试运营基本条件 [S]. 北京：中国标准出版社，2013.

[2] 邹普尚，张冰清. 城市轨道交通试运营基本条件评估流程及常见组织问题研究 [J]. 综合运输，2016（11）：34-39.

[3] 沈秀芳，周国甫，胡维撷，等. 城市轨道交通新线试运营基本条件评估的体会与思考 [J]. 城市轨道交通研究，2010（S1）：582-586.

[4] 林勇. 地铁车辆调试潜在风险控制对策研究 [J]. 现代城市轨道交通，2017（4）：62-64.

[5] 吕奔. 地铁车辆调试工作探讨 [J]. 黑龙江科技信息，2014（27）：143.

[6] 张和平，董兆兵，杨孝洪，等. 地铁列车调试的组织与实施 [J]. 现代城市轨道交通，2006（4）：11-13，24.

[7] 曾建. 成都地铁 1 号线的列车调试 [J]. 城市轨道交通研究，2012（9）：134-136.

[8] 宋勐. 简论南京地铁新车调试 [J]. 现代城市轨道交通，2010（3）：81-83.

[9] 王安军. 论地铁车辆的静态调试 [J]. 电子世界，2014（15）99.

第六章

预验收检查：车辆试验

第一节　工作概述

一、车辆试验分类

车辆试验主要分为例行试验、型式试验和研究性试验。

例行试验一般是指依据国家标准或行业标准的规定进行的列车或部件出厂试验、交接试验以及运行中的定期试验。例行试验包含列车或部件从设计到制造和交付的整个流程中规定必做的试验。例行试验也是预防性试验，可以在试验过程中发现可能存在的性能指标或质量方面的问题，从而加以纠正。例行试验的报告或记录也是列车或部件设计、制造和交付管理中可追溯的重要信息。例行试验通常是选择最关键的和必不可少的指标来进行测试。

型式试验是为了验证产品能否满足技术规范的全部要求所进行的试验。

它是新产品鉴定中必不可少的一个环节。只有通过型式试验，该产品才能正式投入生产。若所用设备或部件已有使用业绩，可不做型式试验，但须提供有效的型式试验报告。同一型号的被试设备或部件数量应满足相关标准，抽样结果应得到买方的确认。相关试验需在被认可的独立检验机构进行，对个别特殊的检验项目，如果检验机构缺少所需的检验设备，可在独立检验机构或认证机构的监督下使用制造厂的检验设备进行。

研究性试验是指为获得列车或部件的试验数据而开展的试验，其试验结果不作为判断车辆合格与否的依据。

二、车辆试验的内容及目的

车辆在完成生产后，车辆总承包商委托试验方随即开展相关试验工作，绝大部分的试验内容已在 PSI 前完成，并形成相应的试验报告。如有因线路条件限制而无法在制造方完成的试验，则安排在地铁运营现场的线路上进行，主要包括安全措施和安全设备检查试验、牵引制动相关试验、列车故障运行能力试验及典型运行图试验等。

车辆试验的项点及试验目的见表 6-1。

表 6-1　　车辆试验的项点及试验目的

序号	项点	型式试验	例行试验	研究性试验	试验目的
1	静置状态机械试验	√	√		验证车辆外形尺寸，验证柔性系数，采用车辆总承包商推荐的作业方法检查车辆的起吊性能
2	称重试验	√	√		检验车辆质量、各轴重及轮重
3	车门系统操作试验	√	√		验证车门系统的设计和性能
4	绝缘试验	√	√		验证列车各电压等级电路的耐压等级及对地绝缘阻抗

续表

序号	项点	型式试验	例行试验	研究性试验	试验目的
5	辅助电源系统试验	√	√		检查 110 V 线路的电压降，蓄电池满足列车紧急负载工作情况，紧急启动功能以及辅助逆变器故障的辅助分配情况
6	主电路电气设备操作试验	√	√		检查高压开关、保护设备的功能及操作时序
7	噪声试验			√	研究列车不同运行状态下的噪声情况
8	接地和回流电路接线检查	√	√		检查列车保护接地和回流性能
9	压缩空气设备全面气密性检查和运转试验	√	√		检查各气动系统的气密性，验证压缩空气设备运转的有效性
10	工作条件和舒适性检查	√	√		检查车辆司机室、客室及其他工作区域的工作条件和舒适性
11	空调系统试验	√	√		验证空调系统的设计和性能
12	车体和外部设备箱体水密性试验	√	√		检查当车辆受到雨雪、尘埃及其他污染物影响时的密封性
13	安全措施和安全设备检查	√	√		检查列车安全措施和安全设备的功能
14	运行安全性和平稳性试验	√			验证车辆在运行线路的安全性与平稳性
15	曲线和坡道多变线路的运行试验	√			验证列车在曲线和坡度变化线路上的安全裕度和运行情况
16	牵引能力和电制动能力试验	√	√		验证牵引和制动设备在设计温升限值内按规定的负载周期运行的能力，验证再生制动、电阻制动的性能
17	空气制动线路运行试验	√	√		验证车辆制动系统设计和性能

续表

序号	项点	型式试验	例行试验	研究性试验	试验目的
18	受电装置（受流器和受电弓）试验			√	验证受电弓的各项性能参数
19	干扰试验	√			验证屏蔽线接地方案
20	供电中断试验	√			验证供电中断不会给车辆的性能带来不利的影响
21	运行阻力试验			√	测量车辆运行阻力，计算出车辆单位质量下的基本阻力
22	能耗试验			√	验证列车能耗测量功能的准确性，研究列车的能耗情况
23	典型运行图的检查			√	检查车辆满足规定运行图的能力
24	乘客信息系统试验	√	√		验证乘客信息系统的功能
25	故障诊断系统试验	√	√		检验故障诊断系统是否能正确地显示内容、诊断和指示故障
26	列车故障运行能力试验	√			检验列车故障时的运行能力

第二节　车辆例行试验管理

车辆制造方按照铁路相关标准，如《电力机车制成后使用前的试验方法》（GB 3318—2006）、《电力机车通用技术条件》（GB/T 3317—2006），并结合地铁车辆技术文件编制车辆例行试验大纲。完成大纲编制后，由地铁车辆项目监理单位（如有）、采购单位、地铁运营单位、架大修基地审核并形成相关会议纪要。

以广州地铁十四号线项目为例，需要开展的例行试验项目共 16 项，具体见表 6-2。

表 6-2　　车辆例行试验清单

序号	项目	相应记录表
1	静止状态机械试验	1. 车体水平性试验记录 2. 车辆外观和尺寸测量记录 3. 单车静态限界试验记录
2	称重试验	车辆轮载及称重试验记录
3	绝缘试验	绝缘耐压试验记录
4	车门系统操作试验	1. 客室侧门系统试验记录 2. 司机室侧门系统试验记录
5	辅助电源系统试验	辅助电源系统试验记录
6	主电路电气设备操作试验	主电路电气设备操作试验记录
7	接地和回流电路接线检查	接地和回流电路接线检查记录
8	压缩空气设备全面气密性检查和运转试验	制动系统管路泄漏试验记录
9	工作条件和舒适度检查	工作条件和舒适性检查记录
10	空调系统试验	空调系统电气调试试验记录
11	车体和外部设备箱体的水密性试验	淋雨试验记录
12	安全措施及安全设备检查	安全措施和安全设备检查记录
13	牵引能力和电制动能力试验	牵引和电制动性能试验记录
14	空气制动线路运行试验	空气制动系统动态调试试验记录
15	乘客信息显示系统试验	乘客信息系统试验记录
16	故障诊断系统试验	故障诊断系统试验记录

以上例行试验项目均应在列车出厂前完成，并将试验记录纳入车辆履历。若因信号设备安装、调试等因素导致部分项目未完成的，需在车辆履历内做好备注，待列车达到现场后，由车辆制造厂及时安排人员补做，并完善相应记录。

第三节　车辆型式试验管理

型式试验与系统调试有以下区别：调试作业的主要目的是测试各系统

具备的功能是否齐全及是否满足设计要求，型式试验的目的则是验证新产品是否满足相关的技术规范要求。相较于调试项点，型式试验的测试内容更加完备，是车辆鉴定的必要环节。

一般只对首列车进行型式试验，通常列车在以下状态需要进行型式试验：新产品或老产品转厂生产；产品结构、材料、工艺有重大改变，可能对产品质量性能有影响；产品长期停产后复产；例行检查结果与最近一次型式试验结果有较大差异；国家质量监督管理机构提出型式试验要求。

型式试验按试验地点不同通常可分为生产厂内型式试验和用户现场型式试验（图 6-1），有些试验还要在第三方场地进行。

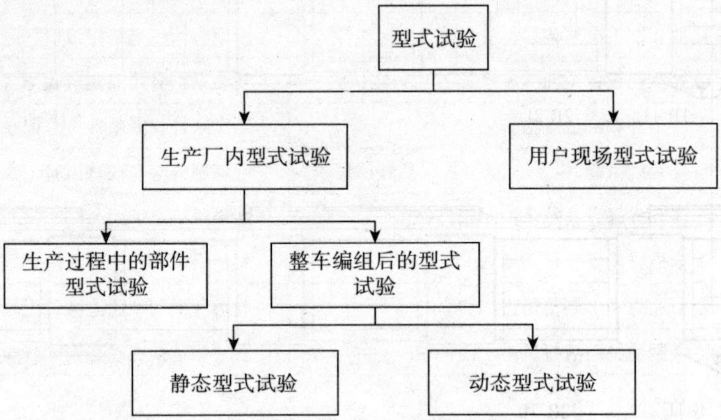

图 6-1　型式试验分类

一、生产厂内型式试验

主要包括静止状态机械试验、称重试验、车门系统操作试验、车体和外部设备箱体的水密性试验等。

（一）静止状态机械试验

静止状态机械试验（图 6-2）旨在证明车辆部件在组装完成后的完整

性、正确性，包括车体外部尺寸检查、车辆的静态限界检查、车体与转向架在极端情况下的干涉检查、车体的起吊提升能力检查等，应保证组装完成的车辆满足技术合同的要求及安全可靠的运行要求。

（二）称重试验

称重试验旨在检测质量的分布情况、车辆所有设备在悬挂状态下中心的位置，核对轮重载荷，应满足车辆设计要求。

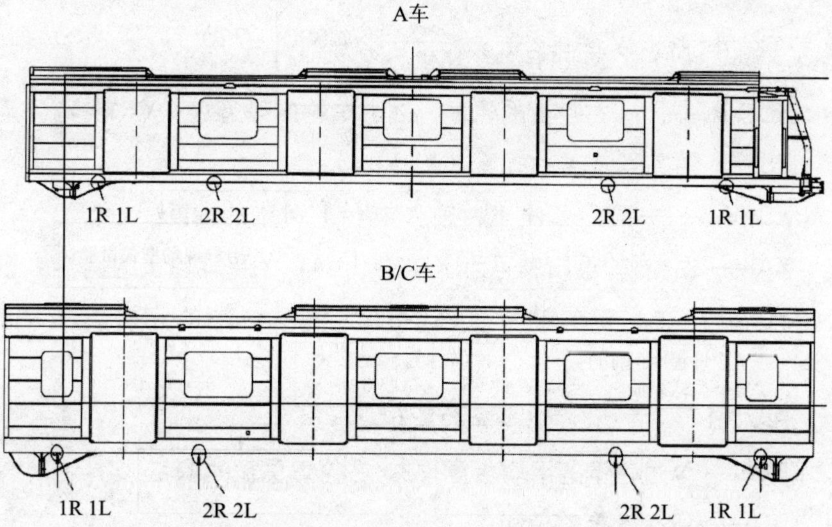

1R/1L：架起/放下不带转向架架车点
2R/2L：架起/放下带转向架架车点

图 6-2　静止状态机械试验

AW3 工况下的轴重计算方法：

$$XSAW3=\left(\frac{XS}{1\ 000}\right)+\left(\frac{XS_{pass}}{1\ 000}\right) \qquad [t]$$

轮重偏差计算方法：

$$XA=\left(\frac{XL-XR}{XL+XR}\right)\times 100 \qquad [\%]$$

$$RA=\left(\frac{RL-RR}{RL+RR}\right)\times 100 \qquad [\%]$$

轴重偏差计算方法：

$$XDA=\left(\frac{XS-RG/4}{RG/4}\right)\times 100 \qquad [\%]$$

车体中心位置计算方法：

$$xs=\left[\left(\frac{1S+2S-M_{bogie}}{RG-2\times M_{bogie}}\right)\times 12\ 600\right]-6\ 300 \qquad [mm]$$

$$ys=\left[\left(\frac{RL-M_{bogie}}{RG-2\times M_{bogie}}\right)\times 1\ 500\right]-750 \qquad [mm]$$

式中　XL/XR——左/右轮上的轮重，轴上车轮序号为 X（X=1~4）；

XS——轴序号为 X 的轴重（X=1~4）；

XSAW3——AW3 工况下，轴 X（X=1~4）的轴重；

XA——左/右轮重与轴号为 X（X=1~4）的平均轮重的偏差；

XDA——在一节车中所有轴的平均轴重与轴的序号为 X 的轴重偏差；

RL/RR——左边/右边轮重的总和；

RA——单边轮重的平均总重与左/右轮重总重的偏差；

RG——所有轮重的总和；

xs——车体重心的 x 坐标；

ys——车体重心的 y 坐标；

M_{bogie}——落车前转向架的质量；

XS_{pass}——乘客载荷在 AW3 工况下引起的 X 轴的附加轴重。

（三）客室侧门系统试验

客室侧门系统试验旨在验证客室侧门系统在安装和调试方面是否充分满足项目技术要求。

（四）司机室侧门系统试验

司机室侧门系统试验旨在验证司机室侧门系统在安装和调试方面是否充分满足项目技术要求。

（五）车体和外部设备箱体的水密性试验

车体和外部设备箱体的水密性试验旨在验证项目列车在设计、制造、安装调试后是否能满足密封性能要求。型式试验和例行试验都需要进行水密性试验，仅试验时间不同：型式试验，持续时间 15 min（针对一列车检查）；例行试验，持续试验 5 min。

二、用户现场型式试验

（一）列车联挂、解钩及曲线通过试验

该试验旨在验证列车自动车钩在实际线路上的联挂功能，车钩、贯通道在实际线路上在最不利的轨道条件、最不利的二系悬挂及最不利的线路半径和速度组合下的通过能力，具体内容见表 6-3。

表 6-3　　列车联挂、解钩及区线通过试验

序号	试验项点	试验结果（是/否）
1. 平直线上的联挂、解钩试验		
1.1	是否能实现机械和电气自动联挂功能	
1.2	是否能实现机械和电气自动解钩功能	
1.3	是否能实现机械和电气手动解钩功能	
2. 最小曲线上的联挂试验		
2.1	机械和电气联挂功能	
3. 最小曲线入口上的联挂试验		
3.1	机械和电气联挂功能	
4. 空气弹簧充气、放气状态下的联挂试验		

续表

序号	试验项点		试验结果（是/否）
4.1	机械和电气联挂功能		
5. 曲线通过能力试验			
5.1	150 m 曲线上	贯通道是否存在干涉现象	
		车钩是否存在干涉现象	
5.2	150 m 曲线入口	贯通道是否存在干涉现象	
		车钩是否存在干涉现象	
5.3	S 形曲线上	贯通道是否存在干涉现象	
		车钩是否存在干涉现象	
6. 车钩及电缆连接间隙试验			
6.1	150 m 曲线上	车钩与电缆、空气管道或塞门之间是否存在干涉现象	
		跳接电缆距离轨面应不小于 183 mm	
6.2	S 形曲线上	车钩与电缆、空气管道或塞门之间是否存在干涉现象	
		跳接电缆距离轨面应不小于 183 mm	

（二）车辆磁场试验

该试验旨在验证车载设备与心脏起搏器的兼容性，确保车辆不影响带心脏起搏器乘客的人身安全。

（三）电快速瞬变脉冲群抗扰度试验

该试验旨在验证车辆车载电器设备具备抗电快速瞬变脉冲群干扰的能力。

（四）静电放电抗扰度试验

该试验旨在验证本车辆司机室及客室内部车载电器设备具备抗静电放电干扰的能力。

（五）射频电磁场辐射抗扰度试验

该试验旨在验证本车辆司机室及客室内部车载电气设备具备抗射频电磁场辐射干扰的能力。

（六）整车传导试验

该试验旨在验证整车在各种工况下主电路的传导发射能力，确保其不会干扰信号系统，也不会干扰供电系统。

（七）整车辐射试验

该试验旨在检测车辆使用过程中对周边环境的电磁辐射影响，主要测试的频率范围为 9 kHz~1 GHz，确保车辆电磁辐射对周边环境的影响在可接受范围内。

（八）能耗试验

该试验对涉及车辆安全的问题进行检查，旨在验证能耗记录装置的功能和精度，其中部分在型式试验时进行，剩余在研究性试验时进行。研究性试验的结果仅作研究参考不做评审依据。能耗计算方法为：

$$\omega=\frac{1}{3\,600}\int_{t_0}^{t_1}u(t)\times i(t)\,\mathrm{d}t$$

式中　ω——能耗（分别为牵引、再生能耗和辅助能耗），kW·h；

$u(t)$——电压（分别对应牵引电压和辅助电压），kV；

$i(t)$——电流（分别对应牵引电流和辅助电流），A；

t_0，t_1——为试验起始时间和结束时间，s。

能耗记录精度计算方法：

$$\Delta=\left|\frac{\text{实测值}-\text{能耗装置测试值}}{\text{实测值}}\right|$$

接受标准：能耗记录误差不大于 2%。

（九）典型运行图试验

该试验旨在验证列车在实际线路上 AW2 工况下是否满足规定的运行图要求。本试验为研究性试验，仅作研究参考。

（十）整车与信号系统相关试验

该试验旨在验证整车通信系统接口的正确性。本实验需要信号系统供应商配合完成，具体试验方案需参考实际的车辆联调测试大纲。

（十一）整车与通信系统相关试验

该试验旨在验证整车与通信系统接口的正确性。本试验需通信系统供应商配合完成，具体试验方案以车辆联调测试大纲为准。

（十二）列车故障运行能力试验

该试验旨在测试列车在故障条件下的运行能力，包括故障运行曲线、旁路限速、旁路功能验证和紧急牵引模式功能及限速值等试验，对车辆的载荷试验路线有特定的要求。

（十三）环保监测试验

该试验旨在验证整车的环保性能是否满足车辆采购合同及相关标准的要求，例如，车辆内饰材料与空气有害物质限量、公共场所空气中甲醛测定方法、室内空气质量标准。

（十四）受流器动态试验

该试验旨在测试高速运行状态下受机械冲击时受流器的动态性能，如接触压力、横向位移、工作高度、拉弧情况等，同时验证单个受流器过无电区时的受流能力（接触轨断口无电区）。如图 6–3 所示为受流器动态试验传感器。

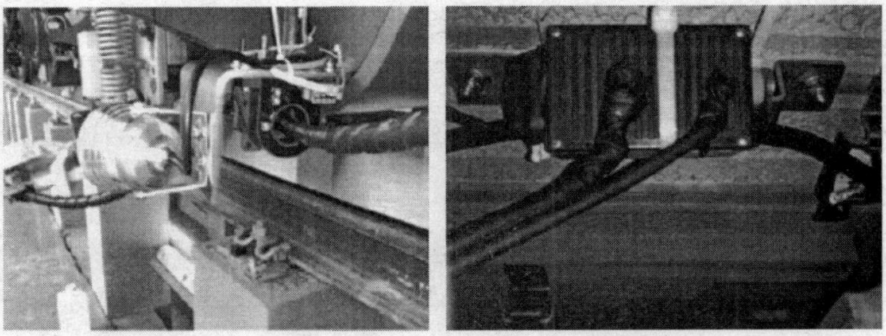

a）　　　　　　　　　　　　　　b）

图 6-3　受流器动态试验传感器

a）电流传感器　b）电压传感器

（十五）受流器静态试验

该试验旨在测试静态下受流器的性能，在列车静止时测量第三轨受流器集电靴上升和下降时间、静态接触压力、进行手动脱靴操作功能，如图 6-4 所示。

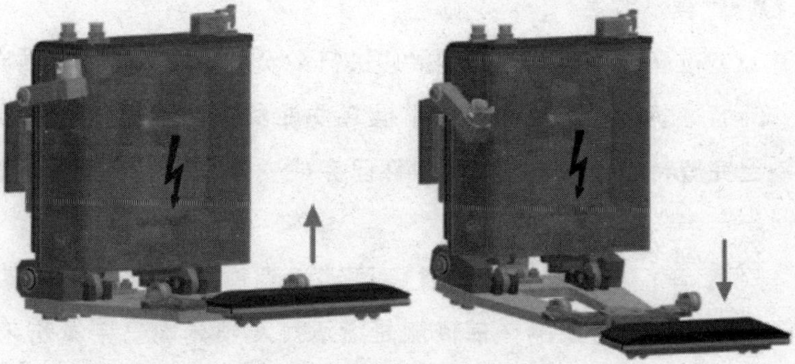

图 6-4　受流器静态试验

三、典型型式试验

（一）车体和外部设备箱体的水密性试验

1. 检验目的

对轨道交通项目车辆进行车体和外部设备箱密封性试验，以确定列车设备箱密封特性指标是否符合设计任务书和相关标准的要求。

2. 判定依据与试验依据

（1）判定依据：《GZML14&21 项目车体和外部设备水密封性试验大纲》。

（2）检验依据

1）《铁路设施　铁路车辆　车辆组装后和运行前的整车试验》（IEC 61133—2016）。

2）《城市轨道交通车辆组装后的检查与试验规则》（GB/T 14894—2005）。

3. 试验条件

（1）检验环境

1）温度：25~37 ℃。

2）湿度：58%~76%。

（2）自然环境。

4. 检验过程及方法

（1）试验准备。在试验开始之前应进行一次目测，逐项进行下列检查。

1）车顶：所有设备已完成安装，设备与车体联结面密封处理工序（如有要求）已完成，设备进出线口密封件已完成安装；排水孔及排水管连接，水路畅通。

2）车侧：车门已完成安装，且门页锁闭到位；窗户已经安装到车体上，且已完成相关密封工序；车辆侧面指示灯及锁具均已完成安装，密封结构完整。

3）车端：头罩、端部车门（含紧急疏散门）已完成安装，密封结构完整；灯具及玻璃已完成安装，密封结构完整；导流罩安装完，且密封完整；贯通道已完成安装，相关密封结构完整。

4）车底：设备安装完成，设备防护装置完整；设备进出线口密封件安装完成。

（2）正式试验（图 6-5）

1）将列车推至淋雨架下。

2）开启淋雨架，启动空调单元、牵引逆变器风机、辅助逆变器风机，打开试验台喷头。保证喷水量≥10 L/(min・m^2)，喷嘴压力≥0.2 MPa。

3）淋雨时间超过 15 min，检查所有的开口、门窗、外部设备及所有孔盖和插头等是否有渗漏。

4）淋雨结束 2 h 后，检查所有的部件是否有渗漏。

图 6-5　水密封性试验

5. 检验判定标准

当淋雨试验完成以后，检查所有的开孔、门、孔盖和覆盖条，确保水的浸入不会对电缆、电气设备和其他装置带来有害的后果。2 h 以后再次进行目测，应无渗漏，具体见表 6-4。

表 6-4　水密性试验标准

序号	检查内容	评判标准
1	头罩设备	无水渗入车内

续表

序号	检查内容		评判标准
2	车体及设备	底架设备	（1）底架安装设备箱的密封区域无水渗漏 （2）电缆插头无水渗入，渗入箱内的水能排出 （3）电子设备和牵引电机电缆无水渗漏
		侧墙和侧窗	无水渗入客室
		侧门（客室侧门、司机室侧门，端部车门）	（1）在门框、门密封处无水渗漏 （2）沿门密封条渗入的小水滴能排出车外时是可接受的，如水流入地板布则不可接受
		车顶设备	（1）底架安装设备箱的密封区域无水渗漏 （2）电缆插头无水渗入，渗入箱内的水能排出 （3）电子设备和牵引电机电缆无水渗漏

（二）动力学试验

1. 试验目的和要求

平稳性试验选择 A、B 和 C 车组成的独立单元作为试验车辆，其他动力学性能试验选择头车（A）和其后的一辆动车（B）作为试验车辆。其中平稳性试验仅对运行里程超过 5. 0×103 km 的新车进行试验。

（1）试验目的。检验车辆在轨道交通线路上的运行安全性是否满足设计任务书和有关标准规定的要求。

（2）试验依据

1）《机车车辆动力学性能评定及试验鉴定规范》（GB/T 5599—2019）。

2）《城市轨道交通车辆组装后的检查与试验规则》（GB/T 14894—2005）。

3）《运行安全性　轨道疲劳　乘坐舒适性　轨道车辆动力学性能试验及验收》（UIC 518）。

（3）试验条件

1）试验线路符合《铁路技术管理规程》中规定的Ⅰ级或Ⅱ级要求。

2）试验前检查车轮踏面，车轮不能出现擦伤或剥离等异常情况。

3）试验前检查车辆悬挂系统正常，一系钢弹簧组装符合技术要求，二系空气弹簧充气正常。

（4）试验列车载荷及试验工况

1）被试车辆载荷为空车（AW0）载荷工况，空气弹簧为充气状态。

2）被试车辆载荷为空车（AW0）载荷工况，空气弹簧为泄气状态；需要配合空气弹簧放气。

3）被试车辆载荷为超员（AW3）载荷工况，空气弹簧为充气状态；加载沙包模拟 AW3 工况。

4）被试车辆载荷为超员（AW3）载荷工况，空气弹簧为泄气状态；需要配合空气弹簧放气。

2. 试验速度

以最高运行速度增加 10%作为最高试验速度。试验从 20 km/h 开始，每 10 km/h 为一个速度级，逐级向上提速，直至最高试验速度。每个速度级的采样时间需满足 GB/T 5599—2019 规定的要求。

如果部分试验区段因线路原因需要限速，且试验速度级已超过该区段的限速，则试验列车通过该区段的速度按线路最高限速执行。

3. 评定项目及标准

试验结果的评定参照 GB/T 5599—2019、GB/T 14894—2005 和 UIC 518 要求，并符合如下规定。

（1）运行稳定性（安全性）

1）脱轨系数：$Q/P \leqslant 1$（试验过程中，当 Q/P 达到 1.2 时停止提速）。

2）轮重减载率：$\Delta P/P \leqslant 0.6$（试验过程中，当 $\Delta P/P$ 达到 0.8 时停止提速）。ΔP 为轮重减载量，P 为轴平均静载荷，单位为 kN。

3）轮轴横向力：$H \leqslant (10+P_0/3)$［试验过程中，当 H 值达到 $0.85\times(10+P/2)$ 时停止提速］。P_0 为左右车轮静载荷之和，单位为 kN。

（2）蛇行稳定性。用转向架构架横向加速度评价转向架的抗蛇形稳定性。当构架加速度滤波 0.5~10 Hz、峰值有连续振动 6 次以上达到或超过 8 m/s^2 时，判定转向架失稳，即停止提速。

（3）平稳性。平稳性指标规定为新生产列车经 5×10^3 km~8×10^3 km 运用时的运行平稳性指标，$W\leqslant2.5$。

4. 测点布置

（1）测力轮对。两对测力轮对分别安装在被试车辆 A1 和 B1 的Ⅰ轴位置，如图 6-6 所示。

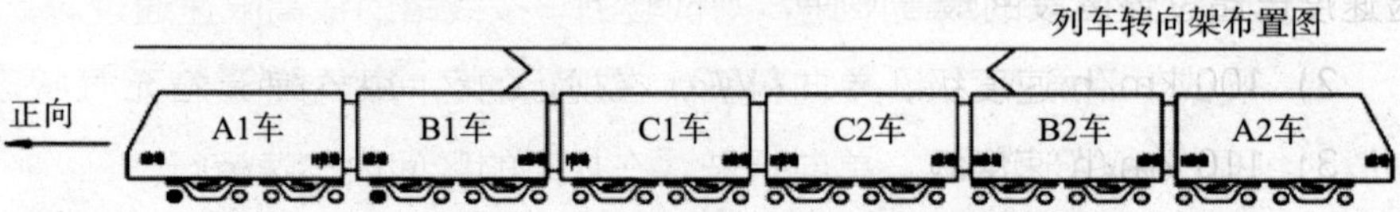

图 6-6　试验列车编组（图中黑色·表示测力轮对）

（2）车体加速度计。横向、垂直加速度测点对角布置在车体Ⅰ、Ⅱ位转向架中心偏向车体侧1 000 mm 的车厢地板上。车体振动加速度测点布置示意图如图 6-7 所示。

图 6-7　车体振动加速度测点布置示意图

（3）构架加速度计。在测力轮对一侧轴箱上方垂直对应的转向架构架的上平面分别安装一只横向和垂向加速度计。

（4）轴箱加速度计。在测力轮对一侧轴箱体上分别安装一只横向和垂向加速度计。

（5）位移计。在各被试车辆Ⅰ位转向架的 4 个轴箱簧和 2 个二系簧附近安装垂向位移计，在Ⅰ位转向架和车体之间安装横向位移计。

（6）速度传感器。在被试车辆 A 的非测力轮对的一侧轴箱端部安装一套速度传感器。

5. 试验内容

（1）空车载荷（AW0）工况下，空气弹簧为充气状态。

1）20 km/h、30 km/h、…、90 km/h 速度级，单向行驶。每个速度级在规定的区间内匀速运行，如部分试验区间因线路原因需要限速，且试验速度已超过该区段的最高限速，则试验列车按线路的最高限速通过。

2）100 km/h 速度级，单向行驶，在规定的区间内匀速运行。

3）110 km/h 速度级，单向行驶，在规定的区间内匀速运行。

4）120 km/h 速度级，双向行驶，在规定的区间内匀速运行。

5）132 km/h 速度级，在规定的区间内匀速运行。

（2）空车（AW0）载荷工况，空气弹簧为泄气状态。需要配合空气弹簧放气，速度级与（1）工况一样。

（3）超员（AW3）载荷工况，空簧为充气状态。需加载沙包模拟 AW3 工况，速度级与（1）工况一样。

（4）超员（AW3）载荷工况，空簧为泄气状态。需加载沙包模拟 AW3 工况，配合空气弹簧放气，速度级与（1）工况一样。

（三）超速试验

1. 试验目的

测试列车在极限条件下的牵引能力和电制动能力。

2. 评估标准

在列车载荷为 AW0、网压为 1 500 V、平直轨道条件下进行本试验。

（1）120 km/h 封锁牵引试验，在列车速度达到 125 km/h 时报警。

（2）128 km/h 触发紧急制动试验（此处以广州某线路车型为例，具体应视实际项目最高速度来定），在列车速度达到 128 km/h 时触发紧急制动直到列车停止。

3. 检验过程及方法

（1）试验准备。列车出库到达正线试验位置后，生产商需将列车控制软件升级为试验版本。

（2）试验步骤。列车以100%牵引力从站台出发，预计列车在公里标1前可加速到132 km/h，在速度达到125 km/h时检查列车是否不间断鸣笛，当时速达到128 km/h时列车是否触发紧急制动，当列车速度下降到120 km/h以内时是否停止自动鸣笛，然后在公里标2处施加100%常用制动，列车应在公里标3前停下。

第四节　关键控制点管理

型式试验是车辆调试中风险较高的作业，涉及列车速度、限界以及机械极限等多方面的测试，需要在测试前做完善的准备工作，包括试验技术方案、安全保障策略、应急处理指引方案。因此，在进行作业前，需对试验人员进行充分的技术及安全培训，确认现场满足试验条件后方可开展相关作业，完成试验后做好相关数据记录，将不合格项列为开口项，并在整改后重新安排试验，最终由试验机构出具有效的试验报告。

一、试验技术及质量管理

各项目在试验前需编制试验技术方案，由车辆总承包商提供完整可操作的试验大纲，厂内完成的试验要求车辆总承包商及时提供试验报告并重点关注试验开口项。

（一）试验前提条件确认

各专业确认所属专业的试验条件是否都满足试验的相关要求。

1. 线路专业

试验必须按照推荐限速值进行，其中特殊区段按照线路条件限速行驶，其余区段以车辆最高限速条件行驶。具体曲线图和限速表由项目及配合的施工设计单位提供，主要涉及线路施工纵断面图，及曲线半径、超高限速条件。

2. 轨道专业

型号为 9 号的道岔，设计直向通过限速为 100 km/h，设计侧向通过速度为 35 km/h。型号为 12 号的道岔，设计直向通过限速为 120 km/h，设计侧向通过速度为 50 km/h。

轨道设计的不限速区间正常运行限速可满足车辆型式试验最高速度的试验要求。

3. 供电专业

试验前，测试人员需向供电系统确认线路供电状态满足车辆型式试验最高速度的试验要求。如图 6-8 所示为某站供电状态图。

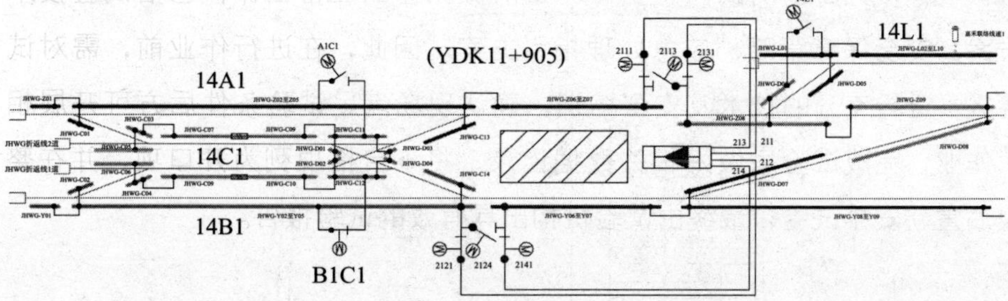

图 6-8 某站供电状态图

4. 接触网/轨专业

试验前，测试人员需向供电及接触网/轨专业人员确认线路可满足车辆型式试验最高速度的试验要求，且需要注意连续接触轨断口存在的无电区。如图 6-9 所示为接触网/轨状态图。

5. 限界条件

试验前，测试人员需确认站台以外的限界满足车辆型式试验最高速度的试验要求，过站台限界要求列车速度不能高于相关行车规范要求的标准。如图 6-10 所示为某站限界条件图。

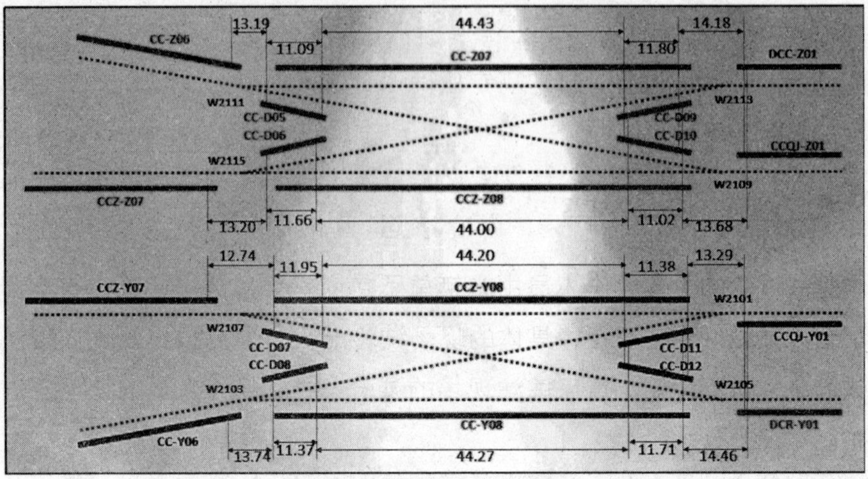

图 6-9　接触网/轨状态图

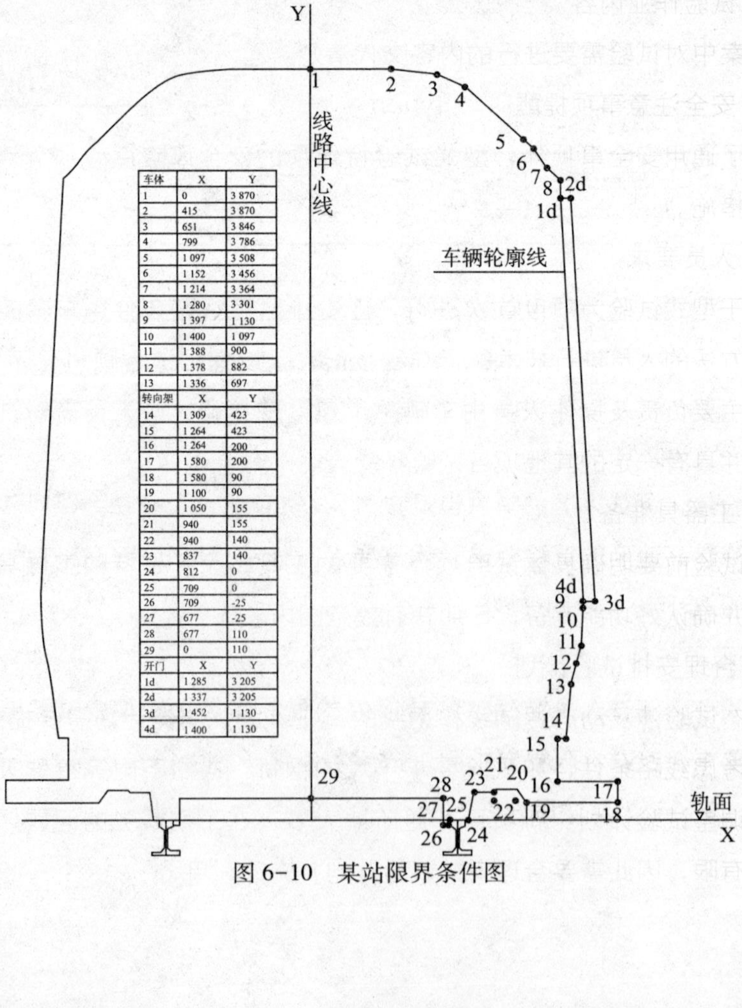

车体	X	Y
1	0	3 870
2	415	3 870
3	651	3 846
4	799	3 786
5	1 097	3 508
6	1 152	3 456
7	1 214	3 364
8	1 280	3 301
9	1 397	1 130
10	1 400	1 097
11	1 388	900
12	1 378	882
13	1 336	697
转向架	X	Y
14	1 309	423
15	1 264	423
16	1 264	200
17	1 580	200
18	1 580	90
19	1 100	90
20	1 050	155
21	940	155
22	940	140
23	837	140
24	812	0
25	709	0
26	709	-25
27	677	-25
28	677	110
29	0	110
开门	X	Y
1d	1 285	3 205
2d	1 337	3 205
3d	1 452	1 130
4d	1 400	1 130

图 6-10　某站限界条件图

6. 车辆专业

试验前，测试人员需向车辆专业确认列车状态满足车辆型式试验最高速度的试验要求。

（二）试验技术方案

型式试验的主要操作人员由车辆总承包商安排，地铁运营方安排技术及配合人员做好现场监控，具体的现场试验配合方案需根据试验大纲及现场试验条件重新编制。重点关注现场的试验条件、操作人员的技能及安全防护。

编制试验配合方案，有以下注意事项。

1. 试验作业内容

方案中对试验需要进行的内容交代清楚。

2. 安全注意事项提醒

除了通用安全事项外，型式试验特殊项的安全风险点必须列清楚并制定防范措施。

3. 人员要求

由于型式试验为项目首次进行，应安排熟悉线路条件、车辆条件及应急处理方法的人员进行技术配合与现场配合，以保证试验顺利有序地完成。试验的主要负责及操作人员由车辆总承包商安排，这些人员需对试验内容清楚，并具有一定的其他项目试验经验。

4. 工器具准备

在试验前要明确具体试验项点需要的工具，尤其是特种工器具，提前准备好并确认好功能完备，日期在有效范围内。

5. 合理安排试验计划

动态试验涉及动态调试线和正线的行车计划，此类计划需要提前申报，同时需考虑线路条件，如试验要求干燥的钢轨，遇到下雨等特殊天气则需要随时调整试验计划。新项目开通前期大多存在工期紧张的问题，行车计划资源有限，因此需要合理安排试验计划并充分利用。

6. 试验步骤

此项是试验技术方案的核心，需要将试验项点全部拆解成可执行的小项，并对每个小项制定行动方案，必要时需配合相应的图片标识等提示，如图 6-11 所示。

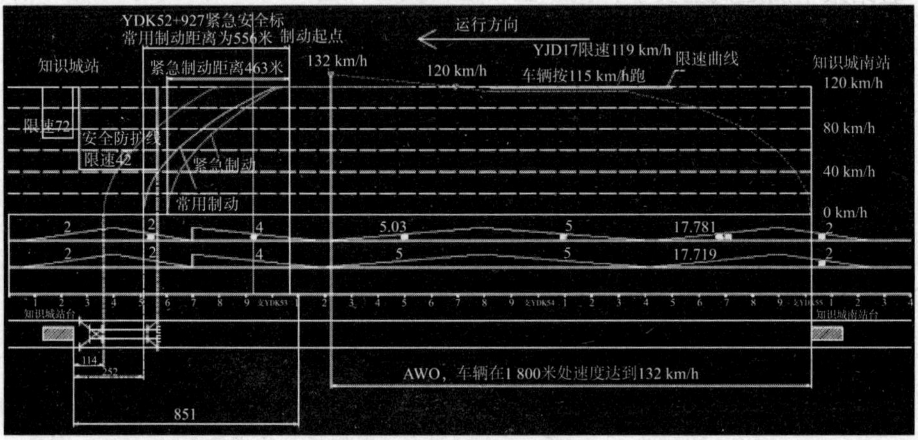

图 6-11　型式试验方案细化

7. 试验记录

此项可由车辆总承包商完成，如运营方有需要也可编制记录表格，记录需要存档的数据。

（三）试验报告

型式试验报告由车辆总承包商及第三方试验机构提供，需包含全部试验内容及结果，运营方需对型式试验报告进行审核。

二、试验安全交底

试验安全交底与调试安全交底类似，根据现场试验配合方案中的安全风险点，将可能存在的全部安全隐患及风险点罗列，在试验前、试验中、试验后依次对参与试验的人员进行安全交底和安全培训。

三、试验开口项管理

试验开口项记录参考系统调试开口项，有专项记录表格和台账。如试验结果不满足试验要求，则须重新进行试验，直至试验结果满足试验要求。

第五节　经验小结

一、接口试验做好预想

在进行试验前，试验技术方案编写人需对试验过程中涉及的接口试验进行预想，清楚试验执行的前提条件。以列车乘客信息系统中自动广播试验为例，该试验涉及与信号设备的接口，如信号设备的调试未验收过关，列车自动广播则不具备试验的条件。前期某项目中涉及列车交路的创新，如增加快车交路，但由于信号专业并未在软件中增加相应的运行线路，贸然进行列车快车交路的自动广播试验实际没有意义，且浪费了人力和时间。

二、试验人员管理

试验过程中牵涉的人员较杂，试验的工况复杂，因此做好人员管理显得尤为重要。根据试验内容，配置相关试验人员，成立试验小组，提前确定好参与试验的人员名单，并对试验人员做好安全交底，进行试验方案的培训，包括试验流程的培训、试验重点关注点的培训。

三、试验后设备恢复

试验过程往往涉及各类检测设备的安装，设备之间的连接从车底通过车门跨越到客室。在试验完成后务必做好工具、设备的恢复，以便后续试验的开展，如清场不彻底，轻则影响其他试验的顺利进行，重则可能导致线路侵限、剐蹭线路设备等严重后果。

四、克服外部环境因素影响

在正常的试验工作中还会出现一些情况影响试验的正常进行，例如，工具、检测设备使用不合规范、使用中出现故障，人员配合不到位，与施工计划冲突，线路遭侵限、暴风雨雪等恶劣天气等，皆有可能影响调试工作的安全。在调试过程中一定要严格做好工具、检测设备的检查。开始试验之前，要做好线路的巡道、压道工作，严格审核试验计划，做到计划合理有序。如遇到恶劣天气，则应暂停或取消试验，参与试验的人员要配合到位，服从统一安排。

参考文献

[1] 郭福涛. 地铁车辆调试工作要点分析与研究［J］. 中国战略新兴产业，2018（3）：186.

[2] 何霖. 城市轨道交通车辆采购项目管理［M］. 北京：中国劳动社会保障出版社，2014.

[3] 何霖. 城市轨道交通运营筹备与组织［M］. 2版. 北京：中国劳动社会保障出版社，2013.

[4] 罗昭强. 罗昭强工作法动车组调试［M］. 北京：中国工人出版社，2019.

第七章

预验收检查：查线核图及隐患排查

《城市轨道交通工程试运营基本条件》（GB/T 30013—2013）规定，新线开通前试运行时间不得少于3个月，试运行最后20日，全部列车总行车里程与发生5 min以上延误次数之比不应低于2.5万列千米/次；列车退出正线运营故障率不应高于0.5次/万列千米；因车辆故障造成2 min以上晚点事件次数应低于5次/万列千米。另外，市民对轨道交通的关注度越来越高，对开通运营服务的要求也越来越高，一旦列车出现重大晚点事件，运营单位将承受巨大的舆论压力。为保证地铁新线高标准、高质量开通，在车辆预验收检查期间建议开展查线核图和隐患排查工作。

第一节　查线核图工作概述

地铁车辆专业的查线核图是指车辆制造完成后，对照接线图、接线表对所有的有接点电路的接线进行系统性检查，通过检查发现问题并整改，以降低车辆电气系统的有接点电路故障率，提升运营质量。

地铁车辆电气系统中的有接点电路，是按设计所需的逻辑功能将基本功能模块或部件之间用硬导线、接线端子等进行物理连接形成的电路，可实现信号控制与传输、状态和功能逻辑保护以及状态检测反馈等功能。有接点电路是车辆低压控制系统的基础，一列车的接线点多达几万处，且连接了各个系统，因而易造成车辆故障。若对新线车辆开展系统的查线核图工作，可避免这部分救援事件的发生，极大地提高车辆运营质量。

以往，地铁新线车辆的查线核图主要由车辆总承包商在车辆制造时于厂内进行一次，但是车辆总承包商的查线核图不能保证运营初期的接线质量，主要原因一是车辆制造过程中厂家对接线工艺把控不严格，二是各车辆总承包商对查线核图工作没有标准化流程，作业人员水平存在差别，执行标准和效果不一。另外，车辆运输途中的解编、振动等会造成接线松动甚至松脱，车辆到达车辆段后的系统调试过程中调试人员未严格对照接线图接线，运营初期为优化功能进行电路整改过程中更改了大量接线。所以，为保证车辆运营质量，在车辆调试完成至上线运营前，还应由运营方进行一次全面的查线核图。

第二节　查线核图管理

一、查线核图流程

查线核图工作分为三个阶段，分别是人员和资料准备，查线、整改，质量检查。

（一）人员和资料准备

1. 成立查线核图小组、质量检查小组、疑难攻关小组

新线开通运营前，因接触新车时间短，车辆检修部门人员对车辆电气原理和接线熟悉度不够，且查线核图工作时间跨度大，有效的做法是由车辆检修部门抽取专人组成查线核图小组，由查线核图小组进行专人作业。当完成一部分列车查线核图、作业步入正轨后，可以定期对查线核图小组人员进行轮换。这种做法既可以提高作业效率和质量，又有利于车辆检修部门培养人员。查线核图执行双人作业，一人作业一人复查。

质量检查小组由技术员和检修技师组成，对作业现场进行质量监控和最后作业检查。疑难攻关小组由资深工程师、检修技师组成，对查线核图发现的疑难问题进行诊断并解决疑难问题。

2. 制定排查标准

及时发现接线错误或者松动等问题，重新对车辆线路进行校核，保证车辆运行始终处于健康状态。查线核图范围包括高压分线箱、低压分线箱、蓄电池低压控制箱、司机操作台、电气柜（包含司机室电气柜、客室空调柜、客室电气柜）、车门线排等。

排查按照外观—紧固—线号三步进行。

（1）外观：检查各接线外观，应无异常，线号无破损、模糊不清，接线无散股、断股、导线外露、飞线的现象；整体布线整齐，转角处留有弧度，线束捆扎固定、整齐、美观。

（2）紧固：检查各接线，应连接紧固，各短接片紧固无松动。

（3）线号：检查二极管及短接片，应位置正确，各接线线号正确、清晰无异常。

3. 制定接线表

车辆总承包商提交的电气原理图和接线图是查线核图工作的基础资料，但是这两份图纸更适合平时故障处理使用，对于全面查线核图并不实用。为方便查线及记录，需要将接线图转换为接线表。对照接线图对每个电气

柜、分线箱，将其中的接线端子排、继电器、空气开关、按钮等编制接线表，内容包括接线位置、线号、短连状态、接线根数，每一个位置检查完成后由检查人签名确认，如发现接线不符则在备注中记录。表 7-1 为转换后的旋钮查线表，表 7-2 为转换后的线排查线表。

制定接线表是查线核图中最关键的工序，之后按照表格逐一核对接线情况进行双人确认，并记录接线问题，为后续整改提供依据。

表 7-1　　　　转换后的旋钮查线表

列车号：		作业人员：	作业时间：	
旋钮	点位	线号	核查结果	问题描述
=81-S107	13	810171. 002		
		810171. 001		
	14	810131. 001		
	23	810171. 002		
	24	810161. 001		
	X1	4000PW. 024		
		4000PW. 023		
	X2	810132. 001		

表 7-2　　　　转换后的线排查线表

列车号：			作业人员：	作业时间：	
线排	点位		线号	核查结果	问题描述
=99-XTA15. 01	1	1A	320112. 101		
		1B	320112. A50		
	2	2A	320114. 101		
		2B	320114. A50		
			320114. 102		
	3	3A	320116. 101		
		3B	320116. A50		

（二）查线、整改

这个阶段是查线核图工作的重点。查线是对照接线表对每一个接线点的接线线号、根数、接线质量、短连片安装状态进行检查，如发现异常先记录，将每节车存在的问题汇总后再统一整改，达到接线与图纸一致。查线过程中，除了核查接线是否与图纸一致外，还要同时检查接线是否有松动、线头是否有裸露、线排是否安装牢靠等。对接线问题进行整改依《铁路应用　机车车辆布线规则》（EN 50343：2003）执行，双人作业，每完成一项整改，核实一项，记录一项，同时进行自检及互检。

查线核图过程中，查线核图小组人员坚持每天一会、每周例会，及时总结，定期检查和控制查线核图进度，协调处理查线核图过程中出现的问题。

整改过程中蓄电池空气开关一直处于分的状态，整改完成后闭合蓄电池空气开关前，需对110 V母线进行校线，每节车110 V母线应正极对地不导通、负极对地导通，防止闭合蓄电池后因110 V母线正极对地短路而损坏蓄电池。另外还需对牵引电制动、车门等贯穿全车的关键回路接线进行校线，防止上电时发现故障而重复打开低压箱返工检查浪费工时。

（三）质量检查

完成接线整改后由质检人员按《铁路应用　机车车辆布线规则》（EN 50343：2003）进行接线质量检查。应整体布线整齐，导线保持横平竖直，转角处留有弧度，线束捆扎固定整齐美观；抽查部分接线，应接线准确，接触良好，绝缘可靠，导线线号清晰正确；抽查部分接线端子，应端子压接紧固，导线剥离长度符合要求。

二、查线核图典型问题

查线核图发现的问题主要有：接线质量问题，如接线端子外露过长、接线松动、线耳压接不合格等；线号问题，如线号错误、线号模糊等；接线问题，如接线位置错误，存在多余接线，分线错误，节点环线、备用线处理不规范等；二极管、短连片问题，如某点位应为二极管，实际为普通接线端子，短接片插接错误等。

在发现的问题中，节点环线、短连片使用不规范虽占比不高，但该类问题属于较大隐患，最易引起运营事故；线号错误、分线错误、接线位置错误、存在多余接线虽占比较高，但对列车运营影响较小，该类工艺控制不严格问题主要给平时检修维护带来难度。下面对发现问题中的几类进行说明。

（一）节点环线

节点环线是指按照接线图两点之间应是一根直通线，但布线时未按工艺操作，在直通线中间断开并在某处一个接线排上增加节点，如图 7-1 所示。此问题造成的后果是如中间节点的线断开，会增加额外的故障隐患；同时检修人员无法按图纸找到这个图纸中根本不存在的节点，给检修工作和故障处理带来极大不便。解决办法是去掉节点，重新布线。

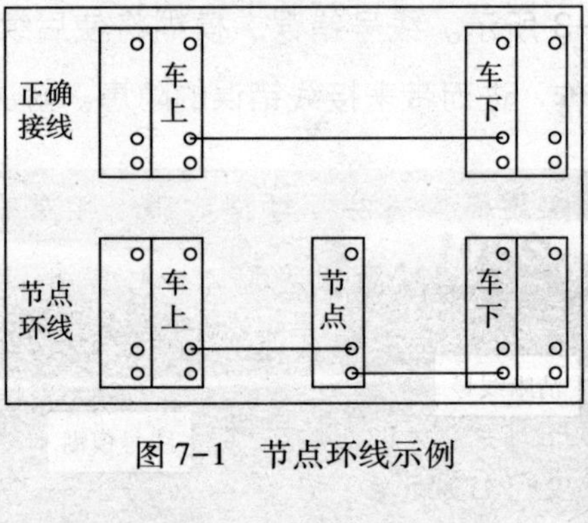

图 7-1　节点环线示例

（二）短连片使用不规范

在车辆有接点电路中应尽可能避免短连片的使用，因为在短连片插接操作次数过多或使用时间较久易造成弹力减小使短连效果不良，如这种现象发生在重要回路，例如制动回路、牵引回路中，将导致列车故障引发救援事件。查找中发现车辆制造厂使用短连片不规范，将短连片剪断使用（图 7-2），裸露的金属断面易与其他线路短路。解决办法是对使用不规范的短连片进行更换。

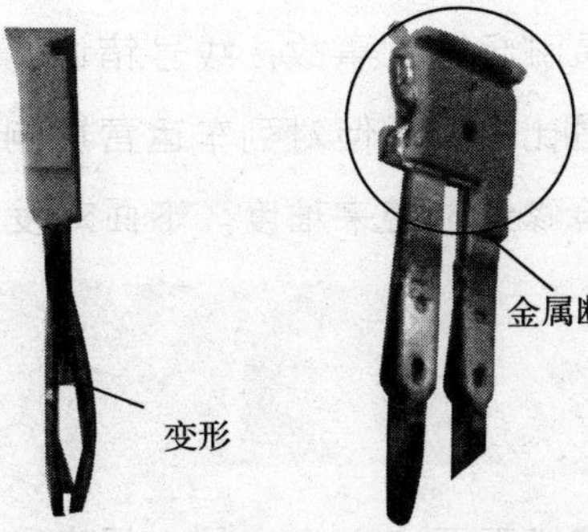

图 7-2　短连片变形及剪断

（三）线号错误及模糊

因对生产工艺把控不严，在车辆制造过程中存在打印线号错误、手写线号的现象，如图 7-3 所示。线号错误、模糊将使后续检修过程因无法辨别线号而增加校线工作，进而带来接线错误的隐患。解决办法是更换线号。

图 7-3　线号模糊示例

（四）分线错误

通常同一线排上去继电器、按钮的线统Ⅰ位于一侧，去车下分线箱的线统Ⅰ位于另一侧。分线错误是指未严格按照接线图接线，同一线排的两侧接线随意，如图 7-4 所示。虽然同一线排是导通的，但两侧接线接反不但不美观、无规律，还给检修过程中的校线带来难度。解决办法是如线的长度充裕，可将错误一侧的线重新调整；如线的长度不够，且此线经过路径较长无法重新布线，则需记录下来作为最终开口项。

图 7-4　分线错误示例

三、优化建议

（一）接线端子选型优化

按钮、旁路上的接线端子由 UT 端子改为 OT 端子，经螺栓紧固后可有效防止接线端子松脱；微动开关一孔内接有两根线的，接线端子由 IT 改为 GT，防止因 IT 接线端子大小不一造成松脱，如图 7-5 所示。

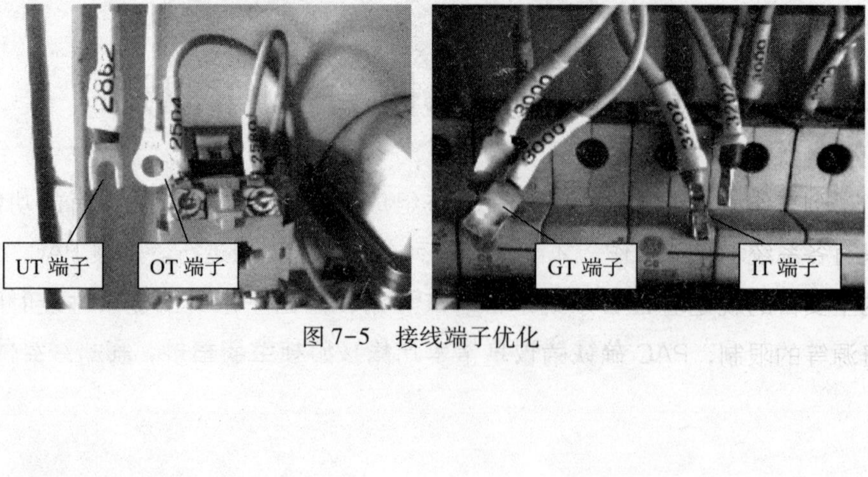

图 7-5　接线端子优化

（二）端子排选型优化

对于线径超过35 mm^{2}的接线，因线径较粗，建议选用端子排时在标准型号上选大一号。如采用对应线径的端子排，例如WDU35型端子排，虽在额定电压、电流上满足要求，但接线时易形成毛刺，运用中因毛刺搭接易导致线排烧损。

（三）备用线的处理

处理备用线时，如用热缩套管封装不牢易导致串电甚至对地短路（图7-6）。优化的做法是将备用线裸露的金属先剪断，将线端弯曲折叠后再用绝缘热缩套管套牢（图7-7），这样可有效防止备用线热缩套管脱落裸露出的金属线串电或造成对地短路。

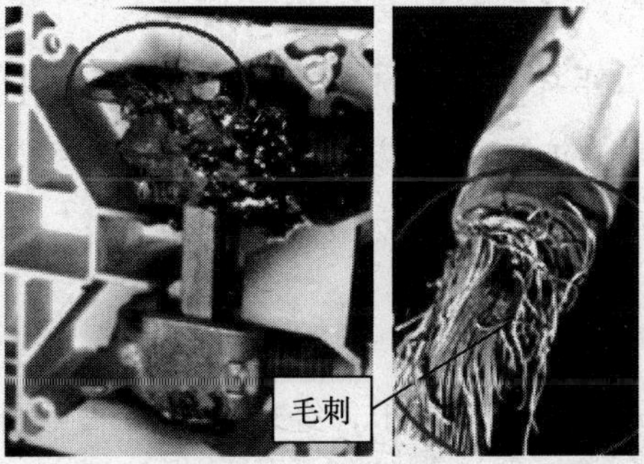

图7-6　端子排烧损

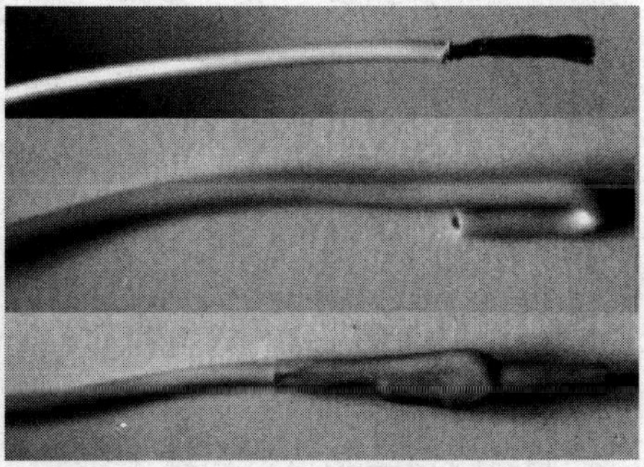
图7-7　备用线处理

第三节　隐患排查工作概述

列车作为一个综合体由多个系统组成，每个系统均有其特有的功能，只有各系统均正常工作，才能支撑起列车的安全平稳运行。开展PAC工作的主要目的就是验证各系统是否功能正常，但由于系统的复杂性及时间、资源等的限制，PAC确认的仅是主要功能，如列车的牵引、制动，车门的开关，空调的制冷等，因而对各系统控制逻辑、列车控制电路的救援隐患点（即一旦发生故障将导致运营事故而启动救援响应的点）、关键系统的实际寿命等的全面排查（统称为隐患排查），就显得更为重要。因为这些方面一旦发生问题，将会严重影响线路运营。隐患排查为列车系统调试工作的延续。

一、隐患排查工作思路

（一）设计排查

以标准文件、设计文件、功能描述文件等为纲，深度解读车辆型式试验结果、例行试验结果、PAC 结果、逻辑图、电路图、设备维护情况等，将车辆实际与标准、设计要求一一比照，评判车辆是否符合标准、设计的要求。重点评价项点包括设备参数、工作环境、环保要求、设备裕度、防水、防尘、防火、防爆、防雷、防触电、防鼠患、防脱落、使用寿命等方面，形成设备关键条款符合/不符合清单，并跟进整改。

（二）环境危害排查

通过梳理车辆运行环境中存在的风险因素，如线路被水浸泡、乘客物品意外掉落、外来物件撞击等，结合目前采取的措施，评判是否可以确保设备、乘客的本质安全。

（三）试错排查

试错，顾名思义，即在车辆上设置故障，再观察其运行情况。一是验证车辆在发生故障时是否能保证乘客安全，二是判断车辆的后备手段如旁路、冗余及故障处理策略是否有效。试错排查是设计排查的一种延伸，将设计排查从理论上扩展至实操阶段。其优点是可以将理论与实践相结合，难点在于确认试错清单，即设置故障的内容及形式。可采用的方法为：参考线网历史故障进行故障场景选择；梳理车辆关键功能，设置相应故障。

二、隐患排查工作的意义

在各地铁公司的架构中，一般都会设置车辆部，此部门主要负责车辆的调试、日常维护、故障应急处理、新线车辆设计等工作，其员工一般被称为“车辆人”。车辆人的使命是“供好车、供足车”。如何践行使命？一方面需制定完善的、可执行的维护规章并严格落实，另一方面就是要做好隐患排查工作。

隐患排查就像一盏明灯，一方面可以为车辆人指明设备重点维护的方向；另一方面让车辆人不被运营初期因设备新而保持的低故障率所迷惑，而是须不断地拓展车辆知识、提升检修能力。

第四节　隐患排查管理

一、设计排查

（一）排查方法

【案例】在车辆运行过程中，某条 1 500 V 等级跨接电缆突然断开。经查，该跨接电缆采用的是某品牌 70 mm^2 线径的接触体，理论设计该接触体的载流容量不低于 280 A，而实际该接触体的载流容量只有 220 A，不符合设计要求。

以上案例中，如果技术人员在设备运行初期即对此接触体进行核实，发现问题并及时整改，此类事故则可避免。

以上案例设计排查内容，应该至少包括以下几个部分：

1. 设计文件，明确此跨接电缆正常运行时所通过的电流大小。

2. 试验报告，了解电缆、接触体实际可通过电流。

3. 实际运行情况，确认车辆实际运行时通过此电缆及接触体的电流情况。

4. 其他文件，如接触体材质说明、运用业绩、负载文件等。

开展设计排查的方法一般为以下三步：

第一步　根据设计文件确认设备相关参数、功能等要求。

第二步　开展试验，或者查询文件记录、技术说明书等，确认设备相关参数、功能满足设计要求。

第三步　监测设备在实际运行过程中的参数及功能，与设计要求对比，确认设备满足实际运营要求。

部分简单功能可能只需要第一、第三步或者第一、第二步。

（二）设计排查典型问题

1. 列车超速保护的触发条件排查

（1）设计要求。当列车速度超过 123 km/h 时，自动发出汽笛警告。

（2）排查情况。试验中，列车运行至 125 km/h 时，自动发出汽笛警告。

2. 集电靴碳滑板寿命设计排查

（1）设计要求。受流器滑板的寿命不小于 25 万千米。

（2）实际运行情况。根据现场运用数据，品牌一集电靴碳滑板使用寿命 18 万千米，品牌二碳滑板使用寿命只有 9 万千米，不满足设计要求。

3. 轮对压装力设计排查

（1）设计要求。车轮压装力设计标准为 690~1 170 kN。

（2）排查情况。通过查询轮对压装记录，发现部分车轮压装力过大。

某线路一共 33 列车，共计发现 19 个车轮压装力过大，最大值为 1 284. 2 kN；某线路一共有 30 列车，共计发现 46 个车轮压装力过大，最大值为 1 274. 6 kN。

4. 继电器型号排查

（1）设计要求。列车低压箱内 K03 继电器型号应为 3RT1017-2KF41。

（2）排查情况。某列车的 K03 继电器型号为 3RT1017-2KB41，型号错误（图 7-8a）。

错误型号继电器的线圈电压范围为 17~30 V，设计选用的继电器线圈的电压范围为 77~137 V（图 7-8b）。两种继电器型号标识一样，只有电压范围标识不同。

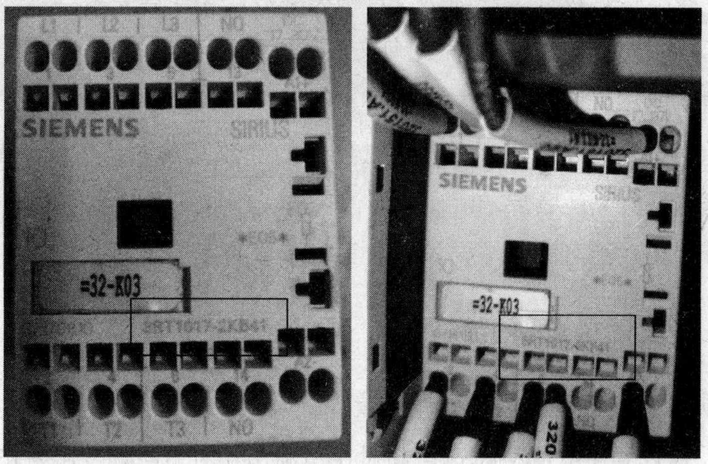

a）　　　　　　　　b）

图 7-8　继电器型号排查

a）错误型号　b）正确型号

5. 受电弓避雷器线缆安装方式排查

（1）设计要求。受电弓避雷器线缆为 1 500 V 电压等级，正常运行时带电，安装时应考虑安全可靠，即使松脱也可保证不发生对地放电。

（2）排查情况。某列车受电弓避雷器线缆安装在连接母排下方，存在螺母松动后与避雷器搭接造成放炮的隐患，如图 7-9a 所示。

将高压线缆安装在连接母排上方，即使螺母松动，线缆也不会脱落造成放炮，如图 7-9b 所示。

6. LCU（逻辑控制单元）功能排查

（1）设计要求。关闭列车蓄电池供电，LCU 应控制客室照明延时 5 min 关闭。

a）

b）

图 7-9 受电弓避雷器线缆安装方式排查

a）错误连接方式 b）改进后的连接方式

（2）排查情况。开展功能测试时，关闭列车蓄电池供电，客室照明立即熄灭，无延时。

7. 空调主动废排热磁断路器型号排查

（1）设计要求。废排风机实际工作电流为 0.6 A，设计文件要求空调主动废排热磁断路器最大动作保护范围应大于 0.6 A。

（2）排查情况。将空调置测试挡时，6 min 左右主动废排风机热磁断路器跳开。同时，司机室 HMI 先后报“废排风机过热故障”。后续对多部车进行测试，均存在上述现象。

经调查，废排风机热磁断路器跳开的原因为废排风机实际工作电流（0.6 A）大于热磁断路器整定值（0.55 A），根本原因为热磁断路器选型不能满足实际需求。

8. 软件逻辑设计排查

（1）软件逻辑核查方法

1）梳理核心设备或部件的软件控制功能清单，对照清单逐项核查软件运行情况是否与设计相符。

2）梳理设备故障诊断清单，对照清单逐项核查设备故障诊断功能，是否出现故障误报、漏报情况；核查设备故障信息是否出现用户端、监控端不一致的情况。

3）根据设备软件升级台账，梳理软件修改项点，检查测试步骤是否规范、全面。

（2）设计要求。设备控制逻辑应符合逻辑图或者功能需求。

（3）排查情况。车门安全回路及紧急解锁请求回路诊断错误。

对车门及 VCM 软件功能核查时，发现车门安全回路及紧急解锁请求回路诊断存在错误。基于目前车门安全回路的电路设计（图 7-10）及 VCM 软件逻辑，当单节车安全回路异常断开时会导致激活端三节车上报的故障信息错误。现阶段开展的紧急解锁请求环路电路改造，其设计原理与此一致，也会存在同样的问题。

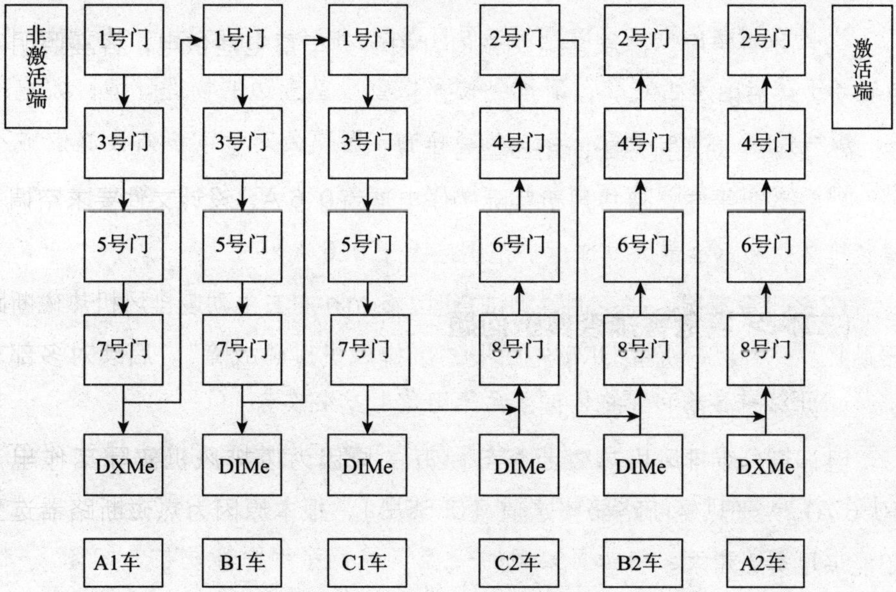

图 7-10　车门安全回路的电路设计

根据电路原理，车门安全回路及紧急解锁请求环路供电的路径为由蓄电池非激活端供电到激活端，但由于每节车的安全回路及紧急解锁请求环路 I/O 采集点在每节车厢的Ⅱ位端，导致激活端三节车出现一种情况：电流先经过激活端三节车的 I/O 采集点，之后再经过车门安全回路及紧急解锁请求环路（正常应先经过车门安全回路及紧急解锁请求环路之后再给 I/O 采集点供电），进而导致 I/O 采集点无法正确表示当节车安全回路及紧急解锁请求环路的状态。后续单节车安全回路及紧急解锁请求环路异常断开需增加诊断故障信息，以防止上报故障信息出错误导司机。

二、环境危害排查

（一）排查方法

从以下两个方面开展外部环境核查：

1. 梳理与外部环境密切相关的设备或部件清单。

2. 检查设备的使用环境是否与设计匹配；核查设备的防潮、防雷接地、抗磁场干扰措施是否安装、配置到位；核查设备周边的物理环境，如建筑物、煤气管道、燃油管道、市政水管等的布置是否对地铁设备设施造成不良影响；核查设备的防高空坠物、防燃、防爆、防洪措施是否安装、配置到位。

（二）环境危害排查典型问题

1. 正线乘客将金属物体掉落至集电靴上发生放电

（1）问题描述。由于正线站台与列车车体间有一定间隙，导致乘客的金属物体掉落时恰好落在集电靴上发生放电。

（2）整改措施。对所有集电靴受流臂进行涂绝缘漆防护，如图 7-11 所示。

2. 钢轨扣件弹条断裂对车辆设备造成影响

（1）问题描述。某线路出现钢轨扣件断裂撞击车底设备及遗留车底的情况。通过对车辆撞击情况分析，受损设备总体上分布于轨道内外侧 20 cm 向车底投影面范围内，弹条遗留车底时一般是挂在车底中间位置，因此没有造成严重损伤。

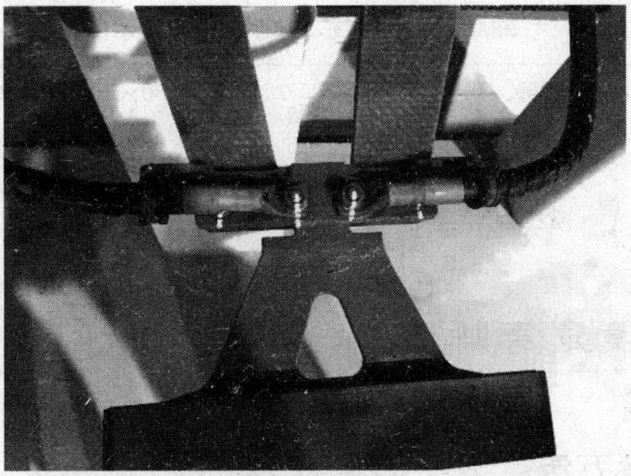

图 7-11　对受流臂进行涂绝缘漆

车底两侧遭到第一次撞击，撞击能量最大，由于弹条外形为非平整直面，因此撞击大多为斜向碰撞，产生凹陷或者刮痕，消耗了能量，再次碰撞后能量减少，最终挂在车底中间，但无明显伤痕。

（2）钢轨扣件弹条断裂对车辆设备的影响。结合高危区域（图 7-12）及部件分布，隐患排查范围可分为车底管路、阀体和其他关键部件。其中，车底管路、阀件主要分析气压测试接口和气阀塞门损坏后对列车气路控制的风险及处理对策，见表 7-3。

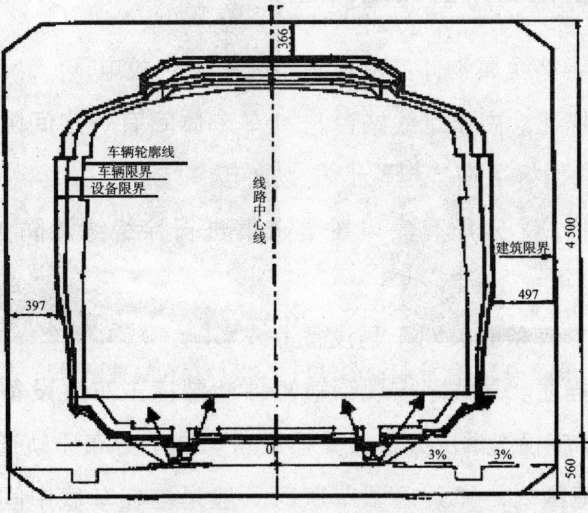

图 7-12　钢轨扣件弹条断裂对车辆设备影响高危区域

表 7-3 列车气路控制的风险及处理对策

序号	测试接口	被撞后状态	现场模拟断裂后影响	对策
1	BSR：制动储风缸压力	断裂	空压机持续工作，可能出现主风压力低的情况	启动气制动旁路（=27-S104），退出服务
2	AS：空气弹簧压力	断裂	（1）HMI 报空气弹簧超限故障 （2）车体高度较其他车体降低	退出服务
3	PB：停放制动缸压力	断裂	（1）封锁牵引 （2）HMI 报 BCU 大事件，制动系统认定为严重故障 （3）单节车停放制动不能缓解	启动停放制动缓解旁路（=27-S103），抱闸动车，限速 60 km/h，退出服务
4	AUX：主风缸压力	断裂	（1）HMI 报空压机打风超时 （2）主风管空气压力低于 700 kPa 持续超过 5 min （3）可能引起牵引封锁	切换到气压不足旁路（=27-S109），退出服务

（3）防范措施。车底关键部件均有盖板等防护，相对薄弱的为停放制动测试接口（PB），有被撞断风险（图 7-13），可启动气压不足旁路后抱闸动车退出服务。后续新车防护建议：在停放制动测试接口底部加装防护罩。

图 7-13 停放制动测试口（PB）存在被撞断风险

3. 地铁车辆涉水影响安全运行

（1）问题描述

1）静态情况下。测量车底电气部件距轨面高度，某地铁线路的车辆参数见表 7-4。

地铁车辆涉水深度为 105 mm 时，低压电气部件将会泡水。

地铁车辆涉水深度为 139 mm 时，高压电气部件将对地短路，存在安全风险。

表 7-4　　某线路车辆参数

车底电气部件	距轨面高度/mm	备注
齿轮箱	100	密封，不影响
信号位置传感器	105	
集电靴（升靴）	139	高压螺栓最低点
牵引电机	158	
制动电阻器	234	
高压箱	241	
牵引逆变器	277	

2）动态情况下。水刚淹到钢轨时，影响地铁车辆的回流，造成列车高压不稳定。

回流路径：牵引变电所正极母线→馈电线→第三轨→地铁车辆/工程车→钢轨回流→牵引变电所负极回流母线。

水淹没钢轨时，影响地铁车辆的轮轨摩擦系数，造成地铁车辆牵引时空转、制动时滑行，影响行车安全。水淹没钢轨时，轮对运转持续溅起水花可能导致高压部件对地短路，存在安全风险。

（2）整改措施。当正线隧道进水时及时停运，避免列车出现安全隐患。

三、试错排查

（一）排查方法

从以下三个方面开展故障验证试验：

1. 梳理设备在运行过程中可能出现的故障场景，如损失一半动力、损失一路电源、设备保护封锁机制触发等，形成设备、部件故障工况测试清单。

2. 根据故障工况清单，核查在最恶劣工况下设备的静态、动态冗余功能有效性；核查设备保护封锁机制是否有效，检查保护机制触发条件、解除条件是否与设计相符。

3. 通过模拟单个故障、叠加故障等情况，核查故障处理指南、应急管理办法的有效性。

（二）试错排查典型问题

1. 问题描述

通过现场拔线试验，共发现、排除4个救援隐患点。

（1）ATO模式继电器（=91-K104）的61/62触点。模拟牵引列车线上ATO模式继电器（=91-K104）的61/62触点发生故障，若列车无法发出牵引指令，则此处为救援隐患点。

（2）紧急制动继电器（=22-K135）的3/11触点。模拟牵引列车线上紧急制动继电器（=22-K135）的3/11触点发生故障，若列车无法发出牵引指令，则此处为救援隐患点。

（3）紧急制动继电器（=22-K135）的4/12触点。模拟制动列车线上紧急制动继电器（=22-K135）的4/12触点发生故障，若列车制动无法缓解，则此处为救援隐患点。

（4）司机室占有继电器（=22-K101）的33/34触点。模拟司机室占有列车线上司机室占有继电器（=22-K101）的33/34触点发生故障，若列车无法司机室占有，则此处为救援隐患点。

2. 整改措施

在以上救援隐患点增加旁路触头，对该救援隐患点进行旁路保护。

第八章

试运行及初期运营前安全评估

目前，我国正处于城市轨道交通建设与发展的高峰时期，随着运营里程和客流的快速增长，城市轨道交通安全运行的压力和挑战也日益加大。安全是交通运输行业一个永恒的主题，近年来不断发生的城市轨道交通运营安全故障与事故，引起了我国各级政府和人民群众对轨道交通建设与运营安全问题的高度重视。城市轨道交通安全稳定的运行始于合格的工程建设质量，为了把好新线投入运营的第一道安全关口，交通运输部要求自 2019 年 7 月 1 日起，所有新建城市轨道交通工程在交付运营前必须开展初期运营前安全评估工作，且初期运营前安全评估工作需由第三方安全评估机构开展。这就意味着对于建设/运营管理单位而言，新建工程由建设向运营单位交付的流程以及评估内容方面也将产生一定的变化。

在城市轨道交通工程冷、热滑试验成功，系统调试结束后，通过不载客列车运行，检验运营组织管理和设施设备系统的可用性、安全性和可靠性，即为试运行。当试运行各项关键指标满足设计要求后，建设/运营管理单位可向所在城市交通主管部门申请初期运营前安全评估。安全评估由具备第三方资质的单位组织城市轨道交通行业相关专家进行现场资料审阅、现场设备踏勘及系统功能验证等，影响运营安全的所有 A 类问题完成整改后再次请评估专家进行整改确认，最终形成初期运营前安全评估报告。

第一节　车辆专业试运行

在试运行期间，除了没有乘客乘坐外，其他所有内容都要和运营时一样，包括按照列车运行图行车，所有工作人员正常上岗作业，列车车辆和车辆基地、供电系统、通信系统、信号系统、通风与空调系统、消防及给排水系统、火灾自动报警系统、环境与设备监控系统等设备系统正常运行，按照规范进行行车组织、客运组织、地面交通衔接、应急演练等内容。试运行是保证运营阶段地铁生产安全、保障乘客人身安全的重要环节，是检验项目工程是否合格的重要手段。

试运行时间不少于3 个月，其中按照开通运营时列车运行图连续组织行车 20 日以上且关键指标符合以下规定：列车运行图兑现率不低于 98. 5%；列车正点率不低于 98%；列车服务可靠度不低于 2. 5 万列千米/次；列车退出正线运行故障率不高于 0. 5 次/万列千米；车辆系统故障率不高于 5 次/万列千米；信号系统故障率不高于 1 次/万列千米；供电系统故障率不高于 0. 2 次/万列千米；站台门故障率不高于 1 次/万次。贯通运营的延伸线工程项目应按全线运行图开展试运行，其中除供电系统故障率、站台门故障率按延伸区段统计外，其余关键指标应按全线统计。

为保证试运行的安全有效，需做好人员、设备、应急方面保障工作。

一、人员保障

(一) 人员技能保障

一条新线的开通涉及运维人员到新线建设基地检查调试、新线工况转变、工作业务转变等新的风险点，在完成人员调配或新员工招聘之后，至少需完成对他们的相关安全、技能培训及考评工作。车辆试运行培训要求见表 8-1。

表 8-1 车辆试运行相关培训要求

序号	培训项目	培训内容	培训时长	培训对象	培训形式
1	设备和安全培训	第三轨技术和安全注意事项培训	5 天	换线员工、新员工	理论+考试
2	安全培训	下新线建设现场前安全培训	5 天	全体员工	理论+考试
3	技能培训	车间电源操作考证培训	10 天	车辆检修工	理论+实操考证
4	技能培训	隔离开关操作考证培训	10 天	生产岗员工	理论+实操考证
5	技能培训	DCC 消防值班室考证培训	30 天	调度	理论+实操考证
6	技能培训	列车系统调试技能培训	30 天	车辆检修工	理论+实操评估
7	技能培训	洗车机维护与操作培训	30 天	设备班员工	理论+实操评估
8	技能培训	DCC 调度培训	60 天	调度	跟岗+考试评估
9	技能培训	新员工及换线员工上岗培训	30 天	生产岗员工	跟岗+考试评估

(二) 人员值班及技术保障

1. 人员值班保障

试运行期间，各车辆基地列车出库时，最少安排 2 名车辆检修人员负责列车应急故障处置；正线车辆各驻站室分别安排一名驻站人员，负责正线运营列车的巡查及应急故障处置，发现问题及时报检修调度以便安排人员处理，晚班安排值班技术员驻段跟进现场作业以及故障处理，加强安全督查工作，保证各项作业安全有序地开展。

2. 技术保障

对于车辆调试期间出现的设备质量及安全隐患，为确保试运行工作的顺利开展，须督促车辆总承包商在试运行前完成影响运营服务质量的问题整改，同时在列车已基本完成调试的基础上进一步查漏补缺，在正式开通前有针对性地对列车受流系统、走行部、车门系统、有节点系统、制动系统、广播系统、空调系统等开展质量提升工作，夯实列车质量。

二、设备保障

（一）设备检修保障

1. 检修原则

遵循“精检细修”的原则开展设备检修，对发现的问题要深究原因，针对共性问题及时开展全面排查，将故障消除在萌芽状态。

2. 检修要求

（1）做好日常检修工作。根据检修规程、工艺及设备特点提前做好培训，严格执行“三检”制度、安全交底“三部曲”，适时对检修作业人员开展考评工作，同时在检修作业时安排技术人员现场指导检查，确保设备日常性高质量检修。

（2）重点检修关键设备。对上线列车重点系统及部件每日检查，发现问题或隐患及时排查处理。

（3）故障处理要求。针对试运行期间正线发生故障（事件），按照“故障不过夜”原则，当天处理完毕，并做好专门台账分类统计。每天早班会前安排专人跟进故障报修单，白班安排技术人员确认故障处理情况，每晚夜班安排值班人员核对车辆故障处理是否正确，确保第二天供车质量。

3. 列车卫生保障

（1）所有上线列车须在试运行前一天完成过洗车机清洗作业。

（2）所有上线列车客室须在试运行前一天撤除地板纸皮，安排保洁人员对列车进行开荒清洁工作。

（3）所有上线列车车体试运行开始后按计划安排保洁人员进行人工洗车作业。

（4）安排当晚轮值工班及值班技术人员对库内所有上线列车的客室情况进行巡查，发现清理不彻底的立即要求保洁人员返工。

（5）各正线巡车人员做好客室卫生的巡查工作，发现有污渍、纸屑等报检修调度并做好记录，列车晚上回库后安排保洁清洁。

（二）供应商保障

新线试运行前一周需与车辆总承包商及主要供应商召开车辆试运行保障启动会，明确对各自的保障工作要求。

1. 物资安排

为保证列车正常运行，列车发生故障时能及时处理，由车辆总承包商售后人员梳理安全库存量，在车辆基地设“三包”备品及工具库，保证列车常见故障备件存放在现场。

2. 人员安排

（1）车辆总承包商。车辆总承包商每天最少安排 2 名值班人员在正线跟车，负责全线列车的巡查并对应急故障处置提供支持。

（2）车辆设备供应商。根据实际情况，各主要设备供应商安排技术力量在新线沿线驻守，负责协助解决设备日常检修问题，对应急故障处置提供支持。

3. 故障应急能力要求

针对地铁车辆车门、牵引、制动、控制等关键系统，供应商应安排人员 24 h 驻段待命，在列车发生故障后，供应商人员应在 15 min 内到达故障点，尽可能争取 10 min 内到达。

试运行期间，车辆段主要设备供应商在开通线路所在地设置驻点，接到故障报修信息后应 2 h 内到达现场对故障进行处理。

三、应急保障

（一）建立应急机制

1. 试运行期间，车辆运维部门应与车辆采购项目部、车辆总承包商、主要设备供应商建立有效沟通机制，一旦设备出现故障或者需协调处理时能及时反馈，安排处理。

2. 车辆运维部门每日组织车辆采购项目部、车辆总承包商、主要设备供应商等相关人员开会通报故障情况及试运行列车整体情况，针对重点故障、共性问题等，组织专题会研讨解决，同时开展相关排查等防范工作。

（二）抢险保障

试运行期间，组建一支抢险队，配备应急抢险救援车，在车辆基地驻守，随时待命。同时，在正线驻站室和车间技术组配备正线故障处理应急抢险包，提升故障处理效率。故障处理应急抢险包清单见表 8-2。

表 8-2　故障处理应急抢险包清单

序号	物品名称	数量
1	笔记本电脑、鼠标、电源线	各 1
2	列车控制/牵引/辅助系统数据线、制动系统数据线、广播系统数据线、车门系统数据线、空调系统数据线、LCU 系统数据线、部件监测系统数据线等	各 1
3	方孔及司机控制器钥匙	各 1
4	万用表	1
5	电气原理图	1
6	纸笔（套）	
7	一字旋具、十字旋具	各 1
8	手电筒	1

第二节 初期运营前安全评估

城市轨道交通初期运营前安全评估是新线开通前的最后一道关卡，是确保新线从建设到运营顺利交接以及新线安全运营的关键环节。

一、评估基本流程

目前，全国范围内已基本上形成了省级交通运输主管部门主管，遴选具备条件的第三方评估机构按照《城市轨道交通试运营基本条件》等规范进行初期运营评估的模式，按照系统测试检验双随机且一次性通过，车站、区间、车辆基地全覆盖，专家与轨道公司背对背的高标准进行评估。

根据工程评估经验，初期运营前安全评估的一般流程分评估前、评估中和评估后三个模块，如图 8-1 所示。评估前，评估机构与地铁公司进行对接，评估机构通过查阅资料、现场考察掌握车站、区间、主变电所、车辆段和控制中心等的整体情况，确定评估方案、评估流程和评估专家。按照惯例，评估专家分为总体组、土建组、设备一组、设备二组和试运营准备组五个小组。评估中，评估专家进行系统测试检验、资料查阅和现场踏勘，根据专业知识和经验对线路进行全面检查，并形成初步个人意见。之后，各小组分别讨论，形成小组意见，汇总整理后形成大组意见。经过与地铁公司、设计单位、施工单位、监理单位交流意见后形成专家组评估意见。评估后，地铁公司根据评估意见进行整改，整改结束后，由评估机构再组织专家对整改情况进行落实复核。整改后符合要求的，评估机构将专家组意见上报省级交通运输主管部门，并由主管部门批准初期运营评估是否通过。后期由当地政府根据初期运营评估结果确定开通时间。

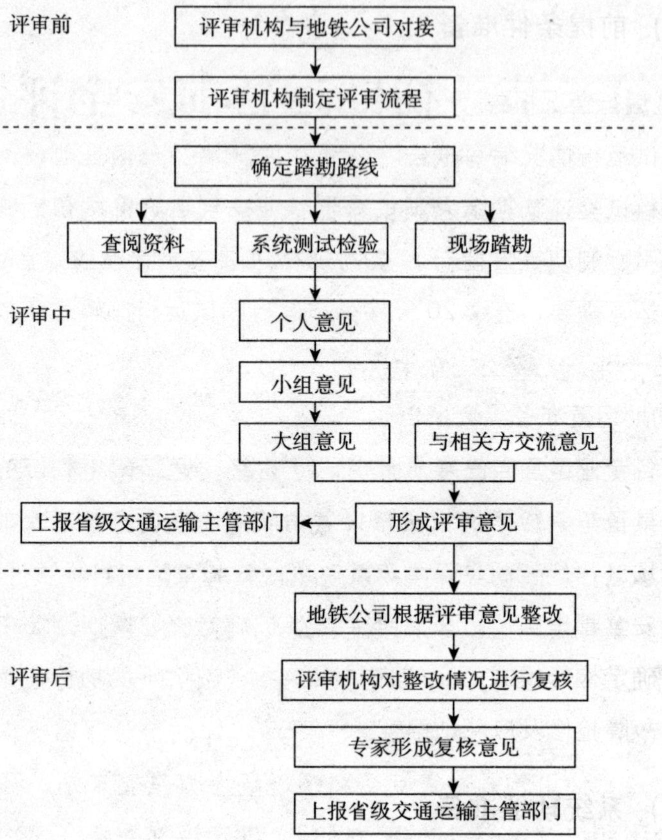

图 8-1　初期运营前安全评估流程图

二、评估内容及准备

对标《城市轨道交通初期运营前安全评估技术规范　第一部分：地铁和轻轨》、各类车辆及车辆基地设计技术国家标准等，对前提条件、系统功能核验、系统测试报告、运营准备等材料进行整理，这些材料一般在试运行工作开始前 1 个月准备及编写。

对于车辆专业安全评估，主要审查列车各项设计、系统测试报告、车辆专业维修模式、技术及应急抢修保障机制、试运行指标等。

（一）前提条件准备

1. 试运行情况报告

根据试运行情况编写报告。开通初期车辆及车辆基地设备应完成型式试验和例行试验，试验结果满足要求。地铁车辆的电气和机械连接紧固无松动，牵引、制动等性能符合技术规格书要求，预验收（PAC）已完成，满足初期运营需要，连续 20 天按列车运行图试运行车辆系统故障率不高于 5 次/万列千米。

2. 初期运营准备综合报告

综合各专业运营准备情况形成一份报告，涉及车辆专业的主要内容有：相关人员具备车辆检修岗位资格证、消防证、高压电工作业证、低压电工作业证、场（厂）内机动车驾驶证、桥门式起重机司机等特种设备资格证，完成车辆安全管理类、行车管理类、维护维修类、操作办法类等规章制度的发布，确定检修模式，完成人员实操考评、设备现场备件及常规运作物资到货、故障抢修及应急预案等。

（二）系统功能准备

按照《城市轨道交通初期运营前安全评估技术规范　第 1 部分：地铁和轻轨》第三十五条至第三十九条要求，提前安排检查测试形成相关报告，准备要求见表 8-3。

表 8-3　　系统功能准备要求

规范条款	规范要求	准备要求	注意事项
第三十五条	各列车运行里程均不少于 2 000 列千米	建立列车运营里程台账	所有投入载客运营列车均要满足
第三十六条	具有蓄电池测试报告，蓄电池容量应满足列车失电情况下车载安全设备、应急照明、应急通风、广播、通信等系统规定工作时间内的用电要求	按照型式试验方案测试形成报告	

续表

规范条款	规范要求	准备要求	注意事项
第三十七条	车辆各电气设备金属外壳或箱体应采取保护性接地措施	主要涉及乘客界面、维修界面、接地系统，金属外壳均需核对，拍照并形成报告	
第三十八条	列车上非乘客使用的重要设备或设施应具有锁闭措施。客室地板防滑，客室结构和过道处、扶手等不应有可能造成乘客伤害的尖角或突出物	涉及乘客触碰的均需在列车检查验收时核对，由厂家出具证明报告及突发情况	
第三十九条	列车车门防夹警示、车门防倚靠警示、紧急报警提示、车门紧急解锁操作提示、消防设备提示等安全标志齐全、醒目	根据地铁乘客界面标识规范及设计方案执行，拍照并形成报告	注意蓄光材料标识暗光条件核对

（三）其他评估资料

除了《城市轨道交通初期运营前安全评估技术规范　第一部分：地铁和轻轨》，新线车辆在投入载客运营前安全评估检查还需准备如下资料：《城市轨道交通试运营基本条件》（GB/T 30013—2013）、《地铁设计规范》（GB 50157—2013）、《城市轨道交通技术规范》（GB 50490—2009）、《地铁运营安全评价标准》（GB/T 50438—2007）、《城市轨道交通运营管理规范》（GB/T 30012—2013）、《地铁车辆通用技术条件》（GB/T 7928—2003）、《城市轨道交通车辆组装后的检查与试验规则》（GB/T 14894—2005）、《地下铁道工程施工质量验收标准》（GB/T 50299—2018）。其中，地铁车辆设计规范及要求见表 8-4。

表 8-4　　地铁车辆设计规范及要求

序号	检查内容及相关要求	依据标准
1	车辆符合合同技术规格书	合同技术规格书
2	型式试验及例行试验清单、大纲、报告及完成情况	合同技术规格书
3	地铁车辆符合 GB 50490 和 GB/T 7928 的规定	GB/T 30013 7.1.1

续表

序号	检查内容及相关要求	依据标准
4	车辆的脱轨系数应小于 0.8，轮重减载率应小于 0.6，倾覆系数应小于 0.8	GB/T 50438 6.2.2.1.2
5	列车两端的车辆可设置防意外冲撞的撞击能量吸收区	GB/T 50438 6.2.2.1.3
6	地面或高架运行的列车两端可设防爬装置	GB/T 50438 6.2.2.1.4
7	动车转向架构架电动机吊座与齿轮箱吊座在寿命期内不发生疲劳裂纹	GB/T 50438 6.2.2.1.5
8	客室车门应具有非零速自动关门的电气联锁及车门闭锁装置，行驶中确保门锁闭无误	GB/T 50438 6.2.2.1.6
9	客室车门处应设置紧急解锁开关	GB/T 50438 6.2.2.1.7
10	司机操作台应设置紧急停车操纵装置和警惕按钮	GB/T 50438 6.2.2.1.8
11	列车在平直道上实施紧急制动时，应能在规定的距离内停车	GB/T 7928 10.2 GB/T 50438 6.2.2.1.9
12	在列车意外分离时，应立刻自动实施紧急制动，保证分离的列车自动制动	GB/T 7928 10.11 GB/T 50438 6.2.2.1.9
13	列车应有两台或两台以上独立的电动空压机组，当一台机组失效时，其余空压机组的性能、排气量、供气质量和储风缸容积应能满足整列车的供气要求；储风缸的容积应满足空压机停止运转后列车三次紧急制动的用风量	GB/T 7928 10.7 GB/T 50438 6.2.2.1.9
14	前照灯在车辆前端紧急制动停车距离处照度不应小于 2 lx	GB/T 50438 6.2.2.1.10
15	在未设安全通道的线路上运行的列车两端应设紧急疏散门	GB/T 50438 6.2.2.1.11
16	列车各车辆之间应设贯通道	GB/T 50438 6.2.2.1.12
17	车门、车窗玻璃应采用一旦发生破坏时其碎片不会对人造成严重伤害的安全玻璃	GB/T 50438 6.2.2.1.13
18	蓄电池应能够满足车辆在发生故障的情况下应急照明、外部照明、车载安全设备、广播、通信、应急通风等系统工作不低于 45 min，地面与高架线路不低于 30 min	GB/T 7928 11.13 GB/T 50438 6.2.2.1.14
19	车辆应有列车自动防护系统（ATP）或列车自动防护系统（ATP）与自动驾驶系统（ATO），以及可保证行车安全的通信联络装置	GB/T 50438 6.2.2.1.15
20	电气设备过电压、过电流、过热保护功能应齐全	GB/T 50438 6.2.2.1.16
21	采用受电弓受电的列车应设避雷装置	GB/T 50438 6.2.2.1.17
22	对安装采暖设备部位的侧墙、地板及座椅等应进行安全隔热处理，车用电加热器罩板表面温度不应大于 68 ℃	GB/T 50438 6.2.2.1.18

续表

序号	检查内容及相关要求	依据标准
23	凡散发热量的电气设备，在其可能与乘客、乘务人员或行李发生接触时，应有隔热措施，其外壳或防护外罩外面的温度不得超过 50 ℃	GB/T 50438 6.2.2.1.19
24	首列车应进行 5 000 km 试运行，并符合下列规定： 1. 在模拟实际运营中，车门在停站时应正确打开，车门开关时间应符合设计文件要求 2. 在每一运行试验中间和结束时，应测量车轮制动电阻器、牵引和辅助逆变器的温度，各项测量指标应符合技术文件要求 3. 齿轮箱分箱面和各类旋转轴轴承处不应有可见油或油脂渗出 4. 所有用气设备满负荷时，空压机的平均工作时间不应超过 40% 5. 设备不应有要求拆卸或更换主要部件、零件的故障发生，发生故障后宜在 1~3 天内修复 6. 在故障处理过程中设计文件、技术或材料有改变的，相关型式试验及列车的运行试验应重新进行，并经有效性验证	GB/T 50299—2018 29.2.1.1
25	在 ATO/ATP 模式下，列车在车站应正确获取开门授权，实现自动开、关门功能，对中范围应符合设计文件要求	GB/T 50299—2018 29.2.1.2
26	列车控制及故障诊断系统与车载信号设备的信息交换应符合设计文件要求	GB/T 50299—2018 29.2.1.3
27	列车与运营控制中心的无线通信功能应符合设计文件要求	GB/T 50299—2018 29.2.1.4
28	列车应实现全自动广播和信息显示功能	GB/T 50299—2018 29.2.1.5
29	列车与时钟系统的时间信息一致性应符合设计文件的要求	GB/T 50299—2018 29.2.1.6
30	大型车辆检修设备的功能应满足本工程车辆的检修要求	GB/T 50299—2018 29.2.1.7
31	列车在运营线路上的限界，包括站台高差、站台间隙，应符合现行行业标准（地铁限界标准）的规定	GB/T 50299—2018 29.2.1.8
32	当列车在运营线路上运行时，由车体、转向架及簧下设备所产生的振动和冲击应符合《轨道交通　机车车辆设备冲击和振动试验》的规定	GB/T 50299—2018 29.2.1.9
33	在最不利运营线路条件下应能联挂，且列车的机械、电气、气路应正常	GB/T 50299—2018 29.2.1.10

续表

序号	检查内容及相关要求	依据标准
34	在最不利的线路，运行速度和车辆悬挂发生故障条件下，列车应正常通过运营线路上最小曲线半径的区段	GB/T 50299—2018 29. 2. 1. 11
35	列车受电设备与供电系统的匹配性调试应符合下列规定： 1. 列车受电设备应与供电网接触良好，满足列车不同运行状态下的用电要求 2. 按设计文件规定的运营密度，列车高速断路器的整定值应与变电所直流开关的整定值相匹配 3. 列车电器各级保护值和电器主回路的参数应与供电系统相匹配	GB/T 50299—2018 29. 2. 1. 12
36	在正线上正常运行的列车平稳性指标不应低于 2. 5；运行 150 000 km 后，列车的平稳性指标不应低于 2. 75	GB/T 50299—2018 29. 2. 1. 13
37	车辆系统能力测试应符合下列规定： 1. 对于测试中发现的影响行车安全和客运服务的车辆故障应完成整改，对整改项目应通过有效性验证 2. 应急照明和通风功能、车载蓄电池容量应符合《城市轨道交通技术规范》的规定 3. 在线路坡度最大的路段上，列车故障牵引能力和联挂救援能力应符合设计文件的要求	GB/T 50299—2018 29. 4. 1
38	车厢内应设置乘客紧急求助按钮或与司机紧急对讲装置、应急照明灯、应急装备、消防器材	GB/T 50438 6. 2. 2. 1. 20
39	车辆应有各种警告标识：司机室内的紧急制动装置、带电高压设备、电器箱内的操作警示，消防器材、乘客紧急求助按钮或与司机紧急对讲装置的位置与使用方法	GB/T 50438 6. 2. 2. 1. 21
40	车辆的车顶、侧板、内衬、顶棚、地板应使用不燃或阻燃材料	GB/T 50438 6. 2. 3. 1. 1
41	车厢地板上的敷设物、座椅、扶手、隔热隔声材料、装饰及广告材料等应使用不燃或阻燃材料	GB/T 50438 6. 2. 3. 1. 2
42	车厢内非金属材料应具有耐熔化滴落性能	GB/T 50438 6. 2. 3. 1. 3
43	电气设备连接导线和电缆应使用低烟、低卤阻燃材料	GB/T 50438 6. 2. 3. 1. 4
44	应完成列车型式试验和例行试验，提交测试报告，满足合同要求。对于试验中发现的影响行车安全和客运服务的车辆故障应完成整改	GB/T 30013 7. 1. 2

续表

序号	检查内容及相关要求	依据标准
45	试运行期间，各列车累计在线运行里程满足不少于2 000列千米的要求	GB/T 30013 7. 1. 3
46	列车内安全标志、引导标识、无故障设施、广播设备和灭火器等设置齐全	GB/T 30012 7. 1. 3；7. 1. 4
47	车辆由于故障退出服务统计不大于0.1次/万组千米	GB/T 50438 6. 2. 4. 1
48	车辆组装后的检查与试验，试验项目一览表，试验项目的试验报告	GB/T 14894—2005
49	运营单位应根据线路运营需要，制定运用车、维修车和备用车计划	GB/T 30012 7. 1. 1
50	列车履历簿、司机操作手册、故障诊断手册等资料应齐全	GB/T 30012 7. 1. 4
51	运营单位应制定列车卫生保洁制度，规定列车车体和客室的保洁周期，定期对列车进行保洁	GB/T 30012 7. 1. 9
52	运营车辆保有量应按设计年度运能规模配置，当客运量规模预计达到设计年度计划，应提前购置车辆，并补充完善相应配套设施	GB/T 30012 7. 1. 10
53	应建立车辆维修制度	GB/T 50438 6. 3. 2. 1. 1
54	车辆应定期维护，保持技术状态良好，设备齐全。运营各单位应按照GB 50157和GB/T 7928的要求，根据车辆实际技术状态、走行里程、使用时间确定检修周期，可采用日检、双周检、月检、年检（定修）、架修或大修等，应制定车辆各级检修规程	GB/T 30012 7. 1. 2；7. 1. 5 GB/T 50438 6. 3. 2. 1. 2
55	运营单位应根据车辆检修规程、场地、人员等条件编制车辆维修操作手册	GB/T 30012 7. 1. 6
56	车辆保养与维修应加强与信号、通信等系统的协调与配合	GB/T 30012 7. 1. 7
57	运营单位应建立车辆维修档案管理制度，严格记录和保存车辆维修、使用信息，维修记录应至少保存5年	GB/T 30012 7. 1. 8
58	运营单位应建立车辆维修基础资料档案制度，包括：车辆维修与保养手册、易损易耗件目录、部件功能描述技术文件、车辆电器部件接线图、车辆各系统电路图、车辆布线图、车辆部件拆装工艺和流程等	GB/T 30012 7. 1. 11
59	对车辆故障信息应有记录、分析、纠正和预防措施	GB/T 50438 6. 3. 2. 1. 3

续表

序号	检查内容及相关要求	依据标准
60	车辆维修人员应持证上岗	GB/T 50438 6.3.3.1.1
61	应对车辆维修人员定期培训	GB/T 50438 6.3.3.1.2
62	应选择有资质的维修配件供应商	GB/T 50438 6.3.4.1.1
63	应建立维修配件检验制度	GB/T 50438 6.3.4.1.2
64	对维修配件的质量信息应有记录、分析、纠正和预防措施	GB/T 50438 6.3.4.1.3

三、系统测试检验准备

系统测试检验是试运营安全评估的重要组成部分，主要是对轨道交通的车辆、供电、通信、信号、火灾自动报警和环境与设备监控等系统进行抽样测试检验。在专家正式评估前，运维单位应当提前进行车门安全联锁、车门故障隔离、车门障碍物探测、列车紧急制动距离等功能测试，相关功能测试应符合表 8-5 至表 8-10 的要求。

表 8-5　　　　车门安全联锁测试

项目名称	车门安全联锁测试	
测试目的	测试车门与列车牵引控制联锁功能是否符合设计要求	
测试内容与方法	1. 将阻挡块放在一扇车门两扇门叶之间，使车门不能完全锁闭，按列车关门按钮后，将司机控制器牵引手柄推至牵引位，启动列车，观察列车状态 2. 列车在区间零速以上运行，按开门按钮，观察客室车门状态	
测试结果	1. 列车司机控制器牵引手柄推至牵引位，列车仍无牵引力、不能启动	□符合　□不符合
	2. 列车在零速以上运行时，按列车开门按钮，客室车门不能打开	□符合　□不符合

表 8-6　　　　车门故障隔离测试

项目名称	车门故障隔离测试
测试目的	测试车门故障隔离功能是否符合设计要求

续表

项目名称	车门故障隔离测试	
测试内容与方法	1. 列车停靠站台，通过隔离装置专用钥匙对测试车门进行隔离后，按司机室开门按钮，观察全部车门状态 2. 被测车门在隔离状态，操作紧急解锁装置后，观察是否能手动打开被测车门	
测试结果	1. 按司机室开门按钮，被隔离车门不能打开，其他车门能打开	□符合 □不符合
	2. 被测车门处于隔离状态，操作紧急解锁装置后，仍无法手动打开被测车门	□符合 □不符合

表 8-7　　**车门障碍物探测测试**

项目名称	车门障碍物探测测试	
测试目的	测试车门防夹和再关门功能是否符合设计要求	
测试内容与方法	将测试块作为障碍物置于车门两扇门叶之间，列车发出关门指令后，记录开门次数及车门最终状态，并用压力测试仪测量关门压力	
测试结果	1. 被测车门按照设计要求自动循环打开和关闭数次后，车门保持打开状态	□符合 □不符合
	2. 关门压力应满足设计要求（峰值≤300 N）（以康尼车门为例）	实测值：____ □符合 □不符合

表 8-8　　**列车紧急制动距离测试**

项目名称	列车紧急制动距离测试	
测试目的	测试列车在设计最高运行速度下的紧急制动距离是否符合设计要求	
测试内容与方法	列车以人工驾驶模式在平直线路区段运行至设计最高运行速度时，列车驾驶员按下紧急制动按钮，至列车停止时测量列车紧急制动距离	
测试结果	列车紧急制动距离应符合设计要求	实测值：____ □符合 □不符合

表 8-9　　**车辆超速保护测试**

项目名称	车辆超速保护测试
测试目的	测试车辆超速保护功能是否符合设计要求
测试内容与方法	在具备以车辆设计最高运行速度安全行车条件的区段，切除列车自动防护（ATP），以人工驾驶模式行车，牵引手柄保持最大牵引位，使列车持续加速至车辆设计最高运行速度，记录列车速度、超速保护的程序和措施

续表

项目名称	车辆超速保护测试	
测试结果	列车超速应符合设计要求	列车速度实测值：________，列车无法加速，HMI 提示牵引封锁信息 列车速度实测值：________，列车超速紧急制动，HMI 提示紧急制动报警，伴随蜂鸣声（根据实际设计而定） □符合　□不符合

表 8-10　**列车联挂救援测试**

项目名称	列车联挂救援测试	
测试目的	测试列车联挂救援功能是否符合设计要求	
测试内容与方法	1. 将模拟故障列车施加停放制动，降弓/靴停放在线路上，另一列救援列车低速靠近模拟故障车进行列车联挂 2. 完成联挂后，释放模拟故障列车停放制动，使救援列车牵引模拟故障列车至一定距离，记录列车联挂救援情况	
测试结果	1. 列车应能在运营线路最大弯道处成功被联挂及解钩	□符合　□不符合
	2. 列车应能在运营线路最大坡度处成功被联挂，且被救援车牵引运行至最近的存车线	□符合　□不符合

四、专家正式评估

（一）安全评估总体工作

1. 车辆专项验收文件检查

对车辆可行性研究报告、初步设计文件、招标文件、设备采购合同、技术规格书、用户需求书、车辆型式试验报告、车辆例行试验报告、车辆合格证、车辆验收（或预验收）报告、车辆故障处理手册、车辆操作规程、维修规程/手册等进行检查。

2. 试运行情况评估

对试运行基本情况、设施设备可靠性和故障率情况等进行评估，重点对试运行时间及最后20天列车运行图兑现率、列车正点率、列车服务可靠度、列车退出正线运营故障率、车辆系统故障率等关键指标进行考核。

3. 系统测试检验

试运营前对车辆系统功能测试及系统联动测试等项点进行现场抽样测试检验。

4. 车辆和车辆基地基本条件评估

对车辆和车辆基地是否满足试运营基本条件进行评估。

5. 人员基本条件评估

对列车检修调度员、检修人员及其他人员等是否满足试运营基本条件进行评估。

6. 运营组织基本条件评估

对安全管理制度（消防安全、设备安全等）、生产行车制度（行车管理办法、调度工作规程和检修施工管理办法）、设备维护规章（设备的运行规程、维修规程和维修管理制度）、设备操作办法（系统设备的操作手册、司机操作手册和故障处理指南）、应急处置制度（各类应急预案、事故处理流程、运营事故调查处理等制度）等是否满足试运营基本条件进行评估。

7. 应急与演练基本条件评估

对应急预案、应急演练及应急组织与装备等是否满足试运营基本条件进行评估，如列车救援故障演练，列车冲突、脱轨事故演练等。

（二）专家评估工作安排

1. 评估时间

一般情况下，运营前专家评估共需3天，具体行程安排如下。

第一天：下午召开评估启动会，专家试乘及现场踏勘，晚上专家查阅资料。

第二天：上午专家开展十八项系统测试，下午专家现场踏勘。

第三天：上午专家补充踏勘或者撰写检查材料，下午召开评估结束会。

2. 设备要求

所有列车必须完成预验收报告签署，客室标识完整规范粘贴，列车卫生清洁，列车满足 2 000 km 运营里程，已开展过检修作业。

3. 现场测试工作

根据运营前专家评估具体工作方案，系统测试一般于对应线路评估工作第二天上午开展，车辆、信号、通信、机电等专业集中测试，需要 3 列车，其中 2 列用于正线测试、1 列备用。具体安排见表 8-11。

表 8-11　车辆专业系统测试安排

测试地点	测试内容	测试标准	测试结果
1. 客室门紧急解锁防护功能测试			
××测试区间	列车在离开站台 60 m 内低速运行（速度约 10 km/h），在客室内操作紧急解锁装置解锁车门，确认列车是否产生紧急制动	列车以 ATP 防护模式行车，在非零速状态下解锁车门，车门无法打开，列车紧急制动停车	□列车紧急制动 □无紧急制动
2. 车门防夹及再开门功能测试			
××测试区间	车门零速保护：列车低速运行（速度约 10 km/h），途中随机按两侧开门按钮及司机操作台上的开门按钮	列车以 ATP 防护模式行车，在非零速状态下解锁车门，车门无法打开	□车门打开 □车门关闭
	车门防夹及再开门功能： （1）列车在站台停稳后，执行列车开关门指令 （2）用标准测试块测试同一车门不同高度的车门防夹及再打开功能 （3）用压力测试仪测量车门关门压力	车门检测到障碍物后车门打开约 400 mm 距离再重新关门，连续 3 次检测到障碍物后车门完全打开。关门压力峰值不大于 300 N，关门时有声光报警提示	□正常 □异常
3. 车辆超速保护功能测试			
××测试区间	列车切除 ATP，做 60 km/h 全牵引加速度测试	加速测试，确认牵引状态良好，满足测试条件	□正常 □异常

续表

测试地点	测试内容	测试标准	测试结果
××测试区间	列车切除 ATP，司机推动牵引手柄持续加速至列车最高允许运行速度 120 km/h（根据实际列车最高速度而定），保持牵引手柄在牵引位 一般分为三个速度等级的工况，分别是超速报警、牵引封锁、紧急制动，对三个工况均进行检查	列车牵引封锁，无法继续加速	□牵引封锁 □无牵引封锁
	司机降低列车运行速度至 60 km/h，然后尝试推牵引手柄	列车可以正常加速	□正常 □异常
操作人：	记录人：	旁站专家：	

参考文献

[1] 城市轨道交通试运营基本条件 [S]. 北京：中国标准出版社，2013.

[2] 邹普尚，张冰清. 城市轨道交通试运营基本条件评审流程及常见组织问题研究 [J]. 综合运输，2016（11）：34-39.

[3] 沈秀芳，周国甫，胡维撷，等. 城市轨道交通新线试运营基本条件评估的体会与思考 [J]. 城市轨道交通研究，2010（S1）：582-586.

第九章

新线车辆调试工作展望

要想富，先修路。交通是全面开启建设社会主义现代化强国的重要支撑，城市轨道交通作为其中一环，是建设现代化经济体系的先行领域，也是建设交通强国和智慧城市的重要组成部分，主要作用是提高城市内联、外联的交通效率。目前，我国正处于城市轨道交通建设与发展的高峰期，城市轨道交通安全稳定的运行离不开合格的工程建设质量，而城市轨道交通的顺利开通离不开车辆的高质量调试工作。一方面，市民对轨道交通行业的关注度极高，对运营服务的要求也越来越高，一旦列车出现重大晚点事件，运营单位所经受的舆论压力极大。因此，为保证新线高标准、高质量开通，需按照要求保质保量地开展车辆调试工作。另一方面，车辆的调试工作须满足新线运营开通紧张工期的要求，因此调试工作也应具有一定的机动性，优质高效。在新线车辆设备调试中，运营单位应围绕提升调试效率、帮助车辆总承包商提升造车质量、联合车辆总承包商开展调试等方面开展工作，进一步提升车辆调试体系的智能化、高效率和科学性。

一、提升调试效率

在各地铁运营单位在调试前期，常会因人、机、料、法、环等方面条件不足而使进度受到影响，导致调试效率降低。

为满足高质量初期运营用车需求，高效、高质量完成车辆调试，可采取的主要优化措施有：

（一）优化调试计划

通过重新编排调试计划，减少等候工时。

查线核图、扭力校正、车门调试均为固定工作包，即工作量、工作配员均固定，可调整空间较小。

列车各系统设备检查，如熔断器箱、牵引逆变器箱、制动电阻箱、转向架检查；参数测量，如受电弓数据测量、车钩高度测量、地板面高度测量；其他作业，如螺栓画线检查、水密性试验、零公里检查、绝缘测试、有电检查、无电内装、过限界、车顶高度测量、受电弓高度测量、试车线、淋雨、正线调试，这些作业的特点是数量多、用时少，通过合理安排可以有效节约调试用时。

（二）提高调试人员技能

调试人员的技能水平、熟悉程度，会影响调试质量。可以采用以老带新的模式进行新员工培养，并建立员工成长模型不断提高调试人员技能，满足列车调试用人的需求。

（三）应用新技术

随着科学技术的发展及普及，在调试中应用一些软件或者智能化工装，能够降低人力的投入从而提升调试效率。

1. 查线核图语音播报

进行车辆调试时需要对列车电路的状态进行检查，以发现列车线缆存在的接线错误、松动、漏芯、线号不清晰等隐患，为此需开展查线核图工作。通常，查线核图一列车需要 6 个人用 7 个工作日共 336 人工时完成，其中 6 个人分成 3 组，每组的 1 人对照线表念线号和记录，另 1 人检查接线和线号。这种查线核图工作模式的整体效率不高。可采取如下措施：

将查线核图表格转换成符合现场操作习惯的文本文件，通过有语音朗读功能的手机阅读软件，用语音朗读功能代替 1 个人。该模式下查线核图一列车仅需 6 人 4 个工作日共计 192 人工时即可完成，节约 144 人工时，效率提高 43%。

2. 车门调试装置

在完成车门静态调试后，需要继续开展车门开关不少于 1 000 次的试验。如用人工操作，需要 3 人 8 个工时，作业人员劳动强度大，也增加了开关元件的损耗。启用智能化车门调试装置后只需 1 人 6 个工时即可完成。

3. 智能检测设备

在调试过程中，车辆状态检查、部件参数测量、记录存在人工耗时长的情况，可通过智能检测设备及调度管理系统提升调试效率，措施如下：

采用高清视觉传感技术，对通过检测区的列车关键部件、系统进行高清成像，包括走行部、牵引、受流、制动供风、车门车窗、空调等，可实现部件异常识别与故障预警报警。

通过非接触式测量技术可对轮对踏面磨耗、轮缘厚度、轮缘高度、车轮直径、轮对内侧距、QR 值、不圆度等几何尺寸进行动态精准测量，通过红外图像拼接技术准确识别轮对踏面擦伤。

采用非接触红外测量方法，可自动测量列车轴箱、齿轮箱及电动机温度，实现被监测部件的自动实时故障诊断和分级报警。

二、帮助车辆总承包商提升制造质量

据统计，广州地铁某线列车调试开口项主要集中在以下几类，见表 9-1。

表 9-1　　广州地铁某线列车调试开口项

分类	占比	举例
外观问题（脱漆、划痕、磕碰、变形、弯曲、生锈、破损、鼓包）	28.1%	车门立柱罩脱漆
安装工艺不符合要求	19.3%	贯通道侧护板转臂过紧、不灵活
设备参数超标	17.2%	集电靴接触压力不在范围内
紧固不到位	10%	全自动车钩解钩风缸风管接头松动
部件功能缺陷	7.4%	排风阀叶片转动不顺畅
设备功能失效	5.6%	左侧头灯远光灯不亮
部件缺失	3.5%	转向架接地碳刷下方缺少油堵
遗留异物	3%	制动电阻箱内遗留螺栓
设备型号错误	2.3%	司机室侧门锁型号错误
异响	1.6%	门页下导轨与下摆臂关门时有异响
清洁不到位	0.7%	蓄电池表面有灰尘颗粒
其他	0.8%	车钩电气钩有水珠
软件问题	0.5%	启用 LCU 旁路，列车报“左侧车门紧急解锁请求环路断开”“右侧车门紧急解锁请求环路断开”故障信息

在调试过程中发现的问题，均会列为开口项进行整改。通过对开口项的梳理，将制造过程中存在的主要问题及时反馈给车辆总承包商，督促其在后续列车的制造过程中加以改进，从而避免后续列车产生同类问题，提升调试效率。

例如，某线路车辆在首列车查线核图时查出开口项问题较多，主要问题集中在接线错误、接线松动、线号模糊、线芯存在毛刺这四个方面。运营部门将该情况反馈给车辆总承包商后，车辆总承包商在后续列车制造过程中针对这四个方面进行改进，后续列车开口项大幅度降低，如图 9-1 所示。

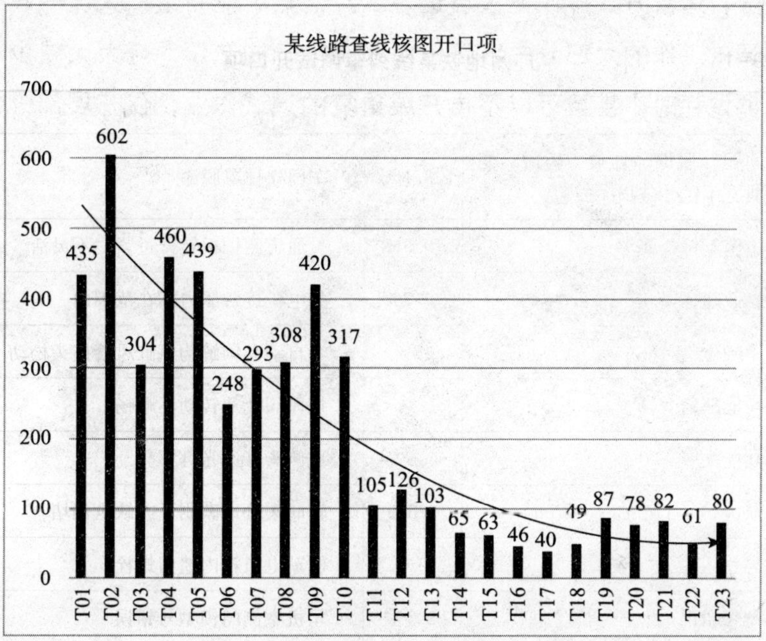

图 9-1　T10 车之后查线核图开口项大幅度降低

三、调试场所前移

经过对车辆制造流程和调试流程进行梳理，发现大部分作业内容在制造、调试过程中均有开展，如查线核图、扭力校正、有电功能检查等。为何在车辆制造厂处开展了一次，还需要到现场再开展一次？主要原因如下：

1. 车辆从出厂到投入运营需要不断完善功能，对电路会做一些调整，导致部分接线发生变化。

2. 车辆制造厂的接线工艺与运营单位有区别。

3. 查线核图的覆盖面、开展扭力校正的螺母及校正方式，车辆制造厂与运营单位有区别。

4. 有电功能检查的覆盖范围及检查内容有区别。

鉴于此，对于以上作业，车辆制造厂与运营单位可以将作业的内容、工艺统一，运营方安排作业人员进驻工厂，与车辆制造厂人员一起参与作业，则调试工作的大部分内容可以前移至车辆制造厂，可大大减少车辆到货后的调试耗时，甚至可以不再开展重复的调试作业，仅开展部分例行试验即可。